中国古代建筑知识普及与传承系列丛书·中国古建筑地图

HISTORICAL ARCHITECTURAL MAP OF NEI MONGOL

内蒙古古建筑地图

袁琳　赵萨日娜　李倩怡
白雪悦　张亦驰　郭淞　编著

清華大学出版社
北京

图书在版编目（CIP）数据

内蒙古古建筑地图 / 袁琳等编著 . — 北京：清华大学出版社，2023.4
（中国古代建筑知识普及与传承系列丛书 . 中国古建筑地图）
ISBN 978-7-302-62208-6

Ⅰ . ①内…　Ⅱ . ①袁…　Ⅲ . ①古建筑－介绍－内蒙古　Ⅳ . ① K928.712.6

中国版本图书馆 CIP 数据核字（2022）第 220728 号

责任编辑：冯　乐
装帧设计：谢晓翠
责任校对：王荣静
责任印制：杨　艳

出版发行：清华大学出版社
网　　址：http://www.tup.com.cn，http://www.wqbook.com
地　　址：北京清华大学学研大厦 A 座　　邮　　编：100084
社 总 机：010-83470000　　邮　　购：010-62786544
投稿与读者服务：010-62776969，c-service@tup.tsinghua.edu.cn
质量反馈：010-62772015，zhiliang@tup.tsinghua.edu.cn
印 装 者：小森印刷（北京）有限公司
经　　销：全国新华书店
开　　本：180mm×260mm　　印　张：29.75　　字　数：1030 千字
版　　次：2023 年 4 月第 1 版　　印　次：2023 年 4 月第 1 次印刷
定　　价：229.00 元

产品编号：092490-01

献给关注中国古代建筑文化的人们

策　划：华润雪花啤酒（中国）有限公司
　　　　清华大学建筑学院
统　筹：王　群　朱文一
主　持：王贵祥　曾申平
执　行：清华大学建筑学院
资　助：华润雪花啤酒（中国）有限公司

参　赞：
廖慧农　李　菁　马冬梅　张　弦
刘　敏　毕朝娇　张　巍　韩晓菲
刘　旭　张宜坤

总序一

2008年年初，我们总算和清华大学完成了谈判，召开了一个小小的新闻发布会。面对一脸茫然的记者和不着边际的提问，我心里想，和清华大学的这项合作，真是很有必要。

在“大国”“崛起”街谈巷议的背后，中国人不乏智慧、不乏决心、不乏激情，甚至不乏财力。但关键的是，我们缺少一点“独立性”，不论是我们的“产品”，还是我们的“思想”。没有“独立性”，就不会有“独特性”；没有“独特性”，连“识别”都无法建立。

我们最独特的东西，就是自己的文化了。学术界有一句话：“建筑是一个民族文化的结晶。”梁思成先生说得稍客气一些：“雄峙已数百年的古建筑，充沛艺术趣味的街市，为一民族文化之显著表现者。”当然我是在“断章取义”，把逗号改成了句号。这句话的结尾是：“亦常在‘改善’的旗帜之下完全牺牲。”

我们的初衷，是想为中国古建筑知识的普及做一点事情。通过专家给大众写书的方式，使中国古建筑知识得以普及和传承。当我们开始行动时，由我们自己的无知产生了两个惊奇：一是在这片天地里，有这么多的前辈和新秀在努力并富有成果地工作着；二是这个领域的研究经费是如此的窘迫，令我们瞠目结舌。

希望“中国古代建筑知识普及与传承系列丛书”的出版，能为中国古建筑知识的普及贡献一点力量；能让从事中国古建筑研究的前辈、新秀们的研究成果得到更多的宣扬；能为读者了解和认识中国古建筑提供一点工具；能为我们的“独立性”添砖加瓦。

王群

华润雪花啤酒（中国）有限公司总经理

2009年1月1日于北京

总序二

2008年的一天，王贵祥教授告知有一项大合作正在谈判之中。华润雪花啤酒（中国）有限公司准备资助清华大学开展中国建筑研究与普及。资助总经费达1000万元之巨！这对于像中国传统建筑研究这样的纯理论领域而言，无异于天文数字。身为院长的我不敢怠慢，随即跟着王教授奔赴雪花总部，在公司的大会议室见到了王群总经理。他留给我的印象是慈眉善目，始终面带微笑。

从知道这项合作那天起，我就一直在琢磨一个问题：中国传统建筑还能与源自西方的啤酒产生关联？王总的微笑似乎给出了答案：建筑与啤酒之间似乎并无关联，但在雪花与清华联手之后，情况将会发生改变，中国传统建筑研究领域将会带有雪花啤酒深深的印记。

其后不久，签约仪式在清华大学隆重举行，我有机会再次见到王总。有一个场景令我记忆至今，王总在象征合作的揭幕牌上按下印章后，发现印上的墨色较浅，当即遗憾地一声叹息。我刹那间感悟到王总的性格。这是一位做事一丝不苟、追求完美的人。

对自己有严格要求的人，代表的是一个锐意进取的企业。这样一个企业，必然对合作者有同样严格的要求。而他的合作者也是这样的一个集体。清华大学建筑学院建筑历史与文物保护研究所，这个不大的集体，其背后的积累却可以一直追溯到80年前，在爱国志士朱启钤先生资助下创办的“中国营造学社”。60年前，梁思成先生把这份事业带到清华，第一次系统地写出了中国人自己的建筑史。而今天，在王贵祥教授和他的年长或年轻的同事们，以及整个建筑史界的同人们的辛勤耕耘下，中国传统建筑研究领域硕果累累。又一股强大的力量！强强联合一定能出精品！

王群总经理与王贵祥教授，企业家与建筑家十指紧扣，成就了一次企业与文化的成功联姻，一次企业与教育的无间合作。今天这次联手，一定能开创中国传统建筑研究与普及的新局面！

朱文一

清华大学建筑学院院长

2009年1月22日凌晨于清华园

总序三

清华大学建筑学院与华润雪花啤酒（中国）有限公司在中国古代建筑普及与传承方面的合作，已经进入了第二个阶段。在第一个阶段的合作中，在华润雪花的大力支持下，清华大学建筑学院建筑历史与文物保护研究所的教师与研究生，投入了极大的努力，先后完成了《北京古建筑五书》（2009年）、《中国民居五书》（2010年）、《中国古建筑装饰五书》（2011年）、《中国古都五书》（2012年）和《中国园林五书》（2013年）等，共5个系列25部中国古代建筑普及性读物。这其实只是有关中国古代建筑知识普及与传承工作的开始，按照这样一种模式，很可能还会有《中国古代宫殿建筑五书》《中国古代佛教建筑五书》《中国古代军事防卫建筑五书》，如此等等，因为延续了5000年之久的中国古代建筑，是一个十分庞大复杂的体系。关于古代建筑的知识，类似普及性读物的写作与出版，还可以继续许多年。然而，这又是一个几乎难以完成的目标，因为，随着研究的深入，相关的知识，还会处在一个不断增加的过程之中。正是在这样一种成功与困惑的两难之中，清华大学建筑学院与华润雪花啤酒（中国）有限公司，开启了双方合作进行中国古代建筑普及与传承出版工作的第二阶段。

第二阶段的工作应该如何开展，究竟怎样才能既最有效，又最全面地向社会普及中国古代建筑的基本知识。华润雪花针对这个问题，做了大量的市场调查与分析，在充分的市场第一手数据的支持下，华润雪花的决策者们提出了一个全新的思路，即为全国范围，包括港、澳、台地区的古代建筑遗存，做一个全面而系统的梳理，完成一套以各省、自治区、直辖市及港、澳、台为单位的中国古建筑地图集。把我们的老祖宗留给我们的那些古建筑家底，做一个系统的梳理，并以简单、明快、便捷的语言与图形模式，做出既具学术性，又通俗易懂的说明。这其实既是一套科普性读物，同时也是一套实用性的工具书。

这确实是一个有魄力的决定，同时也是一个庞大、复杂的系统工程。为了完成这样一套具有全面覆盖性的中国古建筑通俗性、工具性读物，不仅需要有能够覆盖全国尚存古代建筑的详细资料与相应建筑史知识体系，而且要对这些建筑所在的准确位置，保存状况，交通信息，联系信息等读者可能需要的资料，一一搜集、梳理，并以一种适当的方式在书中表达出来，以方便读者学习或前往参观、考察。

既然是一本古建筑地图集，就不仅要有翔实而准确的古代建筑知识，以及这些古代建筑遗存的相关信息，还要有直观、明了的地图表达模式。这同样是一个十分复杂的工程。我们地图集的作者们，不仅要仔细斟酌每一座古建筑的历史、艺术诸方面的价值，要认真整理、提炼与这座古建筑相关的种种信息，而且，还有搜集并提供与这些建筑直接相关的图片资料，此外，更重要的，是要将每一座古建筑的空间定位，准确地表达在一张清晰而简练的地图上。

这就需要我们这些参与写作的古建筑专家们，不仅要仔细而缜密地以一种恰当方式，来描绘每一个省、自治区、市、县的地图，而且，要在这些地图上，将这些古建筑准确地标识出来。这样一个烦琐而细密的工作，其中包含了多少具体而微的繁杂文字、图形与数据性工作，又有多少细致而准确的科学定位工作，是可以想见的。这对于那些本来主要是从事古代建筑历史研究与保护的古建筑学者们来说，是一个不小的挑战。

困难是现实的，工作内容是庞杂而繁细的，但既然社会有这样一个需求，既然华润雪花啤酒（中国）有限公司的领导们，从民族文化与大众需求的角度，向我们提出了这个要求，我们的老师和博士、硕士研究生们，就必须迎难而上，必须实实在在，一丝不苟地为读者们打造出一套合格的中国古代建筑地图集，这不仅是华润雪花啤酒（中国）有限公司对中国古代建筑研究与教学多方位支持的一个回报，更是向社会大众普及中华民族传统建筑文化的责任所在。

这是一个需要连续五年的漫长工作周期，每一年都需要完成 5 部，覆盖五个省、自治区、直辖市或地区的重要古代建筑地图集。随着每年 5 本地图集的问世，一套简略、快速而概要地学习与了解中国古代建筑历史知识的丛书，就会展现在我们读者们的面前，希望我们的读者，无论是为了学习古代建筑知识，抑或是为了休闲旅游的实用功能，都能够喜欢这套丛书，很好地利用这套丛书，同时，在阅读与使用中，如果发现我们的丛书中，还有哪些不尽如人意之处，也希望有识方家与广大读者不吝赐教，及时给我们提出来，我们将认真对待每一位读者的意见和建议，不仅要在后续的地图集编写工作中，汲取大家的意见，而且还会在今后可能的再版中加以修正与完善。

王贵祥

于清华大学建筑学院

序

内蒙古自治区位于祖国北部边疆，地域相当辽阔：区境东西跨度长达2400公里，全区面积以118.3万平方公里位居全国第三位；国境线长4221公里，自治区北部与蒙古国、俄罗斯联邦接壤，自治区境内东、南、西依次与黑龙江、吉林、辽宁、河北、山西、陕西、宁夏和甘肃8省区毗邻。自治区境内有纵横斜贯的兴安岭、阴山和贺兰山，蜿蜒曲折的额尔古纳河、嫩江、西辽河和黄河，以及占全区总面积三分之二以上的平缓高旷的高原和浩海无垠的草原，再加上少雨、多风、短夏、长冬的温带、寒温带大陆性季风气候，孕育出了这片“天苍苍，野茫茫，风吹草低见牛羊”的丰美土地。

内蒙古地区是人类最早栖息繁衍的地区之一，也是我国北方各民族祖先栖息和开发的地区，各民族形成有先有后，兴衰嬗替，留下了绚丽多姿、丰富多彩的历史文化遗迹和遗物。

早在五六十万年以前的旧石器时代，北方各族人类的祖先就已经在这块土地上采集狩猎，茹毛饮血，穴居野地。现今遗存有早期呼和浩特东郊的大窑文化、晚期的西南地区鄂尔多斯萨拉乌苏文化等；至新石器时代，内蒙古地区形成了兴隆洼文化、赵宝沟文化、红山文化、小河沿文化和富河文化等遗址密布、面貌纷呈、类型众多的文化，这些文化不仅相互之间关系密切，也与同时期平行发展的中原地区仰韶文化互相影响。其中，红山文化是我国北方地区新石器文化的优秀代表，以多处发现玉龙最具影响力。此外，红山文化中庙、坛、冢的布局规模，与数千年后封建时代坛庙、陵墓具有相似之处，也印证了内蒙古地区是中华民族古老的历史摇篮之一。

进入青铜时代以后，中原地区逐渐成为文化繁荣和大发展的中心。公元前3世纪末，北方地区许多氏族部落逐渐凝聚形成匈奴和东胡两个较大的部落联盟，其中，匈奴以阴山地区为中心，统治了大部分蒙古高原及以西的广大地区；东胡在今赤峰和鄂尔多斯一带，形成中国北方青铜文化的中心地区。魏晋时期，来自额尔古纳河和大兴安岭北段的拓跋鲜卑民族从草原走入中原，建立了中国历史上第一个由少数民族建立在中原北部并统一北方地区的封建政权。拓跋鲜卑西南迁徙的足迹在内蒙古地区多有遗留，其中，盛乐古城是拓跋鲜卑的第一个政治中心。至隋唐时期，隋唐王朝逐渐完成了对内蒙古东、中、西的大部分地区的统治，现区境内发掘有许多隋唐时期古城址及墓葬、文物。

但直至辽代以前，北方少数民族大部分时候是被中原政权拒于长城以外的。一方面，少部分的内蒙古地区被纳入包括魏国、秦国、赵国、燕国等中原诸侯国以及之后秦、汉、隋、唐王朝的领地，成为中原郡地；另一方面，北方少数民族部落和政权经常与中原发生战争，中原政权更多以修筑长城的方式抵御东胡。内蒙古境内，从先秦一直到明末，包括战国、秦、汉、北魏、北齐、隋、辽、金、明的历代长城在内蒙古都有遗迹可寻，时代之多、长度之长、分布之广皆为全国之冠。此外，长城沿线多修筑军事城市，如战国时期的云中、九原、延陵、平刚，魏晋时期的北魏六镇（其中五镇均在内蒙古境内）等。综上，内蒙古地区既有战国时期秦、赵、燕以及秦、汉王朝的遗迹、遗物，又有匈奴、东胡、鲜卑等北方游牧民族的遗迹、遗物。这一时期的长城和边塞遗址反映了这一时期各民族之间经济、文化等方面相互交流和不断融合的密切关系。

公元916年，来自北方的游牧民族契丹部落建辽国，版图包括今内蒙古大部分地区，成为中国历史上很有贡献和影响的游牧民族政权。公元902年辽国建立第一座城郭龙化州，在今哲里木盟奈曼旗与敖汉旗交界处，后兴建包括都城上京临潢府（巴林左旗林东镇）在内的“五京”，上京的兴筑同时体现了仿效中原和随皇帝设“捺钵”的契丹族特点；此后，辽境内兴筑、修葺、扩建了不少很有特点的城市，并修建了五座奉陵邑。除了上述城址，内蒙古地区现存辽代建筑遗留，以佛塔居多，当然，辽金时代也是我国砖石塔高度发展的时期，所以内蒙古境内发现或发掘的塔幢和经幢也主要集中在辽金元时期。辽代佛塔具有一些共同特征，如平面八角形，高度7 ~ 13层，密檐塔较多等，代表案例如庆州白塔（释迦如来舍利塔），中京大明塔，万部华严经塔，上京南塔、北塔等。

辽之后，我国北方相继还经历了党项族所建西夏政权和女真族所建金政权，西夏疆域包括今内蒙古鄂尔多斯、阿拉善、巴彦淖尔及陕西、宁夏、甘肃部分地区，西夏给内蒙古西部地区留下不少西夏时期古城，包括最具传奇色彩的黑水城（黑城遗址），从其中出土的文献对西夏学研究具有重要的学术价值；金政权先后灭辽、北宋，并与西夏同亡于随后崛起之蒙古，金王朝为了防御蒙古草原各部，修筑了总长达7000余公里的军事堑壕——金界壕，分布在内蒙古境内，以及少量分布在吉林省和蒙古国、俄罗斯境内。

辽、宋、金时期，北方部落繁衍，民族融合，可以说是内蒙古地区历史上再度繁荣的时期，而随后崛起的蒙元帝国则是中国历史上首次由少数民族建立的大一统王朝。蒙元帝国全面继承了发展了北方游牧民族的历史文化，并把草原文化推向巅峰。公元6—9世纪，“室韦—鞑靼”人从呼伦贝尔草原不断西迁，进入蒙古高原核心地区，与留居蒙古高原的突厥语族居民相融合，成为真正的草原民族，始称“蒙古”。金隆正年间，蒙古乞颜部孛儿只斤氏贵族铁木真，统一蒙古诸部，于金泰和六年（1206）建立大蒙古国，1279年忽必烈改国号为“大元”，将大蒙古国统治中心由漠北南移到中原，四至“北逾阴山、西及流沙、东尽辽左、南越海表”。

元朝的内蒙古地区被称为“腹里”之地，拥有比以往更重要的地位。行政区划上，该地区的路、府、州、县设置也较多，今天内蒙古境内保存有大量的元代古城，许多城名已得到确认，如内蒙古自治区唯一的世界文化遗产——锡林郭勒盟正蓝旗境内的元上都遗址，又如赤峰市克什克腾旗达尔罕苏木境内的应昌路故城，乌兰察布市察右前旗集宁路古城，四子王旗净州路城卜子村故城，呼和浩特市东郊白塔村的丰州故城（白塔古城），托克托县城的东沙岗古城为东胜州故城，阿拉善盟额济纳旗的亦集乃路故城（黑城遗址）等。

辽、金、元期间，因政治统治和佛教传播的需要，在广大的内蒙古地区也修建了许多佛教寺庙，当时的工匠多半是汉人和西域人，遗留至今的佛教建筑以开鲁元代佛塔较为完整。

明朝崛起、元顺帝北走开平后，北元与明朝对峙长达300多年。明朝末年，蒙古分为三部：漠南蒙古（亦称东蒙古，即内蒙古地区）、漠北蒙古和漠西蒙古。兴起于东北长白山的女真族利用蒙古的封建割据局面乘虚而入，征服漠南蒙古，在蒙古支援下，入关灭明，很快统一全国。清廷统一蒙古各部以后，蒙古原有众多封建贵族领属集团绝大部分被整编为由札萨克世袭的旗，若干札萨克旗组成盟，形成盟旗制度。其中，漠南蒙古称为内札萨克蒙古，漠北、漠西等地区称为外札萨克蒙古，统称外藩蒙古或藩部。

明清时期，出于“屏藩朔漠”的控制需要，敕建了大量藏传佛教寺庙，内蒙古地区的宗教建筑形成了以藏传佛教建筑为主、其他寺庙杂陈其中的鲜明地域特色。

藏传佛教建筑即召庙建筑，在明清的盛期，内蒙古各地散布有1800多座召庙，清末尚有1000余处可查，目前内蒙古境内遗存的召庙共计110座，其中23座为国保，占内蒙古建筑类国保的71.9%，可见藏传佛教建筑无疑是内蒙古地区明清时期最重要、最有特色的建筑文化遗产。内蒙古的藏传佛教建筑按其建筑风格流变源头分类，可以分为“西藏式”“汉、藏混合式”“汉式”三类。其中，藏式召庙院落布局较为随意，大经堂和佛殿平面纵横间数甚多，高度可达二至四层，上作平屋顶，建筑细部多体现藏式风格，如外墙面开长方形窗，窗洞四周涂饰黑边，上窄下宽，藏式彩画甚多，画面细腻，色调浑厚，此类召庙以五当召（包头）为最著；“汉、藏混合式”召庙多在藏式平屋顶上加建汉式歇山顶，此外装饰和细部也有部分汉式体现。此类型召庙在内蒙古地区占绝大多数，遍布各旗，如呼和浩特的席力图召、大召，阿拉善的福因寺、广宗寺、延福寺，鄂尔多斯的乌审召等；汉式召庙在当地亦称作“五台式”，建筑群总体布局较为严谨，有中轴线，佛殿在台基上立殿身，形制与汉式殿堂颇同，而室内彩画及装饰多为藏式，代表如锡林郭勒盟的贝子庙、喇嘛库伦庙、汇宗寺、善因寺等。

此外，内蒙古地区也有天主教、基督教、伊斯兰教、萨满教、道教等宗教信仰，也产生了诸多类型的宗教建筑。源于萨满教的敖包则是一种形制特殊、充满草原情怀的宗教建筑，多以石块堆成，是蒙古族、鄂伦春族等民族民间祭祀山神、路神的场所，现存敖包有特格音敖包（鄂尔多斯）、苏里格敖包（鄂尔多斯）、额尔敦陶力盖敖包（锡林郭勒）、乃济陀音祭坛（敖包祭坛群，兴安盟）、宝格德乌拉敖包（呼伦贝尔）、元代敖包群（乌兰察布）等。天主教早在元朝初年就传入蒙古境地，清末天津条约签订后，基督教、天主教在内蒙古地区更是自由传播，中东铁路营运之后，东正教也随苏联人流传至呼伦贝尔等地，内蒙古境内现存天主教堂遗存如：天主教堂（呼和浩特）、官井梁天主教堂（包头）、新堂天主堂（乌兰察布）、赤峰天主教堂（赤峰）、大营子天主教堂（赤峰）等，年代多为清代及以后。现存东正教堂有免渡河东正教教堂（呼伦贝尔）等。内蒙古境内的清真寺有呼和浩特清真大寺（呼和浩特）、包头清真大寺（包头）、多伦诺尔老城的清真南寺、清真北寺、清真中寺（锡林郭勒盟）、清真北大寺（赤峰）等。有趣的是，在如定远营、敖伦苏木古城、多伦诺尔古城等古城中，上述各种宗教建筑往往与孔庙、关帝庙、财神庙、城隍庙、碧霞宫等汉地儒、道、民间宗教建筑相杂，融合相处，可见民族融合之历史与现状。

清末，随着蒙禁取消，大量内地移民涌入蒙地，大片牧场被开垦，大量牧民转事农耕，民族和人口构成发生变化，蒙古族聚居区转变为蒙汉混居，所以今天所见内蒙古地区传统城镇和聚落，多呈现多民族、多种文化互相交融、互相渗透的特征。传统民居代表如蒙古包、仙人柱、木刻楞等，因其生态、低价、可移动，没有早期实物遗存；而靠近中原地区亦有合院、窑洞等形式的民居代表，如包子塔古村落等。

本书以 1949 年中华人民共和国成立之前建成的内蒙古自治区现存文物建筑作为基本的写作、调研范围。本书所收录的写作点以自治区级以上的古建筑类文保单位为主，也包括世界文化遗产，以及部分历史文化名镇名村、中国传统村落等村镇、聚落；根据内蒙古地区现存地面以上古建筑较少的情况，适当补入了部分古墓葬、古遗址尤其是古城址、石窟寺及石刻，对于古建筑较为稀缺的地区，也适当补充了部分低级别的古建筑案例。综上，重点介绍了共计 184 处古建筑。对于每一处古建筑，按本丛书惯有之工作程序，通过查找资料、绘制图纸、调研拍摄、走访等方式，忠实记录以下信息：古建筑所在地概况；古建筑历史沿革、建筑形制、平面格局、建筑风格；古建筑保存状况；调研所得与古建筑有关的听闻、传说、故事。

作者简介

袁琳
Yuan Lin

北方工业大学建筑学院副教授，清华大学建筑学学士、建筑历史与理论专业硕士、博士。2008年起，因华润雪花啤酒资助《北京五书》出版机缘，开始从事古建筑知识、文化的普及与传承的工作并延续至今，先后参与和主持编写出版《北京古建筑地图》（上、中、下）《中国古建筑测绘十年》《湖北古建筑地图》。研究领域为中国古代城市史、建筑史，出版专著《宋代城市形态和官署建筑制度研究》，主持国家级课题1项和各级别课题多项，发表建筑史、城市史相关论文二十余篇。

赵萨日娜
Zhao Sarina

蒙古族，内蒙古兴安盟人，2015年于清华大学建筑学院获得建筑学学士学位，后转向建筑历史与理论方向，先后获得工学硕士、工学博士学位，完成学位论文《社旗山陕会馆春秋楼组群复原研究》与《清代官修匠作则例所见彩画作工艺研究》。现就职于北京市考古研究院（北京市文化遗产研究院）。曾多次参与北京、河南、山西等地古代建筑的木结构测绘与彩画勘察。

李倩怡
Li Qianyi

清华大学建筑学院建筑历史与理论方向硕士，清华大学建筑学院建筑学学士，清华大学美术学院文学学士，国家一级注册建筑师。2009年至2011年学习建筑史，期间有幸参与大量中国古代木构建筑测绘工作，毕业后一直致力于东方建筑建造工艺与空间美学相关实践。参与写作《河北天津古建筑地图（下）》，并参与译著《赛利奥建筑五书》。

白雪悦
Bai Xueyue

2017 年毕业于北方工业大学建筑学专业，同年进入北京林业大学攻读建筑学硕士学位，现为北京林业大学园林学院风景园林学博士研究生。本科期间曾参与《湖北古建筑地图》的编写。研究方向为风景园林建筑、聚落与住居，发表论文数篇，热爱中国传统文化，热爱摄影、绘画。

张亦驰
Zhang Yichi

清华大学建筑历史与理论专业，海德堡大学东亚艺术史系联合培养博士。2012 年在清华大学建筑学院完成本科学业后，师从王贵祥教授从事中国古代建筑史学习与研究。喜欢旅行与绘画，热爱文学、绘画、工艺美术、雕塑、建筑等艺术，对中国古代文物与建筑怀有深厚感情。曾参与测绘湖南、山东、浙江等地传统民居及山西古代木结构建筑，参与编著《湖北古建筑地图》，博士学位论文为《敦煌莫高窟净土变建筑图像研究》。现从事城市更新实践工作。

郭凇
Guo Song

蒙古族，生于内蒙古自治区通辽市，现为清华大学建筑学院建筑设计及理论方向在读博士生。清华大学建筑学院建筑学硕士、学士。关注和参与中国古代建筑史研究和文化遗产保护设计实践。曾参与测绘山西古代木结构建筑，对北海静心斋等清代古典皇家园林实例亦有研究。

目录 | Contents

凡例 XV

内蒙古分片索引 XVI

1 呼和浩特市 001

玉泉区 006

1 大召 2 小召牌楼 3 金刚座舍利宝塔 4 土默特议事厅 5 乃莫齐召 6 大盛魁 7 元盛德 8 惠丰轩 9 席力图召 10 财神庙 11 土默特文庙大成殿 12 观音庙 13 王昭君墓

新城区 034

14 和硕恪靖公主府 15 绥远城将军衙署 16 甲兰板古庙 17 绥远城墙遗址

回民区 046

18 呼和浩特清真大寺 19 坝口子戏台 20 呼和浩特天主教堂 21 乌素图召

赛罕区 057

22 万部华严经塔 23 白塔古城

土默特左旗 062

24 广化寺 25 全化寺 26 白塔寺 27 白塔山摩崖石刻

和林格尔县 068

28 魁星楼 29 盛乐古城 30 东汉壁画墓

托克托县 072

31 龙王庙铸铁蟠龙旗杆 32 东沙岗古城

清水河县 076

33 柳青河古戏台 34 黑矾沟窑址群 35 明长城遗址（呼和浩特段）

呼和浩特市其他文物建筑列表 079

2 鄂尔多斯市 081

准格尔旗 086

1 包子塔古村落 2 庙塔石窟寺 3 长滩关帝庙 4 准格尔旗王府 5 准格尔召

伊金霍洛旗 096

6 陶亥召 7 伊金霍洛旗郡王府

达拉特旗 103

8 展旦召

乌审旗 104

9 乌审召 10 海流图庙 11 特格音敖包 12 陶日木庙

杭锦旗 113

13 霍洛柴登城址 14 沙日特莫图庙

鄂托克旗 118

15 苏里格庙 16 阿尔寨石窟 17 城川城址 18 秦长城遗址 19 隋长城遗址 20 明长城遗址（鄂尔多斯段）

鄂尔多斯市其他文物建筑列表 127

3 乌海市 129

海南区 133

1 满巴拉僧庙

乌海市其他文物建筑列表 135

4 阿拉善盟 137

阿拉善左旗 141

1 定远营 2 广宗寺 3 福因寺 4 达里克庙 5 苏木图石窟

阿拉善右旗 160

6 巴丹吉林庙 7 昭化寺 8 曼德拉山岩画群

额济纳旗 166

9 黑城遗址 10 绿城遗址 11 江其布那木德令庙

阿拉善盟其他文物建筑列表 171

5 巴彦淖尔市 173

磴口县 177

1 阿贵庙 2 三盛公天主教堂 3 鸡鹿塞古城

乌拉特前旗 181

4 德布斯尔庙 5 沃野镇故城

乌拉特中旗 183

6 新忽热古城址 7 希热庙

乌拉特后旗 186

8 哈日朝鲁庙 9 善岱庙 10 本巴图庙 11 阴山岩画 12 秦汉长城遗址（巴彦淖尔段）

巴彦淖尔市其他文物建筑列表 193

6 包头市 195

昆都仑区 199

1 昆都仑召

东河区 201

2 南龙王庙 3 包头清真大寺 4 龙泉寺 5 妙法禅寺 6 东河区财神庙 7 官井梁天主教堂 8 福徵寺 9 壕赖沟关帝庙

九原区 209

10 麻池古城 11 梅力更召

石拐区 215

12 五当召

土默特右旗 222

13 美岱召 14 萨拉齐关帝庙

达尔罕茂明安联合旗 229

15 百灵庙 16 希拉木仁庙 17 敖伦苏木城遗址 18 希拉木仁城圐圙城址

固阳县 236

19 北魏怀朔镇故城遗址 20 固阳秦长城遗址

包头市其他文物建筑列表 237

7 乌兰察布市 239

四子王旗 244

1 希拉木伦庙 2 四子王旗王府 3 大庙古城 4 净州路故城

察哈尔右翼后旗 251

5 善福寺 6 克里孟城址 7 察汗不浪城址

察哈尔右翼中旗 255

8 立兔庙遗址 9 广益隆古城

兴和县 257

10 古城门 11 店子镇古戏台

察哈尔右翼前旗 259

12 集宁路古城

卓资县 260

13 三道营古城

丰镇市 262

14 灵岩寺 15 金龙大王庙 16 南阁

凉城县 266

17 天成古庙 18 新堂天主堂 19 淤泥滩古城址 20 金界壕遗址（乌兰察布段）

乌兰察布市其他文物建筑列表 270

8 锡林郭勒盟 273

锡林浩特市 277

1 贝子庙

苏尼特左旗 281

2 查干敖包庙

苏尼特右旗 282

3 苏尼特德王府 4 毕鲁图庙

阿巴嘎旗 285

5 杨都庙

东乌珠穆沁旗 286

6 嘎黑拉庙 7 喇嘛库伦庙

西乌珠穆沁旗 288

8 浩齐特王盖庙 9 栋阔尔庙 10 浩勒图庙

镶黄旗 292

11 哈音海尔瓦庙

正镶白旗 293

12 宝日陶勒盖庙 13 布日都庙

正蓝旗 295

14 元上都遗址 15 四郎城遗址

多伦县 299

16 汇宗寺 17 善因寺 18 多伦诺尔古建筑群

19 金界壕遗址（锡林郭勒段）

锡林郭勒盟其他文物建筑列表 310

9 赤峰市 313

红山区 317

1 清真北大寺 2 赤峰天主教堂

元宝山区 320

3 辽代塔子山白塔

宁城县 322

4 法轮寺 5 辽中京遗址 6 宁城县黑城遗址

喀喇沁旗 330

7 福会寺 8 喀喇沁亲王府 9 锦山龙泉寺 10 灵悦寺 11 和硕端静公主墓

敖汉旗 338

12 宁昌路遗址　13 武安州遗址

翁牛特旗 342

14 梵宗寺　15 张应瑞家族墓

林西县 345

16 饶州故城遗址　17 大营子天主教堂

克什克腾旗 347

18 应昌路故城城址　19 庆宁寺　20 乌兰布统战场遗址

巴林右旗 349

21 荟福寺　22 辽庆州城及庆陵　23 辽怀州城及怀陵
24 康熙行宫　25 巴林王府　26 沙巴尔台巴林王府
27 巴林敖日盖王府

巴林左旗 360

28 辽上京遗址　29 辽陵及奉陵邑（祖陵祖州）
30 真寂之寺石窟　31 平顶山石窟寺　32 前召庙石窟寺

阿鲁科尔沁旗 371

33 宝善寺　34 根培庙　35 罕庙　36 金界壕遗址（赤峰段）

赤峰市其他文物建筑列表 375

10 通辽市 377

开鲁县 381

1 开鲁元代佛塔

奈曼旗 382

2 奈曼蒙古王府　3 和顺庙白塔

库伦旗 386

4 库伦三大寺　5 寿因寺大殿　6 吉祥天女神庙

科尔沁左翼后旗 394

7 僧格林沁王府　8 双合山白塔

科尔沁左翼中旗 396

9 慧丰寺

扎鲁特旗 397

10 满都呼佛塔　11 圆通寺

通辽市其他文物建筑列表 399

11 兴安盟 401

乌兰浩特市 405

1 成吉思汗庙　2 乌兰哈达遗址群　3 葛根庙

科尔沁右翼中旗 412

4 吐列毛杜古城遗址　5 博克达活佛府邸
6 乃济陀音祭坛

阿尔山市 415

7 阿尔山火车站　8 金界壕遗址（兴安盟段）

兴安盟其他文物建筑列表 417

12 呼伦贝尔市 419

新巴尔虎左旗 423

1 甘珠尔庙

新巴尔虎右旗 424

2 达喜朋斯格庙　3 宝格德乌拉敖包

牙克石市 426

4 免渡河东正教教堂　5 牙克石清真寺

鄂温克旗 428

6 锡尼河庙　7 巴彦乌拉古城

额尔古纳市 429

8 黑山头古城

陈巴尔虎旗 430

9 浩特陶海城址

鄂伦春自治旗、额尔古纳市、根河市大兴安岭地区 431

10 大兴安岭岩画　11 金界壕遗址（呼伦贝尔段）

呼伦贝尔市其他文物建筑列表 434

参考文献（References） 435

图片来源（Illustrations） 439

致谢（Acknowledgements） 455

凡例

How To Use This Book

编号 国家级文保单位　编号 省级文保单位

编号 其他建筑

1 大召		古建筑编号及名称
The Greater Lamasery		英译名
级　别	国家级重点文物保护单位	文物级别
年　代	明代、清代	对于多次重修或改建的古建筑，指现存部分的年代范围
地　址	玉泉区大召前街	地址
交通信息	乘 6、38、42、58、59、209、k3 等公交车至大召站	交通
类　型	宗教建筑 · 砖木结构	类型
看　点	呼和浩特地区最宏大的召庙建筑群	看点
开放信息	门票 35 元 / 人	开放方式 / 现况

古建筑图片

阿拉坦汗铜像

图名

内蒙古分片索引

Map Index of Nei Mongol

呼和浩特市 001

写作点35个，其中国家级文物保护单位15个，自治区级文物保护单位20个。

鄂尔多斯市 081

写作点20个，其中国家级文物保护单位8个，自治区级文物保护单位10个。

乌海市 129

写作点1个，自治区级文物保护单位。

阿拉善盟 137

写作点11个，其中国家级文物保护单位5个，自治区级文物保护单位6个。

乌兰察布市 239

写作点20个，其中国家级文物保护单位5个，自治区级文物保护单位11个。

包头市 195

写作点20个，其中国家级文物保护单位7个，自治区级文物保护单位7个。

巴彦淖尔市 173

写作点12个，其中国家级文物保护单位6个，自治区级文物保护单位3个

审图号 蒙S（2017）028号

呼伦贝尔市 419

写作点11个，其中国家级文物保护单位4个。

兴安盟 401

写作点8个，其中国家级文物保护单位4个，自治区级文物保护单位3个。

通辽市 377

写作点11个，其中国家级文物保护单位5个，自治区级文物保护单位6个。

赤峰市 313

写作点36个，其中国家级文物保护单位23个，自治区级文物保护单位11个。

锡林郭勒盟 273

写作点19个，其中国家级文物保护单位4个，自治区级文物保护单位13个。

内蒙古自治区测绘地理信息局　监制

1
呼和浩特市
HOHHOT

呼和浩特市古建筑分布图

Historical Architectural Map of Hohhot

1 大召
2 小召牌楼
3 金刚座舍利宝塔
4 土默特议事厅
5 乃莫齐召
6 大盛魁
7 元盛德
8 惠丰轩
9 席力图召
10 财神庙
11 土默特文庙大成殿
12 观音庙
13 王昭君墓
14 和硕恪靖公主府
15 绥远城将军衙署
16 甲兰板古庙
17 绥远城墙遗址
18 呼和浩特清真大寺
19 坝口子戏台
20 呼和浩特天主教堂
21 乌素图召
22 万部华严经塔
23 白塔古城
24 广化寺
25 全化寺
26 白塔寺
27 白塔山摩崖石刻
28 魁星楼
29 盛乐古城
30 东汉壁画墓
31 龙王庙铸铁蟠龙旗杆
32 东沙岗古城
33 柳青河古戏台
34 黑矾沟窑址群

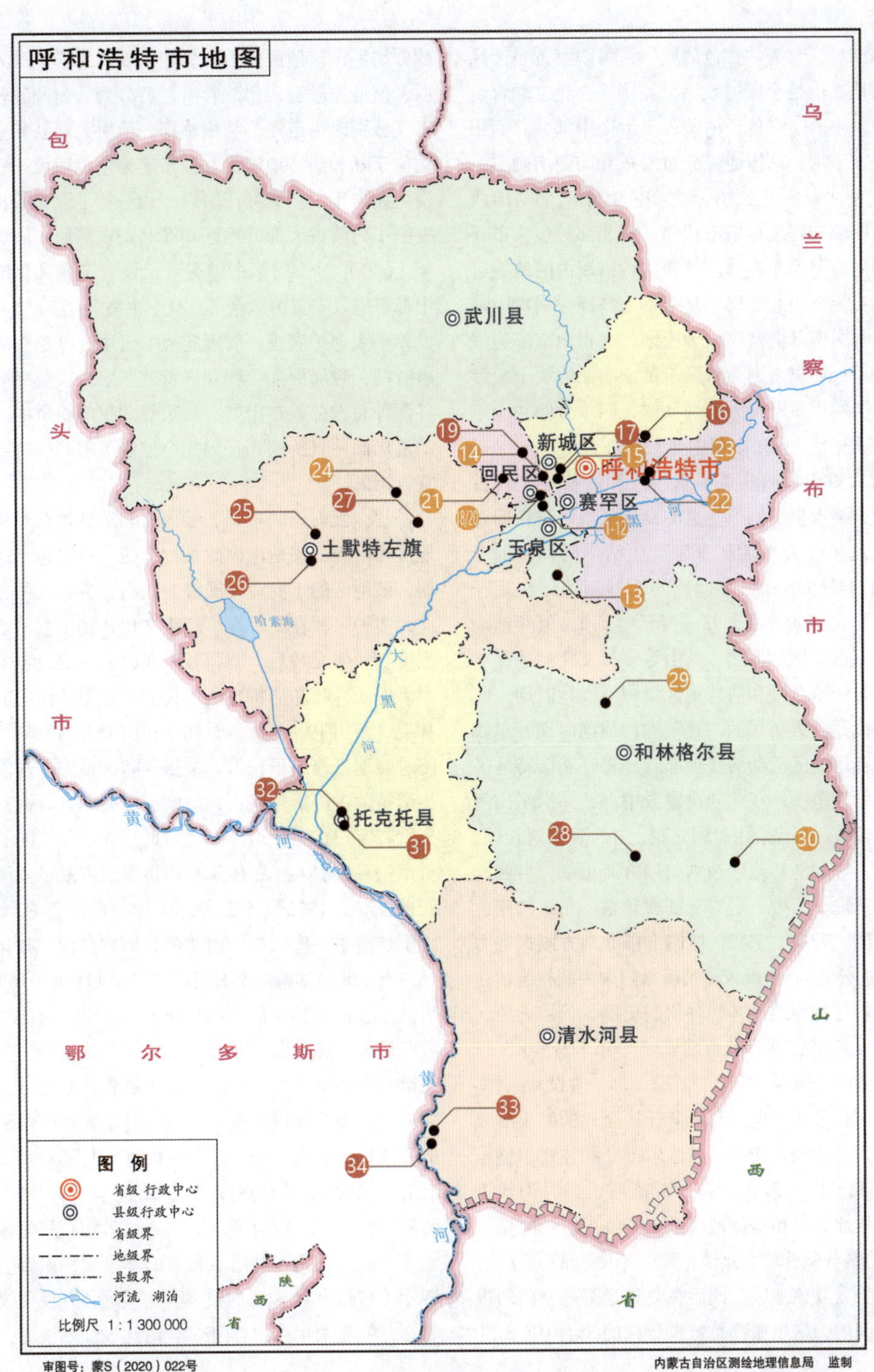

审图号：蒙S（2020）022号

内蒙古自治区测绘地理信息局 监制

概 述

呼和浩特，意为“青色的城”，是内蒙古自治区首府所在地，也是全区的政治、经济、文化、教育、科技和金融中心。它位于内蒙古自治区中部，总面积1.72万平方千米，总体地势分布由东北向西南倾斜，海拔高度在986米至2280米之间。其东南部与山西省接壤，西部与鄂尔多斯市相邻，西北部被包头市环抱，东部与乌兰察布毗邻。呼和浩特市境内的地貌可分为四类：大青山北部属于乌兰察布高原，横贯中部的大青山与东南部的蛮汉山为山地，大青山南部为呼和浩特平原，再以南则为从属于黄土高原的黄土丘陵区。呼和浩特市属温带大陆性气候，四季分明，全年少雨；光照充足；降雨多集中在七八月。

背倚大青山，面朝黄河水，呼和浩特地区自古以来就为人类提供了繁衍生息的良好环境。早在旧石器时期，这里已有人类从事生产生活等活动，据考证，呼和浩特市东郊大窑遗址的石器制造厂在距今七八十万年前开始使用，并一直延续到1.2万年前。此后的新石器时期的仰韶、龙山等多种文化的遗存更是广泛分布于整个呼和浩特地区境内。春秋时期，此地极有可能是狄人所居的“襄”地；战国时期，赵武灵王击破在该地区活动的楼烦部族，将呼和浩特地区纳入赵国管辖范围，在此处设置云中郡，并沿阴山南麓修建了长城。秦代沿用赵国建制，并再度修筑长城。西汉时期，呼和浩特地区被划归朔方刺史部，自西向东分别由五原、云中、定襄三郡所管辖。东汉初年，朔方、五原、云中、定襄、雁门五郡北地方割据势力卢芳控制，公元40年卢芳降汉后重归中央政权统治；随后东汉朝廷将该地区并归并州刺史部，仍由五原、云中、定襄三郡管辖。献帝建安二十年（215年），曹操裁撤云中、朔方、定襄、五原等郡，改设新兴郡。与此同时，自公元1世纪起逐渐迁居至此的鲜卑部族日渐强大，并于公元258年在盛乐（今和林格尔盛乐古城）组成了以拓跋部为首的部落联盟，时为代王所管辖，从此，呼和浩特地区进入了鲜卑统治时期。376年，前秦苻坚曾攻下此地，淝水之战（383年）后，拓跋部趁势收复该地区。此后在北魏迁都平城前的很长一段时间内，盛乐城都是鲜卑政权的统治中心。北魏分裂后，该地区先后归属于东魏和北齐。进入隋朝后，该地先设有云州总管府，后分为云州和胜州，二者又分别改为定襄郡与榆林郡，治所大利县和金河县均位于呼和浩特地区，并被指定为东突厥可汗驻地。隋大业末年，东突厥汗国以呼和浩特平原为根据地，控制了内蒙古大部分地区和漠北蒙古高原。唐贞观四年（630年），唐军击破突厥，设置定襄都督府、云中都督府以安置突厥余部；高宗永徽元年（650年），设单于大都护府统一管理定襄、云中、呼延三府。晚唐时期，时局混乱，呼和浩特地区陷入沙陀突厥、吐谷浑等北方部族与唐朝、后梁等政权的纷争中，这种动乱局面一直持续到辽国完全控制了呼和浩特地区才宣告结束。

辽金元时期，丰州、云内州和东胜州在呼和浩特地区相沿袭，该地也因此被称为西三州之地。这一时期，该地区的工商业发展极为兴盛，各色人种齐会于此，多种宗教在此并存，经济文化达到了空前繁荣的程度。元明交替后，明朝政府在阴山一线设置了大量军事卫所，呼和浩特地区曾设有东胜卫、镇虏卫、玉林卫、云川卫等；永乐时期，在内蒙古高原与黄土丘陵过渡地带修筑了长城、关堡等防御设施，遂使此地逐渐被蒙古部落重新占领。明代中后期，占据此地的土默特万户在阿拉坦汗统治时期建立了与明朝的和平贡市关系，引入了藏传佛教格鲁派，恢复了蒙藏民族间的交流；1572—1575年，阿拉坦汗主持在大青山脚下建造了一座城市，由明朝政府赐名为“归化”。1627年，北元察哈尔部林丹汗占领了归化城；1632年，后金皇太极出兵西征，林丹汗逃往青海，归化城遂被收归后金。1636年，后金正式改国号为大清，归化城土默特部被定为直隶理藩院的内属旗，并被分为左、右两翼，设都统进行管辖。这一时期该地区藏传佛教的发展传播极为迅速，归化城内外兴起了众多寺庙，时有“七大召，八小召，七十二座免名召”的民谚。清雍正十二年（1734年），清政府筹划在归化城东北新建一座专门用于驻防八旗军的军事城；该城于乾隆四年（1739年）竣工后被赐名为绥远，并设立绥远城将军；乾隆六年（1741年），清廷设立归绥道，下辖归化城、和林格尔、托克托、清水河、萨拉齐五厅，并称“口外五厅”，后又有所拓展。1928 年，民国政府在绥远建省，将归绥县城区设为归绥市，即为省会。抗日战争时期，日寇曾将归绥市改为“厚和特别市”，战争结束后仍恢复原名。1949 年 9 月 19 日，国民党绥远省政府主席董其武接受中国共产党和平解决绥远问题的主张，率部起义，绥远省和平解放。新中国成立后，于 1950 年 1 月 20 日成立归绥市人民政府；1954 年 3 月 5 日决定将绥远省辖区并入内蒙古自治区，并从 4 月 25 日起将归绥市更名为呼和浩特市，将内蒙古自治区的首府迁于此地。此后呼和浩特市所管辖的旗县几经调整，自 2000 年起，呼和浩特市下辖四区、四县、一旗，即玉泉区、回民区、赛罕区、新城区、和林格尔县、清水河县、托克托县、武川县和土默特左旗。

20 世纪六七十年代以来，呼和浩特地区发掘出了大量文化遗址，尤以新石器时代遗址为主；同时，呼和浩特境内还发现了大量古城、聚居地遗址、墓葬、长城等文化遗迹，详细地揭示了该地区文化发展的轨迹。同时，呼和浩特地区还留存有大量地面建筑，以宗教建筑为主，包括民居、府邸、衙署、商铺等多种类型。截至 2013 年，呼和浩特市共发现不可移动文物点 1534 处，其中包含全国重点文物保护单位 17 处，自治区级重点文物保护单位 42 处，市县级重点文物保护单位 78 处。

玉泉区

呼和浩特玉泉区古建筑分布图

1 大召

The Greater Lamasery

级　别	国家级重点文物保护单位
年　代	明代、清代
地　址	玉泉区大召前街
交通信息	乘 6、38、42、58、59、209、k3 等公交车至大召站
类　型	宗教建筑 · 砖木结构
看　点	呼和浩特地区最宏大的召庙建筑群
开放信息	门票 35 元 / 人

大召无量寺，又名“伊克召”，俗称“大召”，位于玉泉区大召前街。大召始建于明万历七年（1579 年），由土默特部阿拉坦汗主持兴建，为一座喇嘛教格鲁派寺庙，次年明朝赐名为“弘慈寺”。当时寺中供奉有释迦牟尼银像，故俗称“银佛寺”。万历十四年（1586 年），阿拉坦汗之子僧格杜棱汗迎请三世达赖喇嘛索南嘉措来此主持释迦牟尼像的开光法会。崇祯五年（1632 年），归化城转入后金统治者手中。1640 年，皇太极下令重修大召，并更名为“无量寺”，清顺治九年（1652 年），五世达赖喇嘛赴京朝觐途中即驻锡与寺中九间楼上。康熙初年，清政府在寺院东侧院设置了管理寺庙的机构喇嘛印务处；康熙三十一年（1692 年），二世乃吉托音呼图克图人掌印札萨克喇嘛，并在其任期内对无量寺进行大规模的维修和扩建，其大殿屋顶改铺黄色琉璃瓦，殿内皇太极坐过的座位被设为皇帝宝座，其上供奉着书有“当今皇帝万岁”的特制金牌，使寺庙上升到“帝庙”的等级，召内亦不再设置呼图克图座位。此后的清朝统治时期的每年正月初一，呼和浩特地区的将军、都统等官员均要到此叩拜皇帝神牌。光绪四年（1878 年），大召经历一次大规模维修，更换了建筑顶瓦，并绘制了建筑彩画及室内壁画。

大召是呼和浩特地区现存规模最大、最完整的砖木结构建筑群。寺院坐北朝南，有明确中轴线，轴线上分布三进院落，其东西各建有一路侧院，寺中建筑多为汉式或汉藏结合式。寺院中轴线南端为八孔水井，相传是康熙皇帝征讨噶尔丹，凯旋途经此地时由马踏出的，名为“玉泉井”。其北侧沿轴线依次建有牌楼、山门、天王殿、菩提过殿、大雄宝殿、九间楼等建筑。

牌楼为三间四柱七楼式，北侧书“佛照青城”，其后方即为山门。山门为单檐歇山顶汉式建筑，面阔五间，中部三间设板门，墙壁上有双龙戏珠砖雕，门内天花板上绘有双鹤图。山门即为第一进院落，主要建筑为天王殿，殿前东西两侧建有厢房。天王殿面阔五间、进深四间，单檐歇山顶，殿前有左右相对的青石狮子一对，殿中供奉四大天王。天王殿后方东西两侧分别建有钟楼与鼓楼，合“晨钟暮鼓”之说，二者均为方形平面的二层攒尖顶建筑。天王殿后方正对菩提过殿，过殿前东西两侧各建有一座五开间带前廊歇山顶配殿：东侧为长寿殿，殿内供奉长寿佛，殿前有一“寿”字石碑；西侧为普明殿，殿内供奉无量佛，殿前有一“佛”字石碑。

菩提过殿为第二进院落的主要建筑，由经堂与佛殿两部分前后组合而成。经堂为七开间卷棚歇山顶建筑，屋脊上有“二鹿听法”装饰，南侧屋角各有一鎏金飞龙，明间挂有“佛泽万物”牌匾。经堂北门即为

阿拉坦汗铜像

牌楼

山门

天王殿

鼓楼

菩提过殿前“佛”字碑

佛殿南门，门上悬挂“漫足西天”牌匾，为光绪年间遗物，佛殿北门挂有“无量寺”牌匾。佛殿面阔九间，分为三部分：中间为过厅，中央设一尼玛法轮；东侧为药师佛殿，西侧为藏密佛殿。

菩提过殿后方为第三进院落，其中的大雄宝殿是大召的中心建筑。大雄宝殿由经堂与佛殿两部分组成。经堂为汉藏结合式建筑，面阔五间，上下两层，前带三间单檐歇山顶两层抱厦，其明间悬挂“普渡慈航”牌匾。经堂为喇嘛诵经学习的场所，内部摆放着经卷、法器等，墙上绘有佛教壁画。经堂下层四面均为实墙，但二层四面均有隔扇窗，阳光从二层照入一层，与周围昏暗的空间形成鲜明的对比，营造出神圣静谧的氛围。经堂后方为佛殿，二者间以隔扇门分隔。佛殿面阔七间、进深五间，底层东、西、北三面设廊子，为歇山顶建筑。佛殿内有“大召三宝”，即银佛、龙雕与壁画。大雄宝殿这一形制，是呼和浩特地区召庙大殿的典型形式。大雄宝殿前方有配殿两座，东侧为盛乐佛殿，西侧为密集佛殿，二者均为面阔五间的单檐歇山顶汉式建筑。九间楼位于大雄宝殿北侧，为九开间带前廊二层硬山建筑。

九间楼两侧各有一座佛殿，东侧为弥勒佛殿，

菩提过殿

菩提过殿门上彩画

大雄宝殿一

大雄宝殿二

大雄宝殿内牌匾“漫足西天”

大雄宝殿内屋顶浮雕

九间楼

乃春庙

西侧为大白伞盖佛殿。二者建筑形制相同，主体部分为三开间转五开间汉藏结合式建筑，上层用单檐歇山顶；前方出面阔三开间的二层抱厦，也用歇山顶，抱厦前方采用藏式建筑中常见的方柱，其屋脊上亦有“二鹿听法”装饰。

大召东西两路建筑也有各自的轴线。东路轴线上建有菩萨殿和玉佛殿，二者均曾被毁，后又重建。菩萨殿形制如大雄宝殿，但规模略小，殿中供奉观世音菩萨的各种显像。玉佛殿形制亦与大雄宝殿相似，殿内供奉玉雕释迦牟尼像，置坛城三座，并供奉有明代流传下来的 108 函甘珠尔经。

大白伞盖佛殿

西路最南端为八座白塔，统称为“吉祥八塔”，其后沿轴线分布三座院落，依次为乃春庙、藏经阁院及公中仓。乃春庙院落南端有山门，东西两侧有厢房，主体建筑乃春庙形制亦如大雄宝殿，唯规模略小。藏经阁院为一三合院，主体建筑为面阔七间带前廊的两层藏经阁。公中仓前方建有垂花门，主体建筑为三开间转七开间汉藏结合式建筑。

大召规模宏大、布局严谨、历史悠久、级别较高，对内蒙古中西部地区格鲁派喇嘛教的传播产生过深远影响，至今仍是呼和浩特地区藏传佛教寺庙的代表。

公中仓

观音殿

玉佛殿

玉佛殿内坛城

弥勒佛殿

吉祥八塔

2 小召牌楼

Archway in the Lesser Lamasery

级　别	自治区级重点文物保护单位
年　代	清代
地　址	玉泉区小召前街
交通信息	K6 玉泉区民族幼儿园站或大漠古玩城站
类　型	宗教建筑 · 木结构
看　点	精美木牌楼
开放信息	免费开放

小召蒙古语名为“巴葛召”，汉名为“崇福寺”。据史料记载，寺庙始建于明代，由阿拉坦汗的孙子俄木布洪吉台主持建造，蒙古人将该寺庙俗称为“小召”。乃济陀音一世初次从科尔沁来到呼和浩特弘扬佛法时便在小召前建宅。清康熙十八年（1679 年），乃济陀音二世在小召坐床，并在秋天赴京朝觐，因其与孝庄文皇后均为科尔沁人，从而与清廷建立了密切的联系，政治地位日益升高。清康熙三十五年（1696 年），乃济陀音二世随康熙皇帝平定噶尔丹，康熙帝凯旋回朝途径归化城时便驻跸在小召，并留下盔甲、弓箭、宝剑等物，此后每年正月十五为“小召晾甲日”，展出康熙帝留下的这些物品。同年，小召进行过一次修缮，并由康熙帝赐名为“崇福寺”。小召历代呼必勒罕为乃济陀音转世，共传七代。光绪十五年（1889 年），最后一世乃济陀音去世，并未再寻找转世灵童。

据当地人民口耳相传，清代的小召前街商贾云集、车马喧嚣，街面上临近小召寺有惠丰轩、大观园、崔铁炉等铺面，大量买卖人在此聚集，热闹非凡。据传说，康熙驻跸小召后不久，街上出现一位肩扛笊篱的赤发老人，在沿街叫卖时劝诫人们“早离”，人们不解其意。不久小召前街发生火灾，街道有一半被烧毁，只剩了

文保碑

全景

半道街。人们遂将老人附会为火神，并留下火烧半道街的传说。

直至清末民初，小召保存得较为完整，留有大殿、经堂、凉亭等建筑。“文化大革命”中，小召遭受严重破坏，现仅存寺院最南端的小召牌楼一座。

牌楼原位于寺院中轴线上，是汉商为了庆祝寺庙扩建30周年而建，建成于雍正五年（1727年）。牌楼为三间四柱三楼式，通面阔10.2米，高9米余，由台基、柱额、斗拱、屋架等部分组成。四根立柱略有侧脚，每根柱下有厚重的汉白玉夹杆石，两侧辅以戗柱。檐下采用十三踩带昂如意斗拱，屋顶为歇山式，上覆绿色琉璃瓦。牌楼结构简明合理，装饰精美。夹杆石上方可见石雕的痕迹，额枋上施有彩画；额枋两侧出垂花柱，其间嵌有镂空的花板；明间两面均书有“普照慧光”四字，文字两侧有木雕松鹤图等纹样。

小召牌楼是该寺庙的唯一遗存，在造型、结构、装饰等方面独具风格，是清代牌楼的精品。但由于长时间的风化和自身结构沉降，牌楼的构件发生变形，大量花板脱落，石材风蚀明显，保存状况不容乐观。

侧立面

局部

斗拱

仰视

3 金刚座舍利宝塔

Vajra-based Stupa

级　别	国家级重点文物保护单位
年　代	清代
地　址	玉泉区五塔寺后街
交通信息	乘 26、27、31 路至蒙西文化广场；27、31、79 路至安利公司；50、56、79 路至五塔寺东街
类　型	宗教建筑 · 砖石结构
看　点	雕刻、石刻图
开放信息	门票 25 元 / 人

金刚座舍利宝塔位于慈灯寺中。慈灯寺位于清代归化城东南，因塔被俗称为“五塔寺”。慈灯寺始建于清雍正五年（1727 年），为小召的属庙，雍正十年由清廷赐名为慈灯寺。相传在建造绥远城时，归化城的喇嘛、乡绅认为其会破坏归化城的风水，遂上奏朝廷建造寺庙以镇护归化城，故慈灯寺又名“新召”。寺庙建成后，每年正月初一、十五，归化城的喇嘛们都要通过绕走慈灯寺来完成密宗“观想”修行。清光绪十二年（1886 年），寺内最后一位活佛去世，寺庙陷入萧条，逐渐荒废，但民国时期仍保存着寺庙全貌；20 世纪 50 年代后，寺庙建筑逐渐遭到破坏。

慈灯寺原寺庙已毁，仅留下舍利塔。据文献记载及考古发掘佐证，寺院的整体布局实际是一个以金刚萨埵为中心的曼陀罗坛城，金刚萨埵是大日如来的化身，是密宗的第二主，象征智慧与力量，慈灯寺便相当于大日如来的道场。寺庙坐北朝南，原有三进院落。自山门进入，正北为三世佛殿，东西两侧配殿分别为圣观音殿与二十一度母殿；第二进院落主体建筑为金刚萨埵殿，东西配殿分别为阿弥陀殿与不空成就佛殿；第三进院主殿为大日如来殿，东西配殿为南方宝生佛殿和东方阿閦佛殿，大日如来殿后方即为金刚宝座舍利塔。2007 年，寺院已根据资料进行了复原。

舍利为梵文，意为“尸骨”，佛教中舍利分三种：佛祖或高僧肉身火化后的遗物为生身舍利，用以替代生身舍利的宝石称为影身舍利，佛祖所讲的佛教经典为法身舍利。佛教中建塔以供奉舍利，故佛塔又常被称为舍利塔。金刚宝座塔为一种特殊的佛塔类型，类似印度菩提迦叶式塔，一般形式为在矩形平面的宝座上坐落五座密檐式塔，中间一座较大，四角的四座体量较小但彼此形式相同。

山门

三世佛殿

小塔

金刚萨埵殿

宝生佛殿

大日如来佛殿

大日如来殿彩画

五塔寺金刚宝座舍利塔位于寺院最北端，由塔基、金刚座、宝塔组成，通高16.5米。舍利塔平面呈“凸”字形，使南立面形象丰富生动。塔基高约0.9米，其上有石雕的狮子、佛家八宝等图案。金刚座高约8米，分为七层，每层均有琉璃瓦挑檐；最下层略高，南侧突出部分上雕有四大天王，其余各面有砖雕千佛图，并刻有蒙文，疑为供养人姓名；上部六层高度较低，雕为千佛环绕的形象，据说佛像表面曾贴有金箔，现已完全脱落。金刚座上伫立五座塔，中央一座为方形七层密檐塔，四座小塔则为五层密檐塔。五座塔象征金刚界五方佛，即大日如来佛、东方阿閦佛、西方阿弥陀佛、南方宝生佛和北方不空成就佛，塔身上雕有千佛土和五方佛坐骑等图案。塔南侧开有券门，采用汉白玉拱石，并对表面进行雕刻；门上有一汉白玉匾，其上以蒙、汉、藏三种文字书有“金刚座舍利宝塔”。

塔后的墙壁上有三块石刻，自东向西依次为须弥山分布图、蒙文石刻天文图和六道轮回图，三幅图象征着佛教修行所讲求的境、行、果。其中蒙文石刻天文图尤为重要，它是现存唯一一幅石刻天文图，体现了古代中国人的宇宙观，相传为清代蒙古族数学家和天文学家明安图绘制，其上全部用蒙文标注了星座名称，佛教借此佐证佛教宇宙观的重要性。

井亭

金刚宝座舍利塔是呼和浩特地区唯一的金刚宝座塔，历史悠久，工艺精美。慈灯寺是呼和浩特唯一的坛城寺院，对于内蒙古地区藏传佛教文化的研究具有重要价值。

金刚座舍利宝塔一

金刚座舍利宝塔二

金刚座舍利宝塔三

金刚座舍利宝塔入口

金刚座舍利宝塔浮雕

金刚座舍利宝塔顶部

4 土默特议事厅

Tumd Council Chamber

级　别	自治区级重点文物保护单位
年　代	清代
地　址	玉泉区大北街议事厅巷
交通信息	乘 3 路、19 路至光彩市场站
类　型	衙署建筑 · 砖木结构
看　点	传统四合院
开放信息	不开放

土默特旗务衙署，又称固山衙门，俗称议事厅，始建于清雍正十三年（1735 年），是处理土默特两翼军政事务的官署，也是归化城副都统政令与军令的执行机关。土默特两翼，即土默特左旗与土默特右旗，清代时均属内务旗，实行都统制。左右两翼都统各自执掌本旗旗务，但军政事务须有清政府命令或绥远将军、归化城副都统的允准，且事后须向理藩院呈报。18 世纪 20 年代以前，土默特两翼居民因其生产方式单一，军政事务单纯，官员职责轻松简单。随着交换互市的发展，来土默特经商、开垦、从事手工业生产的人逐渐增多，各类案件亦随之增多，军政事务与民事纠纷简繁，都统不胜负担，亟须设置机构处理客民事务，清廷遂恩准设立了土默特旗务衙署。

旗务衙署为一四合院，其占地范围长 86 米、宽 40 米。正门位于南墙正中，三开间单檐硬山顶，明间设板门，门上有蒙汉两种文字书写的牌匾。院内主体建筑为议事厅大厅，位于北部正中，为五开间砖木结构单檐硬山顶建筑，中部三间带前廊。议事厅大厅是土默特参领集体议事的地方，也是都统及副都统实行军政事务的指挥机关。大厅前方东西两侧均建有厢房，均为砖木结构建筑。东侧厢房自南向北设有前锋营、户司、旗库、印房、银库等机构，西侧厢房中设置汉稿房、兵司、武器库等部门。大厅北部偏西处另建有一二层小楼，为档案库，里面保存着清政府下达的文书及衙署内部的各种文件。

土默特旗务衙署自清代至民国一直是土默特地区的政权机构，为该地区军政制度、议事制度的研究提供了重要参考。

鸟瞰

全景

正门

门额

正殿

5 乃莫齐召

Naimoqi Lamasery

级　别	自治区级重点文物保护单位
年　代	清代
地　址	玉泉区西顺城街
交通信息	乘 73 路至乃莫齐召站
类　型	宗教建筑 · 木结构、砖石结构
看　点	大经堂，传统建筑与佛学院的结合
开放信息	免费参观，现为佛教学校

乃莫齐召，汉名隆寿寺，现处于一小区的包围之中。寺庙始建于康熙八年（1669 年），由绰尔济喇嘛主持建造。寺庙建成后，绰尔济奏请朝廷携弟子迁入，并成为该寺庙的札萨克喇嘛。康熙三十四年(1695 年)，乃莫齐召进行维修，竣工后由康熙皇帝赐名为“隆寿寺”，并将蒙、满、汉三种文字书写的寺额悬挂于寺门之上。嘉庆十年（1805 年），寺庙遭受火灾，建筑均被烧毁，随即重建。光绪二年（1876 年），札萨克喇嘛诺儿丕力募资续建。“文化大革命”中寺庙遭到了严重破坏，大部分建筑被拆除，仅存大经堂，且保存状况极差。近年来，寺庙对大经堂进行了修缮，并重建了山门与钟鼓楼。

寺院坐北朝南，原建有天王殿、过殿、大经堂、九间殿、喇嘛塔等建筑，现除大经堂外均不存。重建的山门建于大经堂前方仅数米处，为三开间歇山顶建筑，钟鼓楼位于其两侧。大经堂由经堂与佛殿组成，经堂为三开间转五开间汉藏结合式建筑，前方出面阔三间的两层抱厦，用单檐歇山屋顶。抱厦前檐柱用四根藏式方柱，殿门亦是典型的藏式风格。经堂二层为藏经阁，天花中央设藻井，藻井中心绘制曼陀罗坛城，其图案仅隐约可见，天花板上还绘有六字真言。佛殿与经堂间相距仅约一米，其间设天井。佛殿为二层汉式单檐歇山顶建筑，下层设环廊与腰檐，廊下摆放转经筒。佛殿内墙原绘有壁画，现已被白粉覆盖不可见，顶部有藻井，天花板上绘制无量寿佛图案。寺庙原用青瓦，修缮后改附黄色琉璃瓦。

大经堂西侧有一排坐西朝东的房屋，内设佛教学校，有喇嘛在此学习蒙文、藏文、佛理等知识。每天中午 11:00，喇嘛们在经堂内诵经。乃莫齐召早年主要供奉药师佛，现今仍有老百姓到此烧香祈求健康长寿。

大经堂

佛殿

经堂

入口佛塔

6 大盛魁

Dashengkui abstinence Hall

级　别	自治区级重点文物保护单位
年　代	清代
地　址	玉泉区大盛魁文创产业园北区内
交通信息	乘 K 6 路至玉泉区民族幼儿园站
类　型	民居 · 木结构、砖石结构
看　点	传统院落
开放信息	暂未开放

大盛魁旧址为一处坐西朝东的四合院，是大盛魁商号设在归化城的总号所在地，亦是其主要办公场所，建于清咸丰年间。

清康熙年间，清政府在平定噶尔丹时，军队深入漠北，“其地不毛，间或无水，至瀚海等沙碛地方，运粮尤苦”，遂准许商人随军贸易，其中就有山西太谷县的王相卿和祁县的史大学、张杰。三人买卖公道，服务周到，故生意兴隆。清军击败噶尔丹后，主力部队转而驻守在大青山，军需供给需经杀虎口往过运送，三人便在杀虎口开设商号，名“吉盛堂”，康熙末年更名为“大盛魁”。大盛魁初期随清军之需，将总号设在乌里雅苏台（今蒙古国境内），咸丰年间，总号迁至归化城，即为现存旧址。

大盛魁以放“印票”为主，借助驼运为运输手段，经营药材、日用百货、畜牧产品等，活跃于大漠南北，并与英、法、德等各国商人有业务往来。大盛魁以归化城为基地，经营范围远至库伦、恰克图等地，并在北京、汉口等城市设有分庄或小号。一时之间，归化城成为清代内地与蒙古、新疆等地区进行贸易的交通枢纽和重要集散地。鼎盛时期，大盛魁的分庄几乎遍布全国。清末，沙皇俄国的侵略活动使大盛魁的经营受到影响，逐渐萧条。随后，接连发生的俄国十月革命和外蒙古独立，使大盛魁在这两地的商业资本和市场大受打击。加之商号后期用人不当，掌柜挥霍无度，侵吞公款的事件屡有发生。1929 年，雄踞塞北 200 余年的大盛魁宣告倒闭。

大盛魁旧址保存较为完好，其正面设于东墙偏南处，为一砖砌拱券门，上有匾额书有“大盛魁”三字，现已模糊不可识别。院中主要建筑为西侧的二层小楼，小楼面阔三间共 9.7 米，进深 4.5 米，单檐硬山顶，两侧有耳房；楼前原有外跨楼梯，现已损毁。北侧耳房面阔三间，其尺寸与小楼相同；南侧小楼经过改造，原状已不可见。院中南北各有七间厢房，东侧亦有倒座七间，大门即设于南数第三间中，厢房与倒座均用单坡顶。

入口

大盛魁是归化城由政治、军事重镇发展为物流、商业中心的重要见证，大盛魁旧址为研究旅蒙商文化和万里茶路上的经济贸易发展史提供了宝贵的资料。呼和浩特市现已围绕大盛魁旧址建造了大盛魁文创产业园，并在旧址西侧建造了大盛魁博物馆，继续传颂大盛魁的昔日辉煌。

大盛魁博物馆

纪念碑

大盛魁老照片

7 元盛德

Yuanshengde abstinence Hall

级　　别	自治区级重点文物保护单位
年　　代	清代
地　　址	玉泉区大盛魁文创产业园北区内
交通信息	乘 K6 路至玉泉区民族幼儿园站
类　　型	民居 · 砖木结构
看　　点	传统院落，砖雕
开放信息	不开放

元盛德是归化城著名的三大旅蒙商商号之一。该旧址始建于清雍正年间，与大盛魁旧址相邻近，是呼和浩特市保存完整的一处古民居。

元盛德创始人为山西祁县人段泰。段泰早年间从归化城用骆驼运货到科布多一带销售，因一家商号欠他一笔运费，便用股权抵债；后来该商号又欠他的货款，便将商号兑给他。段泰将商号改名为“元盛德”，总号设在归化，并在科布多、扎哈拉、乌兰海、讨浩子等地设有支号。康熙远征噶尔丹时，元盛德为随营贸易商号。到光绪三十四年（1908 年）时，元盛德在北京设有元盛德、元盛泰和元盛长三家京羊庄，年贸易额可达 800 万两白银。民国元年（1912 年），元盛德伙计在外蒙古地区打死 83 人，元盛德支付了大量抚恤金，并由此引发了一系列事件，此后元盛德开始走下坡路。1928 年，元盛德撤离科布多，1932 年彻底歇业。

入口

鸟瞰

入口砖雕

元盛德旧址为其商号掌柜的旧居，为典型的四合院布局，坐北朝南。南墙内共有倒座五间，大门即设于最东侧一间中，门上设有砖雕，图案生动，雕工细腻，但因长时间风化已有些模糊。进门后迎面可见东厢房南墙上的座山影壁，其上书一“福”字。影壁旁有小门通向东跨院，门上书“务本”二字，意在告诫元盛德职工各司其职。跨院门前有一卵石砌筑的古井，每逢降水后水位上升时，井中可见清澈的井水。主院落北部为面阔五间的正房，其前方有东西厢房各三间。各建筑均用单坡硬山屋顶，墙体为土坯外包青砖砌筑。

元盛德没落后，掌柜将此院落兑给以拉骆驼为生的吴姓人士，其家族一直居住于此，直至 2007 年才将其转让。元盛德旧址现已被划入大盛魁文创产业园，拟设立为元盛德博物馆。

8 惠丰轩

Huifengxuan abstinence Hall

级　　别	自治区级重点文物保护单位
年　　代	清代
地　　址	玉泉区小召前街
交通信息	K6 路玉泉区民族幼儿园站或大漠古玩城站
类　　型	民居
看　　点	商业建筑
开放信息	不开放

惠丰轩是归化城的餐饮老字号之一，是呼和浩特市唯一原址保护下来的清代商铺建筑。惠丰轩所在的小召前街一带曾有春和玉药店、纸张店、小人书铺、洋铁匠、衡器社等老店铺，随着街区的改造，大量老店均被新建的建筑与新兴的商业取代。

清代归化城三大饭店为“锦福居”“旺春元”“菜生元”，各家饭馆都有自己独特的名贵菜肴，可以承办酒席，当地人称之为“细馆子”；三大饭店外，另有一家被称为“二细馆子”的中等饭庄，便是惠丰轩。惠丰轩始建于清康熙年间，原名叫“义忠轩”，店内有南、西、北三个客堂，故称“三股头营生”，满堂时可容 200 余人。民国九年（1920 年），得益于生意的繁荣，惠丰轩盖起二层楼。后由于战乱频仍，惠丰轩被迫歇业。

现存的惠丰轩旧址毗邻小召牌楼，处于特意为其辟出的环岛之上。建筑主体为砖结构，硬山卷棚屋顶，设木制门窗；入口为于建筑东北角，门上有书有店名的匾额。建筑形象古朴，保存较好，对于呼和浩特地区商业和饮食文化的研究具有较高价值。

全景

入口

东立面

文保碑

9 席力图召

Xilitu Lamasery

级　　别	国家级重点文物保护单位
年　　代	明、清
地　　址	玉泉区大南街与兴盛街路口
交通信息	乘 6、38、42、58、59、209、K3 路等公交车至大召站
类　　型	宗教建筑 · 木结构、砖石结构
看　　点	征噶尔丹纪功碑、明代殿宇
开放信息	门票 35 元 / 人

席力图召，因寺庙中一世活佛席力图呼图克图而得名，汉名“延寿寺”。寺庙始建于明万历十三年（1585 年），是阿拉坦汗之子僧格杜棱汗为迎请三世达赖喇嘛而修建的，原为一座小庙，即现存寺庙中的古佛殿。三世达赖喇嘛来蒙古地区弘法时，西藏方面派希迪图葛布楚陪同。随后希迪图葛布楚成为席力图召的一世活佛，他精通佛典，熟练掌握蒙、藏、汉三种文字，备受蒙古统治者推崇。万历十七年（1589 年），阿拉坦汗之孙被选为三世达赖的转世灵童，是为四世达赖云丹嘉措，由希迪图葛布楚培养；万历二十年（1592 年），希迪图葛布楚护送四世达赖返回西藏坐床。因他曾抱着四世达赖坐于法座上（“法座”蒙语为“席力图”），故被称为席力图呼图克图；在重返归化城后，他将自己主持的寺庙更名为席力图召并加以扩建。

清康熙三十二年（1693 年），席力图召四世呼图克图主持维修寺庙；一年后，康熙帝亲征噶尔丹时途经此地，为寺庙赐名“延寿寺”，寺庙在大殿前树立以满、蒙、藏、汉四种文字书写的征噶尔丹纪功碑。雍正十二年（1734 年），席力图召五世呼图克图被封为掌印札萨克达赖喇嘛，负责总理归化城的喇嘛教务。咸丰九年（1859 年），席力图召重修；光绪十三年（1887 年），席力图召遭受火灾，光绪十七年（1891 年）进行重修；1943 年，寺庙又遭火灾并重修，遂留存至今。

席力图召坐北朝南，有明确的中轴线。中轴线上自南向北有牌楼、山门、菩提过殿、大经堂等建筑，轴线两侧对称分布着钟鼓楼、碑亭、厢房等建筑，寺院后半部分还延伸出东西两路。牌楼位于山门以南，为三间四柱七楼式木牌坊，体量硕大，与山门之间形成宽阔的广场。山门面阔三间，单檐歇山顶，建筑两侧设八字影壁，明间设门，门上牌匾上书“灵光四澈”；建筑虽采用汉地建筑的形式，但在门上却运用了藏式建筑的装饰，屋脊设二鹿听法装饰。进入山门后东侧为钟楼，西侧为鼓楼，均为单开间转三开间二层攒尖顶建筑，二楼北侧均有厢房若干间。菩提过殿位于山门正北，面阔五间，带前廊，单檐歇山顶；南面明间悬一牌匾，上书“阴山古刹”，为雍正年间由大盛魁商号所献；过殿前方树有两根旗杆，过殿后即为第二进院落。

第二进院落南部有两座碑亭，亭中放置着征噶尔丹纪功碑。院落北部为寺庙主要建筑大经堂。大经堂由经堂和佛殿两部分组成，经堂为汉藏结合式建筑，二层采用歇山顶；经堂整体面阔、进深各九间，前方

山门

突出七间前廊，前廊采用了藏式曲角方柱和平屋檐；殿身上借用了藏式鞭麻土墙做法，南立面上大量使用蓝色琉璃砖。佛殿与经堂相连并位于其后方，面阔、进深各七间，为二层歇山顶汉式建筑，但柱头及门窗处理仍采用了藏式建筑元素。佛殿后方还建有一排二层的九间楼。

寺庙东路为早期建筑群，也存在一条轴线，其上分布有美岱庙、古佛殿和活佛墒。美岱庙面阔三间带前廊，为单檐歇山顶建筑，其南侧设院门。古佛殿由经堂与佛堂两部分组成，经堂面阔、进深各五间，前代三间前廊；佛堂面阔、进深各五间，东、西、南三面设廊。佛堂内供奉三世佛与八大药师佛，东西墙壁上有十八罗汉彩绘，人物生动，构图严谨，色彩艳丽。古佛殿建筑形式与大召的佛殿类似，极有可能是明代原物。

寺院西路有长寿塔、乃春庙遗址与喇嘛住所。长寿塔建于清乾隆末年，是为延长席力图召活佛寿命而建，通高15米，由塔基、塔身、塔刹三部分组成，采用汉白玉雕砌而成，是一座双耳喇嘛塔。塔基为石条砌筑的方坛，四周设有阶梯。方坛上为须弥座，其束腰部位雕有狮子、火焰、金刚杵等图案，四角有圆形盘龙柱；须弥座上方有五层方形叠涩，四面

牌楼

菩提过殿

菩提过殿匾额

御碑亭

刻有六字真言；叠涩上方为覆钵形塔身，其南面正中有佛龛，供奉无量寿佛，覆钵上部雕有璎珞；覆钵之上为塔刹，采用了石刻的十三相轮，每一层均雕有六字真言，上部再覆以星月和宝盖，两侧做云纹耳饰。塔身上所雕的纹饰表面均施以彩绘，与洁白的塔身形成鲜明的对比。乃春庙已被毁，仅存遗址，目前正在复建中。

席力图召如今仍有宗教活动，除每日经会外，每年正月、四月、八月、十月、十二月均会举行全庙型的大型法会。

第二进院

大经堂

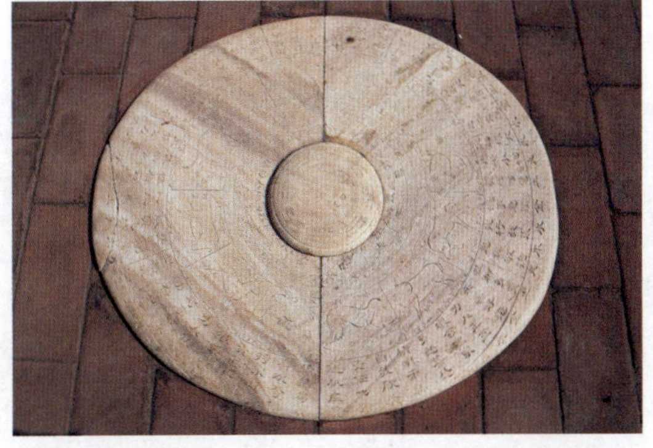

大经堂前罗盘

大经堂装饰

佛殿

古佛殿

长寿塔

美岱庙

乃春庙

10 财神庙

Temple of God of Wealth

级　别	自治区级重点文物保护单位
年　代	清代
地　址	玉泉区大南街
交通信息	乘 6、38、42、58、59、K3 路等公交车至大召站或土默特学校站
类　型	宗教建筑·木结构
看　点	财神信仰，建筑彩画
开放信息	免费开放

财神庙毗邻玉泉井，位于大召前街东侧。该庙建于清代初年，当时归化城商贾云集，有买卖字号百余家，其中大部分商人为来自山西的汉人。这些商人秉承着财神信仰，并向各社团、商号发起募捐，修建了财神庙。每逢初一、十五，财神庙施斋饭，香客络绎不绝；除夕夜人们在此迎接财神。1939 年至 1940 年间，寺庙由蒙疆道教会会长王信真等道士主持，其间绥远地区地下党以此为联络点进行革命，并成立了绥蒙抗日救国会。新中国成立后，财神庙变为居民住宅。2006 年起对财神庙建筑进行修缮保护，于次年对外开放，现为呼和浩特一处爱国主义教育基地。

财神庙坐北朝南，原有山门、献殿、大殿、配殿、厢房等建筑，2006年修缮时新建了后罩楼。山门坐落于高一米余的台基之上，面阔三间，单檐硬山顶，明间设门；山墙墀头下肩的角柱石上有浮雕石狮，雕工细腻；山门两侧有两小门，亦可通入院中。山门北侧即为献殿，面阔三间、进深一间，为一敞轩，卷棚歇山顶。献殿两侧有厢房及配殿，均为三开间硬山顶建筑，配殿规模较厢房略大；东配殿供奉元始天尊、玉清天尊和道德天尊，西配殿供奉福、禄、寿、喜、财五路财神。

献殿之后为大殿，大殿采用了前卷后殿的组合形式，运用了勾连搭的结构手法，建筑不用斗拱，为小式建筑。卷棚部分面阔三间，采用歇山屋顶；殿身东西两侧各添一间，用硬山顶。抱厦部分梁架采用露明造，殿身部分则用平棊，96块天花板上均绘团龙牡丹图案。大殿东西上墙上绘有壁画，表现了民间的财神信仰；殿内木构件上均施彩绘，保存较为完好。

正门

献殿

西厢房

大殿

大殿梁架彩画

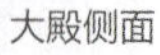

大殿侧面

财神庙大殿老照片

11 土默特文庙大成殿

Hall of Great Attainments in Temple of Confucius, Tumd

级　别	自治区级重点文物保护单位
年　代	清代
地　址	玉泉区土默特学校院内
交通信息	乘6、38、42、58、59、K3路等公交车至土默特学校站
类　型	宗教建筑 · 木结构
看　点	儒家建筑
开放信息	不开放

土默特文庙始建于清雍正二年（1724年），由土默特都统丹津奏请建造，位于归化城南门外，西侧与土默特官学相连，归化城副都统每年择日率官员来此致祭。文庙于乾隆三十九年（1774年）和道光四年（1824年）经历两次重修。1985年，土默特文庙对大成殿进行了修缮。

文庙原为整体坐落于高台之上的一组建筑群，坐北朝南。院落前有一石照壁，照壁以北是棂星门，为三间四柱圆木栅门。棂星门后方经泮桥可达正门，其间东西各有齐房一间。正门两侧另设随墙门，随墙门旁各有一三开间小殿，东侧为宦祠堂，西侧为乡贤祠。正门内为大成殿，大成殿东西两侧各有配殿三间，供奉几位文人与理学家的牌位；大成殿后方为面阔三间的崇圣祠。崇圣祠两侧亦有配殿：东侧为一六边形亭子，内有八卦图一幅；西侧为祭器库房。

土默特文庙现存建筑仅有大成殿一座。大成殿坐落于砖砌台基之上，面阔三间，带前廊，单檐硬山顶，覆绿色琉璃瓦。前廊廊心墙上有砖雕，寓意为福禄延年；明间使用骑马雀替，其上雕有竹子、书籍、宝瓶、仙桃等纹样，次间雀替则雕喜鹊登梅，山墙处石雕也多用喜鹊登梅图案。殿后有青石碑一通，其上记录了当时土默特都统官员的职位和管理职责。

大成殿是呼和浩特地区仅存的文庙建筑遗迹，对于了解当时的社会文化具有借鉴意义。

文庙大成殿老照片

土默特文庙前乌兰夫塑像

文庙外部环境

12 观音庙

Temple of Avalokitesvara

级　别	自治区级重点文物保护单位
年　代	清代
地　址	玉泉区鄂尔多斯大街泉源巷
交通信息	乘 31、42、56、79、一环 1 号线等公交至南茶坊站或宝尔汗佛塔广场（富贵国际）站
类　型	宗教建筑 · 木结构
看　点	坐南朝北的寺庙
开放信息	免费开放

观音庙是呼和浩特市现存唯一一座较为完整的汉传佛教寺院，始建于清嘉庆年间。寺庙坐南朝北，因此俗称为倒座观音庙。

观音庙现存有牌楼、影壁、韦陀殿、正殿、配殿等建筑，存在中轴线。寺院北端沿中轴线分布两座牌楼，均为三间四柱三楼式牌坊，上用悬山顶，梁枋之上绘有精美的彩画，每间均设板门，实际起到山门的作用。韦陀殿面阔、进深均一间，尺度极小，殿中供奉着弥勒与韦陀，室内并无参拜的空间；建筑前后檐均将梁挑出做垂花柱，造型精美，彩画艳丽，采用悬山屋顶。

正殿位于韦陀殿南侧，为前卷后殿式，抱厦面阔三间，殿身面阔五间，明间悬挂“观音宝殿”匾额。殿内供奉观世音菩萨、文殊菩萨和普贤菩萨，东西山墙上绘有壁画，为观音菩萨的三十二应身和三十三化身像。正殿两侧均有配殿，为三开间硬山顶建筑，东配殿供奉地藏王菩萨，西配殿供奉西方三圣，殿内壁画表现十八罗汉闭关修行。

历史上的观音庙曾屡遭破坏并逐渐被废弃。2004年起在原寺庙的南侧对观音庙进行了扩建，新建的寺院格局广阔，建筑体量硕大，全然忽视了人体尺度的需要，大而无当。而原寺庙屈居于新观音庙的东北隅，亦失去了其原有的功能和价值。

北侧牌坊

南侧牌坊

韦陀殿

观音殿

东配殿

新建部分夜景

新建山门

新建大殿

13 王昭君墓

Wang Zhaojun's Tomb

级　别	国家级重点文物保护单位
年　代	汉代
地　址	玉泉区桃花乡
交通信息	乘 209 路至昭君博物馆站
类　型	古墓葬
看　点	汉墓，昭君文化
开放信息	免费开放

王昭君墓，蒙语俗称为特木尔乌儿虎，意为“铁垒”，历史上多称其为“青冢”，据说呼和浩特（汉意为“青城”）即是因其而得名。昭君墓占地面积 1.3 万平方米，高约 33 米，为覆斗形夯土建筑。昭君墓周围景色怡人，民间流传有俗语称其“晨如峰，午如钟，西如枞”，“青冢拥黛”曾被誉为呼和浩特八景之一。

王昭君名嫱，字昭君，西汉南郡秭归人，汉元帝建昭元年（公元前 38 年）被选入后宫为待诏。竟宁元年（公元前 33 年），王昭君自请嫁往匈奴和亲，被封为宁胡阏氏，促成了汉朝与匈奴之间近半世纪的和平。汉末初始元年（公元 8 年），王昭君去世，葬于大黑河南岸。

千百年来，昭君和亲的故事在中国民间广为流传，形成了“昭君文化”，文人墨客多借其经历以抒怀，青冢亦成为诗文中的重要元素。早至盛唐时期，便有李白的“生乏黄金枉图画，死留青冢使人嗟”，杜甫的“一去紫台连朔漠，独留青冢向黄昏”。杜佑所著《通典》是最早提及昭君墓的文献：“有金河，上承紫河及象水，又南流入河。李陵台，王昭君墓。”宋代乐史《太平寰宇记》也有记载：“青冢在（金河）县西北，汉王昭君葬于此。”此后史书诗词中对于青冢的记载与吟咏日渐增多。

至清代，出现了对青冢及其配套建筑的更为细致的记载。清初唐建中《提青冢图》诗中有“系马冢前古柳枝”“下有无名之石兽，上有无主之荒祠”等句。张鹏翮《奉使俄罗斯日记》中记载：“城南负郭有黑河青冢古迹，远望如山。策马往观，高二十丈，阔数十亩，顶有土屋一间，四壁垒砌，藏有瓦瓮，此喇嘛所为也……冢前有石虎双列，白石狮子仅存其一……绿琉璃瓦砾狼藉，似享殿遗址。”钱良择时与张鹏翮同行，在其《出塞纪略》中也对昭君墓做出了详细记载：“冢高三十余丈，广径数亩。冢之南，琉璃瓦碎者成堆……石虎、石马各一，色黑；石狮一，色白；石幢一，镌蒙古书，竖幡于上……冢巅有土人垒做小方亭，藏画佛及绸布、豆麦，以土坯堵其四面……冢旁一大柳，其根分为二，相去三尺余，去地数天复连为一，骨去皮存。”由此可知，清初时昭君墓地面配套设施已经成型，其前方石兽对列，冢旁有古柳，冢前有享殿，墓顶有祭祠，并融入了喇嘛教文化。

清末至民国时期，昭君墓的地面建筑几已无存。20 世纪七八十年代，开设了东西两侧通往墓顶的梯状

全景

昭君博物馆

文保碑

踏道，在墓前修建了两座清式六角攒尖亭，在墓顶修建了红柱琉璃瓦攒尖亭一座。1977 年，昭君墓文物保管所成立，现已发展为昭君博物院，坐落于昭君墓的南部。博物院中建有汉代阙门、嫱云浮雕、王昭君雕像、神道石像生、青冢牌坊、单于大帐、墓表等建筑小品，并设有匈奴文化博物馆、昭君纪念馆、和亲园、历代诗碑廊、昭君传说故事陈列等展区，成为了展示内蒙古悠久历史和灿烂昭君文化的重要场所。

昭君像

青冢

牌坊

凉亭

凉亭内梁架

昭君和亲像

新城区

14 和硕恪靖公主府

Mansion of Heshuo Princess Kejing

级　别	国家级重点文物保护单位
年　代	清代
地　址	新城区通道北路公主府街
交通信息	乘 2、23、8、K3 路至公主府公园站
类　型	府邸建筑・砖木结构
看　点	前堂后寝式的府邸建筑
开放信息	免费开放（周一闭馆）

和硕恪靖公主府是清康熙皇帝的四公主下嫁漠北喀尔喀蒙古后居住的府邸，有“西出京城第一府”之称，《绥远通志稿》称其“后枕青山，前临碧水，建筑与风景之佳，为一方馆”。其建筑工艺精湛，建筑格局严谨，对大漠南北产生了极深的影响，现为呼和浩特市博物馆。

和硕恪靖公主生于康熙十八年（1679 年），其母亲是出身于博尔济吉特氏家族的郭络罗氏。公主十二岁时被封为和硕公主，康熙三十六年（1697 年）五月，由康熙皇帝指婚下嫁于喀尔喀土谢图汗察珲多尔济之孙敦多布多尔济；康熙四十五年，晋封和硕恪靖公主；

雍正元年（1723 年），封为固伦恪靖公主，并赐金册；雍正十三年，公主薨逝于漠北，葬于库伦（今蒙古国乌兰巴托）之东的不儿罕山。恪靖公主育有四子，其长子根扎布多尔济的后裔一直在府内居住，子孙八支在公主府周围居住，并形成了府兴营村和小府村两个村落，现呼和浩特市东郊太平庄、美岱村一带的万余亩水地曾是公主府的庄园，供给公主府的吃穿用度。

公主府建成于康熙四十四年（1705 年）九月，坐北朝南，呈前堂后寝式格局，有明确的中轴线。府门前原有大影壁一座，现已不存。府门面阔三间，单檐硬山顶。进入府门后又有仪门一座，同为三开间单檐硬山顶建筑，其对于等级地位的象征意义远大于实际功能需求。自仪门进入公主府的“前堂”部分，主体建筑为静宜堂。建筑面阔五间，单檐硬山顶，屋脊高耸，极具气势；殿内公主正座之上原挂有康熙皇帝御笔的“肃娴礼范”牌匾。静宜堂是公主及额驸接待官员、宾客，商讨政务的地方，故又称议事厅。其两侧有沿轴线对称分布的配殿、耳房、厢房等建筑，营造出庄严肃穆的氛围。

静宜堂以北为公主的生活区，为一个独立的院落。

府邸模型

院落南墙正中是一座一殿一卷式垂花门，建于五级台阶高的台基之上，由四根柱子支撑，北侧两柱之间设屏门。院落内北侧为公主寝宫，面阔五间带前廊，单檐硬山顶，梁枋门窗广施彩绘，且使用大量有特殊寓意的吉祥图案。寝宫内部呈一堂两屋式格局，厅堂东侧为公主的卧房，厅堂西侧为公主礼佛的佛堂。寝宫两侧亦对称分布着配殿、耳房与厢房。

静宜堂与寝宫两组院落为整个公主府的主体与中心，二者共同形成一“日”字形平面布局。两院落的隔墙之外，又有一重院落，院落外围为公主府的外墙，由此整座公主府形成 “回”字形布局。寝宫院落以东原为公主府花园；公主寝宫以北原有后罩房一列，其明间有穿堂门可通向公主府北侧的马场；公主府东北原建有公主家庙，东侧有公主子弟读书处，西北方有一座白塔寺，西侧为护卫队、仪卫处、医药处等机构，现均不存。

公主府体现了清代王府建筑的典型特征，其总体布局上采用了前堂后寝、中轴对称、亦府亦园的处理方式，建筑形式上以硬山为主，内檐装修中大量采用了落地罩、碧纱橱等清宫式建筑常用做法，室内使用满蒙民族常用的“软海墁”天花，建筑梁柱、门窗用色以红、黑为主。此外，公主府的台基多采用大理石镶边包角，墙壁使用水磨青砖，屋角饰以五脊六兽，屋脊采用瓦条堆砌，均与京津地区明末清初王府建筑的风格相一致。

公主府建筑群淡雅古朴，建筑精美，工艺精湛，装饰细腻，府中及周边区域还曾出土过大量珍贵文物，为研究清代早期建筑、文化与民俗提供了宝贵的资料。

府门

仪门

前院西厢房西耳房

静宜堂

前院东配房

静宜堂内

后院西厢房

垂花门

后院东厢房碧纱橱

公主寝宫

后罩房

15 绥远城将军衙署

Admiral's Mansion in Suiyuan

级　别	国家级重点文物保护单位
年　代	清代
地　址	新城区新华大街 31 号
交通信息	乘 3、4、19、2、56、82、89、97、K1 路、青城 1 号线；青城 2 号线、铛铛车公交专线至将军衙署站
类　型	衙署建筑 · 砖木结构
看　点	清式衙署，前堂后寝式
开放信息	免费开放（周一闭馆）

将军衙署位于清代绥远城中心偏北处，为一坐北朝南的长方形院落。清王朝为巩固西北边陲的稳定，对大漠南北蒙古地区实行政治、军事统治而营建了绥远城。绥远城将军衙署是绥远城统领八旗驻军和掌管西北军政的最高权力机构，在绥远城告竣时一并落成。绥远城将军为清廷一品封疆大吏，以朝廷亲授将军的身份在此驻守。自乾隆二年（1737 年）建威将军王昌驻守绥远城起，至宣统末年将军堃岫被北洋军人取代为止，在 172 年的时间里共有 78 任清廷正式授封的绥远将军在此驻扎。辛亥革命后，将军衙署先后被民国政府、北洋政府和国民政府委派的官员占据，其间先后于 1921 年和 1930 年对将军衙署进行两次大规模的整修。第一次整修中改建了大堂、二堂，增补了辕门及其他建筑；第二次整修主要是在东跨院新建了“澄园”，供官员休憩娱乐。1949 年 9 月 19 日，绥远城和平解放，将军衙署遂成为绥远省人民政府办公地；1954 年，绥远省与内蒙古自治区合并，衙署便成为自治区人民政府办公地，现已改为博物馆。

绥远城将军衙署严格按照清朝一品封疆大吏官衙的格局进行营建，是将军办公、生活的场所，整体格局为前堂后寝式。衙署可分为东、中、西三部分，中路上有五进院落，东跨院为马房、厨房、仓库等后勤用房，西路南部为花园、客房，北部有土地庙等祭祀场所。衙署的主要建筑均位于中轴线上，由南向北包括照壁、正面、仪门、大堂、二堂、三堂、四堂等，其中大堂、二堂是将军的办公地点，三堂、四堂则属于内寝。

衙署的最南端建有一青砖照壁，顶部做悬山样式，中部嵌有光绪年间绥远城将军克蒙额手书的“屏藩朔漠”石匾，照壁与衙署隔街相对。衙署正门面阔三间、进深两间四架椽，用悬山顶，每间设一板门，门前两侧建有八字影壁。大门内为第一进院落，院落北端建有仪门，大门两侧建有倒座，其中安置将军衙署的前锋营和土默特官厅。仪门面阔三间，硬山顶，其两侧建有阿斯门（便门）。仪门是迎送重要宾客的场所，平日不开，只有品阶高于绥远将军或与之相当的官员方可走仪门，平时官员均走阿斯门，文官走东侧，武官走西侧。

仪门内的第二进院是将军衙署的主体院落，其主要建筑大堂又名公廉堂，是将军举行典礼和重要政务活动的场所。大堂面阔五间、进深三间，带前廊，为砖木结构，用悬山顶与五花山墙，中部三间设板门；堂前建有月台，是新官到任时“望阙扣恩”和举行大型礼仪活动的场所。大堂两侧建有配殿和厢房，均为三开间带前廊硬山顶建筑，其中设置文案处、回事处、印房、折房等机构。大堂两侧有阿斯门通向第三进院，院中主体建筑二堂同为五开间带前廊悬山顶建筑，明间设隔扇门；二堂又名退思堂，是将军的日常办公场所，其两侧建有三开间带前廊硬山顶厢房，为客房与武器库。二堂两侧有阿斯门通向将军内寝。

三堂、四堂属将军内宅，1924 年曾毁于火灾，并于当年重建；20 世纪 80 年代初，四堂被拆除。三堂所在院落采用了典型的四合院的处理模式，南墙正中建有垂花门，垂花门两侧接抄手游廊，游廊在两厢房

府门远景

府门

照壁

照壁题字“屏藩朔漠”

仪门

花园

正堂远景

二堂

正堂

正堂砖雕

垂花门

以北变为爬山廊，使整个院落空间富有趣味。三堂在民国时是历任绥远省军政首脑的办公地点，建筑坐落于高台基之上，面阔五间，悬山顶，前出抱厦一间，用卷棚歇山。三堂两侧建有耳房，三座建筑连为一体。据记载，四堂原为面阔七间、进深六架椽的硬山顶建筑，现已不存，而改建为面阔九间，前出三间抱厦的二层楼房。

将军衙署等级极高，但其建筑均采用小式建筑，未用斗拱等高等级建筑中常见的构件，可见其建造多从使用角度出发，并未刻意强调建筑等级。将军衙署建筑群中的现存建筑可分为三类，清代建筑、民国建筑及其他建筑。清代建筑主要包括照壁、前三进院落与三堂前的东厢、西厢；民国建筑包括三堂及其东西耳房，东跨院会议室、味莼轩与招待所；其他建筑为除上述两类以外的建筑，其中最重要的是东路南部的绥远方式纪念馆。

绥远将军衙署建成以来，一直是该地区最高军政机构所在，是呼和浩特历史、文化的重要见证；其布局严格遵照《大清会典》与八旗驻防城的要求，是清代同类衙署中仅存的实例，为研究清代军事、政治、建筑、八旗制度等领域提供了重要实物资料。

三堂

展厅

绥远方式纪念馆

西偏院

西偏院影壁

将军衙署模型

将军衙署府门旧照

将军衙署三堂旧照

16 甲兰板古庙

Ancient Temple in Jialanban Village

级　别	自治区级重点文物保护单位
年　代	清代
地　址	新城区甲兰板村
交通信息	建议自驾
类　型	宗教建筑 · 木结构
看　点	檩下墨书题记
开放信息	免费开放

甲兰板古庙建于清乾隆十九年（1754 年），一说古称“圆通寺”，又有一说称其原为龙王庙，寺庙建成后一直香火不断。20 世纪中叶，寺院被学校占用，2006 年左右才恢复其寺庙功能。

寺庙坐北朝南，山门设于南墙正中，其两侧分别建有钟楼、鼓楼，三座建筑均经历过修缮，其修缮年代不详，山门两侧还建有随墙门。正门以南正对一戏台，破坏极为严重，现仅存东侧砖墙与半缝梁架，据当地人所说，此戏台正筹划原址重建。自正门进入，右手边有一棵硕大的榆树，需三人方能合抱。

院中北部为寺庙正殿，面阔三间，硬山顶，原设前廊，先已改为内廊，室内为露明造，明间脊檩下方有墨书题记，上书“大清乾隆十九年四月十九日扶梁”，明确反映了建筑的年代。

寺院西侧还有一座小佛殿，供奉千手观音，建筑面阔三间，用硬山顶，寺中僧人称该殿建于元代，有 500 余年历史。殿前曾发现半截蒙古文经幢，此殿有可能原为藏传佛教建筑。

全景

残存古戏台

西院殿宇

17 绥远城墙遗址

Ancient City Wall of Suiyuan

级　别	自治区级重点文物保护单位
年　代	清代
地　址	新城区北垣东街南侧、东护城河北巷西侧
交通信息	乘 19、33 路至呼市拆迁办站或消防指挥中心站
类　型	古遗址
看　点	清官式城墙
开放信息	免费开放

清雍正年间，漠西卫拉特蒙古准噶尔不断侵扰喀尔喀蒙古，清政府出于军事和政治稳定的需要，决定在塞外土默川上筑城屯兵。雍正十三年（1735 年），雍正皇帝派官员到归化城勘察地形，在城东北五里处选定一片坡地作为建城基地。乾隆二年（1737 年），此城仿照山西右卫的格局开始动工营建，于两年四个月后建成，乾隆皇帝赐名为“绥远”，因其相对明代的归化城而言是新建的城，故俗称“新城”。绥远城为驻防旗兵建造，一切建制均遵循相关规制。城墙平面呈正方形，“周围九十里三步，高二丈九尺五寸”，每面开一门，门上建城楼，南承薰门、东迎旭门、西阜安门、北镇宁门，城楼门额上均有满、蒙、汉三种文字书写的石刻。城墙上共设炮台 44 处，城门外均建有瓮城，城门上有箭楼，城墙转角处建角楼，城外有护城河。城内街道整齐，以出于全城中心的钟鼓楼为起点辐射出东、西、南、北四条干道，另有小街 24 条、小巷 46 道。

自建成后，绥远城城墙经历两次重修。同治九年（1870 年），绥远将军定安下令重建北门城楼，增补修缮；光绪三十年（1904 年），将军贻谷修缮城垣，疏浚护城河。城墙后逐渐被拆除，现仅存东北隅城墙，东墙残长 453 米，有马面三处；北墙残长 245 米，有马面一处；东北角城墙上存有角楼基址，可知此处原建有面阔六间、进深两间的曲尺形砖木结构角楼，其位置现被一临时性配电站所占据。

通过对已拆城墙基址的勘测和对现存城墙遗址的考察，可以判定绥远城墙的营建遵循《雍正城垣做法册式》中的制度规范，采用“外则砖砌雉堞，内则土雍环衬”的营建方法；因长年累月的风化和雨水侵蚀，现城墙顶部雉堞仅有几处残存，墙体及内侧夯层的开裂、坍塌情况严重。

文保碑

城墙雉堞

城墙东北角（局部）

东北角楼基址远景

东墙马面之一

东墙马面之二（细部）

东墙马面之二

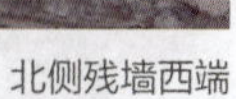

北侧残墙西端

角楼旧照

城墙旧影

瓮城旧影

回民区

18 呼和浩特清真大寺

Hohhot Great Mosque

级　别	国家级重点文物保护单位
年　代	清代至民国
地　址	回民区通道南街 28 号
交通信息	乘 4、6、8、16、24、50、81、102、201、K3、青城 1 号线至旧城北门站
类　型	宗教建筑、砖木结构
看　点	伊斯兰风格
开放信息	免费开放

清真大寺因其是呼和浩特市建造年代最早、规模最大的一座清真寺而得名。该寺始建于清康熙三十二年（1693 年），当时仅有土屋数间。乾隆五十四年（1789 年）扩建；光绪十八年（1892 年）增建山门，光绪二十二年建照壁；1923 年再度重修，遂成今日之规模。

清真大寺坐东朝西，寺前原有影壁一座，现已被拆除。寺院西墙中部建有面阔三间、进深两间的正门，歇山顶，其明间设板门，正门门楣上有三块牌匾，分别书有“清真大寺”及“国泰”“民安”；正门两侧的墙上各有一小门，现三门均不开放，需由南侧一牌坊式入口进入寺中。

正门

礼拜大殿位于正门东侧，坐西朝东，殿前建有月台。大殿面阔五间，进深也为五间但跨度更大；东立面的中间三间用砖砌做拱券，并安设殿门，门上雕有阿拉伯文；墙面上部做出带有弧形和涡卷的山花墙造型。西立面造型处理为相连的三座影壁，其上依次书有“明心、正心、诚意、修身、见性”，中部上方有砖雕匾额，上书“认主独一”。大殿的屋顶形式极为复杂，将勾连搭的屋顶组合形式与八边形攒尖亭相结合，形成了五座屋顶高低错落的组合形式，象征伊

大殿东立面 1

大殿东立面 2

穿堂匾额

斯兰教中念、礼、斋、课、朝这“五大天命”，所有屋顶均为木构，其下由室内的 16 根内柱支撑；大殿内除攒尖亭下施藻井外，均覆以平棊吊顶。大殿内外装饰精美，彩画鲜艳，雕刻细腻，多采用阿拉伯文、几何线纹和植物为装饰题材；建筑以青砖灰瓦为主要建筑材料，表面装饰多采用青绿配色，阿拉伯文表面均镀金，整体风格和谐低调。

大殿南侧建有副大殿，面阔七间，均做砖拱券并设门，明间做牌坊式，檐部附有砖雕斗拱造型，檐部山花处理与大殿类似，屋顶上方建有四座攒尖六角亭，建筑表面装饰华丽，主要以阿拉伯文和植物造型作为装饰题材。大殿前方北侧建有三开间硬山顶的教长室。副大殿前方建有碑廊。

大殿东侧与其正对的是穿堂，现已改为阅览室。建筑坐东朝西，面阔五间，进深三间带前后廊，砖木结构硬山顶，正门中部三间悬挂牌匾，均为同治时期遗物；厅内墙壁上绘有麦加大清真寺的形象及“天房图”。穿堂南侧与之紧邻有一座望月楼，因穆斯林信徒们每逢斋月便登临此楼望月而得名。该楼建成于

大殿西立面

大殿侧窗

1939 年，为六边形砖木结构塔楼，入口位于正东方向，楼内共有五层。

除上述建筑外，清真大寺中还设有沐浴室、女眷部、海里凡学堂、饭堂等建筑，时至今日，清真大寺依然延续着其宗教功能，每年信徒们均会募资进行寺庙建设或建筑维修，清真大寺不仅体现了伊斯兰教文化与中国传统建筑的结合，也体现了当今背景下对古代建筑的利用和重塑。

副大殿 1

副大殿 2

碑廊 1

碑廊 2

后院

望月楼

装饰

19 坝口子戏台

Stage in Bakouzi Village

级　别	自治区级重点文物保护单位
年　代	清代
地　址	回民区攸攸板镇坝口子村
交通信息	建议自驾
类　型	民居 · 木结构
看　点	木雕、壁画
开放信息	不开放

坝口子戏台现坐落于呼和浩特市区通往武川县的公路西侧，掩映于其两侧高大的树木之中。建筑内后台部分存有两通乾隆年间兴建龙王庙时所刻的功德碑，碑文记载戏台是为了祭祀龙王而建造，其东侧原有龙王庙一座。相传每年六月初八都要在此为龙王爷唱大戏。

龙王庙现已不存，仅余戏台。戏台坐南朝北，由前后两座建筑通过勾连搭的方式组合而成，前部为卷棚顶，后部用硬山顶；建筑面阔三间共 8.6 米，两建筑通进深为 7.4 米。戏台破坏严重，其南部两侧原有“八”字影壁，据说可以在唱戏时起到聚音的作用，东侧影壁现已被拆除，西侧影壁尚存。戏台本以北侧为演艺空间，不知何时被人用砖土将北侧封堵起来，无法窥见其原貌。其屋顶部分使用了大量雕工细致的木构件，如前檐的云形拱和端部雕作龙头状的木博风

南立面

板，其线条流畅，刻画灵动，造型优美。室内东西两侧各有一幅天女散花壁画，壁画南侧紧邻屏门。屏门是南北两建筑在室内的明显分隔，同时也是演员唱戏时的上下台口，先仅有西次间屏门尚有部分残存，其他部分均已散失。戏台后部建筑南端原为实墙，现代人出于通风、照明等因素的考虑，将明间全部打通；两次间上部亦有两圆孔，是建筑原状还是现代人所为尚不得而知。

戏台暂未开放，据其保护现状来看，似乎常年失修。建筑外部仅由铁丝网简单围护起来，此外并未采取任何保护措施。戏台长期暴露于风雨之中，令人颇为痛心。

东立面

内部

西立面

北立面

坝口子戏台壁画

20 呼和浩特天主教堂

Catholic Church

级　别	国家级重点文物保护单位
年　代	1924 年
地　址	回民区通道南街 27 号
交通信息	乘 21、24、81、102 路公交至回中站
类　型	宗教建筑 · 砖结构
看　点	哥特风格
开放信息	不开放

天主教堂现位于回民区通道南街 27 号，该位置原为归绥市旧城牛桥东河沿九号，故又俗称为牛东沿天主教堂。该教堂始建于 1922 年，由比利时籍建筑师主持设计，天津工匠建造，于 1924 年投入使用。

19 世纪 60 年代起，天主教在内蒙古地区迅速发展，蒙古教区被罗马教廷划归比利时圣母圣心会管辖。1873 年，天主教会在归化城长平仓北建一座小堂以供传教士来官署办事时居住。1883 年，罗马教廷将蒙古教区一划为三，归化城被划归西南蒙古教区；1922 年，西南蒙古教区又被划分为绥远、宁夏两教区。早在 1900 年义和团运动时，小堂已遭焚毁；绥远教区选定其原址东北侧修建教堂，并于 1924 年将主教堂迁至此处。“文化大革命”期间，该教堂被用作仓库，直至 1980 年以后才恢复其作为教堂的功能。目前该教堂已停止一切宗教活动，亦不对公众开放。

该天主教堂既体现了西方早期哥特式建筑的风格，又表现了中国传统的建筑技法。圣堂为整组教堂建筑群中的主要建筑，其平面基本呈长方形，面积约 600 平方米，除北部钟塔外均沿轴线对称。建筑坐东朝西，主立面高耸且沿中线对称，其宽度较侧面略窄，横向上做三段式划分，纵向呈现三段式划分的趋势但分段不明显；中间及两侧各设一券门，其上逐层设置高而窄的拱券式窗，并用砖叠涩和抹灰线脚的做法形成立面装饰。其南北立面上隐约可见七列柱网，每两列柱网间设有窄高的玻璃券窗，柱外侧设有逐层收分的墙墩作为结构的辅助支撑，与飞扶壁成型前的哥特建筑的结构做法类似。北部钟楼总高 30 米，分为四层，为教堂中的制高点；其平面下大上小，由圆形逐层转变为多边形；相传钟楼中原有来自欧洲的青铜合金钟

全景

西立面

大门

两口；钟塔东侧有一小门，为圣堂的次入口。圣堂东立面中部有一凸出的半圆形，即为圣坛所在。

圣堂室内净高达20米，墙面均刷做白色，营造出庄严肃穆的氛围；中厅两侧整齐的柱网塑造出极强的序列感。其屋顶底部做成平顶，上方则采用桁架结构，与传统哥特式建筑的做法有明显差异。圣坛南北两侧各有一厢室，北厢室旁设有进入钟楼的通道。

圣堂东北建有主教楼一座，其建造年代较圣堂稍晚，在建筑风格上体现出西方浪漫主义思潮复古主义的特征。主教楼平面呈长方形，坐北朝南，为砖木混合结构的二层建筑。建筑内部设有东西向通长的走廊，走廊两侧设有主教寝室、办公室、接待室、图书室、餐厅、库房等多种功能的房间。1934年，主楼西侧又建造一座样式与其基本相同的西楼；之后又在圣堂以东建造孤儿院和教室、事务用房等平房，均采用中国传统建造样式。

天主教堂的建立和建造体现了西方对呼和浩特宗教文化和建筑风格的影响，促进了呼和浩特地区建筑文化的重大变革，也体现出当时时代背景下中西方建筑的交流与碰撞。

钟楼

西立面

南立面

鸟瞰

21 乌素图召

Wusutu Lamasery

级　　别	国家级重点文物保护单位
年　　代	清代
地　　址	回民区攸攸板镇西乌素图村
交通信息	建议自驾
类　　型	宗教建筑 · 砖木结构
看　　点	召庙建筑群
开放信息	部分免费开放

乌素图召坐落于大青山南麓的乌素图谷中，“乌素图”在蒙语中意为“有水的地方”。乌素图召由庆缘寺、长寿寺、法禧寺、广寿寺、罗汉寺五座寺庙组成，以庆缘寺为中心，其东侧为长寿寺，东北为法禧寺，北面依次建有罗汉寺与广寿寺，各寺院间相互毗邻。

乌素图召建筑群相继修建于明清两代。庆缘寺又称察哈尔喇嘛召，由察哈尔佃齐创建于明万历三十四年（1606 年）。他带领蒙古匠人希谷尔、拜拉二人在乌素图谷那尔苏台山下设计建造该寺庙，建有正殿、四大天王庙、左右偏殿等建筑，寺庙建成后由察哈尔佃齐担任乌素图召的第一世活佛，共传八代。清康熙三十五年（1696 年），康熙帝征讨噶尔丹班师回朝途中经过小召，察哈尔佃齐三世罗布桑旺扎勒前往觐见，获得康熙帝敕封的“呼图克图”称号。乾隆四十七年（1782 年），庆缘寺进行大规模修葺，增建殿堂；次年，清廷为其赐名“庆缘寺”，赏满、蒙、汉、藏四种文字书写的寺额。

庆缘寺坐北朝南，沿中轴线分布两进院落。寺院南端设有山门，兼作天王殿之用；建筑采用砖木混合结构，北侧明间设有木门，南侧正中开一券门，其余部分墙体均用青砖堆砌；其上部用歇山顶。山门两旁墙上各开一门为次入口，东侧为广寿门，西侧为通经门。自山门进入寺中，北侧正对大雄宝殿。大雄宝殿为汉藏结合式建筑，采用呼和浩特地区召庙建筑的惯用格局，即为经堂与佛堂前后组合的形式。经堂下层面阔、进深各五间，做藏式平屋顶；上层转为三间，前出面阔三间的两层抱厦，则采用汉式做法。佛堂为面阔、进深各五间的重檐歇山顶建筑，底层檐下又设一圈回廊；佛堂中供奉五方佛与八大菩萨，东西两侧墙壁上绘有精美的壁画，色泽艳丽、保存良好，被称为庆缘寺一绝，也是呼和浩特召庙壁画中的优秀作品。大雄宝殿前方东西两侧各有一座面阔五间、进深四间的单檐歇山顶配殿；大殿后方建有过厅一座，其北部即为第二进院落，院落中的主体建筑为面阔五间的二层佛爷府，两侧对称建有配殿、厢房等建筑。

长寿寺原名察哈尔速木寺，始建于明隆庆年间，其早期形制已不可考。清康熙三十六年（1697 年），察哈尔佃齐三世主持对其进行扩建；此后自雍正二年（1724 年）至嘉庆七年（1802 年）间，寺庙共经历

庆缘寺山门

庆缘寺内

庆缘寺大殿

庆缘寺大殿

庆缘寺大殿室内

庆缘寺东配殿

庆缘寺后院

六次修葺，寺庙中现存有两通石碑，详细记录了其营建与修葺过程。长寿寺坐北朝南，沿轴线设置两进院。其南端山门为面阔三间的砖木混合结构建筑，南部东西两侧延伸出八字影壁，南北两侧明间开木门。自山门进入正对大殿，大殿底层面阔七间、进深六间，外圈做回廊，上层各方向均内收一间，殿前出面阔三间的两层抱厦，用歇山式屋顶。大殿前方两侧各有一座面阔三间的单檐歇山顶配殿，其后方有一门通向第二进院落。据载，该寺中原有山门、天王殿、佛殿、钟楼、鼓楼等大量建筑，现多已不存。

法禧寺原名玛勒不苏莫代，由察哈尔佃齐三世于清雍正三年（1725年）主持修建，寺中供奉药师佛。乾隆五十年（1785年），清廷为其赐名“法禧寺”。法禧寺由前后两进院落组成，寺中建有天王殿、佛殿、佛爷府、配殿等建筑；其中佛殿为三转五的藏式平屋顶建筑，但其前方出有面阔三间的抱厦，体现了汉式建筑对其的影响。据记载，寺中曾保存有青海佑宁寺的松巴堪布·益西班觉（1704—1788年）所著《松巴堪布经》的木刻经板共3455块，但在“文化大革命”期间散失。法禧寺自2017年8月14日

长寿寺山门

长寿寺大殿

法禧寺山门

法禧寺东门

法禧寺内

起封闭，似在进行维修。

罗汉寺同为察哈尔佃齐三世在清雍正三年（1725年）主持修建，是察哈尔佃齐三世自行投资修建的一座佛殿。罗汉寺规模较小，仅为一进院落，院墙南侧正中设山门，院中建有佛殿一座、配殿两座。佛殿坐落于二层台基之上，为一面阔五间的单层歇山顶建筑，殿内原有精巧灵动的彩塑若干。罗汉寺与法禧寺同时封闭，暂不对外开放。

广寿寺位于罗汉寺以北，清康熙二十九年（1690年）冬由席力图四世呼图克图主持修建，后遂成为席力图召的属庙。因其处于乌素图山之阳，故也被称为乌素图召。“文革”期间，广寿寺被村民拆毁，仅存部分建筑的基址。

乌素图召依山傍水、风景优美，今年在召庙群北部新建白塔一座，与后方大青山上的敖包遥相呼应。这里既是朝佛礼拜的胜地，也是著名的旅游风景区，吸引着大量游人来此驻留。

白塔

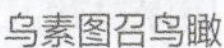

乌素图召鸟瞰

敖包远景

乌素图召旧照 1

乌素图召旧照 2

赛罕区

22 万部华严经塔

Pagoda for 10 000 Copies of Avatamsaka Sutra

级　别	国家级重点文物保护单位
年　代	辽代
地　址	赛罕区太平庄镇白塔村西南
交通信息	建议自驾
类　型	宗教建筑 · 砖结构
看　点	辽塔，楼阁式塔
开放信息	门票 20 元 / 人

万部华严经塔，蒙语中称为“查干索布尔嘎”，俗称“白塔”，始建于辽兴宗至道宗时期，位于原丰州古城的西北角，从属于大明寺，用于存放华严经卷。

辽代统治者对佛教极为推崇，尤以辽圣宗、兴宗、道宗时期为辽代佛教发展的鼎盛时期，呼和浩特地区现存的辽代佛教建筑遗迹基本均属于这一时期。辽道宗自小喜爱华严经，并在在位期间完成了《契丹藏》的刊刻。同时世代为后的萧氏家族也都笃信佛教，如圣宗钦哀皇后萧耨斤、兴宗仁懿皇后萧达里、道宗宣懿皇后萧观音等。其中兴宗皇后是应州人，现因应县木塔而闻名的应县佛宫寺原是其家族的家庙。这种社会背景极大地促进了佛教在贵族中的传播和整个西京地区佛教的兴盛。

辽代灭亡后，该塔被后世沿用。修缮白塔时曾发现一金代残碑，碑文记录了将军完颜希靖主持修缮白塔的历史事件。明代丰州城被废弃，但白塔一直留存至今。1983 年对白塔进行修缮时发现了忽必烈时期的中统元宝交钞，是迄今为止我国发现的最早的纸币。

万部华严经塔为七层的八角形平面楼阁式塔，采用砖木混合结构，同时大量运用砖仿木构的做法；塔体表面覆有一层白垩土，故显白色。白塔由塔基、塔身、塔刹三部分组成。塔基造型复杂，其整体轮廓类似于须弥座，并用造型丰富的砖雕作为点缀；砖雕大量借鉴斗拱、蜀柱、壶门、勾栏等建筑元素，丰富了塔基的立体感与层次感；塔基顶部雕仰莲三层以承托塔身。

塔身分为七层，由下至上逐层收分，每层均包括砖雕的檐柱、斗拱与塔檐，相邻两层间用平座相连；每层每间面阔均为三间，奇数层在南北两面明间开券门、东西两面明间砖雕出木门造型（一层雕作隔扇门，上层均雕作板门），偶数层与之对应在东西两面开券门、南北两侧砖雕出板门造型，斜向各面的明间则做直棂窗造型，其中部三分之一确有采光之用。一、二层塔身上雕有大量佛教造像：斜向各面次间均有砖雕菩萨像一尊，均高 1.7 米余，一层造像保存较差，二层保存状况较好；一层券门与砖雕门两侧各有一高约 1.8 米的力士，力士袒露上身，手持金刚杵赤足立于台座之上，极具庄严感与力量感；一层直棂窗上部则

文保碑

白塔正面

白塔远景

塔身局部

白塔西侧

塔身局部

塔基

白塔入口

各雕佛坐像一尊，高 50 余厘米，其面目不清，袈裟右袒，头顶螺发隐约可见；二层各门两侧则雕有天王像共计八尊，高约 1.8 米，身着铠甲，手中所持法器各不相同；上述造像形象丰满、雕工细腻，属上乘之作。

白塔内有回廊阶梯通向塔顶，塔内原嵌有金代石碑九通，现留存六通，均为捐资修塔的功德碑，碑文内容反映出丰州城街道名称与布局等基本信息。历代游人在万部华严经塔的内壁上留下了数百条墨书题记，最早可追溯至金大定二年（1162 年），所使用的文字有汉字、契丹小字、西夏文、八思巴文、畏吾体蒙文、藏文、古叙利亚文等多种文字，其中的古叙利亚文相传是马可·波罗游历丰州时所留。塔内多处可见横向木构件，在结构上类似于现在圈梁的做法。塔顶层地面中间有一圆坑，坑中原残存一木棒，是藏纳经书的转轮藏的遗迹；其顶部砌做穹顶造型。

万部华严经塔造型典雅、结构合理、雕刻精细，历经千年依旧傲然耸立于丰州古城，对我国古代建筑的研究具有重要价值。

塔内采光口

塔顶内部

万部华严经塔旧照

塔内

修缮过程旧照

23 白塔古城

Old Town with Ancient Pagoda

级　　别	国家级重点文物保护单位
年　　代	辽、金、元
地　　址	赛罕区太平庄镇白塔村西南
交通信息	建议自驾
类　　型	古遗址
看　　点	辽代城址
开放信息	免费开放

白塔古城，因位于白塔周边而得名。古城平面呈正南北向的长方形，南北两边长约 1000 米，东西两边宽约 980 米。因近现代时期被辟为耕地，大部分城垣已被埋于地下，露于地表之上的墙体多已残缺。据现状判断，古城东、南、西三面城墙中部各开有一门，并在外部建方形瓮城；北部城墙现被公路穿过，无法判断是否开有城门。城墙四角有角台痕迹，墙体外部建有马面，相邻马面间距约为 65 米。据钻探，城中原有通向城门的十字街，在 20 世纪 80 年代时，街道交点处有一高约 2 米的大型长方形台基，现已不存。十字街将全城分为四个坊区，万部华严经塔即位于西北坊之中。

据考证，白塔古城为丰州城遗址。丰州城始建于辽神册年间，为丰州天德军驻军所在，金代沿用；元初废除其军额，仍称作丰州；明洪武六年（1373 年）被废弃，宣德元年（1426 年）复置，正统末年再遭废弃，荒废至今。

丰州的发展在元代达到鼎盛，与云内州、东胜州一起被合称为“西三州”，均是通向以西、以北地区的重要驿站，经济贸易的发展极为繁荣。元初名臣刘秉忠留有《过丰州》诗一首：“山边弥弥水西流，夹路离离禾黍稠。出塞入塞动千里，去年今年经两秋。晴空高显寺中塔，晓日平明城上楼。车马喧阗尘不到，吟鞭斜袅过丰州。”令人对古丰州之景象产生无限遐想。

古城现状之一

古城现状之二

古城现状之三

全景

土默特左旗

24 广化寺

Guanghua Lamasery

级　　别	国家级重点文物保护单位
年　　代	明、清
地　　址	土默特左旗毕克齐镇牛群房村
交通信息	建议自驾
类　　型	宗教建筑
看　　点	石刻造像
开放信息	门票 30 元 / 人

广化寺，又名喇嘛洞召，俗称银洞，为呼和浩特“七大召”之一，坐落于大青山深处的银洞山南坡。据考证，明万历年间，博格达·察罕喇嘛在此山银洞中坐禅苦修，弘扬佛法，后于天启七年（1627 年）在洞中坐化。其众弟子将其灵体以坐姿封闭于洞中，将山洞修为佛寺，并尊其为一世活佛。随后，其大弟子道宝·佃齐继任法位，主持寺中宗教活动，并于崇祯六年（1633 年）择地修建了一座五开间的殿宇，即为广化寺的最初规模。清顺治十五年(1658 年)，

前寺鸟瞰

全景

其弟子在银洞前扩建寺院；康熙五十八年（1719年），寺庙重修并扩建殿堂；雍正二年（1724年），清廷赐度牒四十道给喇嘛洞召，持钦赐度牒的喇嘛可以享受国家俸禄；乾隆四十八年（1783年），朝廷为其赐名“广化寺”，并增赐度牒六十道，同年任命博格达五世为呼和浩特掌印札萨克达喇嘛，总管呼和浩特十五大寺院和二十五处召庙事务；道光三年（1823年），再度任命博格达六世为呼和浩特掌印札萨克达喇嘛。在清廷的扶持下，广化寺成为一处宗教圣地，盛极一时。

广化寺由前后两寺组成。前寺位于山前，始建于清康熙五十八年（1719年），并于乾隆四十八年（1783年）扩建，原为四进院落，建有天王殿、大经堂、大雄宝殿、欢喜佛殿、佛爷府等建筑，后被损毁，近年来有所复建。

后寺结合博格达坐化的银洞进行建造。银洞宽约13米，高30米余，深度十余米，洞内右侧台阶后方有一高约1米、宽约70厘米的禅窟。银洞外建楼三层，为藏式平屋顶楼阁建筑，楼中供奉全寺最大的坐佛一尊，其高约三丈。银洞两侧崖壁上有多处形态、体量各异的摩崖石刻，题材以佛教造像和石刻喇嘛塔为主，其线条粗犷有力，形象生动古朴，具有极高的历史价值与艺术价值。

前寺大经堂

后寺全景

喇嘛洞（银洞）远景

白塔

喇嘛洞（银洞）1

喇嘛洞（银洞）2

造像

石刻

25 全化寺

Quanhua Lamasery

级　　别	自治区级重点文物保护单位
年　　代	清代
地　　址	土默特左旗朱尔沟村
交通信息	建议自驾
类　　型	宗教建筑
看　　点	造像
开放信息	需要许可

全化寺为广化寺属庙，建于清代。原有山门、大殿、僧房等建筑，后遭损毁，仅余大雄宝殿一座。大雄宝殿为一汉式砖木结构重檐歇山顶建筑，坐北朝南，面阔约 11.6 米，进深约 10 米。建筑檐下使用了六铺作斗拱，建筑等级较高。大殿墙体在“文革”中遭到破坏，现存墙体为后世所砌，据建筑残存判断，大殿下层原设有回廊。建筑内部天花用平棊，中间部位设绘有曼陀罗坛城的藻井，藻井中绘有藏传佛教“长寿三尊”，即无量寿佛、白度母与尊胜佛母。大殿木构部分广施彩绘，额枋部分彩画至今仍色彩鲜艳，图案鲜明。

除建筑外，全化寺的价值还体现于其造像艺术之上。全化寺的无量寿佛彩绘木版画中佛祖面相方圆，服饰采用写实手法，并带有中原汉式风格；伎乐仙人和供养天人木版画中各尊者均为瓜子脸、柳叶眉、樱桃嘴，衣裙、披帛线条灵动，采用碧绿、宝石蓝等鲜亮的冷色调为背景色彩，整个画面和谐而静穆。就彩绘风格而言，全化寺的木版画应属于热贡艺术，体现了西藏、青海地区对该地区藏传佛教文化的影响。

正立面

大殿

翼角

翼角彩画

26 白塔寺

White Pagoda Lamasery

级　别	自治区级重点文物保护单位
年　代	清代
地　址	土默特左旗察素齐镇人民路
交通信息	可乘客运班车至察素齐镇
类　型	宗教建筑
看　点	完整寺院格局，白塔
开放信息	免费开放

察素齐召，俗称白塔寺，又名增祺寺，始建于清嘉庆年间，为一座藏传佛教格鲁派寺院。寺院在道光年间进行扩建，规模达到鼎盛。新中国成立初期，寺院建筑仍保存得较为完整，时有山门、正殿、藏式平顶二层大雄宝殿、经堂、东厢房、西厢房等建筑，经堂前有白塔一座以及天王殿三间。“文革”中，寺院遭到严重破坏，仅余经堂和天王殿。2012年起，当地政府组织进行了对白塔寺的修复工作，迄今已复建了白塔、山门、佛殿、大雄宝殿等建筑，增设了钟楼、鼓楼，并对经堂进行了修缮。

白塔寺坐北朝南，沿中轴线布局。其最南端有牌坊一座，穿过牌坊即达山门。自山门进入寺中，东西两侧分别建有钟楼、鼓楼，二楼两侧各有厢房三间。山门兼做天王殿，其北为千佛殿，是一座面阔三间、带前廊的砖木混合结构汉式歇山顶建筑。千佛殿后方建有白塔，以北依次为大雄宝殿与经堂。大雄宝殿底层面阔五间，用藏式平屋顶，上层面阔、进深各一间，用单檐歇山顶；其前方出两层面阔三开间的抱厦，下层作为前廊，顶部用卷棚悬山顶，建筑造型丰富。经堂则为一幢二层汉式歇山顶建筑，面阔、进深各三开间，底层附加回廊一圈，回廊外侧檐柱间均设转经筒。

复建后的白塔寺完整呈现了其本来面貌，对于弘扬土默川地区的民族与宗教文化具有重要意义。

白塔

白塔寺

经堂

千佛殿

石牌坊

27 白塔山摩崖石刻

Rocking Carving at White Pagoda Mountain

级别	自治区级重点文物保护单位
年代	明代
地址	土默特左旗兵州亥乡讨合气村
交通信息	建议自驾
类型	石刻
看点	石刻造像
开放信息	免费开放

白塔山处于大青山中段，因其东侧山顶和山前均有白塔而得名。山中的佛教遗存分为上、中、下三部分。山脚处为僧舍遗址，山腰处有石刻经文，山顶为石刻佛像，形成了集佛像和文字于一体的摩崖石刻群。

山腰处的石刻经文距地面约1000米，共有200余处，跨度达150余米，自东向西沿岩壁呈带状分布。石刻以古蒙古文为主，另有梵文与藏文，内容以藏传佛教经文为主，另有少数祈愿文和题刻落款等，部分文字旁还刻有图腾。石刻西侧有一岩洞，高2米余，深达7米。

山顶的摩崖石刻位于底层岩洞左上方约20米处，共有佛像33尊，多采用浮雕或阴刻的手法。造像高度多在80厘米左右，几处规模较大的造像高达1米，造像形象有佛陀、菩萨、护法、佛八宝等。石刻右上方约30米处有3处岩洞，洞中有石刻佛像十余尊，均为两尊一组或三尊一组，因其处于山洞中故保存状况较好。

白塔山摩崖石刻远景

白塔山石刻的线条略显呆板、不流畅，佛像雕刻缺少精挑细琢，远不及喇嘛洞召摩崖石刻佛造像。就雕刻风格与技法而言，应出于多人之手，其年代亦较早，初步推断应为明隆庆至万历年间察汗喇嘛的修行道场。

白塔山摩崖石刻造像

和林格尔县

28 魁星楼

Tower of God of Literature

级　别	自治区级重点文物保护单位
年　代	明代
地　址	和林格尔县三道营乡骆驼沟
交通信息	建议自驾
类　型	宗教建筑 · 砖石结构
看　点	民间信仰
开放信息	免费开放

魁星楼位于骆驼沟村南 500 米处的土坡之上。据当地村民所说，该地在古代时极为偏僻贫穷，村中从未出过读书人。村民们都盼望着村中能走出几个读书人，来改变自己和村庄的命运。相传某一天，一个长相奇异的外乡人来到这里，他仔细观察了周边环境后告诉村民，如果村中想出文人，就要在村子南面建一座魁星楼。村民听后便集资盖起了这座魁星楼，此后村中果然出了几个秀才，骆驼沟一带也成为了一片风水宝地。

魁星楼为砖石结构，通高 4.1 米，由台基、楼座、楼身、楼顶等部分组成。就其造型及工艺判断，当为明清交际时的建筑，距今有 400 余年历史。台基平面呈长方形，下大上小，用当地的青石垒砌而成；楼座为青砖砌筑，分为上下两层，其南面设有台阶供人登楼，底层楼座高 3 米，上层高 0.5 米，且平面较底层内收；楼身同为青砖砌筑，其平面呈圆形，北侧开有一拱券门；楼顶为圆形攒尖顶，其顶部有一烧制的青灰色圆球装饰。

楼内有壁画，顶部绘有龙、虎和八卦图，墙壁上形象模糊不清，隐约可判断出是人物图像。楼内原有一魁星像，一手持笔，一手持砚台，惜已毁于“文革”中。

魁星楼

魁星楼券门及内部

魁星楼顶部

29 盛乐古城

Shengle ancient city in Horinger

级　　别	国家级重点文物保护单位
年　　代	战国至元代
地　　址	和林格尔县盛乐博物馆附近
交通信息	包车·自驾
类　　型	古遗址
看　　点	古城墙，博物馆
开放信息	免费开放

盛乐古城，又名土城子古城，位于和林格尔县上土城村北，东依蛮汉山，西临黄河，北望大青山，南扼杀虎口古道，自古以来便是人类聚居之地与兵家必争之地。古城平面呈不规则的多边形，面积约 349 万平方米。古城北墙、东墙北部保存较好，南墙中部被河水冲毁全然不存。据遗址判断，古城东、北、西三面仅中部开设城门，外侧建有瓮城；城中分为西城、南城、中城、北城四部分。通过考古发掘断定，西城仅存东城墙与南墙东段，为春秋时期文化遗存；南城地层包括南墙、东墙南段及南北两区间的一道东西向横墙，包含春秋、战国、两汉、北魏等时期的文化遗存；中城位于南城西北部，包含战国、两汉、魏晋、隋唐、辽金等时期的文化遗存；北城面积较大，包括西南部城垣，主要是隋唐时期文化遗存，城中西北部有大量大型建筑遗迹。

盛乐古城所处区域在西周至春秋时期是犬戎、北狄所居的“襄”地，春秋时期主要是北狄的活动区域，古城西城即为此时所建，是目前已知的呼和浩特地区营建最早的城市。公元前 594 年，晋景公灭狄国，古城被纳入晋国管辖范围；公元前 376 年，三家分晋，该地区成为赵国领地。公元前 300 年，赵武灵王建云中郡，盛乐古城周边区域均属云中郡辖地。汉高祖六年（公元前 201 年），汉朝从云中郡中另辟出定襄郡，郡治设于成乐县，即今古城南城，此后这里成为汉王朝抗击匈奴、稳定边疆的前沿阵地，大将军卫青曾多次以定襄郡为根据地北征匈奴。公元 258 年，鲜卑拓跋部兵分三路南下，拓跋猗卢率领的西部即以汉成乐城址为活动中心。随后拓跋猗卢率领鲜卑三部正式建立政权，将平城（今山西大同）定为南都，建古城中城盛乐城作为北都，为主要都址所在。公元 398 年，拓跋珪迁都平城，次年建立北魏王朝并自立为皇帝，此后盛乐城变为北魏皇帝北巡祭祖的重要城市。隋开

文保碑

皇五年（585 年）在古城设置云中总管府；开皇十九年（599 年），突厥启民可汗归附隋朝，隋王朝在今古城中城兴建大利城安置突厥人民；大业元年（605 年），以大利城为郡治重设定襄郡。唐高宗时，将原设于漠北的瀚海都护府迁至成乐城，改名云中都护府；麟德元年（664 年），更名为单于大都护府。辽金元时期，呼和浩特地区的政治经济中心转移至土默特平原西北部，盛乐古城地区的振武城被改为振武县或振武镇，主要沿用中城部分。

盛乐古城跨越的历史年代久远，历经春秋、战国、秦汉、魏晋、隋唐、辽金元等历史发展阶段，城镇营建历史长达二千余年，各时期文化遗存衔接紧密，与文献记载高度吻合，对于研究我国古代中原王朝与北方游牧民族之间的政治、文化、经济关系具有十分重要的作用，是内蒙古极为珍贵的文化遗产。

现状

残墙 1

残墙 2

古城复原模型

盛乐博物馆

30 东汉壁画墓

Tombs with murals of the Eastern Han Dynasty

级　　别	国家级重点文物保护单位
年　　代	东汉
地　　址	和林格尔县新店子公社
交通信息	建议自驾
类　　型	古墓葬
看　　点	墓室壁画
开放信息	不开放

和林格尔东汉壁画墓位于黄河支流浑河北岸的一处高地上，是一座大型汉代砖室墓。古墓由墓道、墓门、前室、中室、后室及三个耳室组成，全长19.85米，平面呈双十字形。墓室顶部用青砖砌作穹隆顶，墓葬早年被盗，前室券顶有盗洞一个。古墓前、中、后室均用书有“子孙繁昌，富乐未央”字样的方砖铺地；甬道两侧及墓壁之上绘满了色彩鲜艳的壁画，壁画内容对于研究东汉时期的庄园制度具有极为重要的意义。

文保碑

墓中壁画共计56组、57个画面，总面积达一百余平方米，表现了墓主人一生的主要经历。前室、中室主要描绘墓主人从“举孝廉”起，逐步担任“郎”“西河长史”“行上郡属国都尉”“繁阳令”“使持节护乌桓校尉”的任官经历；中室的壁画内容除与前室、后室相衔接的部分外，多为圣贤、忠臣、孝子、烈女故事以及瑞兽图和吉祥图案；后室绘有庄园图、桑麻图、牧马图、牧牛图、牧羊图、渔猎图等，展现了墓主人丰富多彩的日常生活图景；宁市图展现了繁荣贸易的景象，燕居图、武城图则展现了墓主人晚年养尊处优的生活场景。

和林格尔东汉墓壁画题材丰富、内容翔实、绘画技艺娴熟高超，保存状况良好，生动地展示了东汉晚期内蒙古地区的人文风貌，是研究这一时期政治、经济、文化、艺术的宝贵图像资料，壁画中所表现的汉代城市与建筑对于研究汉代的建筑制度、形式、结构、色彩等也具有重要意义。

东汉壁画墓

墓室壁画

托克托县

31 龙王庙铸铁蟠龙旗杆

Cast-iron streamer pole with coiling-dragon pattern in Temple of Dragon King

级　别	自治区级重点文物保护单位
年　代	清代
地　址	托克托县双河镇河口村头道街
交通信息	建议自驾
类　型	古建筑
看　点	生铁幡杆
开放信息	开放参观

铸铁蟠龙旗杆原位于河口龙王庙山门前两侧。河口龙王庙本坐落于河口头道街最北端，占地面积近六亩，据《绥远通志稿》记载，龙王庙建成于清咸丰年间，由前后两进院落组成。龙王庙四周建有围墙，南墙正中设有山门，东西两角处分别建有钟楼与鼓楼；山门以北有牌坊一座，牌坊以北即为正殿。正殿前方出抱厦三间，殿中供奉龙王，两侧有雷公、电母、牛头、马面等塑像。正殿前方东侧配殿中高台上卧着一头泥塑牛，一道人面南横坐于牛背上，当地人称此殿为“宣子庙”；正殿前西配殿为马王庙，殿中供奉三只眼的马王爷。两配殿以南另有厢房、禅房若干。

据记载，清道光三十年（1850年）秋，黄河发大水，河口镇南护村大坝决口，将河口全部淹没，损失严重。月余后大水退去，河口乡绅商讨决定建造龙王

铸铁蟠龙旗杆一

庙来防治水患，但建庙地点迟迟未定。相传此时来了一位法名心富的云游僧人，他发现头道街北端地下有两眼神泉，便建议村民将龙王庙建造于此。龙王庙建成后，香客络绎不绝。咸丰十一年（1861 年），河口双和店富商出面召集庆合店、晋益恒等字号，商定在龙王庙门前竖一对铸铁旗杆，随后从山西太原府太谷县聚盛隆请了三位金火匠人王聚义、傅美、傅言来到河口，历时近七个月于同治元年（1862 年）在庙前铸成了这对生铁蟠龙旗杆。1972 年，龙王庙被拆毁，仅有铁旗杆被留存下来，20 世纪 90 年代，为保护铁旗杆，当地文物管理所在其周围修建了围墙。

两根旗杆铸造工艺相同，均分四节铸造，有三个接口，总高三丈六尺五寸（约 11.7 米）。旗杆底部铸有“清同治元年，河口镇全民集资树”字样，底部夹石为方形，旗杆顶端呈球形，象征“天圆地方”。两旗杆夹石的铁帽上铸有琴棋书画、暗八仙、八骏等图案，旗杆下端书有为龙王歌功颂德的对联一副。对联上端各有六角斗方一个，斗方上用真、草、隶、篆四种书体各铸五言绝句一首，左侧旗杆为王维《竹里馆》，右侧则铸王之涣《登鹳雀楼》。两旗杆中间部位各铸巨龙一条，巨龙前爪抓着一只蜘蛛；巨龙上方铸玲珑斗一个，斗的四面各有镂空雕龙两条，工艺精湛。两旗杆上均铸有铭文，分别记录了旗杆的主持建造者、铸造匠人及年月等信息。在群众中传送着如下的顺口溜，可窥铸铁旗杆的概貌：

铸铁蟠龙旗杆二

“河口镇，生铁旗杆本爰人，双河店财东榆次人，太原府里请匠人，正月起工七月成。”

“竖方斗，四方亭。八骏马，实威风，琴棋书画有功名。右面筑的暗八洞，一对花瓶往上引。”

“玲珑斗，做的精，一面铸有两条龙，四面铸着八条龙。生铁旗杆十八条龙，旗杆顶头风磨铜，一面扎着四个铃，两面共有八个铃，大风刮起响连声，顶如北京的景阳钟。”

旗杆上之蟠龙

旗杆纹饰

旗杆铭文

龙王庙殿宇

32 东沙岗古城

Dongshagang ancient city

级　别	自治区级重点文物保护单位
年　代	辽、金、元
地　址	托克托县双河镇西北东沙岗
交通信息	建议自驾
类　型	古遗址
看　点	历代沿用的古城
开放信息	免费开放

东沙岗古城，即东胜卫故城，位于黄河东岸的山梁之上，其东面和北面是土默特平原，南面为丘陵。

古城城墙均用土夯筑而成。最外围的大城略呈长方形，南北长2400余米，东西长1900余米，四面城墙正中设城门，并在外侧建瓮城；大城内西北部建有东西毗连的两座小城，东城俗称“小皇城”，西城俗称“大皇城”。小皇城平面略呈方形，东西长约380米，南北宽约350米，残墙上未发现明显的城门痕迹，墙外侧残存少量马面。大皇城平面略呈长方形，南北墙长近500米，东墙长630米，西墙即为大城西墙；其东、南、北三面墙上均残存有马面，东墙正中还有一座残存的瓮城；城中西南角处有一建筑基址，发现了唐代砖瓦、柱础、“开元通宝”铜钱等物。

据内蒙古文物工作队李逸友的调查与考证，该城初建于唐代，辽、金、元各代均在其基础上改建和利用，并将其作为东胜州州治所在。到明初又兴建了最外围的大城，为东胜卫；永乐以后，东胜城被废弃，原来的城名逐渐不再为人所知；嘉靖时期，俺答汗部下首领脱脱率部游牧于古城一带，时人常以其名代指这一地区。清康熙年间的《清圣祖实录》中便明确记载汉人称此城为“脱脱城”；乾隆六年（1741年），清廷在此设立托克托协理通判；乾隆二十五年（1760年）改为托克托理事同知厅，简称为托克托厅；光绪十年（1884年）改称托克托县，该名称一直沿用至今。

全景

东沙岗古城残墙之二

东沙岗古城残墙之一

东沙岗古城残墙之三

城门（复建）

清水河县

33 柳青河古戏台

Ancient stage in Liuqinghe Village

级　　别	自治区级重点文物保护单位
年　　代	清代
地　　址	清水河县柳青河村
交通信息	建议自驾
类　　型	古建筑 · 砖木结构
看　　点	彩画
开放信息	免费开放

柳青河戏台位于清水河县窑沟乡柳青河村，北拥群山、西临黄河。戏台始建于清乾隆二年（1737 年），到乾隆十五年又有增建。

戏台坐东朝西，为砖木混合结构建筑，面阔三间，单檐卷棚硬山顶；台基上饰以砖雕；前檐两金柱与角柱外侧有砖砌八字影壁，其上雕有吉祥图案；后檐金柱间原设有隔扇，将戏台分隔为前后两部分，隔扇早已失存，近年维修时在金柱间填充了壁板。戏台中曾绘有大面积彩画，室内梁架与外檐均施青蓝色调彩画，与朱红的柱子形成了鲜明对比；现除前檐檐部仍用彩画外，其余各处均被红漆覆盖，视觉效果大大削弱。戏台后墙开有一个券门和两个拱券形窗，窗洞中嵌单扇木窗，既能通风采光，又具有装饰作用。

柳青河古戏台一

柳青河古戏台二

戏台对侧寺院

34 黑矾沟窑址群

Kiln ruins at Heifangou

级　　别	自治区级重点文物保护单位
年　　代	清代
地　　址	清水河县窑沟乡黑矾峁村黑矾沟沟谷内
交通信息	建议自驾
类　　型	古遗址
看　　点	历史悠久的瓷窑窑址
开放信息	免费开放

黑矾沟位于清水河县西南部，坡陡沟深，曲折蜿蜒，全长 2.5 公里左右。黑矾沟有着悠久的烧造业活动历史，据《清水河县志》记载，宋元时期，该地就生产日用白瓷；内蒙古博物馆文浩先生认为黑矾沟烧瓷的技法接近河北的磁州窑系。1993 年在黑矾峁村北出土一石刻墓志，书有“大定十年七月初四合葬父母，孝男杜林、杜明”，证明了黑矾沟有着至少 800 年的历史。清乾隆年间，黑矾沟的制瓷业已形成了一定规模，从现今遗留下的房屋和窑址中可窥见其盛况。黑矾沟的产品以碗、盆、盅等为主，或通过托克托厅河口镇的黄河水运码头销往河套、包头等地，或通过陆路销往归化及周边地区。民国时期，受军阀混战影响，黑矾沟瓷业逐渐萧条。日伪时期，黑矾沟工人大量逃亡，仅剩三四座窑口；抗战结束后，黑矾沟彻底关闭。20 世纪 50 年代，黑矾沟恢复生产；90 年代企业改制，黑矾沟瓷业停顿。2011 年，黑矾沟瓷窑制瓷工艺申报为内蒙古自治区非物质文化遗产。

黑矾沟中现保留有清代以来的瓷窑若干，各瓷窑分布于狭长的沟谷内，坐北朝南，依坡而筑。瓷窑分布有单体座、双座或群体座等多种模式，各组群间距不等，上下错落。就形制而言，瓷窑分为圆形圆顶（俗称馒头窑）和方形窑两种，其规模各不相同，低者仅 4 米 ~ 5 米，高者可达 12 米 ~ 13 米。每座瓷窑基本由三部分组成，

窑址群全貌

黑矾沟窑址群

窑址群

底部为点火口和出灰口，中部设窑口，顶部有供人上下的嵌砌踏石板。瓷窑两侧筑窑洞，作为生产作坊或供工人住宿，其规模从三间、五间至八间不等。

黑矾沟窑址群是内蒙古地区保存状况较好的一处瓷窑址，对内蒙古中南部地区瓷器烧造史的研究具有重要价值。

35 明长城遗址（呼和浩特段）

Ruins of the Great Wall of the Ming Dynasty

级　别	国家级重点文物保护单位
年　代	明代
地　址	和林格尔县、清水河县境内
交通信息	建议自驾
类　型	古遗址
看　点	古长城、烽火台、边堡
开放信息	免费开放

明代称长城为“边墙”。明朝建立以后，漠北草原的蒙古鞑靼、瓦剌等部仍不断南侵；明中叶以后，女真族又在东北地区兴起，威胁边境安全，为了巩固北部的边防，明朝200多年的统治中几乎从未停止过修筑长城的工程。史载明长城西起嘉峪关，东至鸭绿江，俗称“万里长城”。明长城的修建过程可大体分为三个阶段：洪武年间至正统年间（1368—1449年）对长城的修缮，景泰年间至嘉靖年间（1450—1566年）大规模兴筑长城，隆庆年间至万历年间（1567—1620年）对长城的重建和改线。

呼和浩特市境内的明长城，分布于和林格尔县与清水河县境内，由南北并列的两道长城组成，二者间距离在2～50公里。在明代，这一区域内的明长城以丫角山为分界线，东段属大同镇管辖，西段为山西镇（太原镇）管辖。

两道长城中靠北侧的一道修筑时间较早，在明初被称为大边、极边。据乌兰察布市丰镇境内一处石刻记载，其始建时间可追溯至明洪武年间；至永乐年间，大边基本修筑完毕；“土木之变”后，大边所在区域多变为北元蒙古部的驻牧地区；弘治年间，大边基本废弃。现存于呼和浩特境内的大边由乌兰察布市凉城县进入至和林格尔县境内，向西南蜿蜒延伸至黑台山顶，翻越青草毛山，扎入好来沟，随后过盘山进入清水河县境内；大边在清水河境内的低山丘陵地区穿行至五道峁村，再向西南仅存烽火台，不见墙体。

大边墙体总长90.435千米，沿线共有烽火台42座、敌台14座、边堡2座。墙体按建造方式分为夯土墙、干垒石墙和土石混筑三种；敌台位于墙体上，分布稀疏。烽火台多修建于墙体南侧，仅有个别烽火台位于墙体北侧，主要采用夯筑手法，局部用土或碎石块堆筑；其平面呈方形，推测原建筑形制应为覆斗型。两座边堡分别是位于和林格尔县的二道边村堡和清水河县的后窑子堡，均为方形平面，采用夯筑土墙，前者边长约80米，开设南门，后者边长75米，门址位置不明。

偏南侧的一道在明初称为二边或小边，现为内蒙古自治区与山西省的省界线。其修建年代亦始于明洪武、永乐年间，但规模较小；大边废弃后，小边成为明朝对蒙古部的主要防线，开始了大规模的增修；成化三年（1467年），修筑西起老牛湾、东至丫角山，全长240里的边墙；嘉靖二十五年（1546年），边墙自丫角山向东延伸五百余里，终点到达了位于今河北省境内的李信屯。现存的小边也是由乌兰察布市凉城县进入和林格尔县境内，向西南延伸至转角台后折向东南，约1公里后，又折回西南方向并一路延伸至翻越桦林山，墙体在桦林山脚下分为两支，两支墙体向南至山西省十三边村再度会合，继续向西南延伸，过五洞山进入清水河县境内；墙体继续向西南行至十七沟村附近折向南方，至小七墩村处复折回西南直至口子上村，在口子上村，小边墙体分为三支，分别向西、西南、南三个方向延伸。

小边墙体总长166.534千米，沿线设有烽火台169座、敌台356座、马面302处、边堡10座。小边墙体外侧原本包砌砖石，现多已流失殆尽，显露出内部黄土夯筑的土墙；敌台与马面附属于墙体之上，分布较为密集。烽火台多位于墙体南侧的山西省境内，建筑形制多为覆斗型，但也有少量烽火台呈圆台状；其做法多与墙体相同，内部夯土而成，外侧有砖、石包砌。小边沿线还发现了少量空心烽火台，内部有通道可供上下。小边沿线的边堡均位于山西省境内，按大小可分为两类，小的边长不足百米，大的边长在200米～300米之间；其平面格局以矩形为主，采用外包砖石的夯土城墙，墙体外侧建有马面，一般开设一至两座城门，作为主城门的南门或东门外还筑有瓮城。

呼和浩特市其他文物建筑列表

名　称	级　别	地　址	年　代	简　介
大窑遗址	国家级	新城区保合少镇大窑村	旧石器时代	古遗址
云中郡故城	国家级	托克托县古城村	战国至隋唐	古遗址
清泉寺戏台	自治区级	清水河县北堡乡口子上村	明代	古建筑
伏龙寺戏台	自治区级	清水河县水门塔	清代	古建筑
老牛湾戏台	自治区级	清水河县老牛湾	清代	古建筑
榆树湾戏台	自治区级	清水河县榆树湾	清代	古建筑
上城湾戏台	自治区级	清水河县上城湾	清代	古建筑
塔布陀罗亥汉墓及古城	自治区级	新城区毫沁营镇塔利村	汉代	古遗址
弘庆召	自治区级	玉泉区大召以南	清代	古建筑
佐领衙署	自治区级	新城区元贞永街11号	清代	古建筑
东岳天齐庙（孤魂庙）	自治区级	玉泉区养鱼池二道巷	清代	古建筑
四公主德政碑	自治区级	清水河县宏河镇岔口村	清代	石窟寺及石刻
云川卫故城址	自治区级	和林格尔县大红城乡大红城村	明代	古遗址
小红城城址	自治区级	和林格尔县（大红城附近）	元代	古遗址
云内州故城址	自治区级	托克托县	辽代	古遗址
石人湾墓群	自治区级	赛罕区黄合少镇石人湾村	辽代	古墓葬
二道路墓群	自治区级	托克托县	北魏	古墓葬
西岔遗址	自治区级	清水河县单台子乡西岔村	新石器时代青铜时代	古遗址
海生不浪遗址	自治区级	托克托县中滩乡海生不浪村	新石器时代	古遗址
黑城古城	自治区级	托克托县新营子镇黑城村	明代	古遗址
红山口摩崖石刻及庙址	自治区级	新城区毫沁营镇红山口村	辽、金、清	石窟寺及石刻
姑子庙摩崖石刻	自治区级	回民区	清代	石窟寺及石刻
古楼板戏台	市级	新城区巴彦镇古楼板村	清代	古建筑

2
鄂尔多斯市
ORDOS

鄂尔多斯市古建筑分布图
Historical Architectural Map of Ordos

1. 包子塔古村落
2. 庙塔石窟寺
3. 长滩关帝庙
4. 准格尔旗王府
5. 准格尔召
6. 陶亥召
7. 伊金霍洛旗郡王府
8. 展旦召
9. 乌审召
10. 海流图庙
11. 特格音敖包
12. 陶日木庙
13. 霍洛柴登城址
14. 沙日特莫图庙
15. 苏里格庙
16. 阿尔寨石窟
17. 城川城址

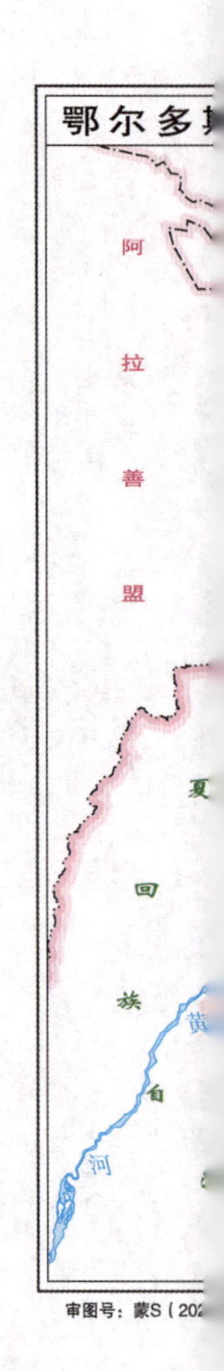

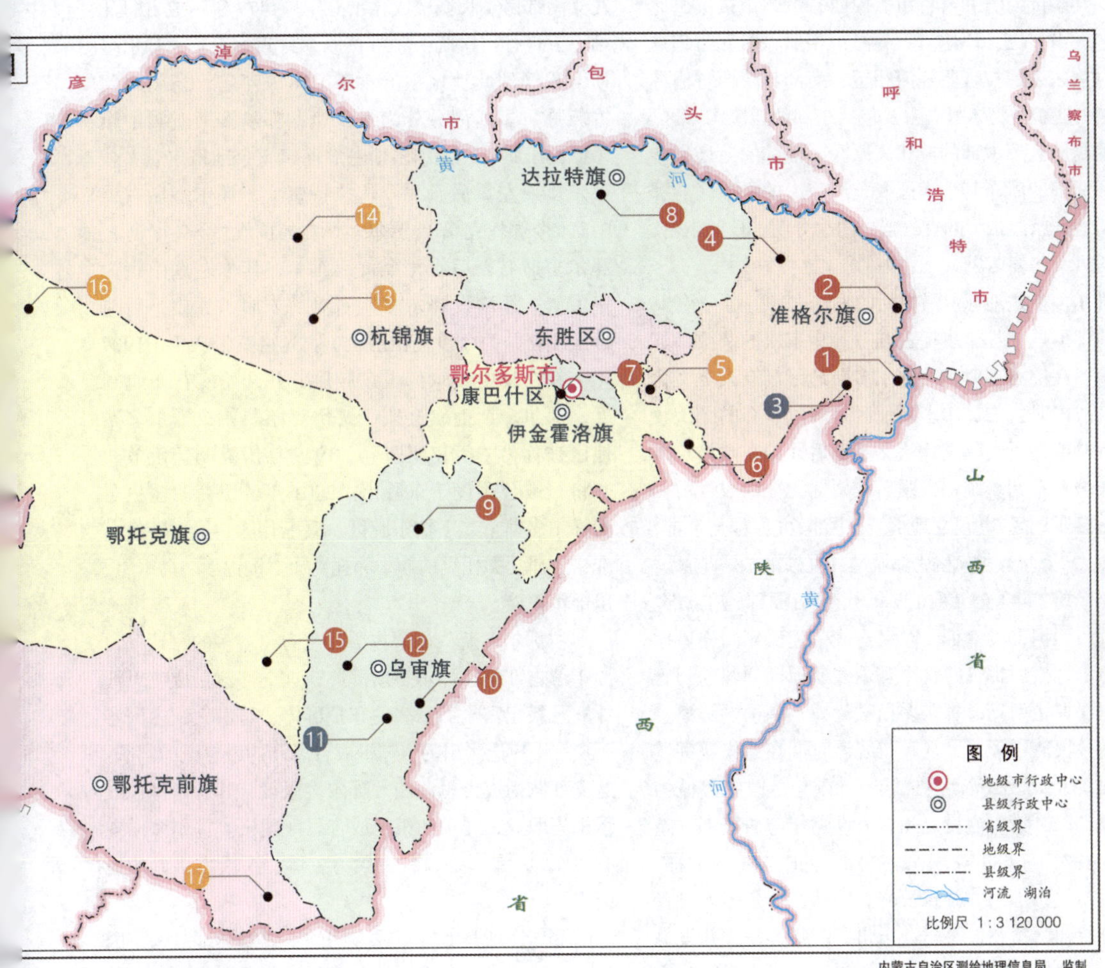

彦
淖
尔
市
包
头
市
呼
和
浩
特
市
乌兰察布市
黄
河
达拉特旗
准格尔旗
杭锦旗
东胜区
鄂尔多斯市
（康巴什区）
伊金霍洛旗
鄂托克旗
乌审旗
鄂托克前旗
山
西
省
陕
西
省
黄
河
图例
地级市行政中心
县级行政中心
省级界
地级界
县级界
河流 湖泊
比例尺 1:3 120 000
内蒙古自治区测绘地理信息局 监制

概 述

鄂尔多斯市位于内蒙古自治区西南部，总面积86752平方千米，处于大青山、乌拉山、狼山以南的黄河套中地区，西、北、东三面黄河环绕，南部与黄土高原接壤；海拔高度在850米~2149米之间，中西部地势较高，北部与东南部稍低，属于典型的内陆平原；其东部与呼和浩特市、山西省忻州市接壤，北部与包头市、巴彦淖尔市、乌海市相邻，西部与宁夏回族自治区、阿拉善盟隔河相望，南部与陕西省榆林市接壤。地貌类型多样，主要包括东部的丘陵沟壑区、西部的高原区、中部的波状高原区、南部的毛乌素沙漠区和北部的库布其沙漠区及黄河南岸的平原区。鄂尔多斯地区属温带大陆性气候，四季分明，日照丰富，盛行西风及北偏西风。

鄂尔多斯是地球上最原始的古陆之一，距今约36亿年前即形成“鄂尔多斯古陆”。乌审旗的萨拉乌苏遗址表明在旧石器时代的鄂尔多斯地区已有人类文化活动。战国时代的鄂尔多斯地区是多国争夺的肥沃牧场和战略要地，秦昭王计杀义渠王后开始在此修筑战国秦长城。秦始皇统一六国后派蒙恬北征匈奴，占领了鄂尔多斯地区，并设北地郡、云中郡、九原郡与上郡，修筑秦代“万里长城”和从都城通往九原的“秦直道”。汉武帝元朔二年（公元前127年），设五原郡、朔方郡、云中郡、西河郡及上郡。东汉光武帝建武年间先后撤销朔方郡、五原郡，并将今鄂尔多斯地区划归并州管辖；东汉灵帝时期，鄂尔多斯被匈奴、乌桓、鲜卑、羌等游牧民族占领。大夏政权统治时期在此修建都城统万城。北魏太武帝始光二年（425年）改统万城为统万镇，以其为中心设夏州，另设朔州与西安郡。隋文帝开皇九年（589年），设榆林郡、朔方郡、五原郡、灵武郡与盐川郡，并修筑长城。唐朝在鄂尔多斯设置夏州、宥州、盐州、灵州、丰州、胜州等州，并设总管府、都督府、节度使与“六胡州”，以安置归附入居的少数民族。辽太祖时期在鄂尔多斯东部设振武军；党项族建立西夏后，西夏、宋、辽曾多次在鄂尔多斯地区发生战争，北宋灭亡后，西夏占据了鄂尔多斯大部分地区。1227年，成吉思汗灭亡西夏；元代，鄂尔多斯部分地区属陕西行省、甘肃行省的辖区，大部分地区为皇家封地，并设察罕脑儿宣慰司。明朝统治期间，鄂尔多斯地区几乎一直归属于蒙古部落，明政府在其南部修筑长城；成化十五年（1479年）成吉思汗第十五世孙再次统一蒙古草原，封其第三子为鄂尔多斯万户管理此地。顺治六年（1649年），清朝将蒙古族鄂尔多斯部分分为六个旗：鄂尔多斯左翼中旗（原郡王旗）、鄂尔多斯左翼前旗（今准格尔旗）、鄂尔多斯左翼后旗（今达拉特旗）、鄂尔多斯右翼中旗（今鄂托克旗）、鄂尔多斯右翼前旗（今乌审旗）、鄂尔多斯右翼后旗（今杭锦旗），其中左翼中旗为宗主旗；后增设鄂尔多斯右翼前末旗（原旗，后与郡王旗合并为今伊金霍洛旗）。光绪三十三年（1907年）在左翼中旗东部设东胜厅，并开始实行盟旗制度，鄂尔多斯七旗会盟于“伊克昭”，故鄂尔多斯地区被称为“伊克昭盟”。1949年伊克昭盟解放，并将行政公署设于东胜市。2001年，伊克昭盟更名为鄂尔多斯市，下辖东胜区、康巴什区、达拉特旗、准格尔旗、鄂托克前旗、鄂托克旗、杭锦旗、乌审旗、伊金霍洛旗。

“鄂尔多斯”是蒙古语，意为“众多的宫殿”，源于蒙古部落“鄂尔多斯部”，这支部落是成吉思汗汗庭及祭祀宫帐鄂尔多的守护群体，是由大蒙古国各万户、千户选派出的、守护成吉思汗的最忠诚的部队。这支部队为成吉思汗四大鄂尔多服役，其后裔世代继承祖先职业，守护和祭祀成吉思汗陵帐。鄂尔多斯现有205.5万人，是以蒙古族为主体、汉族占多数的地级市。

鄂尔多斯是北方草原文明的重要发祥地之一，因其处于我国牧区和农区的分界线上，自古以来便是北方游牧民族和中原农耕民族在文化习俗和政治经济方面进行交融、碰撞之所在，历史文化底蕴深厚，文化遗产丰富，并且极具地方特点和民族特色。自战国时代起，鄂尔多斯地区多次修筑长城。因其作为战略要地的重要性，历朝历代多在此筑城，仅汉代城址便有西河郡郡址（杭锦旗霍洛柴登城址）、西河郡虎猛县城（伊金霍洛旗红庆河城址）、云中郡沙南县城（准格尔旗十二连城城址）、西河郡广衍县城（准格尔旗勿尔图沟城址）、西河郡美稷县城（准格尔旗纳林城址）等五座。北朝时大夏在此建国都统万城，其遗址历经1500年风雨侵蚀仍巍峨挺立。唐代“六胡州”的城址与西夏、辽、宋等时期的遗迹也多有发掘。

明清时期，鄂尔多斯地区的军事与政治环境相对安定，促进了文化的传播，鄂尔多斯地区成为藏传佛教格鲁派最早传入的地区，自明末便开始建造召庙，鼎盛时期曾共有320余座寺庙。准格尔召的建造于明天启三年（1623年），是鄂尔多斯境内建造最早的召庙；达拉特旗王爱召与鄂托克旗新召亦始建于明末。清代，在清统治者对佛教的扶植下，鄂尔多斯地区兴建大量召庙，其中乾隆年间修建者最多，目前已恢复重建或尚有建筑遗存的寺庙仅存20余座。截至2012年，鄂尔多斯市共调查登记不可移动文物点共计957处，时至2014年，鄂尔多斯境内共有全国重点文物保护单位14处，自治区级重点文物保护单位31处，市级重点文物保护单位93处，区、旗级文物保护单位340处。

准格尔旗

1 包子塔古村落

Baozita ancient villages

级　别	自治区级重点文物保护单位，第三批中国传统村落
年　代	明代
地　址	准格尔旗龙口镇杜家峁村
交通信息	建议自驾
类　型	民居·石结构
看　点	“千年石寨”，观赏黄河的独特视角
开放信息	免费开放

杜家峁村俗称“包子塔”，位于准格尔旗最南端，处于黄河最狭窄的一个弯道中，因其形似镶嵌在黄河边上的一只包子而得名；又因侧观包子塔，形状似一只昂首东方、北踞重峦的雄豹，故又称“豹子塔”。其三面临水，西面通陆，东与山西偏关县以河为界，北部可远眺清水河县，属典型的黄土丘陵区，全村总面积约3平方公里。

在包子塔有座古石寨名为崔成寨，相传是明朝长城边防线上的一个兵站。因年代久远，其始末已无从考证，但可以确信的是这个兵寨曾有一部分士兵戍边。或是出于对兵荒马乱的厌倦，或是因江山易主、故园难归，也可能是对这块风水宝地的眷恋，他们定居于此，在此春耕秋收、繁衍生息，由守边战士嬗变为阡陌村民。

整座村寨全部由石头筑砌而成。石寨依山坡走势而建，呈扇形层叠铺开。首先映入眼帘的是朝南洞开的石寨大门，门顶有石刻“崔家寨”三字。石寨围墙高大，石墙低处有数只拴马石环一字排开。片儿石铺就的石径东西两侧的石屋呈现两翼双展的布局，石窑洞、石院墙、石桌、石凳、石磨，石槽、石阶历经风磨雨洗，被涂抹上一层古旧的“包浆”。窑洞的门窗大都用榆木打造，榫卯紧致，古朴拙巧；窑洞中常有漆绘万字花边缠枝牡丹、石榴蝙蝠、民间故事等；屋顶的烟囱粗壮挺拔，与远处的古塔遥相呼应、妙趣横生。石寨围城内粉房、豆腐坊、油坊、染坊各类作坊一应俱全，可知古民自给自足、民生兴旺。各家院落之间相互通连，仅以门相隔，可以想象到当年邻里和睦的生活情景。在高坡寨顶俯视石寨，可看到四面均有寨门向外；北门还复修一座石垒炮楼，与对面大山以索桥相通，早年没有旱路时，此桥也许是石寨与外界联系的重要通道。

相传古代包子塔村人杰地灵、风调雨顺、生活富

石窑洞之一

足，但周边村庄却极为贫困，周遭人等甚是不解。便有村民请教阴阳先生，阴阳先生称此方宝地绝好风水已被“包子”包揽，并让周边村民将村寨都更名带上“嘴”字，意在餐食包子，一时间便出现了“东城嘴”“西城嘴”“鹦鹉嘴”等七十二嘴合围包子塔。而包子塔村民为保持风水，避开衰落之运，速请仙人在村畔塑泥神一尊，故意暴露粗大男性阳器，意在让周围的“馋嘴”们竞食此物，让其难以吃上包子。此地先民们称这种图腾仰拜为“求神仙”，当时一直供奉不绝，今日看来真是一席笑谈。

民居之一

村落内道路

包子塔前庙

烽火台

龙王庙

石窑洞之二（顶部有粗壮圆形烟囱）

2 庙塔石窟寺

Miaota Cave Temple

级　别	自治区级重点文物保护单位
年　代	清代
地　址	准格尔旗薛家湾镇永胜壕村城塔社北 3 公里处
交通信息	建议自驾
类　型	宗教建筑 · 石窟
看　点	石窟，壁画
开放信息	免费开放

庙塔石窟寺，又名“察罕固少召”，汉译为“白色的塔”，占地面积约 2 万平方米。其东南与西北两侧为天堑，东临黄河，西南侧为一高地，可与外界相连，石窟南侧有一条小路可通向山脚下的黄河岸边。经推测，石窟寺主要使用年代为清朝。与开凿于崖壁上的石窟不同的是，庙塔石窟用条石砌筑成洞窟的造型，窟内绘制壁画、供养塑像。

石窟依北侧及东侧的山坡而建，分为三层，共计 32 个。北侧是洞洞相通的石砌多孔窑洞，分为三组，均坐北朝南，一字排开，建石砌围墙，每一洞室均有佛龛，是供佛讲经之所。东侧是窟窟相连的单孔窑，

远景

局部

敖包

全景

分三层，呈梯形，多为石砌窑洞，为喇嘛居所。最底层东侧的窑洞的四壁及顶部绘有飞龙、神火、神像人物等精美图案。

坡顶高地之上的平缓处有一石砌佛塔，塔身由上下两个朝东的窟式佛龛组成。塔座为长方形，塔基长5.3米，宽4.5米，向上转为八角形，再上为覆钵形，塔刹为整石雕刻而成，顶部破损。龛额顶端有一块楣石，上刻藏文经文。据记载，佛塔正面有一碑座，其正面雕刻精美的二狮戏球的浮雕图案；调研时发现该碑座被弃置于佛塔北侧，几乎淹没于杂草与乱石中，令人痛心。

据文献记载，石塔背面约10米处，原有一组13个敖包，由中间向南北方向排列，中间最大的圆形敖包周长可达12米，上有正方形佛龛；两侧各有6个直径1米的小敖包。现存敖包与记载相去甚远，目前可见的主敖包直径2米有余，以石堆砌而成，从西侧塌落处可见其内部中空，且使用木梁；小敖包剩余4座，直径不足1米。

探访庙塔的那天恰逢大雨，车辆行驶在泥泞的盘山路上，左侧是黄土形成的峭壁，右侧便是翻腾的黄河，心底虽有些害怕，却仍能感到自然的雄浑。沿路行驶许久仍不见寺庙的影子，绕过几座山头终于找到人问路，农妇好心告诉我们庙塔已经不远，但雨后路滑，车辆无法通行。我们便只好弃车而行，跋涉了1公里后终于看到一座佛塔独立于一片台地之上，顿时心胸开阔；走近后却只觉得一片破败，从残破的敖包与窟室到满地散落的碎石，无一不显露着沧桑与荒凉。庙塔石窟寺集塔、洞窟、塑像、壁画为一体，这种组合形式新颖且独特，目前属于国内孤例，但其保护状况令人担忧。

佛塔

碑座

佛塔楣石

3 长滩关帝庙

Temple of Guan Yu at Changtan

级　别	市级重点文物保护单位
年　代	清代
地　址	准格尔旗长滩乡长滩村
交通信息	建议自驾
类　型	宗教建筑 · 木结构
看　点	鄂尔多斯唯一的关帝庙，殿内有壁画
开放信息	免费开放

长滩关帝庙，又名正觉寺、吕祖庙，始建于康熙六年（1616年），原本位于蒙、晋、陕三省交界处，占地面积约1.6万平方米。民国时期寺庙遭到损毁，僧侣还俗。直至20世纪90年代，重修殿堂并恢复法事活动。

庙前有戏台一座，坐南朝北，面向山门。山门坐落于宏伟的台基之上，面阔三间、进深四间，梁架绘有彩画，南北两侧明间雀替上分别有双龙、双凤木雕。山门东西两侧分别有石作仿木结构六角亭，作为钟鼓楼。进入山门即为天王殿，面阔三间，采用清式木结构，单檐歇山顶。天王殿两侧有偏殿，二者面向天王殿，均面阔三间带前廊，供奉佛像。东偏殿以北有坐北朝南藏经楼三间。

天王殿后为关帝殿，面阔三间带前廊，硬山顶木构建筑。关帝殿东西两侧各有耳房两间：东耳房西间为娘娘殿，东一间供奉释迦牟尼佛；西耳房东西两间分别供奉吕祖与太上老君。西耳房以西另有配殿三间，分别为众神殿、韦陀菩萨殿、药王殿。

寺庙整体呈现清式建筑风格，从供奉的神像中体现出了佛道并重的信仰。寺庙中的建筑大部分均为重建建筑，唯有关帝殿东西内墙上留存有已经褪色并轻微破损的壁画，散发出古朴的气息。

长滩关帝庙

关帝殿室内

天王殿

东偏殿

4 准格尔旗王府

Mansion of Prince of Jungar Banner

级　别	自治区级重点文物保护单位
年　代	清代
地　址	准格尔旗布尔陶亥乡大营盘村
交通信息	建议自驾
类　型	府邸建筑·木结构、砖石结构
看　点	传统四合院
开放信息	暂未开放

准格尔旗王府，俗称贝勒府，为准格尔旗府邸。清同治元年（1862 年），时任鄂尔多斯左翼前旗第九代的固山贝子扎那嘎尔迪兴建了一座王府，成为当地衙门最早的固定办公场所。清同治六年（1867 年），因扎那嘎尔迪征剿回军有功，清廷封其为“御前行走”，并赐定王之女下嫁其四子。为了迎娶定王之女，扎那嘎尔迪请内地工匠在旧府东北百余米处新建王府，即为现存的准格尔旗王府。光绪二年（1876 年），扎那嘎尔迪晋爵为多罗贝勒，于次年在王府西北约一里处建造王府花园。王府建成初期，每年均在此举行开印、封印仪式和“楚格拉”大会。民国五年（1916 年），准格尔旗东协理那森达赖代理职务后将衙门迁至杨家湾；民国二十一年（1932 年）秋，衙门再度迁回贝勒王府；民国二十六年（1937 年），王府在兵燹中遭受严重破坏。新中国成立后，王府衙门、花园、城墙、营盘等坍塌殆尽。

王府坐北朝南，现仅存前后两进院落，采用中轴对称布局。王府正门位于南墙正中，向街面出一间卷棚前廊，在墙面上开门，进门为一过道，过道两侧有门房，门房两侧接东西倒座。大门内有二门一道，自二门进入院落，正北方向为正房。正房面阔五间，带前廊，灰瓦硬山顶，前廊中间四柱上绘有金蟒；正房两侧各接硬山顶耳房一间。正房前东西两侧各有厢房一列，为砖砌平顶建筑，建筑上大量使用砖雕，雕工精美细致，具有一定的艺术价值。

王府保存现状较差，正房屋脊破损严重，二门前方院落被用作储存建材的场所。据门房中的复原设计图显示，当地政府将基于王府原址修复及复建王府、衙门、花园等建筑群，届时将更全面地展示王府原状。

大门

内院

正房

西厢房

复原图

5 准格尔召

Jungar Lamasery

级　　别	国家级重点文物保护单位
年　　代	明代
地　　址	准格尔旗准格尔镇准格尔召村
交通信息	建议自驾
类　　型	宗教建筑 · 木结构、砖石结构
看　　点	佛殿斗拱，莲花生殿内壁沙雕
开放信息	免费开放

准格尔召，俗名“西召”，藏语名为“甘丹夏珠达尔杰朗寺”，蒙语名为“额尔德尼 · 宝利日图苏”，明廷赐名“宝藏寺”，清廷赐名“宝堂寺”，是鄂尔多斯建造最早的格鲁派寺庙，也是目前鄂尔多斯地区规模最大的藏传佛教建筑群。召庙占地面积约 4 万平方米，建筑面积 2310 平方米。准格尔召有显宗学部、密宗学部两大学部，寺庙内有两位活佛及两位沙布隆。

明天启三年（1623 年），准格尔旗第一任斯仁之祖父明盖岱青、图日布洪台吉等人从陕西神木请来工匠，在乌力吉图山之地新建黄绿色琉璃瓦重檐殿宇，即为该寺。该庙最初被称为西拉召、衮额日格召、贝子召。据《白银鉴 · 准格尔召史》记载，此庙与土默特阿拉坦汗所建的美岱召、鄂尔多斯博硕克图济农所建的伊克西拉召的式样规模十分相似。清代扩建寺庙并更名。民国九年至十一年（1920—1922 年）

准格尔召

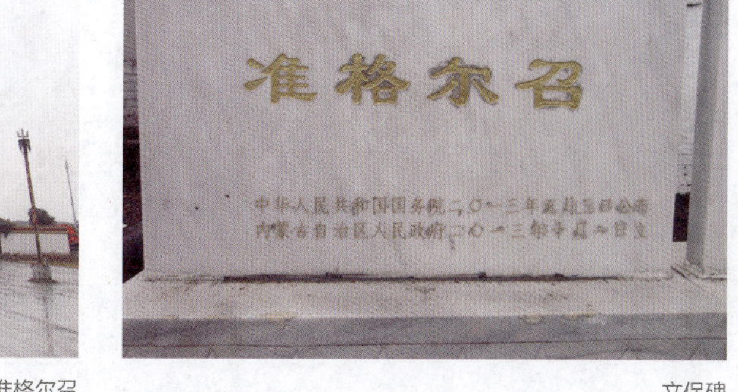

文保碑

重修大殿。1977 年与 1986 年两度进行维修。

准格尔召建筑风格为汉、藏建筑并存。寺庙保存状况较好，其主体是由大经堂、佛殿、莲花生殿、藏经阁等四座殿宇围合成的独立院落，这一部分被当地僧侣称为“大庙”，是准格尔召在建筑、宗教、文化等方面的中心。大庙前有一个小广场，广场上延续大庙轴线的位置上竖立着玛尼杆。大庙东侧是大常署，大庙以西依次分布着观音庙、舍利殿、五道庙，大庙东南方向上有诺彦墒，东北方向上由东向西依次有佛爷商、千佛殿、二常署、六臂护法殿，大庙北向上有新建的白塔与已经荒废的二官府。佛爷商是喇嘛饮食起居诵经理佛的场所，大常署为主持日常办公的场所，

宝堂寺全景（自北向南）

莲花生殿

释迦牟尼殿

大经堂前檐下

宝堂寺五

佛爷商入口

佛爷商院落

二常署是寺庙管理委员会开会之处，诺彦墒是召庙的后勤保障之所。白塔群共有覆钵式大塔两座，小塔六座，共八座，象征佛家八宝。

大经堂又称大独宫，俗称大殿，为砖木结构建筑，始建于明天启三年（1623 年）。1920 年至 1922 年，十一代札萨克阿拉坦敖其尔及其子献银三万两，并动用群众的布施，将大殿翻修为两层三重檐的殿宇。建筑面阔七间、进深七间，带前廊，前廊柱为汉式木柱，同时使用了藏式明窗。大经堂的屋顶由两部分组合而成，北部为重檐歇山顶，南部则结合了藏式平屋顶与歇山屋顶，屋面为绿琉璃黄剪边。

佛殿，即释迦牟尼殿，俗称大雄宝殿，为木结构建筑，单层重檐歇山顶，始建于明天启三年（1623 年）。佛殿中供奉竖三世佛、横三世佛、八大菩萨及四大护法神像。建筑面阔七间、进深四间，四周有回廊，柱身采用了藏式做法。建筑檐下使用了七踩斗拱，斗拱形制复杂、彩画精美，是内蒙古地区的明清斗拱中的上乘之作。建筑室内有藻井，藻井造型为四方变八方，藻井内彩绘有金刚坛城图案。

莲花生殿与弥勒殿的南侧与大经堂相接，二者沿大经堂与佛殿的中轴线对称，莲花生殿坐东朝西，弥勒殿坐西朝东。两座殿宇系 1922 年在原址上重建，为砖木结构单层建筑。建筑面阔三间、进深三间，带前廊，室内有四方藻井。屋顶形式为硬山顶与歇山顶相结合，屋面为绿琉璃黄剪边。莲花生殿内供奉西藏密宗红教开山祖师莲花生大师的塑像，塑像后方供奉宁玛八尊金刚护法，塑像下方为马头明王，殿内墙壁为泥沙雕塑的佛陀世界。弥勒殿内供奉弥勒佛，因殿内存放大量经书，因此也被称为藏经阁。

观音庙位于大庙西侧，面阔三间，进深三间，前出一间抱厦，为砖木结构建筑。屋顶形式为歇山顶与藏式平屋顶相结合，灰筒瓦屋面。殿内供奉千手千眼观音和汉传佛教十八罗汉塑像，墙上绘制壁画。舍利殿位于观音庙西侧，面阔五间，进深五间，前出三间抱厦作前廊，为砖木结构建筑。建筑采用歇山屋顶，屋面为藏式密肋做法，前绑汉式灰筒瓦披檐，梁枋彩画体现地方风格。殿内供奉两座舍利塔，一座为准格尔活佛的银制舍利骨灰塔，一座是甘肃天祝县祝贡寺

宝堂寺前广场（南侧有新建寺庙建筑群）

宝堂寺以南新建寺庙建筑群——药师佛殿

活佛的铜制舍利塔。塔后供奉着藏传佛教格鲁派护法神祇，有金刚瑜伽母、时轮金刚、胜乐金刚、密集金刚、大威德金刚、大轮金刚、欢喜金刚等。五道庙，即护法五王殿，位于舍利殿西侧，始建于清同治年间。建筑为上下两层，面阔五间，进深八间，带两进前廊，为砖木结构，屋顶形式为歇山顶与藏式平屋顶相结合，室内有天井，其形式符合都纲法式。殿内供奉藏传佛教的五道将军。

六臂护法殿，又名大黑天护法殿，面阔三间，进深五间，带前廊，砖木结构，为一座藏式建筑，殿内供奉六臂护法和印度佛教十八罗汉本尊像。千佛殿是一座典型的汉藏结合式建筑，面阔五间、进深七间，带前廊，砖木结构，屋顶形式为卷棚、硬山结合藏式平屋顶，原为扎仓庙，是喇嘛讲经处，2004 年请进1000 尊宗喀巴大师的塑像在此供奉并更名为千佛殿。

准格尔召较完整地保留了喇嘛教的活动仪式，并保留了宗教活动的最初风貌及演变、流传的方式；其召庙志记述完整，所藏经卷浩繁，且有大量珍本，对研究蒙古族部落的文化、医学、历史及政教史具有特殊的价值。

伊金霍洛旗

6 陶亥召

Taohai Lamasery

级　别	自治区级重点文物保护单位
年　代	清代
地　址	伊金霍洛旗纳林陶亥镇新庙村蒙社
交通信息	建议自驾
类　型	宗教建筑 · 木结构、砖石结构
看　点	藏式建筑，壁画
开放信息	免费开放

陶亥召，藏语名“热西朋苏格岭”，蒙语名“陶亥召”，汉译名“河湾佛庙”。寺庙所在地风景秀丽，极具象征意义，庙宇建在环山盆地的一处台地之上，远望如同横卧的雄狮，狮头向南，狮尾对北。庙西北的一段山崖犹如象头，是诵经之所，至今仍保留着喇嘛们诵经时在山壁上写下的部分经文；象鼻活灵活现，朝向东南，前部有一小石洞，可以穿行而过。寺庙管辖修古日庙、脑干宝拉格庙、吉如和庙等三座属庙。陶亥召有显宗学部、密宗学部、时轮学部等三座学部，有一位活佛转世体系，共转三世。

顺治九年（1652 年），郡王旗台吉遵从五世达赖喇嘛之意，在苏布日干陶亥修建一座小庙，仅有 1 座佛殿、2 座佛塔与几间僧房，名为“台吉若西庙”，汉名为“吉祥如意寺”，后因失火而烧毁。乾隆十七年（1752 年），郡王旗协理哈汗宝等人听取青海塔尔寺呼比勒汗喇嘛的指教，在敖努音陶亥重建寺庙，俗称陶亥召。当地汉民称苏布日干陶亥召为旧庙，称新建的敖努音陶亥召为新庙。18 世纪青海郭隆寺松巴堪布伊希班觉曾大力扶持陶亥召修建，亲自认定并派来一名精通医学的高僧作为该寺的第一世活佛。此后该庙出现了许多名医。“文革”中寺庙受损，寺庙中三

全景

层的伊克召殿被拆毁，大雄宝殿等殿宇因被用作仓库而得以留存至今。

陶亥召建筑风格为汉藏结合式建筑。现存有大雄宝殿、时轮金刚殿、法相殿、龙王庙、观音殿、佛爷庙等遗存建筑，另有新建的三层汉式密乘僧院、9座白塔及庙仓、僧舍若干。

大雄宝殿，俗称“朝格钦独贡”，始建于乾隆十七年（1752年），20世纪80年代曾重修。建筑风格为汉藏结合式，砖木结构。建筑面阔七间、进深七间，带前廊，屋顶形式结合了藏式平屋顶与歇山屋顶，前廊部分为硬山卷棚顶。室内留存有年代古老的壁画和彩绘，墙面上开藏式明窗。

时轮金刚殿，位于大雄宝殿西南方向，又名“东科尔独贡”，始建于同治九年（1870年），20世纪80年代曾进行维修。建筑为藏式砖木结构，面阔五间共13.5米，进深五间共15米，带前廊，室内部分平面呈“凹”字形。室内现供奉千手观音，墙壁上开藏式明窗。法相殿位于大雄宝殿东侧，又名“却仁独贡”，为藏式砖木结构建筑。法相殿面阔七间共16.7米，进

西侧

山门

天王殿（两侧为转经阁）

深七间共 19.8 米，带前廊，墙上开藏式明窗。

密乘僧院始建于 2008 年，为一座三层歇山顶汉式建筑，是对伊克召殿的复建，也是寺庙中最为宏伟的一座单体建筑。寺庙中另有大量佛塔，多为纪念在蒙医领域有所建树的高僧或名医而建造供养。陶亥召是伊金霍洛旗境内现今保存最完整的召庙，建成后曾在远近享有盛誉，察哈尔、乌兰察布、昭乌达盟等地的喇嘛都曾慕名到此取经学习。

法相殿

大雄宝殿

时轮金刚殿

活佛院（僧舍内）

密乘僧院

塔群

7 伊金霍洛旗郡王府

Mansion of Prince of Ejin Horo Banner

级　别	自治区级重点文物保护单位
年　代	清代至民国
地　址	伊金霍洛旗王府路西南
交通信息	公交 21 路 /K21 路 人事局站 / 国贸百货站
类　型	府邸建筑 · 砖木结构
看　点	砖雕、彩画
开放信息	免费开放

伊金霍洛旗郡王府是鄂尔多斯市境内唯一保存完整的王府。据说王府的驻地是由当时鄂尔多斯地区著名活佛选定的风水宝地：王府北边的都灵噶山如雄伟的二龙戏珠，东西对称的双诺古吉山与尚比山如同文官和武将，南部的名章嘎锡里的小山丘极似檀香桌，东西红海子如同斟满奶酒的金碗，自南向北注入红海子的 9 条溪水如 9 条游龙注入“金碗”，使之取之不尽、用之不竭。王府西北的什拉台格如鲲鹏独立，东北的纳林高勒河如同飞龙，西南的乌西喜峰如雄狮横卧，东南的布尔陶亥如同猛虎，王府的驻地就处于这些大力神的围护之中。

清顺治六年（1649 年），清政府对鄂尔多斯部落实施分旗而治，设一盟六旗。额璘臣被封为多罗郡王，任伊克昭盟第一任盟长，其封地为鄂尔多斯左翼中旗，俗称“郡王旗”。自额璘臣任郡王旗第一任札萨克（即王爷）以来，各旗世袭之位的历十六代，其王府亦随之迁徙。光绪二十八年（1902 年），该旗第十四代札萨克特克斯阿拉坦呼雅克图袭位后，王府迁至现郡王府所在地，建半砖木结构正房 9 间和 6 间土建平房，并用沙柳扎围成院。民国十七年（1928 年），第十五代札萨克图布升吉尔格勒多罗郡王请来山西偏关匠人 30 余人，对郡王府进行翻新建设，至民国二十五年（1936 年）完工，整个工程耗资相当于该旗一年半的财政收入。

郡王府规模不大，分前后两院，占地面积 2106 平方米，建筑面积 1040 平方米。府院外围建有土城墙，高丈余，宽五尺，总占地面积 15000 余平方米，现多坍圮。外围东南角原有王府家庙一座，现已拆毁。

王府前院于 1931 年完工，占地面积 939.52 平方米，

正立面

文保碑

正门

建筑面积465.78平方米。王府的门庭面阔三间，是典型的一明两暗过道式门楼，两侧各有三间平屋顶倒座房，设有前廊，门窗开向内院，为仆人房和库房。正门正面为4根砖石露明圆柱，上部各装饰一朵铁叶牡丹花；明间门上雕刻二龙戏珠；两次间各有一幅人物砖雕，为“和合二仙”，上部为狮子滚绣球。门庭两侧各置5根砖石露明方柱，砖柱坐落在雕有雄狮、猛虎等图案的石座上，顶端用青砖雕刻各种纹饰。整个门面均用青砖雕刻岁寒三友、鹤鹿同春、回纹卷草、汉纹花边和各种装饰线条边框等大量具有吉祥寓意的图案。正门以南3米左右处原有一照壁，已被拆毁。

前厅与门庭相对，是札萨克办公和会客的地方。建筑面阔五间，中三间有前廊，东西两间突出至前廊成为配房。前廊部分施斗拱，门窗装饰为汉式传统做法，而两端则为壁挂砖墙，开窗上部用券，实为当时流行之西洋风格。屋顶为硬山结合平屋顶形式，屋脊为镂空牡丹砖雕，两端各有一张口兽头，东西两间高出并雕团龙纹样。

前院东西厢房为砖墙承重平屋顶结构，用壁柱划分立面，门窗上部均用券，与前厅两端的窗户相呼应，券上砖雕回纹卷草、琴棋书画等图案；檐部将壁柱升起分为若干间，每间均有深浮雕“二龙戏珠”砖。东厢房南间设有府学堂；其余各间为住所。

王府后院于1936年完工，占地面积1166.27平方米，建筑面积574.66平方米。1944年后，该旗札萨克和部分王室成员迁移到此院中办公居住。后院有正厅、偏殿、东西厢房等组成；院内四角原各有蒙古包1个，随季节变化更替使用，现已不存。

正厅和偏殿居于台基之上，为汉式起脊青砖瓦房，均有檐廊；台基东西各有一猛虎石雕。正厅面阔五间、进深三间，屋内为一进两开，正中是供奉神佛和成吉思汗英灵的地方，札萨克大印也供祭于此；东间为札萨克住所，西间为小会议室。其明间雀替为龙凤呈祥图样，门窗上彩画为福禄寿三星及八仙题材，色彩明

东墙

正房

正房砖雕

艳；门窗采用传统雕饰手法；山墙墀头部位砖雕层次丰富、雕工细致，使用鹤鹿同春等大量吉祥图案。建筑采用硬山屋顶，屋脊底部为波浪纹镂空砖雕，上部为 3 对二龙戏珠和牡丹花纹砖雕，正脊两端与垂脊尽端各有一张口兽。两侧偏殿各三间，东侧为住所，西侧为佛堂，门窗彩画为暗八仙。

东西厢房均为砖墙承重的平屋顶建筑，带前廊，屋顶前檐相对设 4 个张口兽。门窗上部如前院厢房均用券，砖券上装饰用福寿、暗八仙等吉祥图案，与前院有所不同。临近正厅的两间则在实墙上雕刻“福”“禄”二字，檐口位置以砖雕仿木构。厢房的女儿墙上亦有雕刻，外围则形如雉堞。东厢房北间为厨房，烟囱处覆以双坡顶，颇具趣味；以南均为住所，西厢房为客房。

前后两院各自为独立院落，中间自然形成东西向的狭长过道作为分隔。过道东墙上开有侧门并设门房，

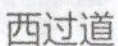

西过道

二道门一

二道门二

后院

西侧则建有储藏室。

郡王府中的砖雕、彩画等装饰为鄂尔多斯地区少见的珍品，彩画艳丽、雕刻细致，构图饱满、层次分明。每一幅作品都庄重严谨，体现着王府非凡的气度和中华民族古老的建筑装饰艺术。当日调研正接近尾声时，突然阴云密布、降下大雨，伴着淅沥的雨声，周遭霎时陷入一片寂静，衬得整座府邸庄严肃穆起来，令人不禁畅想起它往日的辉煌。

后院东侧廊门筒子砖雕

后院木雕

后院东厢房

后院砖雕

后院东南房

达拉特旗

8 展旦召

Zhandan Lamasery

级　别	自治区级重点文物保护单位
年　代	清代
地　址	达拉特旗展旦召乡
交通信息	建议自驾
类　型	宗教建筑
看　点	汉藏结合建筑风格
开放信息	免费开放

展旦召，位于鄂尔多斯市达拉特旗展旦召乡。相传寺庙初建成时，主殿中的都纲（经堂）主梁用檀香木制成，“檀香木”在蒙古语中音为“展旦召”，寺庙由此而得名。

据《伊克昭盟地名志》记载，展旦召始建于清康熙年间，原址位于距今址约5公里处的王府驻地；同治年间，寺庙原址沙化，遂迁至此地。寺庙鼎盛时曾有4座大殿、22座小殿、108座白塔及僧舍若干。20世纪初寺庙中的活佛嘎拉增伊喜曾被封为呼图克图，是鄂尔多斯各召庙活佛中唯一获得呼图克图贵冠的活佛。1941年，展旦召遭受了日军的袭击和抢掠，寺庙被洗劫一空，建筑也受到极大的破坏。寺中喇嘛到各地诵经布施，在抗战胜利后对寺庙进行了复建。但在“文革”中，寺庙又一度遭受破坏。

展旦召由院墙围合，仅南墙设门，正中为三开间歇山顶山门一座，两侧接八字影壁，影壁外侧各有小门一座。山门平时不开，仅可从小门进入寺庙。进入山门即为主殿，主殿为砖木结构，有上下两层。下层为五开间藏式平顶，前接两层的三开间硬山卷棚顶前廊，二层为单开间绿琉璃汉式歇山顶，前廊有楼梯通向二层，现已封死。主殿前方两侧各有厢房五间，均为卷棚硬山屋顶砖木结构建筑。寺院西北角有白塔一座，为嘎拉增伊喜的舍利塔，塔高9米余，建于2013年。寺院东北角建有僧舍。

寺庙鼎盛时曾有活佛1人，大喇嘛3人，小喇嘛70多人，寺中有一口曼扎锅可供400人饮食之用。现在展旦召已经变成荒庙一座，只有一位老人看守。

文保碑

展旦召

展旦召院内

经堂

佛塔

乌审旗

9 乌审召

Wushen Lamasery

级　别	自治区级重点文物保护单位
年　代	清代
地　址	乌审旗乌审召镇乌审召嘎查
交通信息	乘客车至乌审召镇，包车或自驾前往乌审召
类　型	宗教建筑 · 木结构、砖石结构
看　点	汉藏式建筑，古树，扎荣噶沙尔佛塔
开放信息	免费开放

乌审召，藏名为“德格庆达木朝卡斯勒林”，蒙古名又为“甘珠尔脑门苏莫”，占地面积约 3 万平方米，是乌审旗境内规模最为宏大的寺庙，也是鄂尔多斯四大召庙之一。乌审召设有显宗学部、密宗学部、时轮学部、医药学部（该部设于属庙达日罕喇嘛庙）等四大学部。整个乌审召以大经堂德格都苏莫为中心，18 个形制各异的喇嘛墒作为其属庙自由分布于距其 3 公里的范围内。

乾隆年间，安多藏区僧人囊苏喇嘛云游至乌审旗东部，结识乌审旗固山贝子若西斯仁，二人商定在乌审旗建庙弘法。乾隆元年（1736 年）至乾隆五年（1740 年）间，二人在善达河源塔本哈日陶勒盖之地建造德都庙，囊素喇嘛驻锡于西殿中。该庙初建时称囊苏庙，后改称甘珠尔庙。乾隆二十九年（1764 年），达赖喇嘛派来拉仁巴 · 罗布桑道尔吉为此庙活佛，崇奉他为上圣葛根法师，亦称之为“圣贤葛根”，其化身转世一直延续至今。乾隆年间，清政府还曾送匾授此庙为“钦定甘珠尔寺”（藏名为“德格庆达木楚格萨楞寺”）。光绪四年（1878 年），乌审旗阿格公察克图尔斯仁等人为该寺献一尊鎏金释迦牟尼像，此后寺庙被称为乌审召。寺庙曾遭受了四次不同程度的破坏：1868 年“回乱”，1943 年国民党 26 军团的洗劫，1958 年“人民

全貌

山门

大经堂

喇嘛在扎荣噶沙尔前举行宗教仪式

弥勒殿及闻思学院（显宗学部）

公社化”期间的破坏及“文革”期间的破坏。2005年起，寺庙开始进行大规模的抢救保护和修塔恢复活动，目前第一阶段工作已基本完成。

乌审召建筑风格为汉藏结合式建筑。“文化大革命”前寺庙有49间双层大雄宝殿、49间双层参尼殿、44间显宗殿、25间双层德都庙、25间护法殿、25间时轮殿、9间无量寿佛殿、9间普明佛殿、9间大黑天殿、9间胜乐金刚殿、9间密集金刚殿、9间弥勒殿、9间白伞盖佛母殿、4间龙王殿、4间法轮殿、3间度母殿、3间吉祥天女殿、3间大密九尊马头明王殿、3间罗汉殿、3间药师殿、3间女神殿、3间土地神殿、3间罗本喇嘛大黑天殿等大小25座殿堂，18座庙仓、大小203座佛塔。目前历史遗留建筑仅有德都庙、时轮金刚殿、吉祥天女殿、活佛仓佛殿4座殿宇与1座佛塔，寺庙现存建筑还有大经堂、弥勒殿、钟楼庙、度母殿、长寿佛殿、药师佛殿、活佛墒、法王殿、扎荣噶沙尔、六臂护法殿等。

大经堂始建于乾隆年间，由乌审旗第五任王爷热西斯仁出资修建。新建的大经堂共有三层，占地面积453平方米，是乌审召举行综合性法事活动的场所。建筑面阔五间、进深五间，带前廊，室内天井采用都纲法式，正门右侧有楼梯。大经堂的屋顶形式结合了藏式平屋顶与重檐歇山屋顶，用赭石色琉璃瓦屋面。

德格都苏莫，即德都庙，蒙古语意为上庙热西热布占楞，是乌审召最早建造的殿宇之一，也是历史价值较高的一座庙。德格都苏莫东侧与度母殿以墙相连，西侧与长寿佛殿相连。建筑共两层，正门右侧有楼梯；采用砖木结构，面阔五间、进深五间，带前廊，前廊大木结构部分采用汉式做法。屋顶为单檐歇山式，室内天井采用都纲法式。佛殿中供奉宗喀巴、释迦牟尼佛、未来佛等佛像。

时轮金刚殿始建于1828年，藏译为东科尔扎仓，主要用于学习讲授数学、天文、地理、艺术、占卜、历法等。现存建筑面积为156平方米。时轮殿面阔三间带前廊，前廊大木结构采用汉式做法。建筑共有两层，正门右侧有楼梯；屋顶采用歇山与藏式平屋顶结合的做法，室内天井为都纲法式。

1940—1942年间，在九世班禅的建议下，寺庙建造扎荣噶沙尔佛塔一座，相传该塔在世界范围内仅有三座。现存的扎荣噶沙尔佛塔为2008年复建，是国内仅有的一座此风格的佛塔。

每年农历六月十四至十六日，乌审召举行为期三天的法会。法会举办前寺庙中的喇嘛根据学部的不同分别做准备，或准备法器，或排练法王舞，或诵经礼佛，热闹非常。寺庙中多处建筑上悬挂有“女士止步”的警示牌，可见寺庙对于佛教戒律的遵从程度较高，参观时应多加注意。

时轮学部

钟楼庙及两侧转经亭

扎荣噶沙尔

德格都苏莫

十三敖包与白塔

活佛璃

小塔林

10 海流图庙

Hailiutu Lamasery

级别	自治区级重点文物保护单位
年代	清代
地址	乌审旗嘎鲁图镇巴彦柴达木村
交通信息	建议自驾
类型	宗教建筑
看点	具有仪式感的院落
开放信息	免费开放

海流图庙位于海流图河西岸，藏语名“珠布党巴达斋凌”，蒙语名为“齐达格齐音·沙信尼·德勒格茹勒格齐·苏莫”，意为“相传黄教之寺”。

据传说，清顺治末年时这里已有喇嘛进行佛事活动。康熙五十四年（1715年），喇嘛古希·萨木腾扎木苏始建寺庙，时有房屋12间。乾隆九年（1744年）寺庙扩建，并开始招收新的喇嘛，重新定制寺庙法规。同治六年（1867年）马化隆部到达此地，将寺庙焚毁。光绪元年（1875年）修复并扩建，建成殿宇18间、白塔21座，为了防火，大量殿宇均采用了砖砌箍窑的形式。寺庙在20世纪六七十年代遭到严重破坏，后于1984年进行维修并恢复了宗教活动，并在每年农历七月初九举行查木（俗称跳鬼）活动。海流图庙现已荒废，宗教活动也早已停止。

寺院坐北朝南，外围有围墙，墙顶均有藏式白塔状装饰，围墙南墙中部设山门。山门底层采用砖结构，开有南北方向的门洞作为寺庙入口；上层为砖木结构歇山顶小殿一间。山门现已封锁，而在其东侧院墙上打破一段作为入口。院内建筑沿中轴对称，有大小殿宇14座，均为硬山顶建筑，另有白塔8座。寺院各殿中仅有天王殿为五开间砖木结构建筑，坐北朝南；其余各殿均采用砖结构，面向内院。

寺庙西北约0.5公里处建有诺岩查干塔一座，高达23.3米，相传是由萨木腾扎木苏本人始建，现存的白塔则是于2000年重修而成。

正门

天王殿

海流图庙院内

白塔

诺岩查干塔

11 特格音敖包

Tegeyin Ovoo

级　别	市级重点文物保护单位
年　代	清代
地　址	乌审旗
交通信息	建议自驾
类　型	宗教建筑
看　点	蒙古族传统祭祀建筑
开放信息	免费开放

特格音敖包位于乌审旗苏力德苏木塔来乌素嘎查的高台地上，面积约28000平方米。一条由北向南的石子路直达敖包，敖包西侧为广场，两侧有两间砖结构蒙古包，北侧坡底有三间济萨房。

特格音敖包始建于清代，并一直延续至今。该敖包是由陶利、新庙、塔来音乌素、乌丁柴达木等地的僧俗群众及商家边客为了畜群繁殖、财源茂盛而祭祀土地神的敖包，不隶属于任何一个哈然苏木和姓氏宗教，是与蒙古族古老的萨满教有所渊源的地区性敖包。该敖包每年农历五月十三日举行大型的敖包祭祀活动，每次祭祀参加者可达五六百人，献四五十只全羊。

敖包蒙古语意为“堆子”，又称“鄂博”“脑包”“石堆”，是指在一定区域内，选择幽静、高峻的地方用石头堆起的圆形堆。最初的敖包是道路和境界的标志，因草原广阔无垠而在游牧交界或辨别方向的位置垒石为记，即为敖包。随后敖包逐渐演变成了祭山神、路神的地点，敖包神也被视为氏族保护神，因此祭祀敖包也成为了蒙古族重要的祭祀仪式。萨满教视敖包为神灵的居所和享祭之地，祭敖包原是萨满教的重要活动，明代鄂尔多斯部落迁入河套后，原始的萨满祭祀文化受到了藏传佛教格鲁派的影响，祭祀仪式由萨满跳神改为喇嘛念经。

敖包远景

敖包近景之一

敖包近景之二

12 陶日木庙

Taorimu Lamasery

级　别	自治区级重点文物保护单位
年　代	清代
地　址	乌审旗苏力德苏木陶尔庙嘎查西北 100 米处
交通信息	建议自驾
类　型	宗教建筑 · 木结构、砖石结构
看　点	室内坛城
开放信息	免费开放

陶日木庙，又称“陶庙”，藏名为“热希朝衣库尔凌”，蒙古名为“乌力吉图·诺敏鄂尔多尼·赫亦德”，汉意为“吉祥经殿之诗”。该庙位于乌审旗苏力德苏木陶尔庙嘎查，坐北朝南，依山而建，庙前有公路通过，越过公路是平坦开阔的草滩，东面还有一片湖泊——哈喇陶日木湖，寺庙亦因此而得名。

陶庙始建于清乾隆三十五年（1770 年），创建人是被后世称为“班智达喇嘛”的唐特古喇嘛拉白。寺庙建成时有九座庙宇、一座白塔、九座小塔，主殿有上下两层 25 间，另有 200 余间僧舍住房。寺中设天文、数学、历法、学院四部。1959 年停止宗教活动后，原有建筑大部分在20世纪六七十年代被破坏。1989年，寺庙在维修后在此对外开放，并恢复了宗教活动。2003年至2006年，修建新庙并对旧庙进行了修缮。

山脚下有一石牌坊，南北两侧分别以蒙汉两种语言书写庙名，牌坊后有道路引至山上。寺庙坐落于山顶，坐北朝南，分东西两路。西路为旧庙，修缮后作为活佛院使用；东路为新庙，为大经堂院。

活佛院为一进独立院落，建筑布局沿中轴对称。山门正对大殿，院落东西两侧各有僧舍及白塔，东侧的僧舍与白塔之间开一小门，可通向大经堂院。北侧院墙之外由东向西分布8座白塔。山门、僧舍与院外白塔均为新建建筑。

山门

远景

陶日木庙

牌坊

大殿为砖木结构，面阔五间，正中三间内凹形成前廊，单檐硬山顶。自建造以来，大殿屡遭破坏，“文革”结束时仅存四面土墙，现有的大殿是1984年在残墙基础上复建的建筑。前檐木构彩画精美，额枋与挑檐枋上有双龙木雕，穿插枋出头部位均雕刻并绘制为象的形象。大殿东西两侧各有一座白塔。据寺中喇嘛所说，这两座白塔中包裹有倒塌的旧塔。根据藏传佛教习俗，旧塔塌陷后不可原址重建新塔，因此寺庙选择了以新塔包旧塔的方式重现了旧时白塔的形象。

大经堂院自2003年开始建造，部分建筑于2008年开始投入使用，2010年正式竣工。院中有吉祥天母殿、大经堂、护法殿两座、藏经阁、度母殿、文殊殿、观音殿等12座殿宇及若干偏殿、厢房。寺院沿中轴对称，中轴线上自南向北依次为山门、吉祥天母殿、大经堂、藏经阁、大白塔。

吉祥天母殿一层用砖砌筑，中间留有门洞，二层为木构歇山小殿一间。门洞两侧有两幅壁画：东侧为一人以蛇为绳扼住老虎的咽喉，寓意为辟邪；西侧为一人牵一白象前行，白象身上驮有珊瑚、犀角等奇珍异宝，寓意为招财。

大经堂有上下两层，下层供奉佛像，也是喇嘛们诵经的场所。在殿内靠近西墙的位置，放置有一坐西朝东的歇山木构大殿的模型，象征寺庙中主祀佛——时轮法王的坛城。其放置在西方则象征着西方极乐世界。大经堂的二层为寺庙储藏法器、戒条等的场所。不只访客禁止进入，即便是喇嘛们也只有在大型法会等特殊情况下才会派专人进入。大经堂院的建筑多是由信徒捐建，每座建筑上都有铭牌标注供养人信息。

该庙是乌审旗孔兑哈拉主祀庙，现在是乌审旗较大的宗教活动场所之一。每年农历六月二十五日，寺庙均会主持东科尔法会（时轮法会），是规模最大的一场法会；此外每月的二十五日均会举行规模不同的法会。

大白塔

活佛院主殿

古白塔

吉祥天母护法殿

大经堂

大经堂中时轮法王坛城

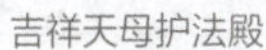

杭锦旗

13 霍洛柴登城址

Site of Huoluochaideng Ancient City

级　别	国家级重点文物保护单位
年　代	汉代
地　址	杭锦旗浩绕柴达木苏木
交通信息	建议自驾
类　型	古遗址
看　点	保存较好的汉代古城址
开放信息	暂未开放

霍洛柴登城址发现于 20 世纪 70 年代，城垣周长 5000 余米，遗址面积达 4 平方公里，古城平面近似长方形，东西长约 1446 米，南北宽约 1100 米。南、北、西三面城墙断断续续隐约可见，呈土垅状微凸于地表。墙基用黏性较强的白泥夯筑而成，宽约 13 米，夯层厚 0.15 米～0.16 米。城内地表散布大量陶、瓦残片。城西中部的地面隆起，地表砖瓦密布，为大型建筑基址，可能为官署区，其附近有铸钱、造兵器的场所。城内的东南和东北部，发现大片的铁、铜渣和破碎的铜、铁残片，应为冶炼、铸造铜、铁器场所的遗址。城外西侧柴登河东岸的坡地上，还发现数座烧造陶器的窑址。

2012 年在城址内发现一处钱币窖藏及铸钱作坊窑址，并出土 9 块有确切纪年的钱范，上有文字“始建国元年三月”等字样。此次发现铸币窑址四座，窑室平面均呈长方形；四座窑址的分布井然有序，附近还发现了制晒坯的场地。整个作坊遗址布局合理，应当是统一规划建造而成，在国内为首例。

城外东、南、西三面数千米范围内都分布有大量墓葬，墓葬的形制以土坑竖穴墓与斜坡墓道的土洞墓为主；城南墓区内还有一定数量的砖室墓。

依据城址及墓葬出土的文物进行推测，其时代约为汉武帝至王莽时期。根据城内出土的“西河农令”铜印及相关文物推测，古城应是西汉北方重镇——西河郡的郡治所在。

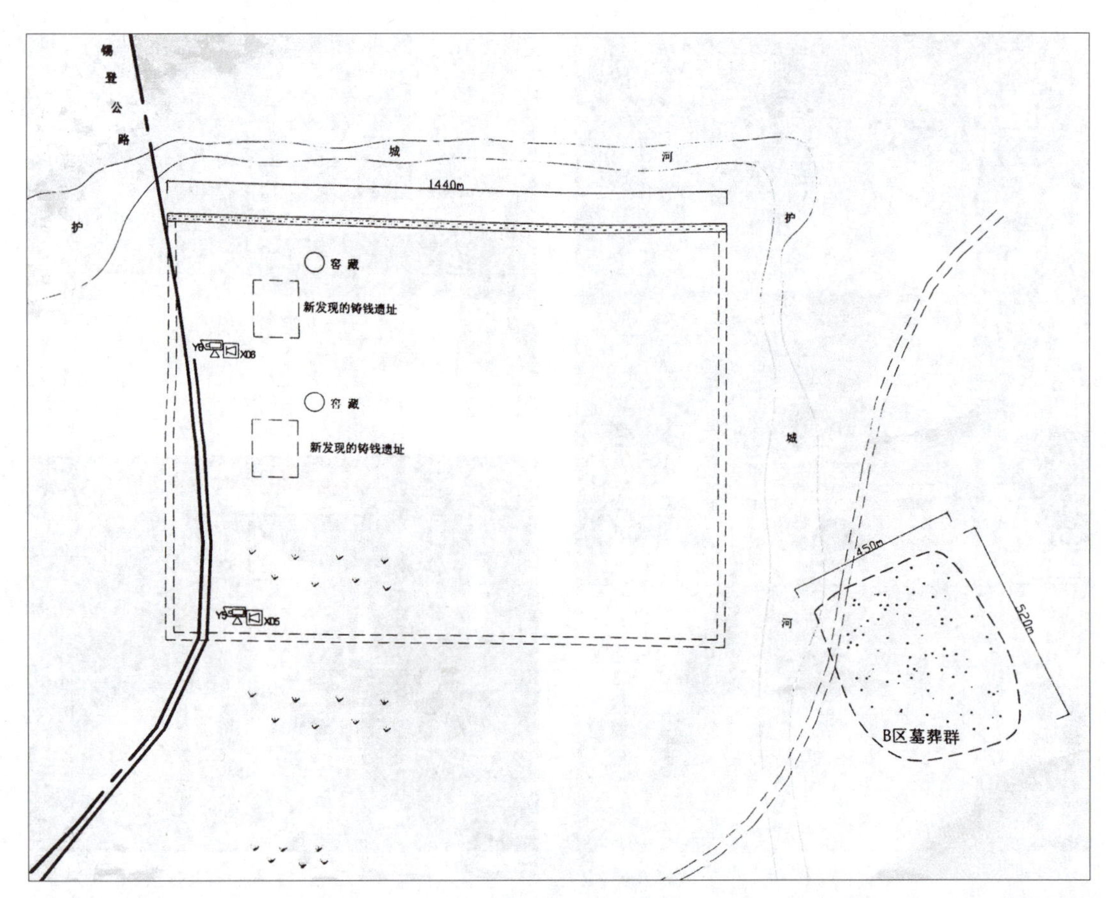
锡
登
公
路
城
河
护
1440m
护
窖藏
新发现的铸钱遗址
Y6
X06
窖藏
新发现的铸钱遗址
城
Y5
X05
河
450m
520m
B区墓葬群

遗址平面图

遗址现状

14 沙日特莫图庙

Sharitemotu Lamasery

级　别	国家级重点文物保护单位
年　代	清代
地　址	杭锦旗伊和乌素苏木巴音乌素嘎查
交通信息	建议自驾
类　型	宗教建筑 · 木结构、砖石结构
看　点	吉祥果聚塔，六月初大型法会
开放信息	免费开放

沙日特莫图庙，又名普提济渡寺，位于鄂尔多斯市杭锦旗巴音乌苏苏木境内，始建于清光绪元年（1862 年），占地面积 110 余亩，建筑面积 2800 余平方米。北京雍和宫现任住持嘉木扬 · 图布丹高僧正是在此出家，每年夏天，高僧均会回到此寺庙中讲经。

沙日特莫图庙经历了三度被毁又三度光复的历史。在初建成后的 1867 年，木湖拉丐叛乱导致寺庙严重被毁。后僧俗大众协力修复，增其规制，在此后的 70 余年中，该寺成为闻名遐迩的福田。1940 年，在日本侵华战争中再度被毁，当年即得以修葺一新。“文革”中遭到毁灭性破坏，僧众被逐，寺庙几乎沦为废墟。1989 年寺庙恢复法事活动，并对寺庙进行了修复和重建。

清嘉庆年间，寺庙有 25 间庙舍。至新中国成立时，寺庙中有大经堂、明王殿、金刚殿、活佛府、主持喇嘛府等百余间古建筑和四座佛塔。寺庙目前的格局与

寺庙东侧

山门（在建）

全貌

当时有明显差异，并且还不断进行着新的营建活动。寺庙有明显的轴线，最南端有新建的石质仿木结构牌坊，牌坊后东西两侧各有四座小白塔。走过小塔即到达山门，山门兼做四大天王殿，占地面积 100 平方米，两侧佛事房占地 200 平方米，到访时山门与佛事房正在进行重建，其砖木结构清晰可见。

进入山门即为大经堂，是寺庙中的主殿，面积 400 余平方米。建筑面阔五间，进深四间，前出三间抱厦，上下两层，二层主要部分面阔、进深各三间，东南、西南角上各有一座四方亭，因此屋顶形式结合了藏式平屋顶与歇山顶、攒尖顶。建筑室内彩画的绘制与经幡等的布置体现出浓重的藏传佛教的特色。经堂西墙边一字排开几床被褥，每隔几个位置便卧着一位病人，他们终日在此休养，祈求着佛祖的庇佑。空气中也混杂着檀香与药香，室外的栏杆上晾晒着他们换洗的被褥，下午的阳光从板门和天窗射入经堂中，给这一片区域带来些许的光亮，竟让人生出一丝悲悯之感。

大经堂前两侧各有一座厢房，均为藏经阁，占地面积 150 平方米，二者为三开间汉式建筑，梁架遍施彩画。大经堂后为一金色佛塔，佛塔东西两侧有配殿，外侧临院墙处为两座配殿，殿前均有转经筒。金塔后为吉祥果聚塔（又名吉祥谷积塔、时轮金刚塔），该塔占地面积 900 平方米，高 33 米，室内地上地下共有七层，是中国西部地区最大的白塔。塔北侧为千佛殿，占地面积 200 平方米，为五开间汉式硬山顶建筑，两侧有朵殿各三间。两偏殿东西相对，各 150 平方米，为三开间硬山顶建筑。北侧院墙外还有方塔与白塔各一座。

大经堂

东配殿

大经堂室内

大经堂与金塔

吉祥果聚塔

庙后亭与塔

千佛殿组群

寺庙西北角处建有一座博物馆，馆内陈列大量佛教文物。寺庙前广场原有汉白玉释迦牟尼雕像一座，因山门重修之故，暂移至寺庙东墙外的空地之上。庙前原立有石狮一对，每只高约 2 米，重达 3 吨，也因施工原因而被移至东墙铁门处。

此次到访是在六月初十，恰好错过了此前的法会活动。据庙中喇嘛所说，这是寺庙中一年一度的大型法会，从六月初一起，庙中僧人要连诵七天《大藏经》；初八一早便要起来“绕庙”，一边围绕寺庙顺时针行进一边诵经；初九则要举行“跳神”仪式，至傍晚这场法会才算正式结束。寺庙作为较早恢复宗教活动的场所，对研究藏传佛教寺庙具有一定的价值。

博物馆

鄂托克旗

15 苏里格庙

Sulige Lamasery

级　　别	自治区级重点文物保护单位
年　　代	清代
地　　址	鄂托克旗苏米图苏木苏里格嘎查
交通信息	建议自驾，X632 沿线
类　　型	宗教建筑 · 木结构、砖石结构
看　　点	苏里格敖包
开放信息	免费开放

苏里格庙是鄂尔多斯地区较大的寺庙之一，占地面积 1000 亩，每年农历六月初八至初十举办三天的大型法会。

苏里格地区的历史可以追溯至 700 多年前。1226 年，成吉思汗率军兵分两路进攻西夏，在秋冬之际进入鄂托克旗阿尔巴斯山与西夏军队隔河对峙，却在围猎时不幸坠马受伤，便在阿尔寨石窟驻留养伤。1227 年，成吉思汗从阿尔巴斯山启程前往宁夏，途经如今苏格里庙的所在地，在此祭祀军旗。蒙古军随后势如破竹，于当年灭亡西夏，为表纪念，遂在此地修建蒙古敖包，名为苏里格敖包，祭祀仪式代代相传。随着明清两朝藏传佛教在鄂尔多斯地区的广泛传播，古老的祭祀活动中逐渐渗透了许多佛教内容。于清光绪三十三年（1907 年）在苏里格敖包前修建了苏里格庙，原有藏式大经堂 25 间，12 间明王殿、佛塔、喇嘛住宅等建筑。后因战乱和年久失修而遭到破坏。

文保碑

苏里格庙古朴壮观，庙群的西北、西南、东北、东南方向上各有一片湖泊，寺庙正是坐落在四片湖泊围绕的山丘之上。苏里格庙南北长 1300 米，建筑面积 43200 平方米，庙前有公路通过，寺庙对侧设有停车场。临近公路新建一组八座小白塔，从此处起连登九组九级的台阶方可到达寺庙的山门，营造了强烈的序列感，也象征着成吉思汗在此祭旗杀九九八十一只绵羊而征西夏，相邻两组台阶之间的平台上或侧面建有牌坊、白塔等建筑小品。

山门为木构黄琉璃瓦单檐歇山顶建筑，面阔、进深各三间，正中一间为通道，两侧设法物流通处。进入山门后是一片广场，中央伫立着 4.5 米高的成吉思汗骑马铜像，再现了这位天骄当年叱咤欧亚的雄风。

广场之后即为两层汉藏结合式的大经堂。经堂面阔七间、进深三间，前檐出五间抱厦，为砖木结构。经堂左右两侧各有一座六角转经凉亭，由内蒙古著

入口白塔及牌坊

山门

第四组台阶

名歌唱家腾格尔先生出资捐建。东侧凉亭的外侧贴近院墙处还有一座厢房，为弥勒殿，是三开间藏式建筑。

经堂之后有一座白塔，也是整座寺庙的制高点，二者的台基之间仅在寺庙中轴线的位置铺桥相连。白塔四面均有一对狮子做托塔状，塔上书有藏文。白塔两侧各有一座四合院，东侧院落为诺彦墒，现为寺庙管理用房；西侧院落为活佛墒，现作为僧房及来此修行之人的住所。四合院的后墙也是寺庙的院墙，墙体正中开一道铁门，并有道路一直向北延伸，道路尽端是苏里格敖包。

探访寺庙的那一天，我们一路从山脚向上走，沿途未见一人，正感叹于寺庙的荒凉，忽然看到活佛墒中闪过人影，忙前去攀谈。他说自己每年夏天都会从外地特意来到这里修行，并带着我们去找寺庙中的喇嘛。当时正值寺中喇嘛被请去其他寺庙举办法会，寺庙中仅剩了一人看家。我向这二位问起寺庙的历史与建造等问题，他们唯独对成吉思汗在此祭旗的故事津津乐道，也足以看出这一传说在当地信仰中的独特影响力了。

内院

大经堂一

大经堂二

转经凉亭

白塔

僧院

苏里格敖包

16 阿尔寨石窟

A'erzhai Caves

级　别	国家级重点文物保护单位
年　代	西夏
地　址	鄂托克旗棋盘井镇苏亥图嘎查
交通信息	建议自驾
类　型	石窟寺
看　点	回鹘文、蒙文题榜，壁画，石浮雕
开放信息	门票 10 元 / 人

阿尔寨石窟，又名“百眼窑”，位于苏亥图嘎查境内，占地面积约 165 万平方米，是内蒙古境内规模最大的石窟寺建筑群。在旷野之上有一座孤立的红砂岩小山，其四周为陡峭的崖壁，石窟便开凿在这峭壁之上，南北跨度约 200 米，东西跨度达 450 米。

据现存浮雕的风格判断，阿尔寨石窟应开凿于北宋、西夏时期，相传成吉思汗进攻西夏途中曾在此养伤。据考证，阿尔寨石窟的兴盛与二世迪鲁瓦活佛（1569—1649 年）有关，他曾主持在此处修建了寺庙，并推动了藏传佛教在该地区的传播。传说阿尔寨石窟原有 108 窟，后在林丹汗兴兵攻打此地时遭到焚烧。阿尔寨石窟目前尚存洞窟 67 座，山顶还有建筑基址。

石窟基本分为三层，散布于崖壁之上，尤以南壁的洞窟最多。单体洞窟按规模分大、中、小三种，均为方形窟。大型洞窟仅存一座（19 号窟），位于南部正中，可能是主窟，洞内已坍塌，洞外有台阶通向山下和两侧石窟。中型石窟格局相同：其面积在 30 平方米左右，平面近方形；前壁正中设拱门，左右两侧壁

阿尔寨石窟全景

对称雕凿佛龛两排，后壁正中雕出主佛龛，两侧各有上下两层小佛龛；窟顶正中雕做藻井，四周雕为平棊造型，内画佛坐像。小型窟面积在 10 平方米左右，进深 4 米 ~ 5 米，洞中不设佛龛，墙上多绘有壁画，壁画内容以佛像、天王像、明王像、佛经故事等藏传佛教为主，还有多幅描绘世俗人物祭祀、礼佛活动的壁画，另有大量藏文和回鹘蒙古文榜题，文字内容既有赞礼佛的颂诗，也有画师上色前标注的“红”“蓝”“绿”等文字。阿尔寨石窟是目前世界上保存回鹘蒙古文榜题最多的一处遗址，文字多见于 32 号窟中。

石窟外的岩石上，有用高浮雕手法雕凿的覆钵塔浮雕 24 座和楼阁式塔浮雕一座。覆钵式塔的高度均在 1.5 米 ~ 1.8 米，早期雕刻的塔的造型、风格与宁夏地区现存的西夏覆钵式塔相同，中期和晚期雕刻则为元代至明代作品；部分塔的腹部凿有椭圆形石洞，洞中有骨灰和绢纸残片，由此推断这些浮雕塔当为高僧的骨灰灵塔；其中一座塔的腹部还凿刻了密宗早期派别黑教的驱魔标志，该标志成为石窟断代的重要依据之一。浮雕楼阁式塔高 1.6 米，共 13 层，造型风格体现出北宋、西夏特征。

阿尔寨石窟局部

山顶平坦处的建筑基址呈正南北走向，总面积约 1200 平方米，由三部分依次排列构成。基址残高约 1 米，均为长方形石条垒砌，据现状判断当为大型庙宇建筑，基址有遭受火焚的迹象，印证着林丹汗征伐此地的传说。

17 城川城址

Site of Chengchuan Ancient City

级别	国家级重点文物保护单位
年代	唐代
地址	鄂托克前旗城川镇
交通信息	建议自驾；X608 县道沿线
类型	古遗址
看点	格局较完整的唐代城址
开放信息	免费开放

城川城址位于城川镇城川嘎查东北约 2.5 公里处，周围地形平坦开阔。城址接近正南北向，平面近似长方形。东墙长 600 米、南墙 760 米、西墙 602 米、北墙 724 米。东、南、北墙保存状况较好，墙上角楼、马面、瓮城历历可见；西墙破坏严重，形状仍清晰可辨。城墙东、西、南三面各开一门，并设瓮城，南门瓮城大于东西两侧；北侧不设门，但在城墙中部残存高大夯土台基，当为敌楼遗迹。城墙由灰白色沙土夯筑而成，结构坚实紧密。城外四周的护城河痕迹仍清晰可辨。城内西北角高于地表的山丘上发现有琉璃残件，应为建筑基址。考古钻探判断该城址为焚毁建筑。

据文献记载，城川城址是唐元和十五年（820年）前的长泽县城及元和十五年（820年）移治后的宥州城故址，为党项族所居，并成为其建立西夏王国的摇篮，是西夏时期重要的政治、经济、军事重镇。西夏灭亡后，该城被蒙古军攻破并焚毁。

城川城址

18 秦长城遗址

Ruins of the Great Wall of Qin Dynasty

级　别	国家级重点文物保护单位
年　代	秦代
地　址	鄂托克旗、达拉特旗境内
交通信息	建议自驾
类　型	古遗址
看　点	古长城
开放信息	免费开放

战国末年，秦王嬴政统一六国，建立秦朝。秦始皇三十三年（公元前214年），蒙恬率军入驻河南地（今鄂尔多斯地区）及榆中，开始在河套地区沿黄河南岸修建长城、筑城设县；占据阴山后，又在其北路修筑长城，并将战国时期赵、燕、秦等国的长城都连接起来，建成万里长城。

秦长城西起临洮、东至辽东，全长一万多里，达拉特旗和鄂托克旗境内现均有秦长城残存。鄂托克旗的秦长城全长约30公里，墙体为石块垒砌或堆积而成，主要分布于阿尔巴斯苏木桌子山一带，沿线设有烽燧若干。达拉特旗秦长城则为夯筑土墙，呈东西向分布，全长约10公里，残高不足一米。

秦长城

秦长城局部

19 隋长城遗址

Ruins of the Great Wall of Sui Dynasty

级　　别	国家级重点文物保护单位
年　　代	隋代
地　　址	鄂托克前旗上海庙镇境内
交通信息	建议自驾
类　　型	古遗址
看　　点	内蒙古唯一的隋长城遗迹
开放信息	免费开放

隋长城呈东西向贯穿鄂托克前旗东南部，全长 20 公里，是内蒙古境内唯一一段隋长城遗迹；城墙位于明长城以北，与其走向一致，相距 50 米 ~ 300 米，有时单独出现，有时与明长城重叠一处。

隋文帝开皇元年（581 年），杨坚废黜北周小皇帝自立为帝，创建隋朝；同时，突厥沙钵略可汗在其妻子北周宗室女子千金公主的请求下，以为北周复仇为由侵扰边地。为抵抗突厥入侵，隋朝开始修筑长城，一直持续至隋炀帝执政后。据史料记载，隋朝先后七次在今辽宁、山西、陕西、内蒙古、宁夏等地修筑长城，但目前地面遗存较少，其原因有三：一是隋长城多在秦汉长城的基础上进行修补，易与后者混淆；二是修建工期短，建造质量差，经历风雨侵蚀后毁损严重；三是被后来修筑的明长城叠压覆盖，难寻遗迹。

鄂托克前旗的隋长城当属隋朝第三次修筑的长城。据史料记载，开皇五年（585 年），隋文帝派遣司农少卿崔仲方率兵至朔方、灵武修建长城，西起黄河东岸的灵武，东至绥州，自西向东横亘河套南部，全长约 310 公里，途经今鄂尔多斯南部地区。鄂托克前旗境内现存的隋长城为堆筑土墙，呈鱼脊状凸起或土垅状，泛白色或红色，残高仅 0.3 米 ~ 1 米。

隋长城遗址

隋长城遗址局部

隋长城遗址全景一

隋长城遗址全景二

20 明长城遗址（鄂尔多斯段）

Ruins of the Great Wall of Ming Dynasty

级别	国家级重点文物保护单位
年代	明代
地址	鄂托克旗、鄂托克前旗、准格尔旗境内
交通信息	建议自驾
类型	古遗址
看点	墩台、烽火台
开放信息	免费开放

鄂尔多斯境内的明长城均为景泰年间至嘉靖年间修筑的长城，分布于鄂托克旗、准格尔旗、鄂托克前旗境内。“土木之变”后，鞑靼、瓦剌不断兴兵南下，迫使明王朝将修筑北方长城、修建关堡作为第一要务，在百余年间建成延绥镇（榆林镇）、固原镇、甘肃镇、宁夏镇、大同镇、宣府镇、山西镇、蓟镇、辽东镇等九座长城重镇，史称“九边重镇”。鄂尔多斯市准格尔旗明长城属于榆林镇，鄂托克旗和鄂托克前旗的明长城属于宁夏镇。

由于军粮运输和防守的困难，成化九年（1473年），明朝政府将河套地区鄂尔多斯高原的军事和政治所在逐渐撤出，转为修筑长城以防御蒙古军民，即为“弃套”，并在今鄂托克前旗修筑了宁夏镇河东边墙。现存的鄂托克前旗明长城分为头道边和二道边，同属宁夏镇河东边墙。头道边位于南侧，修筑年代较晚，由三边总制王琼、唐龙、王宪在明世宗嘉靖时期修筑，保存状况较好，被称为“深沟高垒”，是内蒙古自治区与宁夏的分界线。二道边位于北侧，保存较差，修筑年代较早，最早在明宪宗成化年间由巡抚宁夏都御史徐廷章修筑。正德元年（1506年），三边总制杨一清对其进行加固，同时为了便于士兵休息，在边墙上加修暖铺。弘治年间，宁夏巡抚张桢叔、王珣为防止骑兵逼近，先后在墙外添挖陷马坑44000多眼。现存鄂托克前旗明长城全长约90公里，属内蒙古境

明长城遗址全景

明长城遗址局部一

明长城遗址局部二

内的部分长约40公里。该段长城西自宁夏灵武县横城乡进入鄂托克前旗向东行经后，在二套子村西转为向东南方向延伸，进入宁夏盐池县境内。墙体为夯筑土墙，长城墙体上筑有敌台，沿线有墩台7座，均为长方形平面，边长约10米。

鄂托克旗阿尔巴斯有明代烽火台若干座。

准格尔旗明长城位于黄河西岸，是延绥镇（榆林镇）长城的东起点。龙口镇竹里台现存有明长城约1公里，墙体为黄土夯筑，边墙附近建有烽火台和敌台。大占村西山岗上有堡址1处，长城自此向西经梁龙头村进入陕西府谷县境内，总长约5公里。

明长城遗址局部三

鄂尔多斯市其他文物建筑列表

名　称	级别	地　址	年　代	简　介
成吉思汗陵	国家级	伊金霍洛旗伊金霍洛镇布拉格村	1954 年迁建	古墓葬
萨拉乌苏遗址	国家级	乌审旗无定河镇大石砭村至大沟湾村	旧石器时代	古遗址
秦直道遗址	国家级	伊金霍洛旗、东胜区、达拉特旗	秦代	古遗址
朱开沟遗址	国家级	伊金霍洛旗纳林陶亥镇朱开沟村	新石器时代至商	古遗址
十二连城古城	国家级	准格尔旗十二连城乡脑包湾村	汉至唐	古遗址
寨子圪旦遗址	国家级	准格尔旗薛家湾镇荒地村	新石器时代	古遗址
嘎拉图庙革命故址	自治区级	乌审旗达布察镇	1919 年	革命遗址
翁滚梁占墓群	自治区级	乌审旗苏力德苏木沙尔利格嘎查	大夏（十六国）至元	古墓葬
三岔河古城及墓群	自治区级	乌审旗无定河镇大石砭村	元代	古墓葬
扎尔庙城址	自治区级	杭锦旗锡尼镇胜利扎尔庙嘎查	东汉	古文化遗址
查干巴拉嘎苏城址	自治区级	鄂托克前旗敖勒召其镇查干巴拉嘎苏嘎查	唐代	古遗址
哈勒庆壕城址	自治区级	达拉特旗	汉代	古遗址
十里梁墓群	自治区级	乌审旗无定河镇排子湾村	五代至宋	古墓葬
乌兰道崩城址	自治区级	鄂托克前旗敖勒召其镇乌兰道崩嘎查	唐代	古遗址
巴郎庙城址	自治区级	鄂托克前旗敖勒召其镇巴郎庙村	唐代	古遗址
百眼井遗址	自治区级	鄂托克旗棋盘井镇百眼井村	西夏至元明	古遗址
阿贵塔拉石窟	自治区级	鄂托克旗苏米图苏木查干陶劳亥嘎查	元代	石窟寺及石刻
迪雅阿贵庙	自治区级	鄂托克旗棋盘井镇乌仁都西嘎查	1921 年	近现代重要史迹及代表性建筑
大池城址	自治区级	鄂托克前旗城川镇大池社区	唐代	古遗址
乌兰阿贵石窟寺	自治区级	杭锦旗伊和乌素苏木	明、清	石窟寺
蒙古大汗国九足白徽	市级	乌审旗嘎鲁图镇西南 17 公里处	明代	古遗址
哈什拉召	市级	达拉特旗中和西镇万太兴村	清代	古建筑

3 乌海市

WUHAI

乌海市古建筑分布图

Historical Architectural Map of Wuhai

1 满巴拉僧庙

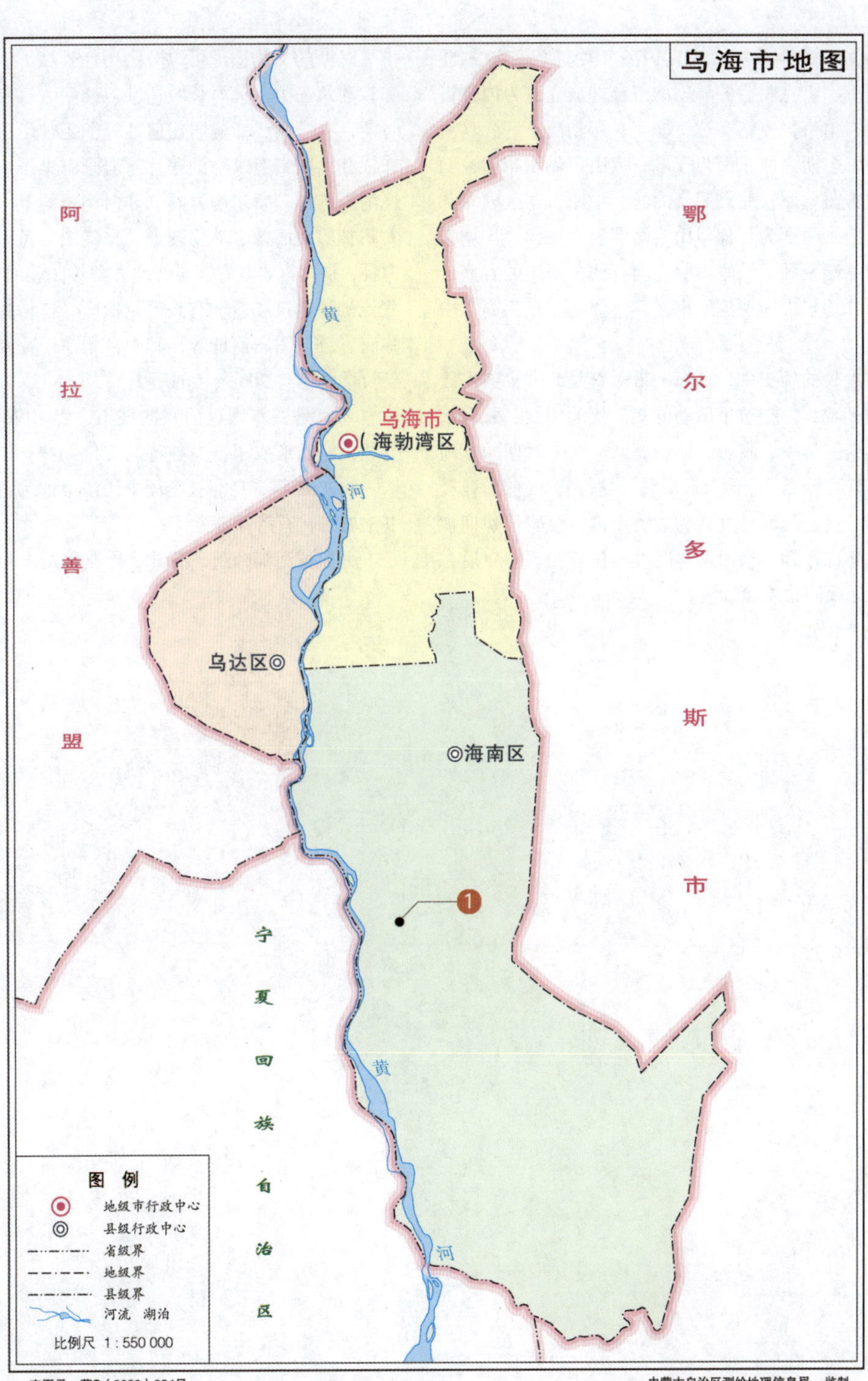

审图号：蒙S（2020）024号

内蒙古自治区测绘地理信息局 监制

概 述

乌海市位于黄河上游，1976年由原巴彦淖尔盟的乌达市、伊克昭盟的海勃湾市合并成立，为内蒙古自治区直辖市，下辖乌达、海南、海勃湾三区。乌海东临鄂尔多斯高原，南与宁夏石嘴山市隔河相望，西接阿拉善盟草原，北靠肥沃的河套平原。辖区内东部为桌子山，中部为甘德尔山，西部为五虎山，均属贺兰山脉北端余脉。三座山脉之间有两条平坦的谷底，黄河沿甘德尔山西谷流经市区，整体地貌东西高、中间低。

在漫长的历史中，乌海一带一直是北方少数民族活跃的区域，曾在这里活动的有汉代的匈奴、魏晋南北朝时期的鲜卑、隋唐时期的突厥、两宋时期的党项等，直至元代统一全国，乌海属宁夏行省中兴路管辖。明代时，乌达地区一度成为边防重镇，至明代晚期被蒙古鞑靼部占领。清康熙年间设阿拉善和硕特旗后，乌达地区属阿拉善旗管辖。

乌海的文物遗址可以分为历代长城、岩画和藏传佛教建筑三类。乌海长城遗址包括秦、汉和明代三个时期，有城墙、烽燧居住遗址等，还曾出土过汉代五铢钱和大量带有纹饰的陶片。岩画有桌子山岩画、召烧沟岩画群、摩尔沟岩画、苏白沟岩画等，内容多为太阳神等人面像、动物图形、狩猎图、符号等，风格古朴，是新石器至青铜时代北方游牧民族的艺术珍品。藏传佛教建筑和遗址有满巴拉僧庙、拉僧仲庙、卡布其庙、敖包图庙遗址等，其中，始建于乾隆年间的满巴拉僧庙已有200余年的历史。

乌海是一座因煤而兴的城市，经过40年的转型发展，已经形成了自身独特的文化，被誉为“黄河明珠”。2008年，乌海被全国书法协会评为首个“中国书法城”，有诗称赞道：

九曲黄河锦鲤跃，满城尽是染毫人。

海南区

1 满巴拉僧庙

Manba Laseng Lamasery

级　别	自治区级重点文物保护单位
年　代	清代
地　址	海南区拉僧庙镇民乐社区图海山腰
交通信息	自驾，S217 省道沿线
类　型	宗教建筑 · 砖木结构
看　点	藏传佛教建筑
开放信息	免费开放

满巴拉僧庙又名拉僧庙，是藏语名，“满巴”意为“医生”，“拉僧”意为“学院”，译为汉语就是“医方明经院”或者“培养僧医的学院”。拉僧庙最早是鄂托克召的五明经院之一。清乾隆五十三年（1778年），由鄂托克旗第七代王爷东日布斯仁捐资，从鄂托克召迁至图海山，由第一世活佛贡其根阿日布寨主持兴建。拉僧庙建立时，在鄂托克旗内先后建成的20座寺院中，还没有一个研究医宗教义的场所，因此急需建立一个研究蒙藏医学的医宗专门机构。而拉僧庙所在的图海山盛产多种药石药草，山中涌出天然泉水，自然地理条件优越。拉僧庙建成后，成为了菩修医宗教义、经医双修，培养精通医宗教义僧人的藏传佛教圣地，而附近的牧民也有了求医问药的去处。

拉僧庙的学僧们进庙后先修佛经，后习医宗，医宗的经典分为四个部分：沙德尔经（病理学）、玛德珠玛经（药理学）、西玛珠德经（诊断医疗方法）和医典要领（基础理论），合称为《四部集》。当时的药品也全部为自采、自种、自制。兴盛时期，拉僧庙有喇嘛200余名，殿塔10座，寺庙仓库和僧舍170多间，大小牲畜数百头。庙内雕塑威武、壁画精致、法器齐全，经书、医药书籍有数千卷，培养出几代有学识、精通医宗教义的医务人才，据说还曾研究出几十种蒙药秘方，在方圆几百里的牧民中都有很大的影响。

“文革”时，满巴拉僧庙佛造像被砸毁，庙宇被拆毁，珍贵文物遗失殆尽，只留下三层不完整的庙宇遗址。1982年，在旧址上设宗教活动点，恢复香火。1996年经海南区政府批准，正式成为乌海地区唯一的藏传佛教格鲁派（黄教）宗教活动场所。2000年庙宇开始修复，现已复建了大雄宝殿、药师佛塔、配殿、牌楼，并修建上山公路，进行山体绿化等，正在修建的有僧舍楼、博物馆（经学院）、活佛府（蒙医研究所）和游客接待中心；修缮完成后，将成为乌海市佛教朝觐、蒙医药研发、佛事节庆以及文化交流等活动的重要场所。

大雄宝殿全景

大雄宝殿及配殿正面

药师佛塔

四世活佛舍利塔

大雄宝殿及后殿

乌海市其他文物建筑列表

名　称	级　别	地　址	年　代	简　介
新地城址及周边墓葬群	自治区级	海勃湾区千里山镇新园社区	汉	西汉早期至东汉古城。平面呈方形，边长约 300 米，原有城墙、城门，现在地表已建满居民住房，仅残存一段东墙。
马宝店佛塔	市级	乌达区乌兰淖尔镇政府东北	清	砖土混合结构喇嘛塔，现已坍塌损毁。
桌子山岩画群	国家级	海勃湾区、海南区	新石器时代	新石器时代北方游牧民族的文化遗迹，总面积一万六千多平方米，内容多为太阳神等人面像、动物图形、狩猎图、符号等。

4 阿拉善盟 ALASHAN

阿拉善盟古建筑分布图
Historical Architectural Map of Alashan

1 定远营
2 广宗寺
3 福因寺
4 达里克庙
5 苏木图石窟
6 巴丹吉林庙
7 昭化寺
8 曼德拉山岩画群
9 黑城遗址
10 绿城遗址
11 江其布那木德令庙

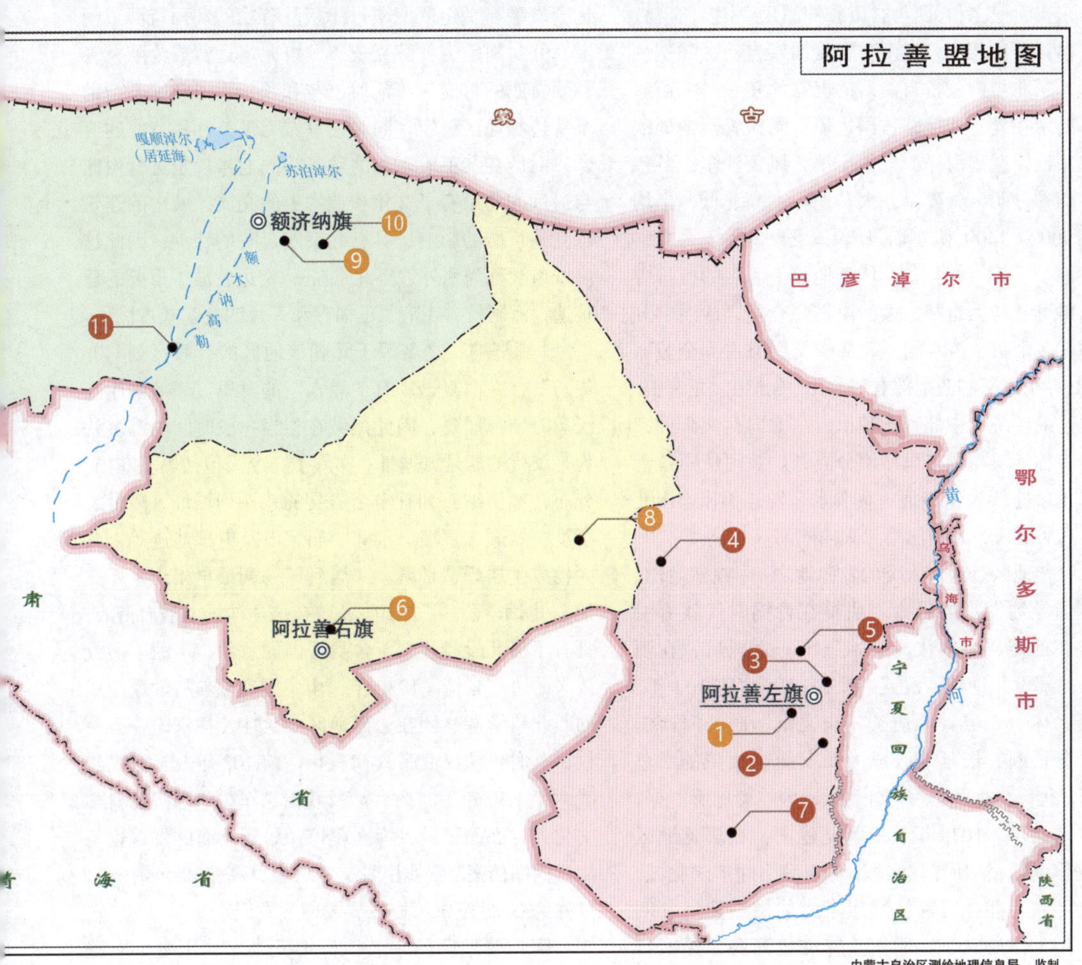

内蒙古自治区测绘地理信息局　监制

概 述

居延城外猎天骄，白草连天野火烧。

暮云空碛时驱马，秋日平原好射雕。

——《出塞作》王维

“阿拉善”是贺兰山的谐音。阿拉善盟位于内蒙古自治区最西端，面积27万平方公里，大致是江苏省与山东省面积之和。西与甘肃省的酒泉、张掖、金昌、武威、白银等市相连，东南与宁夏回族自治区隔贺兰山相望，东北与内蒙古自治区的巴彦淖尔、乌海市、鄂尔多斯市相连，北接蒙古国边境。阿拉善盟地处欧亚大陆腹地，远离海洋，气候干旱，风大沙多；冬寒夏热，四季分明，昼夜温差大。地势南高北低，平均海拔在900～1400米之间，地貌以戈壁和沙漠为主，间有山地、丘陵、湖盆、起伏滩地等。著名的巴丹吉林、腾格里、乌兰布和三大沙漠贯穿全境，沙漠中分布有500多个咸、淡水湖。北部的戈壁滩占到全盟面积的34%，东南部和西南部有贺兰山、合黎山、龙首山、马鬃山连绵环绕，中部雅布赖山自东北向西南延伸，将巴丹吉林沙漠与腾格里沙漠分隔开。黄河从阿拉善左旗东北穿过；额济纳河古称弱水，发源于祁连山北麓，汇入居延海，是我国第二大内陆河。

阿拉善地区是远古人类的发源地之一，在贺兰山、曼德拉山等地发现的岩画表明早在青铜时代就有游牧民族在此定居、放牧。秦始皇统一六国后，在阿拉善东北部设北地郡；汉武帝太初三年（前102年）置居延、休奢二县。至唐“安史之乱”时，河西走廊被吐蕃切断，居延地区成为长安通往西域的“草原丝绸北道”，此后先后为吐蕃、回鹘、契丹所占据。北宋宝元元年（1038年），西夏建国，在居延地区设“威福军司”，治所在黑水城，元朝沿用并扩建此城，称亦集乃城，即今日额济纳旗东南的黑城遗址。明洪武五年（1372年），明军攻克亦集乃路，黑城自此废弃。明朝中期以后阿拉善地区成为蒙古达延汗部的游牧地。清康熙二十五年（1676年），蒙古卫拉特部葛尔丹叛乱，击败和硕特部，第二年和硕特余部从新疆迁徙至阿拉善地区。康熙三十六年（1697年）正式设阿拉善和硕特旗。雍正九年（1731年），内附的蒙古土尔扈特部移牧额济纳河流域，乾隆十八年（1753年）设额济纳旧土尔扈特旗。两旗均因地位特殊且有战功，为特别旗，直属清廷理藩院管理。1949年，阿拉善旗和额济纳旗和平解放；1961年阿拉善旗分为左、右二旗；1980年成立阿拉善盟，辖阿拉善左、右旗和额济纳旗，盟府驻巴彦浩特。

阿拉善盟地广人稀，至2004年有人口18万，其中汉族占3/4，蒙古族和其他少数民族占1/4。阿拉善左右旗的蒙古族源于卫拉特之一的和硕特部，是元太祖之弟哈布图哈萨尔的后裔，姓博尔济吉特氏。清雍正九年（1731年），清廷将在贺兰山北侧新筑的定远营城赠与平定罗卜藏丹津叛乱有功的和硕特郡王阿宝，并封阿宝为札萨克王爷，自此定远营成为阿拉善和硕特旗的首府。清廷通过与和硕特王爷联姻，帮助维持边疆地区稳定，同时在京城为王爷和福晋修建府邸，旧址在恭王府东侧的毡子胡同七号。定远营由此与遥远的北京有了文化和技术上的交流，城中的建筑也受到京城的影响，具有北京四合院的特点，因此这座城市被称为塞外“小北京”。定远营城中重要的建筑遗存有阿拉善王府、延福寺和一片四合院式古民居。

“额济纳”之名源于元朝该地区的行政区划“亦集乃”，在西夏语中有“黑水”的意思。额济纳旗在汉唐时期称居延，因此黑城在相当一段时间内都被认为是汉代的居延城遗址。实际上，今天包括黑城在内，分布在额济纳旗和甘肃金塔县的一系列城址、障址、亭址、烽燧、塞墙、墓葬、庙宇以及屯田遗迹等，共同构成了居延遗址群。“居延”一词最早出现于《史记》，也因李陵、霍去病等人曾在这片沙场上浴血奋战，具有了男儿投身边疆、舍身报国的意象，承载了历代诗人的边塞豪情。1930年，由中国和瑞典科学家组成的西北科学考察团在居延地区一次性发掘汉简一万余枚，其时代从汉武帝太初三年（前102年）至东汉建武六年（30年），内容涉及政治、军事、经济和科学文化方方面面，世界为之震惊，居延汉简的发现也与故宫内阁档案、殷墟甲骨文和敦煌莫高窟藏经洞一道，被称为20世纪中国档案界的四大发现。

阿拉善地区的宗教信仰多元丰富，历史上有藏传佛教、伊斯兰教、基督教、天主教和汉传佛教等，影响最广、信徒最多的是藏传佛教。阿拉善地区信奉格鲁派，亦称黄教，从和硕特部迁居至定远营。到1949年，和硕特旗共修建了大小寺庙37座。根据清朝理藩院的规定，凡蒙古各旗建立庙宇超过五十间，都要向理藩院申请庙名。和硕特旗中规模较大、得赐清廷匾额的有八座，称为“八大寺”，分别是延福寺、广宗寺、福因寺、承庆寺、昭化寺、妙华寺、方宁寺和宗乘寺，其中以延福寺、广宗寺和福因寺最负盛名，也称“三大寺”，其他的五座寺庙基本都是这三座大寺的属庙。

阿拉善左旗

1 定远营

Dingyuan Camp Site

级　　别	国家级重点文物保护单位
年　　代	清代
地　　址	阿拉善左旗巴彦浩特镇王府街 16 号
交通信息	1 路 <B> 定远营站
类　　型	古城
看　　点	建筑群体，多民族融合建筑
开放信息	免费开放

定远营是巴彦浩特镇的旧称，是阿拉善左旗境内历史最悠久的古城，位于贺兰山西麓。这里原名葡萄泉，最初是清廷的军马场，又名御马圈、平罗马场。雍正四至八年（1726—1730 年），川陕总督岳钟琪以阿拉善地处“贺兰山北，乃朔方之保障，沙漠之咽喉”“形势扼瀚海往来之捷路，控兰塞七十二处之隘口”，“奏旨特设一营，名曰定远”（定远营建城碑），在此修建定远营，并派兵驻扎。城建成后，立即设立参将衙门，调军驻扎，城外亦“安插二万余户，耕凿遍野”，实施屯兵戍边。雍正九年（1731 年），将城赠与平定罗卜藏丹津叛乱有功的和硕特郡王阿宝，王爷府由沙拉布勒都迁进定远营城内。从此，定远营成为阿拉善和硕特旗的首府。

定远营位于从贺兰山伸出的两条山脉之间，山间盆地里有一座小山称为营盘山，城址就选在营盘山的西南坡。城南有三条小河，城东南有一处泉水，因此城中水源充沛，树木茂盛，环境优美。阿宝迁入定远营后，在城中进行了大规模的开发建设。他首先兴建

1731 年左右刚落成的定远营图绘

1831 年左右的定远营图绘

今天的定远营

了王府和寺庙，贵族、官僚和喇嘛也建造自己的住宅。经过 200 多年的发展，定远营成为一处繁华的塞外重镇、草原名城。因为城区面积不大，在城墙以外也形成了一定的住宅群和商业区。城内的主要人口是蒙古人和满人，大量的汉人则居住在城外，主要是商业和手工业从业者，此外寺院中还有一些藏族喇嘛，另有很少一部分回族住在城南三道河一带。

定远营城因山筑城，北高南低，城区东西长一公里，南北宽不足一公里。为了防御只设南门和东门，南门外有一道瓮城。进门后是一条南北街道，西侧为军营，东侧是理司官厅，再向东依次为王府、王府花园、果园直至城墙。王府西北侧为延福寺。沿南北主街两侧为商店，其他是住宅。除了清廷大力扶植的藏传佛教，城中居民也有信仰萨满、道教、伊斯兰教和基督教者，因此除了规模最大的藏传佛教寺院延福寺，城内外还建有孔庙、关帝庙、魁星庙、财神庙，以及两座清真寺、三处敖包，民国时期还修建了基督教福音堂。

定远营城墙及北门老照片

现存的一段夯土城墙

定远营内的绝对领导者是札萨克蒙古王爷。“札萨克”是蒙古语，意为“治理”。定远营的札萨克王爷共八代九人（算上末代王爷达理扎雅共计九代人），其中七代与清皇族联姻，这是清政府恩威并施的抚绥政策。王爷和福晋会频繁地往来于北京和阿拉善之间，将京城地区先进的文化与营造技术，甚至京城的建筑工匠直接带回定远营，城中的王府、民居因而都具有明清北方四合院和园林的特点，定远营也因此被称为塞外“小北京”。

阿拉善王府

阿拉善王府是定远营城中规模最大的主体建筑，位于古城东部，占地面积约两万平方米，主体由中路、东路和西路三座府邸组成，其中，中路和东路均为三进院落、中轴对称的四合院式布局，西路在“文革”时期遭到破坏。

王府中路为札萨克办公之所，其前身是定远营的参将衙署。中轴线上自府门起，依次置迎恩门、迎恩堂、后罩房，地势由南向北平缓提高，两侧对称布置厢房、配房，整体为汉地北方四合院的布局，多数建筑为带檐廊的大木硬山或大木卷棚硬山顶。主体建筑迎恩堂面阔五间，卷棚硬山屋顶，前置三间抱厦，是举行大典、接待朝廷官员、听宣圣旨、迎送贵宾及旗务议事之所。迎恩堂西耳房祭祀先祖，东耳房为休息会客用。迎恩堂前是迎恩门，也称二府门、仪门，门内摆放清廷赏赐的仪仗、爵位牌等事物，平时关闭，只有拜接朝廷圣旨、迎请大印、重大典礼或节日以及接待上级官员时打开。迎恩堂后为后罩房，面阔九间，单层卷棚顶，按照清代亲王后楼七间的规定，实际上已经逾矩了。这里是王爷的书房，收藏着各种古籍、字画。

东路建筑为王爷、福晋起居生活之所，纵深三进，除了在中轴线上使用大木硬山建筑外，厢房、配房与传统的宁夏平屋顶民居类似。第一进原为一个半开敞院落，现已增建大门形成封闭的四合院。正房为王爷在习文论武之后休息的场所，东、西厢房分别是排坛达（内务总管）的办公处和寝室。第二进院是王爷及福晋子女的生活起居院落，正房的正立面在民国时期被改建成西洋风格，在檐廊外用青砖砌了五个连续半圆拱券，檐柱高出屋顶，饰以柱头，柱间饰以三角山花，山花上浮雕花卉、仙鹤、仙鹿等祥瑞图案。第三进后殿也称后寝殿，是和硕特王爷家族的寝室。在东路的

阿拉善王府全景鸟瞰

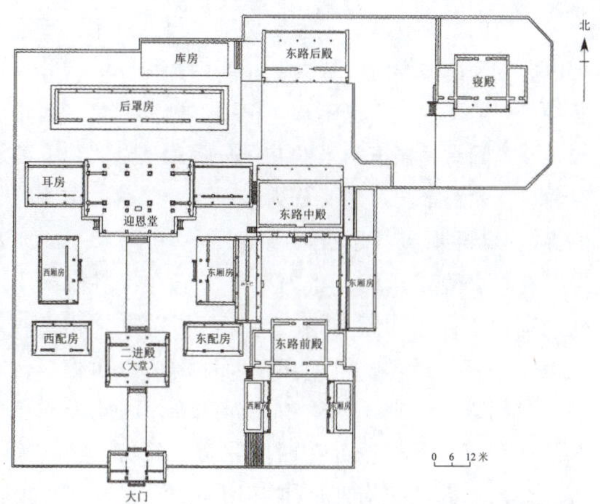

阿拉善王府平面图

阿拉善王府老照片

阿拉善王府东路鸟瞰

东北角后来还增建了一处中西合璧的新官邸，作为王爷一家的生活起居之处，现仅存寝宫。这座寝宫仿照了京城中阿拉善王府中的一座二层建筑，但因种种原因只建了一层，正立面两侧各凸出一个平顶八角形，主体建筑为悬山屋顶，室内正中有一道南北贯通的走廊，房间沿走廊两侧布置。

王府的西路建筑为仓廪、后勤、执事所用，基本上以大木硬山或卷棚式为主，在新中国成立前后辟为延福寺门前广场，现已不存。根据本地人回忆，西路与中路之间有一条五六米的巷子分隔；从老照片上可以看到，西路本身可能又分为东西两个院落，东侧院的等级形制明显要高于西侧。

在札萨克统治时期，阿拉善王府在保持格局不变的前提下，依照蒙古族的传统习俗对方位和色彩做出了一定的调整，例如在东西厢房中以西为尊，文武之间以武为尊（因蒙古族尚武），因此作为正职的武章京、武梅伦都在西侧厢房、配房办公。蒙古族尚白，因此王府四周围墙均涂白色，有“沙漠白宫”的美称。

王府东侧原有一处小花园，顺地形而建，亭台楼阁，花草树木，错落有致，现大部分已被扩建为新的办公院落，坡地上的一些亭阁和娘娘庙、马王庙等小品建筑则保留了下来，花园东侧和北侧还保留了一段定远营的夯土城墙。王府在城外还分别有一处西花园和一处东花园。西花园规模较大，第七代王爷贡桑珠尔默特执政时期（1844—1876），在西花园内修建了宏伟壮观的如意堂，并开挖一条长渠，将城南的河水引入花园，用以摆渡游船。园内还有荷花池、精致秀丽的亭台和假山，并栽植了许多名贵花木。

阿拉善王府在“文革”中曾遭到极大破坏，经过大幅整修，在相当一段时间内都作为阿拉善博物馆使用。因城区交通设施扩建，原定远营南城墙被拆除改建马路，王府正门也向后迁建，院内新增了一些建筑。除此以外，修复基本保留了原有格局和卷棚顶的柔顺风格，院内的雕刻彩绘、回廊曲折的样貌也依稀可辨。新建的阿拉善博物馆落成后，王府中原有的文物和展览均迁至新馆，王府本身暂时不对外开放。在王府和新建的仿古城墙之间是一条热闹的商业街，登上城墙则可以鸟瞰整个古城的风貌。

阿拉善王府大门

具有西式风格的东路正殿

北京阿拉善王府里的“西洋楼”

阿拉善王府东花园老照片

延福寺

延福寺始建于雍正九年（1731 年），蒙语名为“布音阿尔比特哈格其苏木”，藏语名“格吉楞”，俗称衙门庙、王爷庙。延福寺的前身为明代修建的三世佛庙，札萨克王爷入城后，因蒙古族信仰藏传佛教、清政府大力推崇，改为藏传佛教寺院。第三代王爷罗布藏多尔吉在位时，于乾隆七年（1742 年）将原有罗汉堂扩建为 25 间大经堂；乾隆二十五年（1760 年），御赐满、藏、蒙、汉四语“延福寺”金字匾额。延福寺有 9 座属庙，分别是宗乘寺、沙尔嘎庙、额尔布海庙、巴丹吉林庙、布日嘎苏台庙、布尔汗乌拉庙、贵西庙、敖包图庙、希日图卢格庙。

延福寺全景

延福寺位于王府西北，蒙古族以西为贵，多将祖先牌位、古代神灵供奉在此方位，因此延福寺又有王府家庙的性质。整个寺院占地面积 7600 多平方米，共有殿堂房屋 282 间，面积不大但布局紧凑，有很强的中轴线，具有汉地佛教寺院的特征，同时又将佛教中欲界、色界和无色界的三界观引入设计：定远营地势东高西低，西侧低矮的民居群象征欲界，较高处的

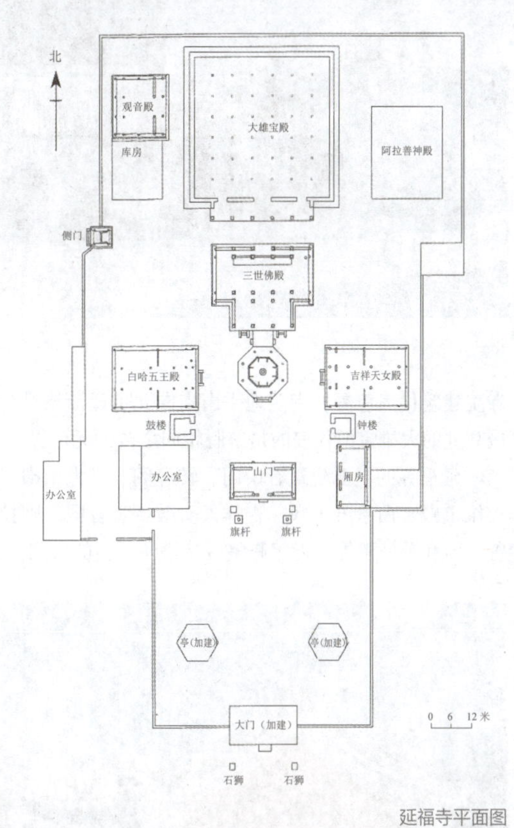

延福寺平面图

远望延福寺

四天王殿

寺院建筑代表色界；寺院地平由南向北也逐渐抬升，最高处的大雄宝殿代表的是解脱轮回之苦的无色界。

延福寺的主要建筑有山门、转经阁、三世佛殿、大雄宝殿、白哈五王殿、吉祥天女殿、观音殿、阿拉善神殿和钟鼓楼等，近年修整后又增建了新的大门。

三世佛殿侧影

三世佛殿正面

山门又称四天王殿，是中轴线上第一座建筑，面阔三间，单檐硬山屋顶，正中开一道圆拱券门，门上悬乾隆皇帝御赐匾额，两侧辟拱券假窗，屋脊正中饰以白象雕塑。山门后为八角形的转经阁，屋顶为重檐八角攒尖顶，尖顶饰以宝珠，屋面铺灰瓦，翼角高高翘起，檐下斗拱亦富有装饰性，整个屋顶轮廓丰富而不失灵动。建筑外侧有一圈回廊，东西南北四面均开门，室内为一个巨大的转经筒。转经阁独特的造型在延福寺中独树一帜，在整个内蒙古地区的藏传佛教建筑中也非常罕见。转经阁的东西分别是吉祥天女殿和白哈五王殿，二者形制相同，均为汉藏混合式建筑，歇山屋顶，带平顶前廊。其中吉祥天女殿内供奉的吉祥天女神像（藏名“班达拉姆”），是阿拉善旗第二代王爷阿宝请来的画像，有近 300 年的历史。紧挨着转经阁之后的是建于明代的三世佛殿，单檐硬山屋顶，面阔五间，清代在正面增建了三间歇山卷棚抱厦，殿

延福寺转经阁

内供奉代表过去的佛迦叶、现在的释迦牟尼和未来的弥勒三尊佛像。

大雄宝殿又名大经堂，位于三世佛殿之后，始建于1745年，坐落在1.5米高的台机上，平面呈矩形，面阔和进深均为七间，正面突出五间长廊。大经堂为汉藏混合式建筑，一层为诵经祈祷、举行佛事活动的空间，室内没有专门的佛殿，因此在靠北侧墙设置佛台，供奉佛像，二层为管理和储藏用房。按照藏传佛教传统的“都纲法式”，大殿平面正中的九间屋顶升起，四周设采光窗，天窗屋顶部分为汉式歇山屋顶，铺黄色琉璃瓦。在大经堂左右还分别有阿拉善神殿和观音殿，分别供奉和硕特地方的保护神和十一面观音。

延福寺历史上曾有显宗学部、密宗学部、医药学部、时轮学部、菩提道学部等五大学部，是内蒙古地区仅次于五当召的学问寺之一，喇嘛人数在200人左右，清末宣统时期，喇嘛人数达到鼎盛的400多人。延福寺山门前的广场上常常会举办名为“查玛”（跳布踏）的宗教活动，即驱魔辟邪的舞蹈，融合了藏传佛教的舞蹈、音乐、诗歌、美术等艺术形式，表达了信徒们消灾除祸、祈祷吉祥的心愿。广场东侧的十间廊屋是王爷和家人观看跳布踏的看台。由于是王府家庙，在延福寺举行的吊唁、出殡等仪式也非常隆重，各大寺院的喇嘛都会来此念佛诵经、拜坛行礼。

延福寺在“文革”中遭受了严重的破坏，但是大部分殿堂因用作机修厂和库房而幸免于难。大雄宝殿由于年久失修，于20世纪80年代末拆除后在原址原样重建。定远营中除了延福寺，还有一些小庙如城隍庙、关帝庙、马王庙、文昌庙、山神庙、观音庙、魁星庙、洞宾庙、财神庙等，或建在城内，或建在城墙上，都由喇嘛来管理。

大经堂老照片

大经堂现状

阿拉善神殿

白哈五王殿

定远营古民居

定远营内现存的古民居主要分布在南北主街以西的一片区域，与延福寺隔街相望，总占地面积约2.8万平方米。这片民居的布置以“南北为街、东西为巷”，以牌楼和城隍庙所在的城隍街为轴线，分东西两部分。城隍街以西分为四道巷，每巷11户，城隍街以东亦分为四道巷，每巷有5至6户，两边的住户都是蒙古贵族、满清贵族、旗政官员和上层喇嘛，到民国时期开始有商业大亨入住。

由于政治、财力的支持，定远营古民居的营建非常考究，每户的建筑因主人身份地位不同而在形式上有所区别，但基本格局大体相同，由正房（上房）、厢房（下屋）、门楼及围墙组成单进小四合院，由于昼夜温差大，无倒座房。门楼即大门，设在中轴线上，与北京四合院大门开在东南的做法有所不同，而是更接近东北地区满族的四合院。在四合院中的单体建筑上，由于阿拉善地区干旱少雨，房屋与宁夏民居类似，多采用平屋顶，房顶无瓦，在靠院落一侧设排水口。

定远营民居群鸟瞰

古民居庭院老照片

木牌坊老照片

木牌坊现状

古民居街景

房屋多数以木屋架承重，砖或生土墙仅为维护和辅助结构，也有少量房屋四周以墙体承重而无柱，水平木梁直接架在墙上。多数房屋正面会以木结构仿制坡屋顶的檐口，并有前廊，但厢房的檐柱经常不落地而做成垂花柱的形式，有的还会有挑出的斜撑。木雕装饰集中在檐下斗拱额枋、垂花吊柱、门窗槅扇等部位，砖雕则主要在墙心和墀头等位置。

古城中保存较好的院落有一道巷 21 号、四道巷 1 号等。四道巷 1 号是一处等级较低的住宅，有正房三间，东西厢房各三间，厢房前廊以斜撑挑出垂花柱，墙体为下部青砖，上部生土砌筑。院门为硬山坡屋顶，坡度陡峭，院门和正房檐下饰有斗拱。一道巷 21 号院

一道巷 21 号正房

一道巷 21 号正房门窗

一道巷 21 号大门

长29、宽20米，规模较大，布局完整，是一处等级较高的住宅，在正房两侧还建有配房，东西厢房的南侧加建了外厢，正房的正中还设有佛龛，供奉神明或祖先牌位。正房为平屋顶，面阔三间，带前廊，对开门、支摘窗，檐下有雕花斗拱。院门与四道巷1号院类似，而砖雕、木雕的装饰更为考究。目前两座宅院中的住户均经营当地特产奇石。

定远营古民居既继承了宁夏式传统民居保暖、简洁的特点，又兼具北京四合院的建筑风格，同时吸收了蒙、回、藏等少数民族的建筑风格及装饰，形成了阿拉善特有的传统民居，是多民族建筑艺术的融合，是定远营古城作为一个有机整体不可分割的一部分。

四道巷1号厢房斜撑和垂花柱

四道巷1号斗拱

2 广宗寺

Guangzong Lamasery

级　别	自治区级重点文物保护单位
年　代	清代
地　址	阿拉善左旗巴彦浩特东南30公里贺兰山南寺旅游区
交通信息	自驾
类　型	宗教建筑 · 砖木结构
看　点	藏传佛教建筑
开放信息	07:00–21:00，门票40元

广宗寺俗称南寺，藏文称作“噶旦丹吉林”，意为“兜率广宗洲”，位于贺兰山主峰巴音笋布尔西北侧一个群山环抱的宽阔地带，南边有一条小溪。广宗寺面积约9.4平方公里，是阿拉善境内规模最大的寺庙，拥有昭化寺、承庆寺、妙华寺、沙尔子庙、查干高勒庙、塔尔巴驻噶庙、额尔德尼昭庙、图布吉楞庙以及甘肃天祝的释门寺等九座属庙。

据阿旺多吉《仓央嘉措秘传》和阿拉善地方传说，广宗寺是六世达赖喇嘛仓央嘉措的弟子阿旺多吉（全名为阿旺伦珠达尔吉）遵照其师父的遗嘱所建造的。仓央嘉措生于康熙二十二年（1683年），在五世达赖圆寂后被选为转世灵童，15岁到拉萨坐床，25岁时被驻藏的蒙古首领拉藏汗废黜，随后奉康熙皇帝诏谕被解送北京，途经青海湖附近坐化。这一说法主要源自于清朝官方的史料，但关于六世达赖到底何时坐化则众说纷纭：阿旺多吉的《秘传》认为仓央嘉措从

20世纪50年代末的广宗寺

20 世纪 50 年代末广宗寺某殿全景

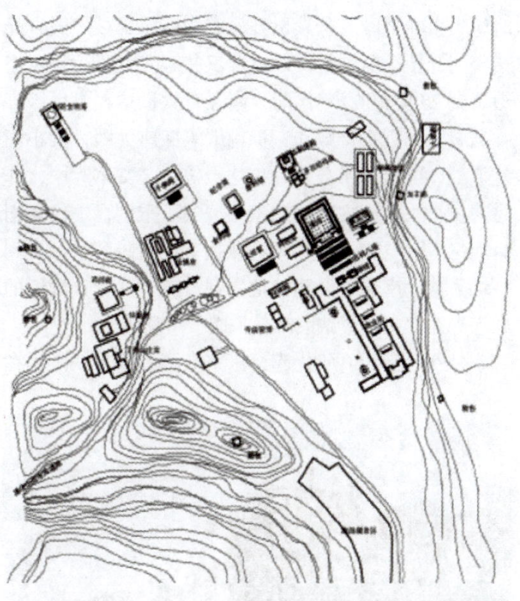
广宗寺现状总平面图

青海湖遁去，后来游历了甘、青、康、川、卫、晋、藏，以及尼泊尔、印度等地，最后来到阿拉善坐化；学者牙含章则认为仓央嘉措被押送到内地后备软禁在五台山，后在那里入寂。但学界一般认为，仓央嘉措于 1706 年在青海湖附近圆寂较为可信。

根据阿旺多吉的说法，仓央嘉措（蒙语尊称为“德顶格根”）于康熙五十五年（1716 年）到阿拉善定居，广收僧徒，建筑寺庙，弘扬佛法，于乾隆十一年（1746 年）63 岁时在沙漠中的承庆寺圆寂。民间传说，六世达赖路过此地时，曾亲自为广宗寺选址。建造工程开始于乾隆二十一年（1756 年），实际上经历了改造和搬迁两个阶段：阿旺多吉将基址上原有的一座弥勒殿扩建为九间，并修建了 49 间大经堂；又将先后存放在承庆寺和昭化寺的德顶格根的法体搬迁至广宗寺。第二年新寺初步建成，名为潘代加木草林寺，德顶格根之转世活佛在新建寺庙中重新坐床。由于新寺所在之位置距离定远营 30 公里，毗邻宁夏朔县，建寺之初就卷入了蒙汉两地分界线的纠纷之中，因此直到乾隆二十五年（1760 年），才由清廷理藩院赐名为广宗寺并授匾，阿拉善盟也借广宗寺成为官方寺庙的机会，保证了蒙旗土地的完整性。

到乾隆二十九年（1764 年），广宗寺已经具有了一定规模，根据阿拉善左旗收藏的蒙文资料，寺内有“大经堂一处，四十九间，庙门三间，白塔一座，复式房屋一处共二十八间，又一处复式房屋十一，共三十九间，煮茶房、僧舍以及破烂煮茶房三百二十四间，所有房屋共有四百四十三间”。除了建筑规模，广宗寺的体制也较为健全，具备了藏传佛教大寺院的四大扎仓，即法相僧院、密宗僧院、时轮僧院和医药僧院。

广宗寺僧侣集团主要有活佛和僧官构成。广宗寺拥有独一无二的双活佛系统，即“达格布呼图克图”系统和“迭斯尔德呼图克图”系统。当地人认为，前者是六世达赖仓央嘉措在阿拉善地区的转世，而后者则为西藏地方政权首领第巴桑结嘉措的转世。除此之外，寺内还有阿拉善王爷册封的各种喇嘛贵族以及由王爷委任的、总览寺庙管理的“三大喇嘛”。

同治八年（1869 年）广宗寺遭遇马化龙叛乱，除

八灵塔

从八灵塔远望黄楼庙

时轮大殿和金刚亥母殿以外所有的殿宇都被烧毁，光绪年间开始逐渐修复，1932 年又扩建了六世达赖灵塔殿。到 20 世纪 60 年代前，南寺有六世达赖灵塔殿、弥勒殿、金刚亥母殿和三世佛殿等四座大殿，大小经堂五处，以及活佛公馆、护法殿等。“文革”中，作为阿拉善八大庙之首的广宗寺遭到了重创，一位老喇嘛回忆道：“70 年代中期我来南寺附近挖药材，碰到一场大雨，南寺连躲雨的地方都没有。”昔日辉煌的广宗寺在“文革”结束时几乎成了一片废墟。

从 20 世纪 80 年代起，广宗寺开始逐步恢复，在原址上修建了大经堂、黄楼庙、红庙、多杰帕姆殿、财神庙等建筑，今天已经成为阿拉善著名的风景旅游景区。其中，寺院中心的两座白塔是从“文革”中幸存的遗物，较高的一座称为菩提塔，另一座为尊胜塔，分别用来纪念佛祖释迦牟尼修成正果和将佛法弘扬光大的事迹。供奉德顶格根法体的黄楼庙，是一座二层楼阁建筑，前部为 81 间，后部为 49 间，全部用黄、绿色琉璃瓦砌成，极为富丽，殿内供奉德顶格根之灵塔，珍藏着德顶格根的五佛冠、八世班禅所赐的银壶等文物。

黄楼庙背影

双白塔

大经堂

红庙

药王殿

弥勒佛殿

千佛殿

3 福因寺

Fuyin Lamasery

级　别	自治区级重点文物保护单位
年　代	清代
地　址	阿拉善左旗木仁高勒苏木境内（距离巴彦浩特镇约 30 公里）
交通信息	自驾，S314 省道附近
类　型	宗教建筑 · 砖木结构
看　点	汉藏式建筑，白塔，佛教岩刻
开放信息	4 月—10 月：08:00—17:00，门票 35 元

福因寺俗称北寺，藏语名为“格图布楞”，位于定远营以北 30 公里，贺兰山西麓一处风景优美的山谷之中，与广宗寺南北相对。

福因寺的创立者格里格坡力是阿拉善第三代札萨克亲王罗布藏多尔济之子，原本是广宗寺喇嘛，法名罗布藏丹毕甘布，曾去西藏深造佛学，因为不满自己位于镇国公之子、温都尔格根之下的地位，于是离开广宗寺，于嘉庆九年（1804 年）北上创建了福因寺，并封自己为该寺的第一位活佛。嘉庆十一年，清廷理藩院赐满、藏、蒙、汉四种文字书写的“福因寺”金字匾额。在阿拉善历代王爷的资助和支持下，福因寺规模逐年扩建，盛时有大小殿宇 15 座，其中大雄宝殿 106 间，却伊拉扎仓殿、丁科尔扎仓殿、卓德巴扎仓殿、满巴扎仓殿各 36 间，塔殿 59 间，多卜藏呼图克图宫殿 80 多间，其他僧房、吉萨（仓房）等共 1498 间，占地面积 30 万平方米；有喇嘛近千人，亦有清廷册封的活佛一位。

同治八年（1869 年），福因寺遭到马化龙叛乱的

20 世纪 50 年代的福因寺全景

20 世纪 50 年代的大经堂院景

20 世纪 50 年代的呼图克图家庙

20 世纪 50 年代的麦得儿庙

严重毁坏，正殿、真言殿、大经殿及僧房均被烧毁。光绪三年（1877 年）开始逐步修复，直到 1932 年基本恢复了原来的规模，后在“文革”中被拆毁，1982 年开始重建。重建后的福因寺分布在东西长 600 米、南北宽 500 米的范围内，依山就势，所有建筑均为汉藏混合式砖木结构。大雄宝殿坐北朝南，共 49 间，并有一圈外廊；阿拉善殿则采用了模仿蒙古包的穹顶与传统的坡屋顶组合的屋顶形式。

福因寺是阿拉善地区仅次于广宗寺的又一大寺，建寺年代较早，在蒙、藏、青等地区具有一定的知名度和影响力，其属庙有答拉额克庙、方等寺、呼尔木图庙、敖套海庙、查拉格尔庙、色勒庙、额吉纳庙、白塔寺、博尔斯图印塔寺等共九座寺庙。

20 世纪 50 年代的福因寺切林召正殿

大雄宝殿现状

大雄宝殿前廊

福因寺全景

远望阿拉善殿和大雄宝殿

仰望阿拉善殿

千佛殿正面

财神庙近景

福因寺八灵塔

4 达里克庙

Dalike Lamasery

级　别	自治区级重点文物保护单位
年　代	清代
地　址	阿拉善左旗豪斯布尔都苏木陶力嘎查
交通信息	自驾
类　型	宗教建筑 · 砖木结构
看　点	汉藏式建筑
开放信息	免费

达里克庙始建于清嘉庆二十四年（1819年），道光、咸丰年间曾两次扩建，“达里克”为蒙语“度母”之意，为福因寺属庙。同治八年（1869年）遭马化龙部破坏，同治十三年（1874年）修复，当时共有殿宇5座，盛时有喇嘛200余人。“文革”期间又遭到破坏，仅存大经堂和格根府。1987年新建白塔8座，并为大雄宝殿加建二层楼阁。1999年第三世夏仲活佛圆寂，格根府加建一座白塔。1997年、2005年和2010年分别对大殿外墙加固。

达里克庙平面呈长方形，南北长200、东西宽135米，为典型的汉藏结合的建筑风格。大雄宝殿坐北朝南，平面呈“凸”字形，下层面阔七间，前檐有外廊；上层为三间歇山屋顶。格根府建于大雄宝殿东侧，是一座相对独立的院落，正房坐北朝南，面阔五间，卷棚屋顶。八座白塔位于大雄宝殿西南，南北排列，塔基为正方形，须弥座上为覆钵塔身，上有相轮、仰月。

达里克庙为阿拉善地区八大寺之一，也是阿拉善左旗现存较为完整的清代佛教建筑，对于研究当时该地区佛教的传播与发展及佛教建筑等方面均有重要意义。

达里克庙大雄宝殿

大雄宝殿前廊

达里克庙全景

八灵塔

5 苏木图石窟

Sumutu Caves

级　别	自治区级重点文物保护单位
年　代	清代
地　址	阿拉善左旗巴彦浩特镇苏木图嘎查西南约 4.5 公里
交通信息	自驾，S218 省道附近
类　型	石窟
看　点	石窟雕刻
开放信息	免费

苏木图石窟开凿于一条约 150 米长、12 米高、南北走向的红色山梁上，坐西朝东，周边为广袤的戈壁草原。沿着山体错落排列洞口 16 眼，共 14 窟，洞窟大小不等，大者 23 平方米，小的只有 5 平方米，平面多为方形或长方形。四壁凿刻平整，壁面多抹白灰，部分洞窟尚未完工。洞窟内原有佛像雕刻、藻井、供台和彩绘壁画，壁画内容多为说法图和三世佛图，色彩以绿、黑、红为主色调，绘制精细。“文革”时期，石窟遭到严重破坏，又经过半个世纪，现仅有部分石窟中残存主尊须弥座、莲座及部分藻井彩画。崖顶及面阔地带同样发现了多处遗址，但因受到严重的自然破坏，具体尺寸无法测量，采集有西夏、元、明、清

苏木图石窟全景

各时期瓷片。洞窟始建年代不详，历经西夏、元、明、清时期，为藏传佛教石窟，是内蒙古西部地区发现的为数不多的石窟建筑，是藏传佛教文化向蒙古草原纵深传播的典型实证。

部分洞窟近景

石窟内须弥座

石窟内彩绘

石窟内天花

石窟内石刻佛像

阿拉善右旗

6 巴丹吉林庙

Badain Jaran Lamasery

级　　别	国家级重点文物保护单位
年　　代	清代
地　　址	阿拉善右旗巴丹吉林沙漠景区
交通信息	乘坐沙漠越野车
类　　型	宗教建筑·砖木结构
看　　点	“沙漠故宫”
开放信息	免费

巴丹吉林庙位于距阿拉善右旗180公里，沙漠腹地的一片绿洲中，背依高大的沙山，东侧是一片平静的湖水，南面地势开阔、平坦，湖岸边零星生长着高大的柳树和沙枣树。天气晴朗的日子里，寺庙、沙山、树林倒映在湖水中，展现出一种迷人的魅力。

“巴丹吉林”为蒙语，“巴丹”为人名，“吉林”是“六十”的意思。传说有位名为巴丹的人曾在附近居住，放牧时误入沙漠，迷失中发现了60个海子和水草丰美的牧场。关于巴丹吉林庙的创建，有两种不同的说法。一说乾隆五十六年（1791年），堪布玛尼其喇嘛为了供奉从家乡卫拉特带来的玛沁尼布塔格佛像，在巴丹吉林沙漠中新建了一座寺庙；另一种说法是在1830年至1855年间，由第二世玛尼其喇嘛罗布桑利格登与一名地方官员，以及额日博黑庙的几名喇嘛，在巴丹吉林沙漠中新建寺庙，最初只是搭建了几顶蒙古包，后又新建一座藏式小殿与两间膳房，规模逐渐扩展起来。

在没有沙漠越野车的古代，骆驼是唯一的交通工

巴丹吉林庙远景

大雄宝殿和时轮金刚塔

具，修建巴丹吉林庙时的一砖一瓦一木，全部从几百里以外的地方用驼队驮进沙漠，可见信徒的虔诚心之高，付出的代价之大，因此巴丹吉林庙也有“沙漠故宫”的美誉。寺院隶属延福寺管辖，至1914年，已有大雄宝殿、密宗殿、藏护法殿、观音殿、法轮殿、拉卜楞等五座殿宇和一座活佛府，寺庙东南及东侧各有一座庙仓，东北侧有一座膳房，大雄宝殿外围有近400平方米的大院。尽管位于沙漠腹地，巴丹吉林庙还是没能逃过“文革”的破坏，大部分建筑被拆除，只有大雄宝殿因被用作仓库而幸免。1992年由当地信徒自筹资金开始修复，现有大殿及活佛府两座主要建筑，在大殿东南处还有一座时轮金刚塔。

大殿为典型的汉藏结合式建筑，平面为矩形，面阔五间，进深六间。大殿是经堂佛殿合一的形制，前部有三间门廊，采用传统的“都纲法式”，在大殿中部屋顶升起设采光天窗，天窗上运用汉式歇山屋顶。活佛府是活佛日常生活起居之处，是一座三开间单层建筑，前有檐廊，屋顶为平缓的卷棚顶，到檐廊部分几乎为平顶。这是一种在阿拉善及临近宁夏、甘肃地区都较为常见的做法，是对这一地区干旱少雨的气候条件的应对。

巴丹吉林庙中现在主要的佛事活动有每年正月初七到十五举行的祈愿法会，六月初七至十六举行的尼玛会，十月二十一至二十九举行的展灯法会等，现已成为沙漠深处一道引人入胜的特殊景观。

大雄宝殿

时轮金刚塔

7 昭化寺

Zhaohua Lamasery

级　　别	自治区级重点文物保护单位
年　　代	清代
地　　址	阿拉善右旗朝格图呼热苏木驻地
交通信息	自驾
类　　型	宗教建筑 · 砖木结构
看　　点	汉藏结合建筑，古民居
开放信息	免费

昭化寺位于巴彦浩特镇西南约 140 公里的格里沙漠边缘，雍正十一年（1733 年）夏季开始破土动工修建，并命名为“朝格图呼热”，藏文为巴拉钦拉布林，意为“朝格图的家园”。乾隆三年（1738 年），在札萨克王爷阿宝及夫人的大力资助下，将原本六间的大雄宝殿扩建为双层二十五间，观音、轮经等诸殿均扩建为三十六间，又更名为“盼德嘉木苏林”。根据阿旺多吉《仓央嘉措秘传》，乾隆十一年（1746 年），六世达赖仓央嘉措在沙漠中的承庆寺圆寂，次年将法体移至昭化寺保存。1757 年广宗寺落成，又将六世法体和遗物整体搬迁至广宗寺。同治八年（1869 年）遭受马化龙部叛乱破坏，光绪二十六年（1900 年）修复，光绪二十九年（1903 年）清廷御赐“昭化寺”满、藏、蒙、汉四种语言书写的金字匾额。

1935 年，大雄宝殿扩建为 49 间。“文革”期间，除了被头道湖粮站征用的大雄宝殿和观音殿，其他建筑均未能幸免于难。20 世纪 80 年代以来，在原寺喇嘛却达尔满吉的主持下，昭化寺逐渐恢复起来，现有的建筑为一组坐东北朝西南的院落，主要建筑有山门、大雄宝殿、观音殿以及八灵塔，在院落西侧还有一座供奉仓央嘉措的塔院。山门为二层卷棚屋顶，面阔三间，当心间开门。主体建筑大雄宝殿位于寺院的中心，

昭化寺及周边民居航拍

昭化寺全貌

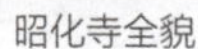

昭化寺山门

为汉藏结合的二层建筑，面阔七间，前檐有五间外廊，正中的一间升起，二层为汉式歇山屋顶。观音殿位于大雄宝殿右后方，为二层藏式平顶建筑，面阔五间，有三间外廊。

在昭化寺南侧还有一片合院式古民居，始建于乾隆年间，原先是喇嘛和贵族的居所，共有四十余处，现保存较好的有十五处。古民居大多坐北朝南，以土坯砖、木结构混合承重，房基用青砖砌筑，前檐多有外廊。在正房两侧一般有耳房、厢房，室内用木地板、木槅扇门窗，饰以彩画和雕刻。此外还有一座蒙医浴池。从整体布局到细部装饰，昭化寺古民居都与定远营古民居类似，体现出多种文化的影响，是反映阿拉善地区民族、历史、文化和宗教不可多得的实物载体。

塔院

大雄宝殿

昭化寺民居航拍

民居大门

民居合院

民居室内

民居正房

蒙医浴池

8 曼德拉山岩画群

Rock paintings in Mandela Mountain

级　别	国家级重点文物保护单位
年　代	新石器时代至清代
地　址	巴丹吉林沙漠东缘曼德拉苏木西南 14 公里处
交通信息	自驾
类　型	石刻
看　点	史前岩画
开放信息	门票 40 元

曼德拉山位于阿拉善右旗东北约 200 公里，巴丹吉林沙漠东南边缘。“曼德拉”为蒙语“升起来”之意。曼德拉山属于雅布赖山系，山体呈西北—东南走向，北边为雅布赖山余脉，南边是一望无际的戈壁草滩。曼德拉山山形奇特，山上巨大的花岗岩皆呈光滑的形状，如同陨石分布；黑色的岩脉沿着山脊的方向生长，大小不等的黑石块远望如坍塌的长城，近看似一道道石垣。每道岩脉长短不一，或长达一二公里，或短仅几十米，时断时续，宽度一般在 2 米 ~ 3 米之间。岩画就凿刻在这些坚硬致密的黑石平整的表面。

今日曼德拉山的气候干燥，植被稀少，但这里曾经是一片水草丰茂的地方，从原始的氏族部落开始，这里就留下了人类活动的足迹。从春秋以降，月氏、匈奴、羌、鲜卑、突厥、吐蕃、回纥、党项等游牧民族都曾经在此生活，直到元代开始成为蒙古族放牧之地。2003 年，阿拉善右旗文物部门在曼德拉山周围 18 平方公里的区域内，逐一登记、编号，确认保存较为完好的岩画共 4234 幅，这满山岩石上留下的图画，反映的就是这些民族部落的历史。

曼德拉山岩画的技法主要有凿刻、磨刻和线刻三种，其中凿刻法使用最为广泛，沿用时间也最长。图案以动物形象为主，有马、牛、骆驼、猎犬、山羊、盘羊、飞禽等十几种，除此之外还有表现狩猎、放牧、舞蹈、征战、村落、宗教活动的场面和日月星辰等自然现象。狩猎是最为常见的题材，有的表现猎人骑马弯弓待发的场面、有的描绘了驰马围猎的场景；放牧也是比较常见的题材，牧人徒步或骑马放牧着成群结队的牛羊。特别引人注目的是，有一幅由 18 个帐篷组成的村落画，排列错落有致，一个最大的帐篷居于村落中央，大约是氏族“大人”所居之处，而这种原始的帐篷也是北方游牧民族传统的住宅样式，与鄂伦春、鄂温克族的传统民居“斜仁柱”非常相像。

曼德拉山的岩画与同时代的文化遗址有密切的关系，在附近可以看到很多居住遗址和墓葬。而岩画最早凿刻的年代大约可以推至青铜时期，鼎盛则在汉唐之间，到西夏、元明清时仍在延续。相比于不远处的贺兰山、阴山岩画，曼德拉山岩画的主体和风格与青藏、新疆的联系更多。画面中少见人面像，多大型的射猎生活场景；在造型风格上，动物图形古朴粗犷，相比于贺兰山、阴山岩画的神圣仪式感，更像是游牧民族的真是生活写照，具有更强烈的社会生活气息，被岩画专家盖山林誉为“美术世界的活化石”。

曼德拉山山体

岩画狩猎图之一

岩画狩猎图之二

岩画村落图

岩画动物图

额济纳旗

9 黑城遗址

Ruins of City Black

级　　别	国家级重点文物保护单位
年　　代	西夏、元代
地　　址	额济纳旗达来呼布镇东南 23 公里黑城遗址景区
交通信息	自驾，S315 省道（航天路）附近
类　　型	古遗址
看　　点	古城遗迹、西夏佛塔
费　　用	通票 80.00 元（包含怪树林和黑城遗址）
开放信息	08:00—18:00

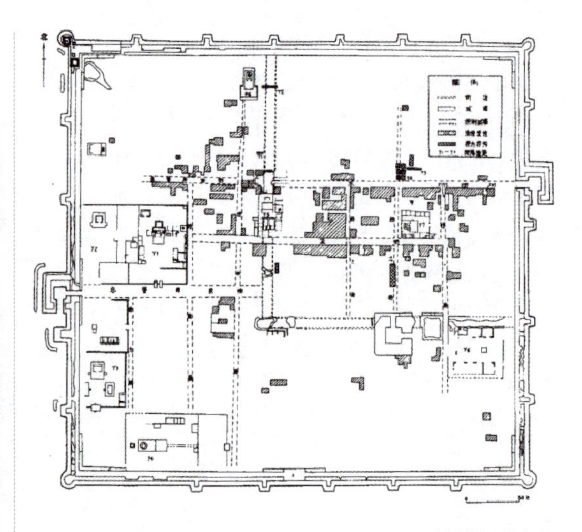

黑城遗迹平面图

黑城，蒙古语称“哈日浩特”，在西夏时称为黑水城，西夏语为“亦集乃”，是西夏黑水镇燕军司（相当于今天的军区）驻地。《元史·地理志》载：“亦集乃路，下。在甘州北一千五百里，城东北有大泽，西北俱接沙碛，乃汉之西海郡居延故城，夏国尝立威福军。元太祖二十一年内附。至元二十三年（1286 年），立总管府。”19 世纪以来，在黑城出土的文书证明这里其实并不是汉代的居延城。在 1227 年归属蒙古国后，于 1286 年设立亦集乃路总管府，并扩建了城址；元明之交被明朝军队攻占，洪武五年（1372 年）以后逐渐废弃。

发掘表明，黑城遗址是不同时代的两座城址叠压在一起。外围的大城是元代扩建的亦集乃路故城，也就是今天所见黑城的规模。小城为西夏时期所筑，被圈围在大城内东北隅，东、北两面墙体压在大城城垣之下，修筑大城时作为基础使用；西、南两面城垣被元代居民改造利用，分解为不相连属的数段，有的元代居址即建于这些残墙之上或傍墙修筑，被最早发现黑城遗址的俄罗斯探险家克兹洛夫称为“高台建筑”或“厚墙遗迹”。

黑城城垣为夯土版筑，东西长约 420 米，南北宽约 380 米，残存高度在 10 米 ~ 12 米之间，东西两侧设错对而开的城门，城门外筑有方形瓮城，四角设置向外突出的圆形角台。城墙外侧有 19 个马面，内侧在城墙四角、城门两侧及南城正中有登城马道 7 处。城中有一条东西向的正街，长 300 米，宽 5 米 ~ 7 米，

黑城城墙上佛塔群

两侧多为商业店铺和手工业作坊；城中规模最大的建筑为亦集乃路总管府，南北进深约70米，有上房10间，占地面积3400余平方米。在大城正中、西夏小城西南，还存有三座呈“品”字形分布的佛塔，其塔基为亚字形平面，具有明显的藏传佛教特征与中亚犍陀罗风格，是西夏时期种类繁多的佛塔平面的一种。城墙西北角上至今仍屹立着五座高大的覆钵式佛塔，其中最大的一座高出城墙12米，在几公里以外的荒漠上就可以看到。这五座塔的基座为方形，其尺寸从小到大为2.2米、3.4米、4.5米、7.2米和7.5米见方，从群落的布置来看，应该是高僧圆寂后的舍利塔。五塔高低错落、规划有致，独具风韵，是黑城的标志，其附近应该曾经有过寺院。城外西北角还残存一片元代塔林，原有佛塔10余座，20世纪初被外国探险家寻宝所破坏。城外西南角有一座伊斯兰教的礼拜寺，为土坯穹顶建筑，三面开圆拱门，四角有圆形倚柱，魏然耸立于地表。

在黑城以西约400米还有一座佛塔，即著名的“辉煌舍利塔”。1907年，科兹洛夫第六次到东亚地区考察时，终于找到了黑城遗址，并在此塔中发掘出大量珍贵的文物，有手稿、书籍、卷轴、铜质和木质佛

清真礼拜寺

黑城城墙和正在加固城墙的工人

黑城西北元代塔林遗址

西夏佛塔遗址

黑城墙洞和墙上佛塔

像、小佛塔等。根据科兹洛夫书中记载，塔里有西夏文书超过2000册，麻布、绢和纸面画300多幅。黑水城文献的发掘是近代中国一次重大的考古新材料的发现，这些文献的内容涉及政治、法律、经济、军事、文化、社会和语言文字等各个方面，是研究五代至金元特别是西夏时期的珍贵资料，并且催生了一门新的学科——西夏学。这座塔现仅存基址部分，平面为正方形，边长约7米，高约2米，损毁严重。

由于气候变化，曾经是宜居之处的黑城如今已是一座“死城”，原有的街道和主建筑依稀可辨，四周古河道和农田残貌仍保持其轮廓，但沙漠已经快将这里吞没。在当地的土尔扈特蒙古族中，至今流传着关于守城的黑将军的传说。将军名为哈日巴特尔，意为“黑英雄”。传说明军围城，久攻不下，便截断城内的水源，黑将军命令士兵在城内掘井，直到挖到80丈深，仍不见有水涌出。万般无奈之下，黑将军将财宝和妻子儿女都埋入此深井中，又命令士兵在城墙上凿出可令骑兵通过的洞穴，率军出城突围，与明军决战，最后兵败身亡。今天在城内还能看到这座井的遗址，在城墙西北角，还能看到当年的墙洞。后来的寻宝者曾经多次来此挖掘，始终也没有发现珍宝。

在黑城遗址景区内，还有几处规模较小的城址。黑城西北四公里的一座遗址为始建于汉代的大同城，在清代和民国时期被称为“马圈”。城墙长约200米，宽170米，仔细辨认可以看到西城墙开有城门，东面城门内外有瓮城。在城墙之内还有一圈内城，城墙长180米，宽165米，城门朝南。筑城时为了降低成本，在夯筑城墙的泥土中掺加了大量石块和砂砾，在西北风沙的侵蚀下，城墙已被截为数断。城内曾发掘出箭镞、汉代五铢钱和唐宋钱币等遗物。从大同城继续向西北是红城遗址，始建于汉武帝太初三年（公元前102年），目前保存相对完整，方形城墙，残高9米，南侧开门，城墙内侧砖块清晰可见。与红城隔着公路相望的是一片因缺水而枯死的胡杨林，人们称之为“怪树林”，传说这片树林是镇守黑水城的黑将军兵败之后，率残部至此所化而成。“死后千年不倒”的胡杨林，让人们联想到黑将军部众的悲壮结局。

黑城中心高台佛寺遗址

红城遗址

西夏黑水城城墙遗址

大同城遗址

10 绿城遗址

Ruins of City Green

级　别	国家级重点文物保护单位
年　代	史前至元代
地　址	额济纳旗达来呼布镇吉日嘎郎图嘎查东南约 26 公里
交通信息	自驾
类　型	古遗址
看　点	古城遗迹，佛塔
开放信息	不开放

绿城遗址坐落在一片平缓的戈壁滩上，大大小小的红柳包散布其间，除了红柳和梭梭几乎没有任何植物生长。

遗址由大、小两座城址及水渠、墓葬等遗存组成，据说考古人员曾在城址和南侧的寺庙遗址上发现大量绿色的琉璃建筑构件，因此命名为“绿城”遗址。大城为不规则的椭圆形，周长 1.2 公里，墙体损坏较为严重，呈现为互不相连的数段，残存最高至 2 米，东北角有一座城门，外有方形瓮城。在南墙北侧 15 米处还有一座内城，边长 45 米，残高 3.4 米。小城位于大城外北侧，平面呈长方形，东西长 43 米，南北宽 30 米，城墙残高 1.6 米，门设在西北角。大城内西侧有一座佛塔，残存方形基座、覆钵状塔身的一部分以及塔刹的基座部分，总残高约 4 米，建造年代不详。从残存的现状可以推测建造时的情形：首先用生土砖坯砌出台基，然后用土坯环砌出球形中空的塔身，在塔身上砌方形基座，上承相轮，顶端再砌小基座、置塔刹。整座塔的造型沉稳舒展，富有美感，反映了本地的建造技术传统，并揭示出当地宗教的西域传承。

绿城残塔之一

绿城残塔之二

水渠大体呈东西走向，全长近一公里，西起黑城，东到额日古哈拉区域，从绿城大城的东西墙间穿过。水渠宽9米左右，两侧有数不清的分支渠道，纵横交错、四通八达，在水渠沿线分布着大面积的屯田遗址和众多房屋基址以及佛塔、寺庙等。

在城址的周围还分布着数量可观的夯土高台，为魏晋北朝时期的古墓，其中大部分已经被盗。2001年，内蒙古自治区文物考古研究所清理了其中的一座，揭露出一座长方形砖室墓，分前、中、后三室，总长10米，券顶。

绿城遗址包含了多个时期的遗存，叠压打破关系复杂。小城为青铜时代或早期铁器时代的遗存，大城的内城为汉代障址，外城可能是魏晋北朝时期的西海郡治所，周边的夯土高台为同时期的墓葬，水渠则是西夏到元代屯田遗址的一个组成部分。

11 江其布那木德令庙

Jiangqibunamudeling Lamasery

级　别	自治区级重点文物保护单位
年　代	清代
地　址	额济纳旗东风航天城内
交通信息	自驾
类　型	宗教建筑 · 砖土木结构
看　点	藏式装饰风格，木雕彩绘
开放信息	免费

江其布那木德令庙俗称老西庙，由俗称东庙的达西却灵庙分离而出。达西却灵庙原位于额济纳旗达来呼布镇驻地，始建于乾隆十六年（1751年）。清光绪八年（1882年），由东庙分离出来的喇嘛在当乌淖尔附近兴建新的寺院，即老西庙，光绪十九年（1893年）尊新疆马岱达西之子格勒格丹毕加拉僧为坐床喇嘛。1937年，老西庙被民国军事专员公署占用，庙址被迫向南迁移20公里。1944年，喇嘛们又在呼和陶来兴建了新的庙宇，俗称“新西庙”，承袭了老西庙原有的建筑风格，并曾经鼎盛一时。

1958年，为修建东风基地，额济纳旗的三座寺院，新西庙、达西却灵庙和丹巴达尔加庙合并，称达西却灵庙。丹巴达尔加庙俗称哈拉哈庙，位于达来呼布镇苏泊淖尔苏木驻地，始建于1932年，“文革”期间遭破坏，现仅存残损经堂一座。合并后的达西却灵庙亦未能逃脱“文革”的破坏，仅有一座汉藏结合的大殿保存下来。大殿因年久失修，已经残破废弃，殿内立柱上还保存有“文革”时期的标语，墙壁上还有曾经的游客题诗和留言。20世纪80年代寺庙逐步恢复重建，又在大殿一侧重修一座新的江其布那木德令庙、一座新西庙（即达西却灵庙），并立白塔一座。

老西庙正面

老西庙全景

左为新西庙，右为江其布那木德令庙

老西庙室内

新西庙正面

阿拉善盟其他文物建筑列表

名　称	级　别	地　址	年代	简　介
西勃图城址	自治区级	阿拉善左旗吉兰泰镇希勃图嘎查西北约 16 公里	西夏	由大、小两城组成，可能是西夏时期的一座具有军事防御性的边城。
通沟遗址	自治区级	阿拉善右旗雅布赖镇巴音笋布尔嘎查西北约 3.3 公里	汉	可能是汉代管理雅布赖山沿线诸燧的候官治所，由障和坞两部分组成，障址平面近方形，坞连接在障的西侧和南侧，总面积 1500 平方米左右。
居延城址	国家级	额济纳旗达来呼布镇吉日嘎郎图嘎查东南约 12.3 公里	汉	在这一区域内，目前发现有青铜时代遗址 1 处，不同时期的城址 18 座。

5
巴彦淖尔市
BAYANNUR

巴彦淖尔市古建筑分布图
Historical Architectural Map of Bayannur

1. 阿贵庙
2. 三盛公天主教堂
3. 鸡鹿塞古城
4. 德布斯尔庙
5. 沃野镇故城
6. 新忽热古城址
7. 希热庙
8. 哈日赤鲁庙 / 哈日朝鲁庙
9. 善岱庙
10. 本巴图庙

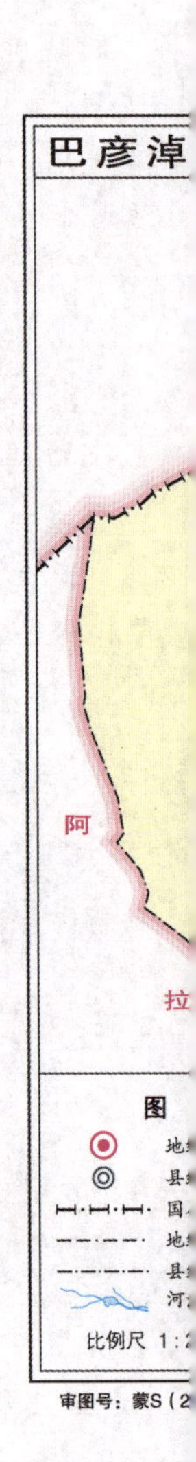

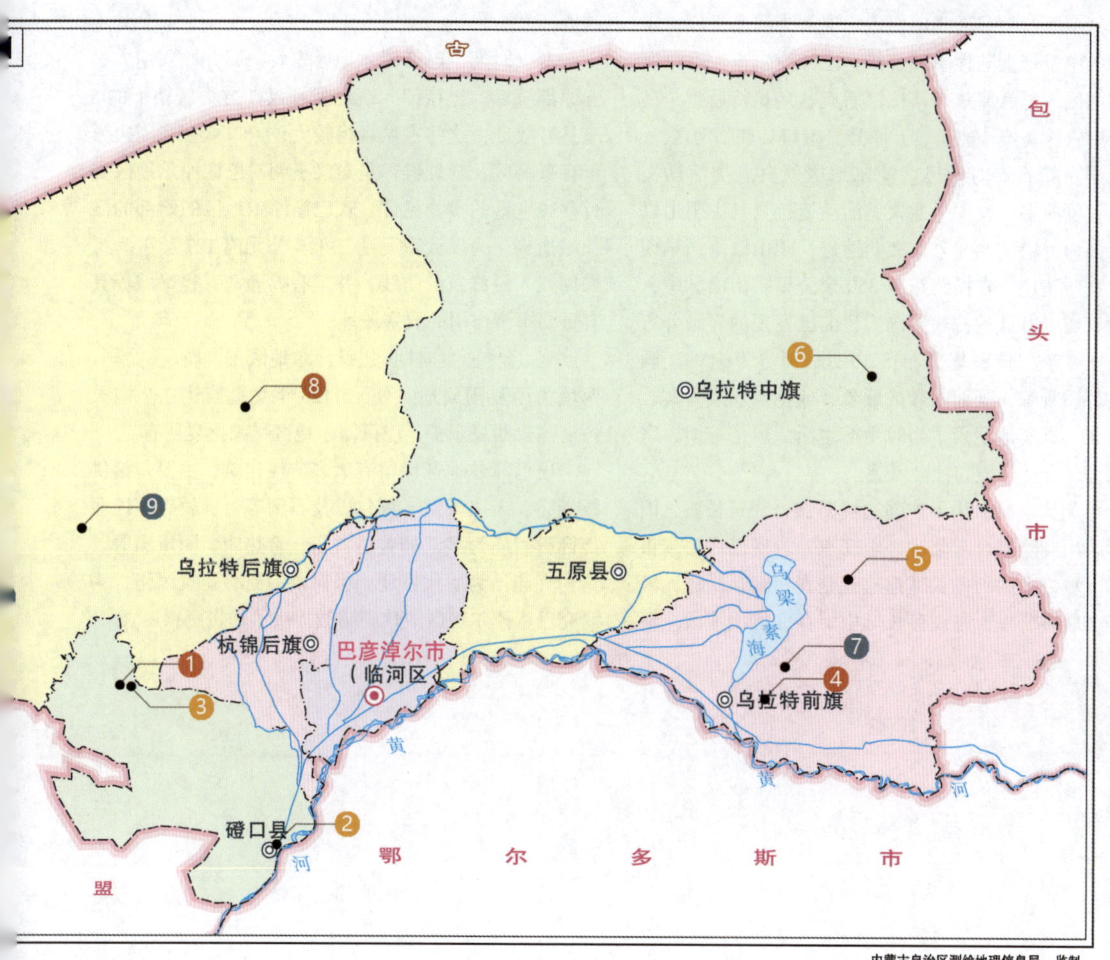

内蒙古自治区测绘地理信息局　监制

概 述

巴彦淖尔为内蒙古西部的地级市，东接包头，西连阿拉善盟、乌海市，南隔黄河与鄂尔多斯市相望，北与蒙古国接壤，总面积6.4万平方公里。巴彦淖尔，即蒙古语“富饶的湖泊”之意，因境内拥有著名淡水湖乌梁素海及其他淡水湖而著称。巴彦淖尔市北部为乌拉特草原，中部为阴山山地，南部为河套平原，属典型的中温带大陆性季风气候。巴彦淖尔市人民政府驻临河区，巴彦淖尔市辖杭锦后旗、乌拉特后旗、乌拉特中旗、乌拉特前旗、五原县、磴口县和临河区。

早在新石器时代巴彦淖尔地区就有人类活动文明，在境内多处发现早期人类活动遗迹。其中阴山以北，多为狩猎文明和采集文明遗迹，阴山以南为早期农业文明遗迹。在横跨东西350余公里阴山山脉中，分布着数以万计的古代岩画。目前已发现的岩画分布群有153个，较密集分布区19处，计5万余幅，画风古朴、凝练，画面内容或形象、或抽象、或写实、或夸张，真实地记录了当时生产生活、风俗习惯、宗教信仰、自然环境和社会风貌。

秦朝建立后，为了加强边境防御，“筑长城，因地形，用制险塞，起临洮，至辽东”。现巴彦淖尔市阴山北坡之上的石砌长城遗迹就是秦将蒙恬所建，境内长300多公里，是现存长城中保存完好的一段。秦统一六国后，为了解除匈奴对秦王朝的威胁，始皇二十三年（公元前214年）派蒙恬带兵三十万北击匈奴，从此“胡人不敢南下而牧马，士不敢弯弓而报怨”。始皇驾崩后中原大乱，匈奴乘机南下，占据河套地区和阴山一带，巴彦淖尔地区成为匈奴的主要活动地区之一。

秦汉时期，巴彦淖尔地区先后归属九原、朔方、五原郡统辖。巴彦淖尔现已发现汉朔方郡管辖下的5座县城故址，这些古城规模较大，人口众多，周边分市有墓葬区及窑址群，是秦汉王朝对巴彦淖尔地区实行移民屯垦的实物见证。现巴彦淖尔地区的南部的汉长城遗迹，为汉武帝元朔二年（公元前127年）为抵御匈奴入侵修筑的防线，并筑有鸡鹿塞、光禄城等具有重要军事作用的要塞城址。

辽、金、西夏时期，巴彦淖尔地区东境属辽、金国，西境为西夏国属地。公元1125年女真族建立金国灭掉辽国，西夏东扩，巴彦淖尔地区尽归西夏所有。

巴彦淖尔地区保留有诸多清代建筑，主要包括佛教寺庙、天主教堂、敖包以及石刻等，佛教寺庙以藏传佛教召庙为多，如善岱古庙、希热庙、阿贵庙等。这写寺庙虽为后代重建，但保留了原有建筑风格，为研究巴彦淖尔地区清代喇嘛教提供了珍贵资料。

磴口县

1 阿贵庙

Agui Lamasery

级　别	自治区级文物保护单位
年　代	清代
地　址	巴彦淖尔市磴口县巴音乌拉嘎查阿贵沟口西九公里处
交通信息	建议自驾
类　型	古建筑
看　点	建筑布局，天然洞穴
开放信息	免费开放

阿贵庙位于磴口县巴音乌拉嘎查阿贵沟口西九公里处，深藏于幽深的阿贵沟山谷之中。山谷景色优美，两山之间，有一条天然溪流蜿蜒曲折，贯通至阿贵沟口。两侧山崖林立，雄伟奇峻，置身其内，空谷幽深。山崖之中藏有多处天然洞穴，庙名“阿贵”即为蒙语“洞穴”之意，因此阿贵庙又俗称“山洞寺”。

阿贵庙始建于清嘉庆三年（1798 年），到光绪年间，清廷赐名为“宗乘寺”，“阿贵庙”为其俗称。民国元年（1912 年），藏蒙委员会曾赐予此庙满、蒙、藏、汉四种文字镌刻的“宗乘寺”匾额。整体寺庙在“文革”中严重受损，仅存 5 个天然洞穴和大雄宝殿的框架。20 世纪 80 年代开始，陆续修缮并复建寺庙，已建成大雄宝殿、金刚亥母殿等 5 座主要殿堂，及佛塔和附属建筑。这些建筑虽为后期复建，但大体保留了原有建筑布局和风貌，对于传承研究当地藏传佛教建筑仍然有着重要意义。

阿贵庙全景

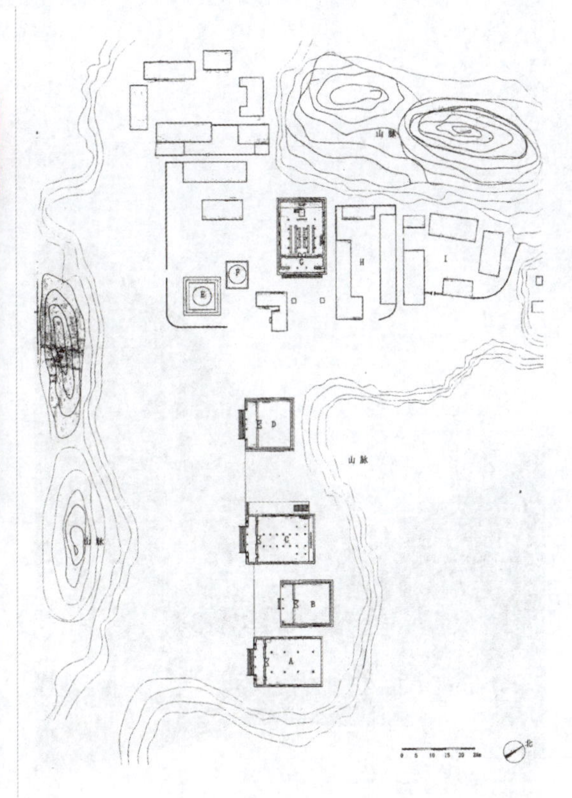

A. 金刚亥母殿　　D. 财神殿　　G. 时轮金刚殿
B. 护法殿　　E. 金刚塔　　H. 活佛府
C. 大雄宝殿　　F. 敖包　　I. 甘珠尔活佛府

阿贵庙总平面图

早期的阿贵庙是典型藏式建筑，正中为大雄宝殿，左右建有配殿，规模非常宏大。至清末时该寺仍有大雄宝殿、扎仓殿等两座经殿、庙仓 12 座、僧仓 1000 余间。可惜后期庙宇不幸整体损毁。修复后的阿贵庙建筑群占地约 8000 平方米，有大雄宝殿、时轮金刚殿、金刚亥母殿、护法殿、金刚塔等主体建筑，为藏式砖木结构。在阿贵庙四周的悬崖峭壁上，镶嵌着五个天然岩洞。阿贵庙依据地势，依山傍水，主体建筑自由布局，错落分明。主体建筑与石窟、佛塔、敖包等景观建筑一起构成了一组主次分明、形象丰富的藏式建筑群。

阿贵庙是内蒙古地区唯一一座宁玛派寺院，也是我国西北最大的红教寺庙。“宁玛”，在藏语中是“古旧”的意思，因该派僧人穿戴红色僧衣僧帽，俗称“红教”。宁玛派为藏传佛教四大传承之一（白教—噶举派，花教—萨迦派，黄教—格鲁派），是藏传佛教各教派中历史最悠久的一支。

金刚塔

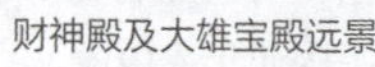

财神殿及大雄宝殿远景

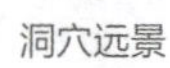

洞穴远景

洞穴

吉祥天女洞穴

2 三盛公天主教堂

Sanshenggong Catholic Church

级　别	国家级重点文物保护单位
年　代	1903 年
地　址	巴彦淖尔市磴口县巴彦高勒镇西南磴二线西侧
交通信息	建议自驾
类　型	天主教堂建筑
看　点	中西式风格结合的教堂
开放信息	免费开放

三盛公天主教堂位于磴口县巴彦高勒镇西南 2 公里，始建于清代末期，是内蒙古西部地区最古老的天主教堂之一。

1877 年，杨广道神甫率领百余名教友在三盛公留居生活，买地扩土，兴建教堂。1901 年至 1903 年，三盛公天主教堂在荷兰籍神父兰广济设计、主持、修建下竣工。之后又陆续扩建，逐渐成为西北地区颇有影响的大教堂。

三盛公天主教堂教堂采用中西式风格相结合的设计手法。主教堂面积约为 675 平方米，设有地下室安放神甫灵骨。其平面为并不完全对称的巴西利卡厅，主入口与典型哥特教堂不同，并不位于山墙，而是设在正立面正中。教堂内部被颇具中国特色的红色柱子划分成不同空间，柱子设石柱础，柱础上开槽，用来设置隔断。教堂主体结构为哥特式，由西方神甫设计，尖拱券结构跨度颇大，在当时极为轰动。所有建筑材料全由甘肃、银川等地水运而来。地基入地 2 米，用条石砌筑。墙壁厚 1 米，内为土坯外用精制青砖砌成。现在教室主体原貌尚存，部分墙体开裂。教堂原设有修女院、诊所、男子部、小学等附属设施，后来遭到损毁。自 1982 年三盛公天主教堂重新开放以来，教堂自筹资金，陆续修建了医疗所、敬老院、修女学校、办公楼等慈善办公设施。

三盛公天主教堂既具西洋建筑风格，又有中国建筑特色，在国内外具有一定影响力。教堂内收藏了创建初期的旧照片及文献档案。这座建筑对于研究中西方宗教建筑历史、中外文化交流等有重要的意义。

三盛公天主教堂远景

三盛公天主教堂内景

三盛公天主教堂侧立面

三盛公天主教堂柱础

3 鸡鹿塞古城

Jilusai ancient city

级　别	国家级重点文物保护单位
年　代	汉代
地　址	巴彦淖尔市磴口县沙金套海苏木巴音乌拉嘎查北
交通信息	建议自驾
类　型	古城址
看　点	古城址，烽燧
开放信息	免费开放

鸡鹿塞古城位于巴彦淖尔市磴口县沙金套海苏木巴音乌拉嘎查北，建于巴彦乌拉山哈隆格乃山谷口外西侧一级台地上。古城西依陡壁，南北两面为斜沟，雄踞于山脚下镇守四方。

古城平面呈正方形，边长约为 68 米。城墙用花岗岩和花岗片麻岩砌成，内充沙石。南墙略偏西处设一门，门外加筑长方形瓮城，瓮城南北约 14 米，东西约 21 米，东侧开城门。城四角设有凸出的角台，南墙东半部有斜坡形登顶蹬道。城中发现石筑房基一座，城西侧发现有一道塞墙。城内采集有汉代的绳纹砖、瓦，灰陶弦纹罐、盆及铜镞、弩机部件等文物。

从鸡鹿塞所处的哈隆格乃山峡的南口向东南行约 20 公里，即到达窳浑古城，即今磴口县沙金套海城址。而由此进入山峡，便来到从阴山以南进入蒙古高原的一条捷径通道。在这段峡谷之内，发现了十余处汉代石筑烽燧、堡寨、城障遗址，可见这条山峡地理位置重要。鸡鹿塞古城高踞峡谷南口，北控阴山山谷，南屏山南平原，与窳浑古城互作犄角之势，拱卫着朔方郡。

《汉书·地理志》在朔方郡下有注文为：“有道西北出鸡鹿塞”。据记载，鸡鹿塞古城建于汉武帝元狩三年（公元前 120 年），是当时重要的军事要塞，

鸡鹿塞遗址远景

也是我国古代最早的瓮城之一。相传汉将卫青、霍去病在此击败匈奴右贤王，呼韩邪单于曾由此出塞，窦宪出兵大败北匈奴也由此出塞。《汉书·匈奴传》记载："单于就邸，留月余，遣归国……汉遣长乐卫尉高昌侯董忠、车骑都尉纬昌，将骑万六千，又发边郡士马以千数，送单于出朔方鸡鹿塞。"这座鸡鹿塞古城历经两千多年风雨洗礼，仍屹立在山坡上，成为汉朝与匈奴友好往来的历史见证。

鸡鹿塞遗址附近烽燧

乌拉特前旗

4 德布斯尔庙

Debusi'er Lamasery

级　别	自治区级文物保护单位
年　代	清代
地　址	巴彦淖尔市乌拉特前旗白彦花镇德布斯尔嘎查
交通信息	建议自驾
类　型	藏传佛教建筑
看　点	藏式建筑
开放信息	免费开放

德布斯尔庙位于乌拉特前旗白彦花镇德布斯尔嘎查。寺庙坐落在乌拉特山山间河谷，两条支流交叉的三角洲地带。德布斯尔庙始建于清康熙四十四年（1705年），历史上曾有多名高僧在该庙定居。抗日战争期间，这里曾作为傅作义35军的司令部，设有粮库、军械库等军事设施。

庙宇现存两座建筑，一座主庙和一座喇嘛庙，占地面积约2500平方米。现仅存主庙正殿。正殿为藏

德布斯尔庙正殿

汉混合式砖木结构，分为上下两层，内有盘龙立柱，佛龛、壁画。正殿经过维修，庙址外观较好，基本保留原貌。喇嘛庙在主庙西侧，是寺内喇嘛的居住地。德布斯尔庙相传有 7 间大殿，现在的主庙四周也有一些夯土残基，为原大殿残迹。

德布斯尔庙是乌拉特前旗唯一保留下来的藏传佛教寺庙，也是自治区境内少数使用蒙古语念经的寺庙之一。

德布斯尔庙正殿侧立面

5 沃野镇故城

Site of ancient Woye Town

级　　别	国家级重点文物保护单位
年　　代	北魏
地　　址	巴彦淖尔市乌拉特前旗大佘太镇根子场村西南 0.5 公里处
交通信息	建议自驾
类　　型	古城址
看　　点	古城址
开放信息	免费开放

沃野镇故城位于乌拉特前旗大佘太镇根子场村西南 0.5 公里处。古城地处黄河冲积平原，北依狼山，南临乌梁素海。因长年累月山洪和黄河水冲刷，城墙严重损毁，现主要为农田及牧场。

城址北高南低，平面呈“凸”字形，东西长约 1500 米，南北宽约 600 米。中城最大，向南突出。中城两侧墙中部和南墙中部各开一门，宽 6 米。东城东北角有土台，上面散布有泥质灰陶片。中城北墙中段南侧亦有一座土台，其中央杂着砖、筒瓦、板瓦残片。古城西侧至西羊场村的范围内，地表多散布陶片。

沃野镇故城遗址

据文献记载，北魏初年，为抵御柔然拱卫京都，北魏统治者自东向西先后设怀荒、柔玄、抚冥、武川、怀朔、沃野等军镇，史称北魏北镇或北魏六镇。其中沃野镇始置于汉沃野县故城，即今内蒙古临河区西南。太和十年（486 年），迁至汉朔方故城。在根子场城内西北角发现有汉砖，因此在汉代就已有人在此居住。另外，在城内曾采集有莲花纹瓦当等北魏时期的遗物，结合城址规模、结构、地理位置推断，该城址为北魏六镇中处于最西端的沃野镇故城。

沃野镇故城发生了历史上重要的北魏六镇起义。魏孝明帝正光五年（524 年），沃野镇民破六韩拔陵率先在沃野镇起义，义军立号真王元年，后又南下围武川，攻怀朔。起以前后长达六年，人数曾达百万，起义极盛时拥有燕、幽、定、瀛、沧七州之地。

沃野镇故城城墙残段

乌拉特中旗

6 新忽热古城址

Site of Xinhure ancient city

级　别	国家级重点文物保护单位
年　代	汉代
地　址	巴彦淖尔乌拉特中旗新忽热苏木牧仁嘎查北部
交通信息	建议自驾
类　型	古城址
看　点	古城墙 · 古城址
开放信息	免费开放

新忽热古城址位于乌拉特中旗新忽热苏木牧仁嘎查北部，是巴彦淖尔地区保留较为完整的古城址之一。

古城处在阴山以南的关隘险处，战略位置重要。其平面呈正方形，坐北朝南，东西约960米，南北约960米。古城主体为夯筑，城墙遗存最高处可达8米，墙体顶宽5米，基宽8米。南墙与东西墙中各设城门，门宽12米，门外设瓮城。古城四角设有角楼，南墙及东西墙均有马面，马面保留完好。城外有护城河遗迹。城内地表散见有大量建筑构件、陶器残片以及古钱币，年代涉及多个朝代，因而推测古城始建于西汉，经历北朝、唐、宋、西夏等朝代。

根据现有资料和城内发现的陶器残片判断，该城始建于汉代，可能为太初元年（公元前104年）杅将军公孙敖在塞外所筑受降城。汉武帝时，匈奴统治北方大片地区。元封六年（公元前105年），匈奴乌维单于去世，其子继位，称儿单于。匈奴一个左大都尉意欲杀掉儿单于带兵投降西汉，汉武帝同意其归降，并派公孙敖筑塞外受降城。后驻扎在受降城的汉军撤回，这里成为一座空城。此后北朝、隋、唐、宋、西夏、元等都曾沿用此城。唐代，新忽热古城是燕然都护府所在地。宋以来，巴彦淖尔乌梁素海以西地区尽为西夏统辖。新忽热古城位于西夏国东北边境，为重要的交通枢纽，加之现存的新忽热古城主体是西夏时期扩建。元代时新忽热古城最繁盛，明代之后古城逐渐衰落。

新忽热古城保存较好，规模较大，历史沿革长，文化内涵丰富，城市建制较高，是巴彦淖尔地区十分重要的古代城址之一，对研究该地区政治、经济、军事、文化、交通、城市建置、历史沿革等均具有重要意义。

东墙及马面

新忽热城址远景

东墙 1

南墙

东墙 2

北墙

7 希热庙

Xire Lamasery

级　别	市级文物保护单位
年　代	清代
地　址	巴彦淖尔市乌拉特中旗新忽热苏木希日嘎查希热山
交通信息	建议自驾
类　型	古建筑
看　点	藏传佛教建筑，建筑与自然关系
开放信息	免费开放

希热庙位于乌拉特中旗新忽热苏木希日嘎查希热山上。庙宇建在山间河谷地带，山清水秀，自然环境非常优越。希热庙初建于清康熙十九年（1680年），原建筑已坍塌，仅存山下两座小庙。周边散布建筑基址及断壁残垣，可见盛期时其建筑规模极为壮观。

现今主体建筑为20世纪80年代重建，重建的希热庙为乌拉特西公旗庙梅力更召的分寺，基本保留了原有形制，由大殿、藏经洞、舍利塔等部分组成，占地面积700多平方米。整组建筑与山势紧密结合：两座舍利塔分列于两座山峰之上，仿佛寺庙的门户，两山之间有溪水蜿蜒流过，直至大殿所在山脚下。庙旁山中有三眼泉水，被称之为希热神泉，水质极佳可直接饮用。

据传，清朝初期，乌拉待草原上有一位呼勒庆贵禅师，回乡途经希热山时，见到山中缕缕青烟升起，山间泉水涌出，清澈甘甜，决定于此修炼，坐禅七年后修成正果。此后，呼勒庆贵禅师为康熙皇帝的姑丈超度亡灵，受康熙极大赞赏。康熙皇帝在呼勒庆贵禅师修炼地建造庙宇，以供其传教行医，造福百姓。如今希热庙香火兴旺，每年都会举行几次大型法事活动，每次活动可持续六七天，多达上千人。希热庙已成为乌拉特中旗重要的宗教文化中心。

希热庙远景

希热庙原有建筑

希热庙原有建筑

乌拉特后旗

8 哈日朝鲁庙

Harichaolu Lamasery

级　别	自治区级文物保护单位
年　代	清代
地　址	巴彦淖尔市乌拉特后旗潮格温都尔镇哈日朝鲁嘎查
交通信息	建议自驾
类　型	藏传佛教建筑
看　点	藏式佛教建筑
开放信息	免费开放

哈日朝鲁庙位于乌拉特后旗潮格温都尔镇哈日朝鲁嘎查所在地。该庙地处阴山山脉以北的乌拉特草原山丘之中，正殿位于高地之上，俯瞰四周。

哈日朝鲁庙初建于清道光二十一年（1841 年），为清代藏传佛教中的黄教寺庙。几次文物普查中，曾命名为“哈日赤鲁庙”和“哈日楚鲁庙”，现名为“哈日朝鲁庙”。现寺庙仅存正殿一座，坐北朝南，为典型藏式砖木结构。原有建筑大部分已经不存，距寺庙 100 米处，有旧寺庙房址。寺庙西北角 5 米处有佛塔基址。另在庙宇周围石块上发现有岩画。西北方向不远处有一处敖包，名为哈日朝鲁敖包。

哈日朝鲁庙正殿平面呈长方形，分前廊、经堂和佛殿三部分，共计上下两层。前廊檐下壁画保存较好，两侧绘有天神、力士像，人物生动细腻，用色简洁，线条流畅明快。前廊有四根雕花木柱，柱头做莲瓣浮雕，极为精美考究，柱上原有彩画剥落。廊下正中为大门，门框为雕花松木结构，装饰亦精美绝伦。

殿内由 20 根木柱支撑，经堂设有神台，东西两侧饰以壁画，其后佛殿高出一层，内供奉佛像。

正殿前廊东西宽 7 米、南北长 3.96 米。两侧有经堂（耳房），每个经堂外延东西 3.2 米、南北 3.96 米。正殿门高 2.5 米、宽 2.26 米。正殿的二层正面有四个窗户，两边有两扇门；寺庙东西墙各有六扇窗。

哈日朝鲁庙鸟瞰

哈日朝鲁庙侧影

哈日朝鲁庙木柱细节

哈日朝鲁庙入口

哈日朝鲁庙壁画

9 善岱庙

Shandai Lamasery

级　别	市级文物保护单位
年　代	清代
地　址	巴彦淖尔市乌拉特后旗获各琦苏木乌宝力格嘎查
交通信息	建议自驾
类　型	藏传佛教建筑
看　点	舍利塔
开放信息	免费开放

善岱庙位于乌拉特后旗获各琦苏木乌宝力格嘎查的一处风水极佳的山丘之上。山丘俯瞰四方草原，周围有十二条山沟汇集于此，呈十二龙尾缠绕之象。这座庙宇为原伊克昭盟鄂尔多斯左翼后旗寺庙，为西公旗境内修建最早的一座寺庙。寺庙始建于康熙十五年（1677 年），原址位于巴音敖包之地（原临河县巴音敖包乡），后因洪水的影响迁至此地。寺庙建成后屡遭兵灾及火灾，多次重建，后又不幸毁于“文革”。现存建筑均为 2008 年修复重建，仅有大殿西北方一座小舍利塔为原物。

该庙占地面积为 2 平方公里，建筑面积达 1000 平方米。至 1958 年仍有一座双层大雄宝殿，一座单层大雄宝殿，双层千神殿等 14 座殿堂及西仓、庙仓、教书院、医药房、凉亭等多处附属建筑，此外还有特大佛塔 3 座，宏伟壮观。据当地僧人介绍，此地曾经山清水秀，周围牧民信仰虔诚，定期均来此朝拜。

善岱古庙院内有多宝、多成、多法、多佛、多慧、多能、多僧、多智八白塔，寺庙北坡新建有白塔一座。新密宗大殿为寺院主体建筑，于 2010 年落成，高耸入云，气势恢宏，内部装饰精美。

善岱古庙远景

善岱古庙舍利塔

善岱古庙白塔

善岱古庙八座白塔

10 本巴图庙

Benbatu Lamasery

级　别	市级文物保护单位
年　代	清代
地　址	巴彦淖尔市乌拉特后旗获各琦苏木巴拉乌拉嘎查所在地东南
交通信息	建议自驾
类　型	藏传佛教建筑
看　点	藏式佛教建筑
开放信息	免费开放

本巴图庙位于乌拉特后旗获各琦苏木巴拉乌拉嘎查所在地东南角，建筑坐北朝南，庙北为丘陵，南面视野较为开阔，远眺可见巴丹吉林沙漠。

本巴图庙，又称“崩巴图庙”，又名为岱庆朝胡日楞，为一座喇嘛教寺庙。本巴图由当时旗境内最大的寺庙善岱庙大喇嘛西日布扎木苏创建，建于清道光十八年（1838 年）。盛期有喇嘛 50 多人，原有殿宇 2 座，庙仓 12 个，房屋 15 间，占地面积 3000 平方米。随时代变迁，大部分建筑遭到破坏。2005 年，当地政府对其修缮。

本巴图庙现存砖木结构藏式殿堂两座，东西分布。正殿为上下两层，由前廊、经堂和佛殿组成，内有神台、佛堂，墙壁饰以壁画。庙东有僧仓院落一座，正殿西北方向 50 米有旧僧仓一座。本巴图庙是乌拉特后旗境内设施较为完善的寺庙，存有完整转经两个、香炉两个、藏有经书 400 多卷，其中甘珠尔经全集 1 套、丹珠尔经 2 套。

本巴图庙远景

正殿

偏殿

11 阴山岩画

Cliff paintings in the Yin Mountains

级　别	国家级重点文物保护单位
年　代	新石器时代—清
地　址	巴彦淖尔市乌拉特中旗、乌拉特后旗、磴口县等旗县
交通信息	建议自驾
类　型	古石刻
看　点	岩画 · 古代生活 · 图腾崇拜
开放信息	免费开放

阴山岩画，是雕凿在阴山山脉岩石上的图像，分布地域主要集中为巴彦淖尔市乌拉特中旗、乌拉特后旗、磴口县等旗县的境内东西350余公里、南北60公里～120公里的阴山山脉中。早在5世纪北魏地理学家郦道元在《水经注》里记载了："河水又东北历石崖山西，去北地五百里，山石之上，自然有文，尽若虎马之状，粲然成著，类似图焉，故亦谓之画石山也。"阴山岩画题材极为丰富，包括有动物、人物、飞禽，及人类活动诸如狩猎、骑马、放牧、舞蹈、征战、巫术，以及大量的抽象符号、标记等。岩画的创作历经旧石器时代晚期、新石器时代、青铜时代、战国时期、秦汉时期、南北朝时期、隋唐时期、西夏时期、蒙元时期、明清时期共10个阶段。保存较好的有：大坝沟岩画（大坝口岩画），滴水沟岩画，默勒赫图沟岩画，格尔敖包沟岩画，俊海勒斯太岩画，巴日沟岩画，阿贵沟岩画，布都毛道沟岩画，哈隆格乃沟岩画，托林沟岩画，乌斯太沟岩画，浑迪沟岩画和满达朝鲁岩画等作品。

大坝口岩画位于乌拉特后旗巴音宝力格镇乌兰嘎查大坝口水库所在地，由32幅作品组成，内容丰富，有各种野生动物、神灵图形、人足印等，主要表现古代狩猎、祭祀、生殖、图腾崇拜和社会生活等方面。大多来源于自然、生活，富有浓郁的生活气息。滴水沟岩画共发现27幅作品，均凿刻在峭立的黑色石壁上，是新石器时代早期作品。这些岩画中，最重要的当属太阳神图像和人面图案。俊海勒斯太岩画以动物岩画为主，动物的排列具有很强艺术性，有的是随意敲凿，杂乱无序，有的是按一定次序精心设计的，富

大坝口岩画

大坝口远景

有韵律感。动物一般作静态，少数作飞奔疾驰状。巴日沟是乌拉特后旗巴音宝力格镇那仁乌拉嘎查阴山南麓的一条支沟，在沟东的石壁上敲凿着一幅群虎猎台图岩画。画面主要位置凿到了六只老虎，虎身满布曲条纹，从左往右略呈弧状排列，对内侧动物呈合围之势。老虎双眼圆瞪，十分威猛。群虎内侧包围的动物，作警觉欲跳跃逃跑状。整个画面传神生动动感十足。满达朝鲁岩画刻划在新忽热至桑根达来公路旁边一个孤立的大石头西侧平面上，主要描绘了一只伫立的野驴，石上另刻有“解甲户”三字。蒙古野驴是荒漠动物，多栖息于3000米～5000米的高原亚寒带，目前主要集中分布在新疆准噶尔盆地和内蒙古乌拉特地区。这幅野驴图说明蒙古野驴自蒙元时期便已繁衍在乌拉特草原上，研究乌拉特地区生态、环境变迁提供了珍贵的参考资料。

阴山岩画涉及匈奴、鲜卑、突厥、回纥、党项、蒙古等众多民族。它们既有自身的时代特点，也有承袭关系。其原始淳朴的图腾崇拜、狂野奔放的“野兽风”，是一种独特的美学风格，对世界文明进程影响深远。阴山岩画是世界上最大的岩画艺术宝库之一，对民俗学、美学、天文学、人类学、艺术史、民族史、科技史等方面的研究，具有极高的学术价值。

俊海勒斯太岩画狩猎图

满达朝鲁岩画野驴图

滴水沟岩画太阳神

巴日沟岩画群虎猎食图

名　称	级　别	地　址	年　代	看　点
大坝沟岩画 / 大坝口岩画	国家级	乌拉特后旗巴音宝力格镇乌兰嘎查大坝口水库	新石器时代	人面形岩画
滴水沟岩画	国家级	乌拉特后旗巴音宝力格镇那仁乌布尔嘎查西南 5 公里滴水沟	新石器时代	太阳神岩画
默勒赫图沟岩画	国家级	磴口县沙金套梅苏木巴音乌拉嘎查默勒赫图沟	元明清	人面形岩画
格尔敖包沟岩	国家级	磴口县沙金套海苏木巴音乌拉嘎查格尔敖包沟北约 15 公里处	新石器时代至金元	兽面形岩画
俊海勒斯太岩画	国家级	乌拉特中旗海流图镇阿拉坦呼舒嘎查南俊海勒斯太山	新石器时代至金元	动物岩画
巴日沟岩画	国家级	乌拉特后旗巴音宝力格镇那仁乌拉嘎查西北 15 公里	青铜时代	群虎猎食图
阿贵沟岩画	国家级	磴口县沙金套海苏木巴音乌拉嘎查阿贵沟	青铜时代至秦汉	动物岩画，骑士岩画
布都毛道沟岩画	国家级	磴口县沙金套海苏木巴音乌拉嘎查市都毛道沟	秦汉	人物动物组图
哈隆格乃沟岩画	国家级	磴口县沙金套海苏木巴音乌拉嘎查哈隆格乃沟西	青铜时代至秦汉	
托林沟岩画	国家级	磴口县沙金套海苏木巴音乌拉嘎查托林沟内	青铜时代	人物组图
乌斯太沟岩画	国家级	磴口县沙金套海苏木巴音乌拉嘎查乌斯太沟内	青铜时代	女性人面像，星座图

12 秦汉长城遗址（巴彦淖尔段）

Ruins of the Great Wall of the Qin and Han dynasties

级　别	国家级重点文物保护单位
年　代	秦汉
地　址	巴彦淖尔市乌拉特前旗、中旗、后旗及磴口县
交通信息	建议自驾
类　型	古遗址
看　点	城墙、烽燧及遗物
开放信息	免费开放

秦之前，匈奴主要活动在阴山以北地区，并不时与中原地带发生冲突。秦建立后，始皇三十二年（公元前 215 年），大将蒙恬抗击匈奴，“筑长城，因地形，用制险塞，起临洮，至辽东，延袤万余里”。秦朝末年，中原局势大乱，群雄逐鹿，楚汉相争。匈奴冒顿单于乘机南下，夺取塞上各郡县。直至西汉初期，汉与匈奴形成南北对峙局面。汉武帝时期，国力从几代休养生息中渐渐恢复，元朔二年（公元前 127 年），大将卫青、李息率兵北上，一举夺回阴山河南地区，建朔方郡，改秦九原郡为五原郡，修缮加固秦长城为防线。巴彦淖尔境内的长城为秦汉时期共用，在较长历史时

期发挥巨大作用。

巴彦淖尔市境内秦汉长城主要分布于乌拉特前旗、中旗、后旗、磴口四个旗县，分为东、西两段。

东段以包头市固阳县西斗铺镇王如地村西北部与乌拉特前旗小佘太广申隆新村东北部两市交界处为起点，沿阴山山脉东段查石太山北脊蜿蜒西行，沿阴山山脉狼山北麓过经过石兰计沟北口（狼山口）向西至乌拉特后旗达拉盖沟北口东部为止，全长230余公里。东段长城墙体为石砌，外侧高内侧低矮。墙体采用山体中体积大且规整的大石块或板岩交错铺砌，再用小砾石填充加固。

西段长城在乌拉特后旗达拉盖沟南口处折而向西，沿狼山南麓西行，经乌拉特后旗，磴口县北部，然后入阿拉善盟境内又折向西南越过黄河，经鄂尔多斯西北部去乌海市。此段长城多借助阴山天然地势，未修筑墙体，只设烽燧。

巴彦淖尔境内的秦汉长城是秦汉长城中保存最为完好的段落，尤以狼山东段和查石太山段保存状况最佳。它的修筑构成了以长城墙体为主脉，烽燧为前哨，郡县布防为后盾的军事防御体系，在相当一段历史时期发挥了巨大军事作用。

巴彦淖尔市其他文物建筑列表

名　称	级别	地　址	年　代	简　介
乌拉特前旗补拉城址与尤家圪墓群	自治区级	乌拉特前旗明安镇尤家圪堵村西南	战国、秦、汉	城址平面呈长方形，面积约2.5万平方米。
乌拉特前旗小召门梁城址	旗县级	乌拉特前旗明安镇义合店村西小召门梁南山坡下	战国、秦、汉	三座小城，具备内、外城墙以及城壕三重防卫体系。
乌拉特前旗三老虎沟城址	自治区级	乌拉特前旗明安镇毛家圪堵村乌拉山北三老虎沟口	战国、秦、汉	墓群分东、西、北三区，面积约5万平方米。
乌拉特后旗青库伦障址	自治区级	乌拉特后旗乌力吉苏木汉外长城南线西南约50米	战国、秦、汉	障城坐东朝西南，方向北偏东20度。平面呈方形，边长约130米。
乌拉特后旗乌力吉高勒障址	自治区级	乌拉特后旗乌力吉苏木东北8公里	战国、秦、汉	障城略呈长方形，南北约128米，东西约130米。
乌拉特中旗台郭勒障址	自治区级	乌拉特中旗巴音乌兰苏木东北伊和宝力格嘎查北7公里的草原地带	战国、秦、汉	障城平面呈长方形，由大中小三重城墙套合而成。
乌拉特中旗西山祭祀遗址	自治区级	乌拉特中中旗海流图镇西哈日楚鲁嘎查的西山	隋唐	遗址南侧有隋唐、西夏时期的岩画。
乌拉特中旗奋斗城址	自治区级	乌拉特中旗乌加河镇奋斗村奋斗二队东南	隋唐	城址平面呈方形，夯土筑成，东西长约450米，南北宽约350米。

6
包头市
BAOTOU

包头市古建筑分布图

Historical Architectural Map of Baotou

1. 昆都仑召
2. 南龙王庙
3. 包头清真大寺
4. 龙泉寺
5. 妙法禅寺
6. 东河区财神庙
7. 官井梁天主教堂
8. 福徵寺
9. 壕赖沟关帝庙
10. 麻池古城
11. 梅力更召
12. 五当召
13. 美岱召
14. 萨拉齐关帝庙
15. 百灵庙
16. 希拉木仁庙
17. 敖伦苏木城遗址
18. 希拉木仁城圐圙城址
19. 北魏怀朔镇故城遗址

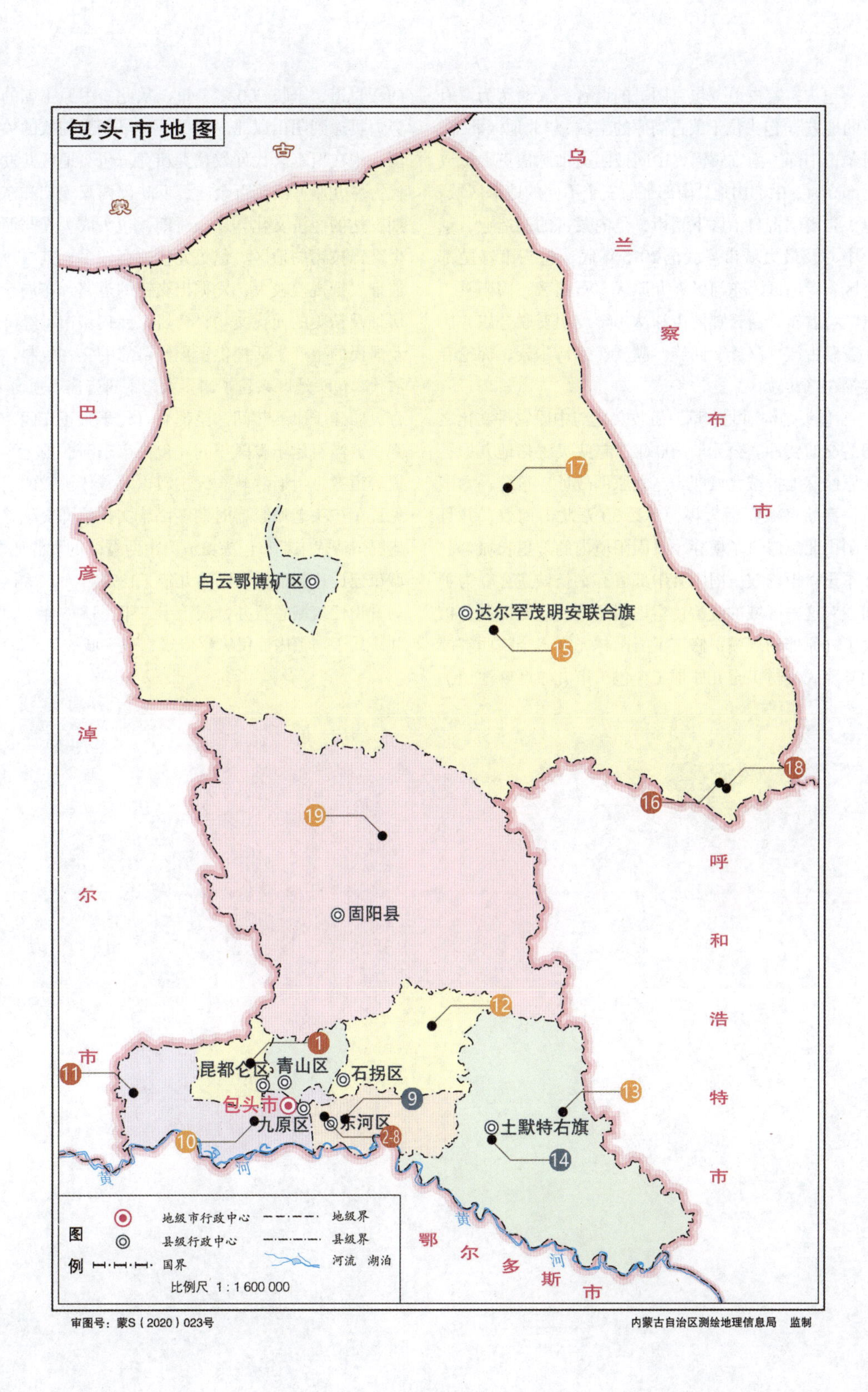

审图号：蒙S（2020）023号

内蒙古自治区测绘地理信息局 监制

概 述

包头，蒙古语“包克图”的谐音，汉语意为“有鹿的地方”。包头位于蒙古高原的南端，华北地区北部、内蒙古中部，南临黄河，中间被阴山山脉横贯，形成北部高原、中部山地、南部平原三个不同的地形区域。包头是内蒙古自治区下辖市，是内蒙古的制造业、工业中心及最大城市。截至2015年底，包头市辖昆都仑区、青山区、东河区、九原区、石拐区、固阳县、土默特右旗、白云鄂博市和达尔罕茂明安联合旗，居住着蒙古族、汉族、回族、满族、达斡尔族、鄂伦春族等31个民族。

包头是沟通北方草原游牧文化与中原农耕文化之间的交通要冲。公元前300年，赵武灵王拓地九原，九原区麻池古城北城即为赵九原郡故址。秦统一六国后，秦始皇派蒙恬为将，率兵30万北击匈奴，并且沿阴山北麓修筑了横穿今日固阳境内的万里长城，驻守军士以拒匈奴。固阳县中部留有秦长城遗存。为了加强对这一区域的统治，秦王朝还沿袭赵国旧制，扩大了九原郡的规模，修筑了云阳林光宫（今陕西省淳化县凉武帝村）至九原郡（今包头市九原区麻池镇）的秦直道，全长700多公里。从此，中原王朝的统治势力贯通到阴山以北。包头一带早期为匈奴的势力范围，现在留有汉代匈奴墓葬遗存。包头地区共发现汉代古城九座，汉墓百余座，反映出西汉晚期和东汉晚期发达的经济文化。辽金时期，包头成为辽与西夏、金交锋拉锯的地区。包头元代遗存较多，其中燕家梁遗址发掘规模较大，发掘出交错的道路、布局有致的房址及精美的元代文物，为研究元代城市、经济形态及居民的生产生活提供了翔实可靠的实物资料。时至清代，包头地区兴建了诸多大型喇嘛寺庙，梅力更召、百灵庙建于康熙年间，昆都仑召建于雍正年间，普会寺、五当召建于乾隆年间。包头市东河区内至今仍保留着道教、伊斯兰教、天主教以及藏传佛教的庙宇，见证了包头老城繁盛时期多民族文化信仰交融并存的盛况。清代末期，包头城成为山西晋商的发源地之一，城市建设达到鼎盛。同治九年（1870年），大同总兵马升担任筑城总督办，同治十二年（1873年），经过驻防兵丁与镇内商民三年修筑，包头城竣工。

昆都仑区

1 昆都仑召

Kundulun Lamasery

级　别	自治区级文物保护单位
年　代	清代
地　址	包头市昆都仑区昆都仑河右岸
交通信息	建议自驾 /59 路公交
类　型	藏传佛教建筑
看　点	大雄宝殿，小黄庙
开放信息	正在维修

昆都仑，蒙古语“横山口”之意。召，寺庙之意。昆都仑召是一座依山傍水的藏式建筑群落，鼎盛期时规模宏大，占地面积近 11 公顷，由大雄宝殿、天王殿、小黄庙、斋戒殿等 23 座殿堂构成，另有僧舍近 60 间，活佛府 2 座，佛塔 3 座。除此之外，还设有供旗札萨克王公祭拜休息的公爷府、小殿、八角亭等建筑。

清雍正七年（1729 年），两名青海游僧在地方信众的支持下创立该庙。此后，昆都仑召成为原乌兰察布盟乌拉特中公旗（即乌拉特中旗）寺庙，系该旗旗庙及乌拉特三大名寺之一，也是原乌拉特中公旗寺庙中唯一用藏语诵经的寺庙。

昆都仑召的整体建筑布局具有藏式寺庙的建筑特点，每组建筑群均以殿堂为中心并形成相对独立的台地院落，各院落依据地形走势散落布置在主殿两侧，逐级升高但不完全对称。

天王殿位于昆都仑召轴线最南端，为一座汉藏混合式建筑。天王殿门廊进深一间，面阔三间，施歇山顶。其东侧有九曲庙，西侧为奶奶庙。

昆都仑召天王殿

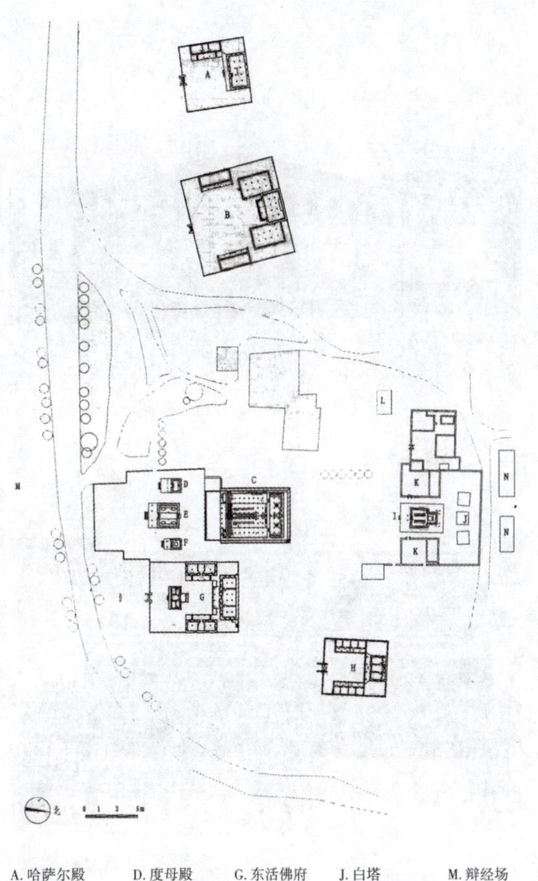

A. 哈萨尔殿　D. 度母殿　G. 东活佛府　J. 白塔　M. 辩经场
B. 西活佛府　E. 山门　H. 王爷府　K. 喇嘛僧舍　N. 民居
C. 大雄宝殿　F. 时轮殿　I. 小黄庙　L. 法物流通处

昆都仑召总平面图

天王殿北侧为朝克沁独贡，汉语即大雄宝殿，是该召最大的建筑单体。大殿坐北朝南，纯藏式建筑形制，布局为前经堂后佛殿式。经堂两层，佛殿通高三层。大殿各方向均开九间，总面积达 1161 平方米，是整个昆都仑召举行大型法事活动和集会的场所。殿堂的中央顶部装饰着金色法轮，两侧跪伏双鹿。立面采用厚墙小窗、平顶密柱，具有明显的藏式建筑特征。大殿门廊进深一间，面阔五间，内与经堂相连，门廊内设六根朱红棱柱，棱柱从下至上逐步收分。经堂底层面阔九间，进深九间，四周围廊中部通高，为典型“回”字形“都纲法式”平面布局。经堂北墙上左右各有一扇小门通向后方佛殿。

小黄庙位于朝克沁独贡北侧的平台之上，是昆都仑召中唯一的一座汉藏混合式建筑，本名“造福寺”或“吉日嘎朗图”庙。小黄庙体量较小巧，设计精巧别致。其布局亦为前经堂后佛殿式布局，门廊及佛殿是典型的汉式建筑风格，经堂则保留藏式建筑特征。门廊进深、面阔均一间，施歇山顶，佛殿施重檐歇山顶。

经堂黄色墙体，佛殿白色墙体，佛殿顶部设有藻井，内绘曼陀罗坛城及各种吉祥图案。这座寺庙保留了沿佛堂外壁环绕的制度，因此佛堂内特设两个圆拱后门与外壁围廊相通。

中轴线东侧的东活佛府，是一组相对独立的院落，始建于清康熙年间，占地 2650 平方米，分为东活佛府和葛根仓两个四合院。第一世活佛甲木森桑布，受乾隆皇帝器重，准许随时朝见皇帝，免去觐见跪拜之礼。因此昆都仑召在内蒙古西部旗庙中享有特殊地位。东活佛府初建为白色，1934 年为迎接九世班禅，楼体改为黄色，同时又在主殿正门加建八柱飞檐抱厦，可惜现已严重损毁。因昆都仑召由东西两个活佛共同掌政，因此大雄宝殿西北方向另设西活佛府。

昆都仑召大雄宝殿

昆都仑召大雄宝殿正立面

昆都仑召小黄庙屋顶

昆都仑召小黄庙佛殿

昆都仑召小黄庙远景

昆都仑召活佛府院门

昆都仑召活佛府正殿

东河区

- 02 南龙王庙
- 03 包头清真大寺
- 04 龙泉寺
- 05 妙法婵寺 / 吕祖庙
- 06 东河区财神庙
- 07 官井梁天主教堂
- 08 福徵寺

包头老城古建筑分布

2 南龙王庙

Taoist Temple of Dragon King

级　别	自治区级文物保护单位
年　代	清代
地　址	包头市东河区东河西路一号
交通信息	建议自驾
类　型	古建筑
看　点	道教建筑
开放信息	免费参观

南龙王庙始建于明末阿勒坦汗时代，是包头老城区内最早建立的庙宇之一。从明朝中期至民国初年的400余年岁月中，无数山西人、陕西人、河北人背井离乡“走西口”，也打开了中原腹地与蒙古草原的经济和文化通道。这一人口迁徙改变了内蒙古区域的社会结构、经济结构和生活方式，也将山西的晋文化带到了内蒙古中西部地区，使当地形成了富有浓郁山西本土特色的移民文化。一部分山西商人逐渐在包头一带繁衍生息。包头老城作为山西晋商发源之地之一，也是在这一特定历史条件下形成的产物。各行各业的商人在包头老城庙宇内供奉自己的信仰，因此这一带庙宇文化丰富多彩，民众和谐康泰。

南龙王庙原为当地晋商修建的一组汉式道教建筑。清乾隆年间，当地汉人开始在原南龙王庙基址上进行扩建，道光十三年（1833年）大修，光绪元年再次大修，形成了现在的南龙王庙规制。整组建筑坐北朝南，现存山门、钟楼、正殿，两侧厢房等建筑，正殿主供龙王。山门为三开间硬山建筑，设前廊，原有东西便门。钟楼立于砖砌台基之上，设四柱施歇山顶。正殿为硬山五开间建筑，前带卷棚歇山抱厦。

南龙王庙正殿

南龙王庙山门钟楼

3 包头清真大寺

Baotou Great Mosque

级　别	市级文物保护单位
年　代	清代
地　址	包头市东河区清真寺巷 9 号
交通信息	建议自驾
类　型	清真寺建筑
看　点	礼拜殿
开放信息	免费参观

包头清真大寺位于东河区清真寺巷，此处自古以来就是包头旧城的发源地、回族聚集区。大寺始建于清乾隆八年（1743 年），道光十四年（1834 年）建成礼拜大殿。

清真大寺是伊斯兰教传入包头后的第一座清真寺，布局完整，风格独特。如今已改造为现代建筑，仅礼拜大殿保留原状。礼拜殿坐西朝东，为典型汉地清真寺布局，由卷棚抱厦、经堂、后窑殿及六角亭构成，平面由几组建筑连为一体，屋顶由三个坡顶相连接形成中国传统的“勾连搭”屋顶。抱厦为歇山卷棚顶，面阔三间进深两间，装饰精美，挂有乾隆年间宫灯两盏。前后殿组成面阔五间的经堂，前殿卷棚顶后殿为硬山顶。殿内装饰精美《古兰经》经文，大殿内挂有 4 对道光年间制作的宫灯。礼拜殿内设柱 20 根，形成匀质礼拜空间，朝向西方即圣城麦加方向。其后为三层六角攒尖望月楼，顶端月牙为伊斯兰教建筑特有标识。

抱厦两侧设砖砌圆形拱门，其上做垂花装饰，极为精美，反映了伊斯兰建筑古朴简约细腻精美的艺术风格。

清真大寺礼拜殿

清真大寺礼拜殿抱厦内梁架及宫灯

清真大寺礼拜殿室内

清真大寺礼拜殿前殿立面

清真大寺屋顶

清真大寺便门

清真大寺望月楼

4 龙泉寺

Longquan Temple

级　别	自治区级文物保护单位
年　代	清代
地　址	包头市东河区包头市革命陵园
交通信息	建议自驾
类　型	古建筑
看　点	牌坊
开放信息	免费参观

龙泉寺始建于清雍正四年（1726年），道光二十九年（1849年）改建并大修。1935年商会刘泽霖提议维修新建“望河亭”等建筑，改寺名为“龙泉寺”，现为包头市革命陵园。

龙泉寺坐落在包头东河边的山丘上，周围环境优美，古树繁盛。据记载，旧时此处有清泉涌出，泉水甘甜凛冽。龙泉寺原设内、外两个建筑群。内院为龙泉寺主体寺院建筑，外院为附属景观建筑。现仅存内院的山门和外院的西殿。

内院南侧为四柱三门牌坊式山门，原门额题名“龙泉院”，卷棚顶。正殿硬山顶设有前廊，前另加卷棚歇山顶抱厦。正殿前左右有东西配殿。

外院今仅存民国时期建筑“望河亭”和西侧凉殿。望河亭位于内院西南，登临其中，包头旧城商店、民房和街道可尽收眼底。

龙泉寺山门

龙泉寺配殿

重修后景观

5 妙法禅寺

Miaofa Temple

级　　别	市级文物保护单位
年　　代	清代
地　　址	包头市东河区乔家金街北段路西
交通信息	建议自驾
类　　型	古建筑
看　　点	汉地佛教建筑
开放信息	免费参观

妙法禅寺是包头地区规模最为宏大的汉传佛教寺院建筑，始建于清咸丰十一年（1861年），同治五年（1866年）扩建，光绪十二年（1886年）形成现有的三进院落格局。建筑群坐西朝东，包括山门、吕祖殿、大雄宝殿、观音殿、功德堂、地藏殿、祖师殿、禅堂和千佛堂，其中吕祖殿为清代遗留建筑，“文革”时不幸遭严重损毁，1991年翻修。吕祖殿面阔三间进深三间，歇山顶，前出歇山抱厦，入口做圆拱形花鸟砖雕，装饰精美。

寺内今存清代石碑3通，铁钟1个。现妙法禅寺山门前存留一对石狮，原为关帝庙前旧物，石狮上有“公行敬”三字，意为包头镇公行敬造。

吕祖殿

吕祖殿入口石拱

吕祖殿侧影

6 东河区财神庙

Temple of God of Wealth in Donghe District

级　别	市级文物保护单位
年　代	清代
地　址	包头市东河区财神庙街北端
交通信息	建议自驾
类　型	古建筑
看　点	戏楼，财神庙
开放信息	免费参观

财神庙正殿

财神庙始建于清嘉庆十年（1805 年），占地面积 420 平方米，原有大殿及左右耳房、左右配殿、山门、钟鼓楼、戏台建筑。庙宇周边有九条巷子与其相连。建筑坐西朝东，呈四合院落布局。

现正殿至戏台间建筑不存，修复为财神庙广场。正殿位于广场一端，居西朝东，面阔三间前出抱厦。殿内原有释迦牟尼佛、文殊菩萨、普贤菩萨、观音菩萨、地藏王菩萨、多闻天王、增长天王 7 位纸本画像，现存于包头博物馆。正殿左右各有耳房一间。正殿东侧 88 米为戏台，前台为歇山顶，后为硬山顶，面阔三间。

财神庙戏台

7 官井梁天主教堂

Guanjingliang Catholic Church

级　别	市级文物保护单位
年　代	1934 年
地　址	包头市东河区官井梁街
交通信息	建议自驾
类　型	天主教堂建筑
看　点	中式天主教建筑
开放信息	免费参观

官井梁天主教堂位于与妙法禅寺相邻的高地之上，由天主教堂及神职人员住宿区两座单体建筑组成。天主教堂与神职人员住宿区虽属同期建筑，但分别采用了东西方两种建筑风格，颇具特色。

天主教堂为哥特式风格建筑，正门朝北，钟楼与经堂相连。正立面中间为高耸的钟楼，尖顶，顶端设十字架。入口为圆拱券门，两侧开圆窗，具有明显的哥特风格。

西侧的神职人员住宿区则采取了完全不同的中式建筑风格，建筑为青砖砌筑，中式硬山屋顶，屋顶及屋脊做法均为典型清式做法。建筑平面没有按照中国传统建筑布置，而是根据内部使用要求呈“山”字形平面。整组建筑对于研究包头地区建筑史、宗教史具有重要价值。

天主教堂

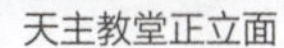
天主教堂正立面

神职人员住宿区侧立面

神职人员住宿区正立面

8 福徵寺

Fuzheng Temple

级　　别	自治区级文物保护单位（无文保牌）
年　　代	清代
地　　址	包头市东河区北梁包头召
交通信息	建议自驾
类　　型	古建筑
看　　点	包头召
开放信息	免费开放

福徵寺，也叫包头召，是旧包头城内唯一的一座蒙古族召庙，也是“巴氏家族”的家庙。“巴氏家族”信奉黄教，为便于集体祭祀和进行宗教活动，“巴氏家族”的各户集资创建了这座寺庙。

福徵寺建成于清朝康熙年间，距今已有 300 年历史。在历史上，它不仅是著名的宗教活动场所，还是国内革命战争时期中国共产党在包头地区进行革命活动的秘密联络站之一。1925 年，中国共产党在包头的第一个党组织——包头工委在福徵寺诞生。

福徵寺正殿为藏式结构，分上下两层，底楼为经堂，正中供奉佛教创始人释迦牟尼像，前堂则供奉藏传佛教师祖宗喀巴像，还有可供 20 多名喇嘛诵经的坐床。

1939 年 3 月，中共绥远省委成立，在抗日战争最艰苦的日子里，八路军转战萨拉齐、固阳、武川等地，福徵寺作为党的秘密联络站，在党组织开展革命活动的过程中发挥了巨大作用。

福徵寺天王殿

福徵寺正殿

福徵寺正殿立面

福徵寺正殿室内

1925 年中共包头工委旧址

9 壕赖沟关帝庙

Temple of Guan Yu in Haolaigou Village

级　别	市级文物保护单位
年　代	清代
地　址	包头市东河区壕赖沟村北高地
交通信息	建议自驾
类　型	古建筑
看　点	关帝庙建筑
开放信息	免费开放

壕赖沟关帝庙位于包头市东河区壕赖沟村北高地，建于清嘉庆年间，正殿为清代遗存，近年来陆续复建了山门、钟鼓楼、大雄宝殿等建筑。

关帝庙正殿位于新建大雄宝殿西侧，平面呈“凸”字形，设卷棚抱厦，面阔三间进深一间。明间砌石拱券门，东西两间设半圆拱券窗，殿内为拱顶。殿内正中为关羽泥塑像，两侧供龙王牛马像。

壕赖沟关帝庙侧影

壕赖沟关帝庙

壕赖沟关帝庙抱厦梁架

九原区

10 麻池古城

Machi ancient city

级　别	国家级重点文物保护单位
年　代	战国、汉代
地　址	九原区麻池镇镇政府西北
交通信息	建议自驾
类　型	古城址
看　点	古城墙
开放信息	免费开放

麻池古城坐落于包头市九原区麻池镇中心街道北侧的农田之中，城址周边汉代墓葬分布众多，有召湾、西壕口等十多个墓群。其分布地势较为平缓。城址向北正对阴山山脉之大青山和乌拉山分界沟——昆都仑沟口，城址往南 9 公里为黄河。

麻池城址

麻池城址的布局很有特点，由两座并不完全在一条轴线上的城址相连构成。一座位于东南，一座位于西北，东南城址的西北角和西北城址的东南角连接在一起。根据考古研究报告，麻池城址总周长约 4805.3 米，占地面积约 1100716.4 平方米，合 1651.07 亩。北城北墙长 767 米，西墙长 561 米，西南内折墙 180

米，南墙 352 米，东墙 573 米。南城东墙长 671 米，南墙长 511 米，东南角内折墙南北 175 米，东西 98 米，西墙 290 米。

根据现存遗址，可推测出北城北墙和南城南墙正中设门，城门宽约 15 米。城墙均为土筑。北城城墙残高 2 米，宽约 3 米。夯层厚 9 厘米。南城城墙保存较好，局部高 7—8 米，宽 20 米。北城内南部中间位置发现三个夯土台基，南面夯土台基位于南墙附近，高 1.5 米，东西长 13 米。北面两个夯土台基位于其北部，三者呈“品”字形分布。

据考证，麻池城址的北城应当是战国、秦九原城，汉五原郡九原县县城。南城是汉五原郡五原县城。《水经注》中记载九原县“西北接对一城，盖五原县之故城也”，其描述与现存城址南北两城的相对位置相符。

麻池城址北城是包头及其附近区域发现的面积最大的秦汉时期城址。城址位置在秦直道方向，具有重要的地理意义。秦直道是秦始皇于公元前 212 年至前 210 年，命大将蒙恬监修的一条重要交通要道。秦直道南起咸阳云阳林光宫（今淳化县凉武帝村），北至九原郡，全长 700 多公里，被誉为中国高速公路之祖。

麻池古城南城东墙

麻池古城北城东墙

麻池古城北城台地

周边汉墓

城址附近的墓葬主要分布在城址西南、东和东北、北方。西南方向的墓葬有：距离城址 7 公里的召湾汉墓群、距离城址 5 公里的二道梁汉墓群、距离城址 3 公里的西壕口汉墓群、距离城址 1 公里的张龙圪旦汉墓群和距离城址 2.5 公里的卜太汉墓群。东部有观音庙汉墓群，东北为窝尔吐壕汉墓群，北部距离城址 2 公里为召潭汉墓群。大部分墓葬的考古发掘成果现存于包头博物馆。

包头汉墓主要可划分为几个时期：

第一期为西汉中期（公元前 127—前 49 年）。此期墓地仅在召湾和卜太两地发现，墓葬有长方形竖穴土坑墓，无墓道土圹木椁墓、带墓道土圹木椁墓。墓葬多有铜器出土，陶器多为彩绘陶罐，并有漆器。墓葬多单棺，墓道多为台阶式。

第二期为西汉晚期（公元前48—公元6年），多为夫妻合葬墓，墓葬多为带斜坡或台阶墓道的椁外塞填陶瓦片的木椁墓，以及长方形单室砖墓。随葬品多见陶器。

第三期为西汉末期到东汉初期（公元7—49年），出现横前室带耳室墓葬，随葬品多为敞口壶和深盘口壶。墓葬中出土的“单于天降”和“单于和亲”瓦当，见证了东汉时期重大历史事件——呼韩邪单于附汉与昭君出塞和亲政策。

第四期为东汉前期（公元50—88年），墓葬一改以长方形墓室为主的习俗，方形墓室出现。

第五期为东汉后期（公元89—215年），墓葬多为带耳室的砖室墓。墓葬主室均为穹庐顶，耳室为单券顶或穹庐顶。随葬品多为陶器，有大型冥器如陶楼出现。墓葬多画像砖，墓底有文字砖，有些墓葬有壁画。多有石屋出土，如祭祀的享堂。

张龙纥旦汉墓出土陶楼冥器

召湾汉墓出土“单于和亲”瓦当

召湾汉墓石享堂

二道梁汉墓五室砖室墓

11 梅力更召

Meiligeng Lamasery

级　别	自治区级文物保护单位
年　代	清代
地　址	包头市九原区梅力更风景区外
交通信息	建议自驾
类　型	藏传佛教建筑
看　点	大雄宝殿，弥勒殿
开放信息	免费开放

梅力更召为原乌兰察布盟乌拉特西公旗旗立庙，始建于17世纪70年代。清康熙四十二年（1702年），第七任札萨克镇国公达日玛什里和茫哈等人于此新建旗庙，康熙四十四年（1705年）正月开光运行。清乾隆三十八年（1773年），清廷御赐满、蒙、汉、藏四体“昌梵寺”匾额。寺庙作为旗庙，统管旗内二十四座寺庙的法事活动，寺内曾出现第三世梅力更活佛罗布桑丹毕贯拉森及乌格里衮达赉、诺门达赉、丹毕贯拉森等著名学者。

寺庙为汉藏结合式建筑风格，最盛时期占地面积约4520平方米，沿中轴线由南向北依次为天王殿、护法殿、大雄宝殿及弥勒殿。寺庙原有八仓，包括：梅力更活佛拉卜楞及佛仓，北侧有大庙仓院、西达喇嘛仓两进院，东侧有乔尔吉上师仓三进院、固始上师仓两进院，寺庙北端为席勒喇嘛仓的两进院，另有周边佛塔八座。以上八仓现仅存五处。

建筑群沿中轴线布置，中轴线南端的天王殿为后期修复，汉式歇山顶，面宽五间，进深四间。原有护法殿已毁，现存护法殿为1996年原址重建，又称章恒庙，藏式平顶建筑，面阔三间进深三间，设前廊。南面为小经堂，北面为两层通高佛堂。

大雄宝殿建在0.6米的台基之上。殿前广场两侧各设一白塔，白塔与经堂之间设有东西配殿，现为法物流通处。经堂建于1702年，占地面积约463平方米，上下两层，总高为11.8米。大殿平面为矩形，面阔七间，进深五间，室内共有24根木柱，花岗石柱础，正中4根为圆柱，其他为方柱。殿内正中为两层通高的宗教仪式区，该空间供等级较高的僧人诵经所用。经堂二层由两侧的阶梯进入，二层为一“回”字形空间，中间部分为底层仪式空间上空，二层门廊与二层空间用木质格栅隔开。

佛堂又称弥勒殿，始建于1702年，搬迁后翻建于此。翻建后的佛殿位置非常接近经堂，但并未直接

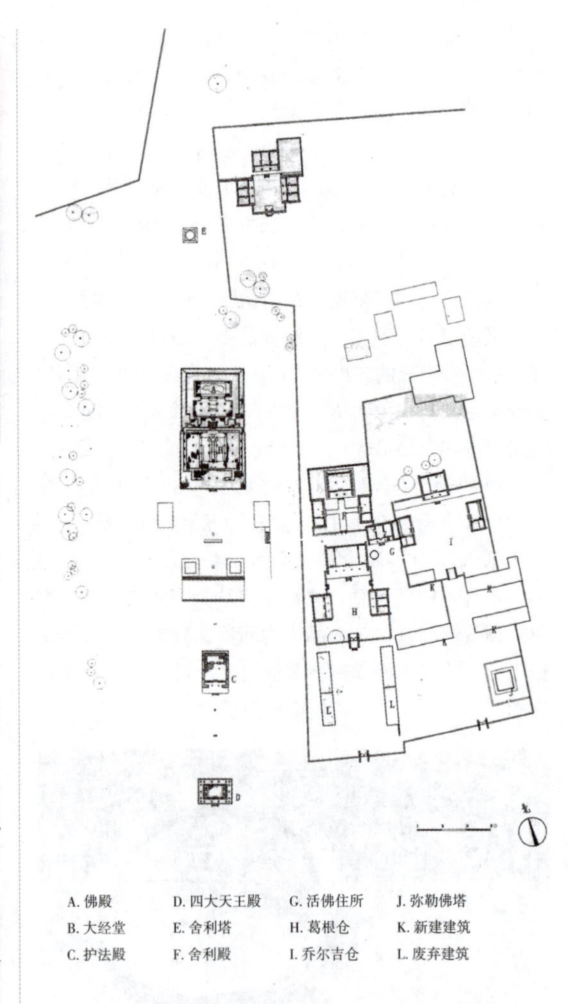

梅力更召总平面图

相通。佛殿为砖木造藏式平顶建筑，上下共三层，总高度约为14.7米。大殿前设“凸”形门廊，平面为矩形，面阔五间，进深五间，供奉召内最大佛像——弥勒佛坐像，像高约13米。佛像业已修复，通体金色，法相端庄，佛像背后壁画为原物。

大雄宝殿东侧现存有三进院落，第一进院落存有院门和配殿，第二进院落为葛根仓。正殿为面阔五间的硬山建筑，立于台基之上，设前廊并作五踩斗拱，砖雕与瓦件装饰精美，呈现出汉地建筑装饰特征。第三进院落为舍利殿，其东侧紧邻一座活佛住所，再东侧为乔尔吉仓。

2012年，“梅力更召信俗”被列入国家级非物质文化遗产保护名录。梅力更召更是以蒙语诵经而著称，从古至今坚持使用蒙古语系统地传诵经书。作为内蒙古中西部较大的寺院，梅力更召对于蒙古文化及佛教的发展传播具有重大影响。

天王殿

护法殿及大雄宝殿远景

大雄宝殿立面

大雄宝殿及弥勒殿东立面

大雄宝殿及弥勒殿北面

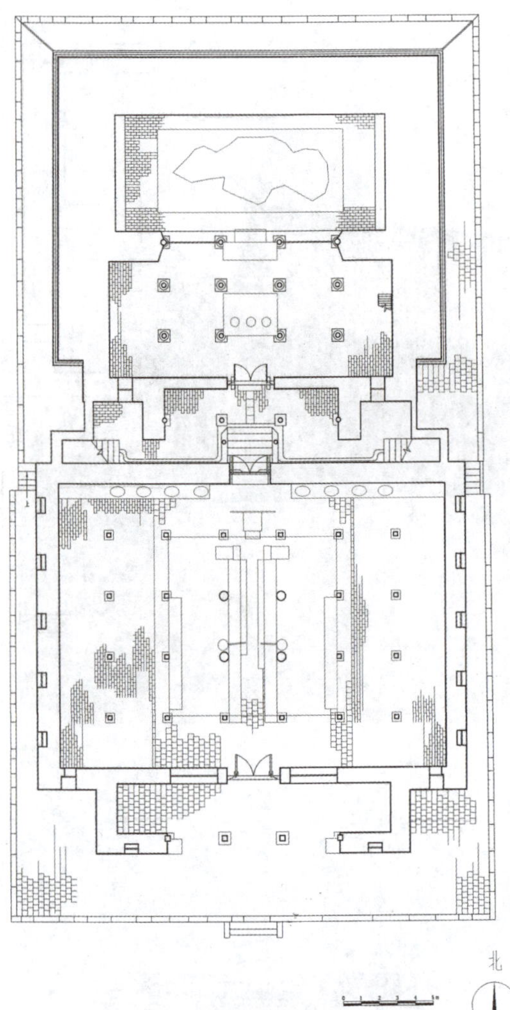

大雄宝殿及弥勒殿平面图

北侧舍利塔

东侧葛根仓正殿

东侧第一进院落

东侧葛根仓东活佛府

东侧葛根仓西配殿及便门

石拐区

12 五当召

Wudang Lamasery

级　　别	国家级重点文物保护单位 / 国家 AAAAA 级旅游景区
年　　代	清代
地　　址	包头市石拐区吉忽伦图苏木五当召沟北
交通信息	建议自驾
类　　型	藏传佛教建筑
看　　点	藏式建筑群，壁画，佛教文物
开放信息	购票参观

五当召位于内蒙古包头市石拐区吉忽伦图山南麓，是内蒙古地区规模最大、形制最完整的藏传佛教寺院。“五当召”为蒙语音译，意为“柳树沟的寺院”。其藏语名为“巴达噶尔”，意为白莲花，形容山间散布的白色佛殿宛如吉忽伦图山上的朵朵白莲。清乾隆二十一年（1756 年），清廷御赐满、蒙、汉、藏四体“广觉寺”匾额，因而五当召汉语名为“广觉寺”，此匾今收藏于五当召博物馆内。经多年保护性发展，五当召已升级为五当召国家森林公园和国家 5A 级旅游区，以崭新的姿态迎接着世界各地的游人和学者。

五当召地处原乌拉特东公旗所辖之地，系章嘉活佛属庙。五当召规模宏大，嘉庆年间有喇嘛 1000 多人，寺庙建筑 2500 余间，占地面积近 20 公顷。其建筑效仿西藏扎什伦布寺等名寺，依山而建，殿堂式样各异，建筑群整体构成一个有机体系，呈现出与汉地佛教寺院迥然不同的风貌。五当召不设庙墙，佛殿按南北、东西两轴线交叉布局。寺院中最为重要的建筑为九大殿，分别是：第一殿苏古沁殿，第二殿却依拉殿，第三殿洞阔尔殿，第四殿当圪希德殿，第五殿喇弥仁殿，第六殿金科殿，第七殿苏卜盖陵，第八殿阿会殿，第九殿甘珠尔活佛府。

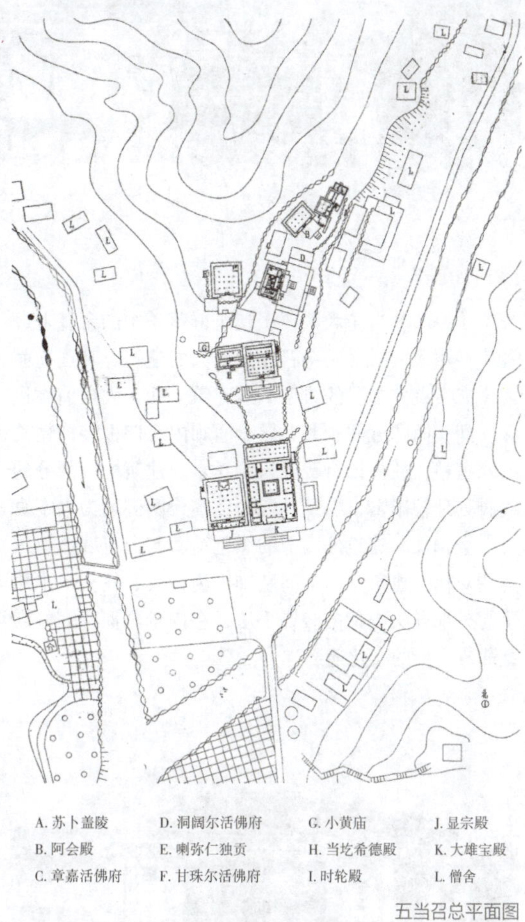

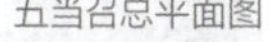
五当召总平面图

五当召鸟瞰

五当召远景

苏古沁殿

第一殿苏古沁大殿位于建筑群落正中的台基上，属典型藏式大殿，是全召体量最大的建筑。其正立面为“二实夹一虚”的典型藏式建筑立面，大殿前廊进深一间，面阔五间，共二层。门廊内有四根装饰精美的八楞柱，柱头饰有藏式云纹托木。建筑檐口部分的线脚处理较丰富，檐部设四角经幢，两侧均为六字真言鎏金铜饰。建筑外墙上的黑色窗套与白色墙体形成鲜明对比。建筑室内空间装饰极为精美，柱头也采用了与外部柱头类似的装饰手法，室内壁画保存完好，是非常珍贵的文化遗产。

苏古沁殿立面

苏古沁殿侧影

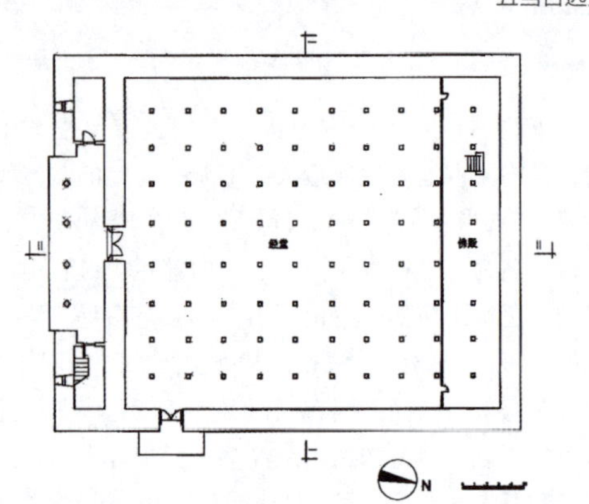

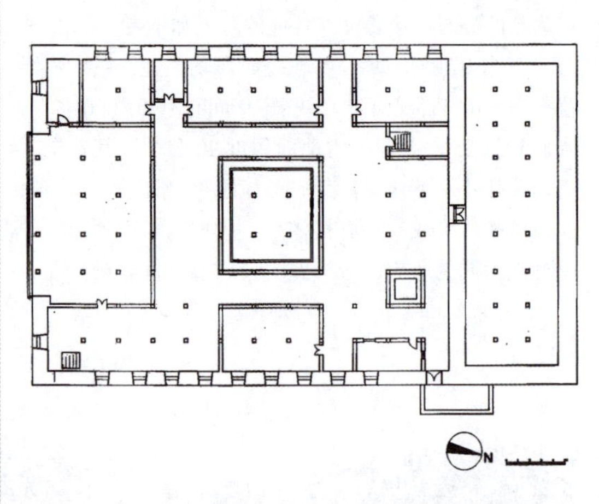

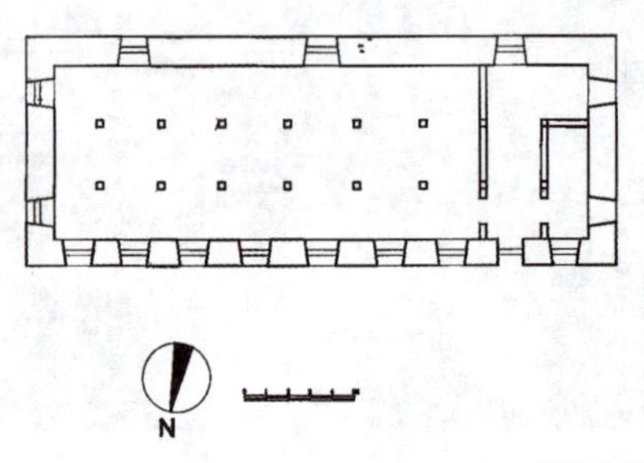

苏古沁殿平面图

与青藏地区的大殿相似，五当召的藏式殿堂同样由门廊、经堂、佛堂组成，平面呈“回”字形，中部形成上空，采用典型的藏式“都纲法式”做法。建筑内部柱网密集，中间上空部分设长柱用以支撑上部梁架，上空正面及侧面开高侧窗用以采光通风。上空部分是最为重要的仪式空间，外侧为喇嘛坐床，最外围用来转经，墙壁上常有壁画或唐卡。

苏古沁殿最后一间为藏经阁，藏有《甘珠尔经》100 函与《丹珠尔经》225 函。此处原藏有手工刻板经卷，可惜毁于“文革”，现为新版经卷。

苏古沁殿壁画

苏古沁殿室内

却伊拉殿

却伊拉殿建于清道光十五年（1835 年），是五当召又一座大型经殿，其规模仅次于苏古沁殿，为显教学部听经、诵经、祈祷、辩论之所，亦称“哲学部”。大殿与苏古沁殿都建于同一个石台基之上，从体量和尺度上略小于苏古沁大殿，从而突出了苏古沁殿的主体地位。

大殿平面呈矩形，面阔九开间。殿前有一凹形门廊，面阔五开间，进深一开间。廊内绘有四大天王及时轮金刚等壁画，天花为木质藻井。本殿结构形式亦为藏式柱梁混合承重结构。殿内供奉本召最大弥勒佛铜像，铜像高十余米，端庄严肃。弥勒头戴五叶宝冠，上嵌珠宝，大耳垂肩，敦厚慈祥。右手结说法印，持莲花法轮，左手持莲花净瓶，双腿垂坐。其周围供奉八大菩萨、八大药王佛及宗喀巴大师佛像。

却伊拉殿立面

却伊拉殿弥勒铜像

洞阔尔殿

洞阔尔殿又称时轮殿，位于苏古沁殿以北的山坡上。洞阔尔殿是五当召一世活佛于清乾隆十四年（1749 年）亲自主持修建的，也是五当召最早的殿堂。五当召第一个学部——时轮数学部设立于此。大殿坐北朝南，雄踞于石砌台基之上，俯瞰讲经台，布局很有特点。

该殿建筑平面为矩形，正面有一“凸”形门廊，面阔三间，进深一间，门廊内及殿门两侧墙上绘有四大天王的画像，殿门上方悬挂着清乾隆皇帝于清乾隆二十一年（1756年）御赐蒙、汉、满、藏四种文字镌刻的“广觉寺”匾额。匾额原物现存于五当召博物馆。

洞阔尔殿侧影

洞阔尔殿立面

洞阔尔殿侧立面

广觉寺匾额

当屹希德殿

当屹希德殿，又称金刚护法殿。该殿建于清乾隆十五年（1750年），殿内供奉喇嘛教中的护法神大威德金刚、胜乐金刚等九尊彩塑神像。

当屹希德殿是一座两层藏式建筑，紧依洞阔尔殿西侧。底层面阔五间，进深三间，分为前室与殿堂两部分。殿堂进深两间，高度约为前室两倍，内部中间设四根木雕盘龙方柱，正面供奉九尊护法神像。殿堂二层平面与一层相同，有门与前室屋顶相连，亦为供佛之所。

当屹希德殿

当屹希德殿金刚像

站在讲经台望当屹希德殿

宗喀巴小黄庙

当屹希德殿西北侧高地上，一座非常精巧的建筑正是宗喀巴小黄庙，又称为哲仁波切庙。庙内北墙供奉宗喀巴师徒三人，西墙供奉绿度母浮雕。

宗喀巴小黄庙远景

宗喀巴小黄庙立面

宗喀巴小黄庙宗喀巴师徒像及西墙绿度母浮雕

金科殿

金科殿，意为铜城之殿，位于建筑群东北端。建筑在原努尼殿基址上重建，现为五当召博物馆，收录了大量展现五当召当地文化的特色文物。

金科殿

仰望金科殿

苏卜盖陵

苏卜盖陵，是五当召第一世活佛建庙之前的住宅。活佛去世后将其舍利存放于此。后世延续了这一传统，将七世活佛灵塔安放于此。苏卜盖陵为二层藏式建筑，但与众不同的是，因地形关系，建筑入口门廊并不居中，而是居于一侧，体现出藏式建筑因地制宜的特点。

苏卜盖陵

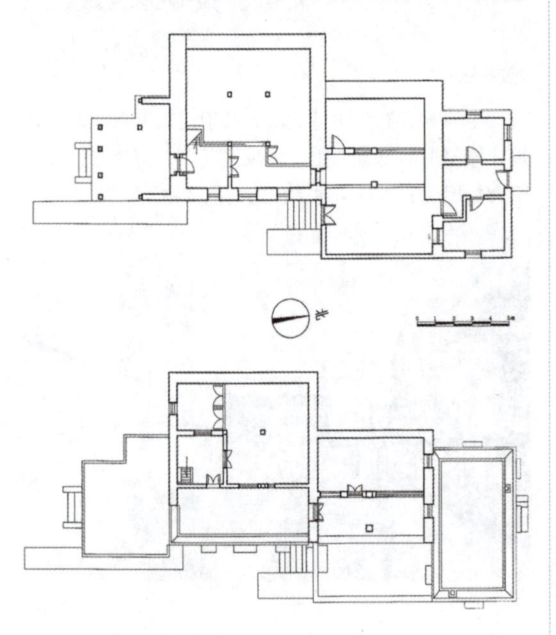

苏卜盖陵平面图

阿会殿

阿会殿，即密宗殿，位于苏卜盖陵旁，洞阔尔殿东侧，是五当召唯一一座坐西朝东的经堂。建筑为二层藏式建筑，设有密宗学部和医学部。本殿供毗卢支那佛、胜乐金刚佛、白度母及无量寿佛等。

阿会殿

甘珠尔活佛府

甘珠尔呼图可图是五当召第一世洞阔尔活佛的经师，这座建筑是其居所。建筑正厅为会客办公区，里屋为卧室，耳房是经师的居室。

另有喇弥仁殿，又称新殿，位于洞阔尔殿北部，为三层藏式建筑，是喇弥仁学部的经堂。其中供奉的9米高宗喀巴大师铜像，为内蒙古地区最大一尊。铜像两侧供千尊宗喀巴大师化身佛像。

五当召保存了大量珍贵佛教文物，主要为壁画、唐卡和金铜像几类。五当召现存壁画面积达800多平方米，且保存完整，为国内罕见。其壁画具有极高的艺术水平，其中以苏古沁大殿二层藏传佛教九大建筑壁画最为著名。

五当召博物馆藏时轮金刚坛城，为清代铜器，通体鎏金。高约1米，底盘直径约167厘米。坛城，又称曼陀罗，圆形底盘，中间为方形底座，台上起正方形歇山顶殿堂，殿顶及四周装饰幡幢及莲花等，造型精美、工艺精湛。

甘珠尔活佛府

甘珠尔活佛府内院

转经筒

东区街巷

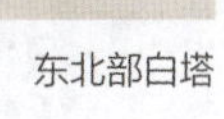

东北部白塔

浩林敖包

土默特右旗

13 美岱召

Meidai Lamasery

级　别	国家级重点文物保护单位
年　代	清代
地　址	包头市土默特右旗美岱召镇
交通信息	建议自驾
类　型	藏传佛教建筑
看　点	大雄宝殿，城墙，壁画
开放信息	购票参观

美岱召，明代称灵觉寺，清赐名寿灵寺，又称灵照寺。美岱召是内蒙古地区保存最为完整的明清城堡式古建筑群，是明末蒙古族杰出首领阿勒坦汗修建的政治中心和藏传佛教的弘法中心。

美岱召始建于1557年，建成于1575年。其周圈用城墙环绕，并设城门与角楼，形成独具特色的城堡式佛教建筑，与其他藏式佛教建筑布局迥异。此城平面布局为不规则四边形，南墙、西墙较直，东墙、北墙外折。南城墙最宽，高5.2米，其他三面城墙略窄。城墙四角筑有斜向外凸的角楼墩台，每个墩台建歇山式二层重檐角楼一座。角楼进深面阔各一间，周围廊，西南、东南角楼向内设佛龛。

美岱召建筑群落开始于城墙正中的泰和门。泰和门为汉式城楼建筑，由门墩和门楼两部分组成，门墩为青砖砌筑，正中设砖砌券顶拱门。门洞正上方为万历三十四年（1606年）石刻，上书“皇图巩固，帝道咸宁，万氏乐业，四海澄清”。石匾原物存于包头市博物馆。

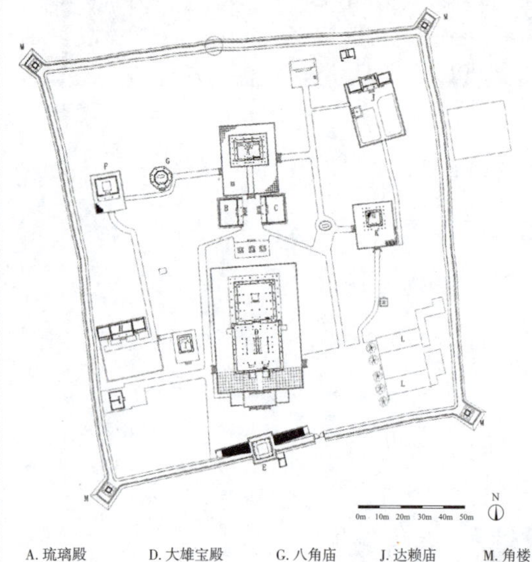

A. 琉璃殿	D. 大雄宝殿	G. 八角庙	J. 达赖庙	M. 角楼
B. 法物流通处	E. 泰和门城楼	H. 佛爷府	K. 太后庙	
C. 罗汉堂	F. 西万佛殿	I. 乃琼庙	L. 旅客中心	

美岱召总平面图

美岱召远景

美岱召角楼

美岱召明代石匾

美岱召城墙内由十座单体建筑构成，主要建筑沿中轴线布局，自南向北依次为泰和门、大雄宝殿、琉璃殿，琉璃殿东西为观音殿和罗汉堂；西侧为乃琼庙、佛爷府、西万佛殿、八角庙，东侧有太后庙、达赖庙。

大雄宝殿建在台基上，台基南北长 61.47 米、东西宽 40.7 米。台基正面为六级青石台阶。建筑坐北朝南，重檐两层楼，自南向北由门廊、经堂、佛殿构成。三者勾连一体，均为歇山屋顶。墙外由白色藏式砖墙相裹，构成汉藏结合的建筑体。门前有两棵明代古松，参天耸立，见证着美岱召的历史。

大雄宝殿的门廊共有两层，门廊进深一间面阔三间，呈“凸”字形，突出于白色砖墙。廊内供四大天王，墙上绘制壁画，东西两侧用砖墙封住，正中悬“寿灵寺”匾额。

大雄宝殿立面

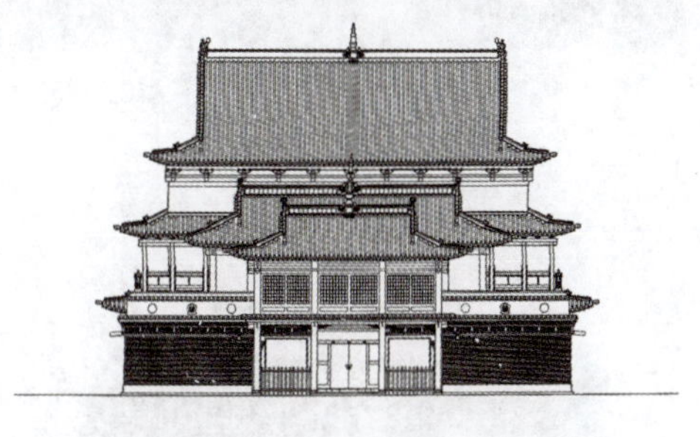

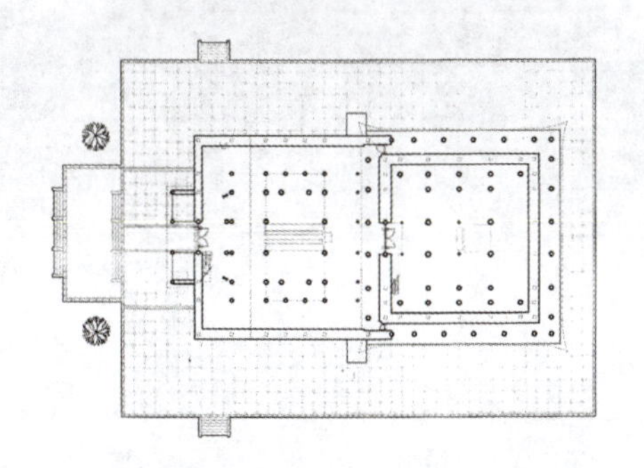

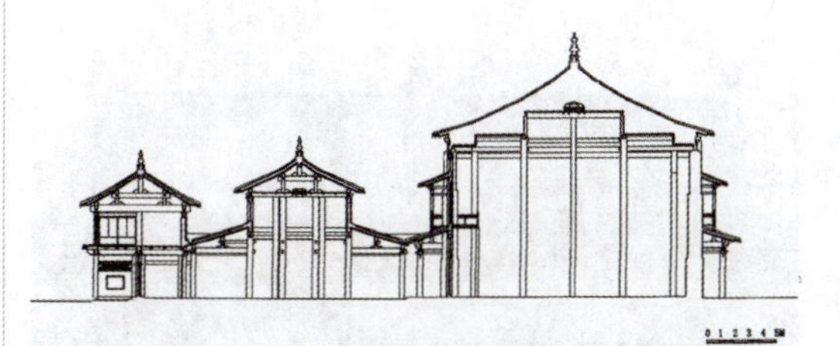

大雄宝殿平立面、平面、剖面图

大雄宝殿侧影

大雄宝殿门廊立面

大雄宝殿北立面

大雄宝殿屋顶细部

大雄宝殿屋顶

由门廊进入南厅经堂，即可见经堂正中的吹拔仪式空间。这个空间由朱红色圆柱围拢，又有彩色经幡悬挂，在天光的漫射下显得格外神圣。一层东西壁绘有十八罗汉图；经堂的二层绘有十一幅壁画，北面绘五幅壁画，东西各三幅。正面正中绘宗喀巴师徒三尊，是召庙中唯一一幅罩桐油的壁画。北壁其他四个单元，内绘释迦牟尼佛、白度母、药师佛、阿弥陀佛、文殊菩萨、无量寿佛等佛像。经堂殿顶正中有八边形藻井，经堂天花板绘有彩绘，主要为龙纹图案，绿底墨线加白勾勒的莲花图案及装饰性花卉图案。佛殿四壁及顶部均有绘画，殿内北壁绘有释迦牟尼画传，东壁为宗喀巴及其画传，西壁绘三世达赖画传。壁画和彩绘均是明、清时期原作，极为珍贵。

美岱召的其他附属建筑主要有琉璃殿、乃琼庙、佛爷府、西万佛殿、八角庙、达赖庙、太后庙、宝丰塔等。琉璃殿为歇山式三重檐楼阁，因顶覆琉璃瓦，俗称琉璃殿。本是阿勒坦汗朝殿，后改为佛殿，并塑有三世佛像，绘制壁画。

位于中轴线西侧之首的蒙式二层建筑为乃琼庙。它建于明代，为麦达里活佛居所。东侧的汉式重檐歇山建筑为太后庙。这是一座明代建筑，主要供奉阿勒坦汗三夫人，纪念其维护蒙明和平、促进双方商贸交往的美好事迹。

大雄宝殿室内空间

大雄宝殿室内空间及壁画

乃琼殿正立面

太后庙

乃琼殿

远山上白塔

14 萨拉齐关帝庙

Temple of Guan Yu at Salaqi

级　别	市级文物保护单位
年　代	清代
地　址	土默特右旗萨拉齐镇大众苑小区外
交通信息	建议自驾
类　型	藏传佛教建筑
看　点	关帝庙正殿，壁画，砖雕
开放信息	正在维修

萨拉齐关帝庙建于清雍正十二年（1734 年），是萨拉齐现存汉地寺庙中最早的一座。萨拉齐原为汉族聚集地，是北方通往内蒙古地区的商贸中心。萨拉齐关帝庙由当地居民出资建造，道光二十四年（1844 年）进行修复，并扩大规模。扩建后，这组建筑群落由山门，钟鼓楼、戏楼、正殿、东西配殿组成，其西侧有祖师庙，东侧有圣母庙。其中正殿，东西配殿和西侧建筑保存较完整。

萨拉齐关帝庙建筑布局呈中轴线，正殿坐北朝南，面阔九间硬山顶。正殿前带卷棚歇山抱厦，进深两间，面阔三间，施抹角梁，做垂花柱。梁架彩画及木作精美，呈现出明显的汉地建筑装饰特征。值得一提的是，抱厦角梁做龙头装饰，说明建筑等级之高。正殿内原有壁画和彩塑，现大部分损毁，西墙壁画破损残片尚存。正殿梁架上绘有不同时期彩画。建筑外墙为青砖砌筑，砖雕与瓦件精美，东西山墙上做精美团龙砖雕，凸显这座关帝庙之高贵。

正殿前东西两侧各有配殿一座，分别供奉火神及张飞。两配殿均为硬山五开间建筑，设前廊。东配殿仍维持了“文革”期间改造后的立面，北廊墙上砖雕“松鹿图”，工艺精美，寓意祥和。殿内存旋子彩画及部分壁画。

大门现存石狮一对，底座上有“嘉庆二年四月谷旦”和“同盛茂记施舍建立”题款，为别处移来。

萨拉齐关帝庙现状大门及石狮

萨拉齐关帝庙正殿抱厦

萨拉齐关帝庙正殿

萨拉齐关帝庙正殿抱厦梁架

萨拉齐关帝庙正殿西侧彩画

萨拉齐关帝庙正殿抱厦角梁

萨拉齐关帝庙正殿东侧彩画

萨拉齐关帝庙正殿东侧山墙

萨拉齐关帝庙正殿西侧山墙砖雕

萨拉齐关帝庙东配殿

萨拉齐关帝庙东配殿室内砖雕

萨拉齐关帝庙东配殿檐口及砖雕

萨拉齐关帝庙东配殿彩画

萨拉齐关帝庙东配殿西厢房砖雕

萨拉齐关帝庙东配殿山墙彩画

萨拉齐关帝庙东配殿西配殿

达尔罕茂明安联合旗

15 百灵庙

Bailing Lamasery

级　别	国家级重点文物保护单位
年　代	清代
地　址	包头市达尔罕茂明安联合旗百灵庙镇广福寺街
交通信息	建议自驾
类　型	藏传佛教建筑
看　点	大雄宝殿，却仁殿
开放信息	免费开放

百灵庙位于达尔罕茂明安联合旗百灵庙镇北部一处较为平坦的土地，建筑群落坐北朝南，沿中轴线对称布局，汲取了汉地寺院的伽蓝七堂布局形式。百灵庙盛期时由五座大殿、九座佛塔和36处藏式结构的院落组成，总占地面积约为8000多平方米。

百灵庙轴线上最南端的建筑是天王殿。天王殿是一座面阔三间单层硬山顶建筑，两侧设便门。屋顶正中置宝顶，正脊两端置正吻。天王殿为汉式建筑结构，但结合了复杂的藏式门窗装饰与木雕彩绘。建筑为五架抬梁式砖木结构，室内供四大天王。

天王殿北侧为本庙最大一组建筑朝克沁殿，即“大雄宝殿”。朝克沁殿始建于清康熙四十二年（1703年），共分两层，汉藏建筑风格结合。平面分为三部分，从南到北，依次是门廊、经堂、佛堂。大殿的平面为“凸”字。门廊外凸于经堂的白色墙体，为二层歇山门楼，首层设外部楼梯直通二层。殿内由经堂与佛堂两个方形构成。经堂底层面阔七间，进深八间，为典型的“都

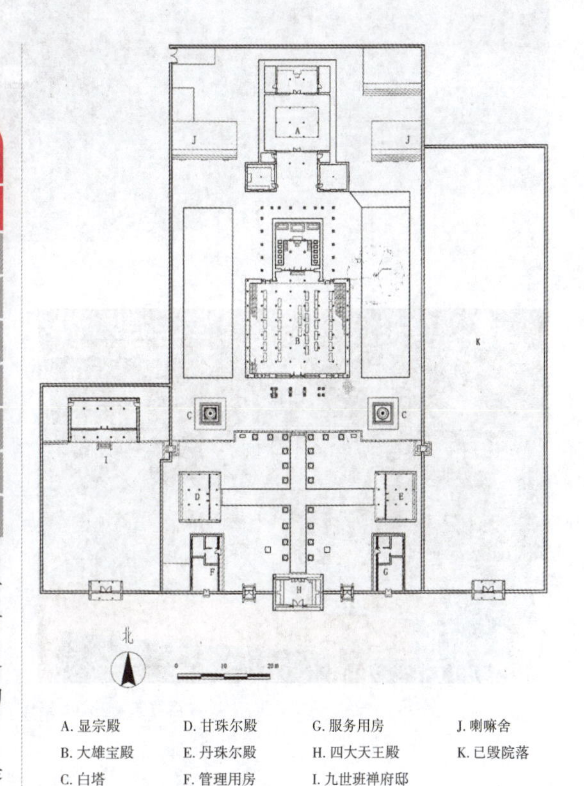

百灵庙总平面图

纲法式”平面布局形式。中间通高设天窗采光，室内做彩画、天花、藻井等装饰，经堂内法座、经床，法鼓等法器俱备。佛殿与经堂以木扇门分开，后为两层高的佛殿，面阔三间，进深三间，四根柱子将大殿空间分为三部分。殿外再设副阶周匝，形成重檐屋顶。

却仁殿是却伊拉扎仓的经堂，汉语名称护法殿。经堂部分为两层，佛堂也为两层高。建筑为纯藏式建筑风格，平面为“凹”字形，两翼突出，密肋平顶，砖木结构，收分强烈。

百灵庙天王殿

百灵庙天王殿梁架

百灵庙大雄宝殿

百灵庙大雄宝殿侧影

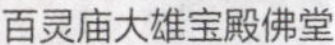
百灵庙大雄宝殿佛堂

百灵庙却仁殿正立面

百灵庙却仁殿

16 希拉木仁庙

Xilamuren Lamasery

级　别	自治区级文物保护单位
年　代	清代
地　址	包头市达尔罕茂明安联合旗希拉木仁乡政府
交通信息	建议自驾
类　型	藏传佛教建筑
看　点	大雄宝殿
开放信息	免费开放

希拉木仁，蒙古语意为“黄色之水”。希拉木仁召，是呼和浩特席力图召的第三个属庙，也是席力图召活佛的避暑召。清乾隆十六年（1751 年），皇帝特命喀尔喀部额附亲王之子为六世转世席力图活佛。六世席力图活佛为感恩“皇恩浩荡”，筑建此寺。乾隆御笔赐名“普会寺”，准赏悬挂满、蒙、汉、藏四体文字匾额。此后普会寺建筑群体逐渐扩大形成盛期规模。

希拉木仁召由东中西三组院落并列构成。东院坐落着天王殿、大雄宝殿和配殿；中院为活佛生活起居之所，活佛府位于该院北侧；西院为活佛舍利堂。

东院内大雄宝殿为僧众集会诵经之所。这是一座汉藏结合建筑，正中出双重短檐，底层四周外廊，二、三层为白色藏式碉楼，顶部为汉式歇山屋顶。殿顶端设铜制装饰物，为八座庙顶柱，两座经幢，法轮及一对跪鹿。大殿一层佛堂供奉释迦牟尼三世佛及护法神像，东西两侧置 108 卷《甘珠尔经》。内厅佛堂两根大红柱子，上雕刻立体蟠龙，三楼供奉众多护法神像，及千佛像。

活佛府为中院主体建筑。正房为硬山五开间建筑，设前廊，顶部设铜制装饰物，房间内有活佛席位及喇嘛念经坐榻。东耳房为活佛会客室，西耳房为库房。

西院主体建筑为活佛舍利堂，又称舍利神堂。为硬山三开间建筑，设前廊。正房内供有六世活佛真身，其遗体经盐腌制不腐，表面涂金。

寺院正中放置石基座，整体为须弥座，饰云龙纹、缠枝莲花纹。有“大清乾隆三十四年菊月上浣建立”铭文。

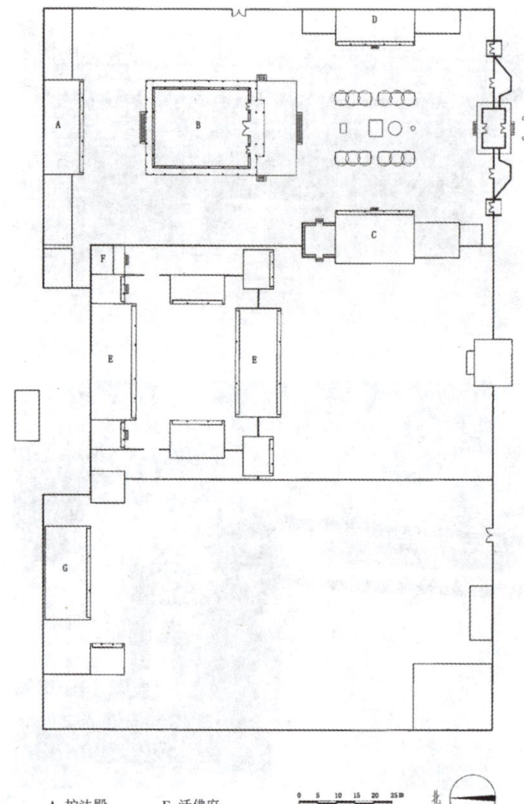

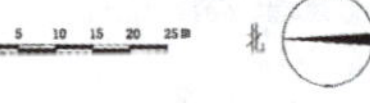

A. 护法殿
B. 大雄宝殿
C. 纪念品店
D. 玛呢殿
E. 活佛府
F. 佛爷府
G. 六世活佛府

希拉木仁庙总平面图

大雄宝殿盘龙柱

天王殿

大雄宝殿侧影

17 敖伦苏木城遗址

Site of Aolunsumu Ancient City

级　别	国家级重点文物保护单位
年　代	元代
地　址	达尔罕茂明安联合旗百灵庙镇乌兰察布嘎查敖伦苏木西北 6 公里处
交通信息	建议自驾
类　型	古城址
看　点	基址 · 出土文物
开放信息	免费开放

敖伦苏木城遗址位于达尔罕茂明安联合旗百灵庙镇乌兰察布嘎查敖伦苏木西北 6 公里处。敖伦苏木，蒙语意为“众多的庙宇”，城址周边地势较为平缓，东有艾不盖河自南向北流去，北部为山脉。

城址平面呈长方形，城置北墙长 960 米，南墙长 950 米，东墙宽 560 米，西墙宽 580 米。残存夯土墙，最高约 3 米，夯层清晰，城址四个角有墩台，北、东、西城墙均辟城门，设瓮城。

敖伦苏木古城内街道市局依稀可辨，总体概括为三横三纵的街道，主要街道为两条相交的“十”字街。在城址南部正中存一内城，现留存几个高大夯土建筑台基。

敖伦苏木古城内约有 20 多处建筑遗址，包括了景教、天主教教堂、喇嘛庙和孔庙等遗迹。在主街道相交的“十”字街交汇处的北侧，有一组大型四合院式遗迹。还有几个修建在高大土台基上的建筑物，根据遗留在其上的文物，推断为喇嘛教的寺院遗址。城址中部偏北另有一处重要建筑遗址，四围院墙早已坍塌，其正北部有一用花岗岩石板垒砌的建筑物土台基，台基上堆积碎砖瓦，附近曾发现 7 块景教墓石。台基西南和东南约 30 米处各有一直径 3 米的砖砌实心塔柱状建筑遗址。据此推测，这座寺院先是景教寺后来改为喇嘛庙。在城内东北角，存有一高台建筑遗址，有专家推测为罗马教堂遗址。城址内散布各种遗物，以陶瓷器残片、砖瓦建筑残件较多，及石碑、碑额、柱础、墓顶石等。城址内发现是“王傅德风堂碑记”碑一通。此碑有碑额一方，为汉白玉石质，上刻“王傅德风堂碑记”七个篆字，字的左右与上方浮雕双龙纹饰。王傅是处理王府事务的官职，王傅府乃赵国之

敖伦苏木古城航拍图

城墙遗址

纲领，碑记内容为赞扬赵王历任王傅的故事。此外，在敖伦苏木城址东北约1公里的地方，发现一片墓群，散落文武官翁公像、石兽、龟趺各一座。

1974 年年发掘的一度墓葬中发现了一通石碑，碑高 1.2 米，宽 0.4 米，刻两行字。又发现一座残断墓碑，残高1米、宽 0.85 米，圭首上有一十字架，其左有金鸡，右有玉兔、下刻莲花。碑文是用汉、蒙、叙利亚三种文字写成的。另外在此地还曾发现“阿勒坦汗碑”，石碑长约 1.16 米，碑两面均刻有蒙文，正面因磨损而字迹模糊，背面文字仍清晰可辨。石碑立碑时间约为 1582 年，正是阿勒坦汗逝世当年。碑文主要讲述了阿勒坦汗生前的活动情况，教导蒙古人民继续信奉喇嘛教并尊崇成吉思汗先祖。

敖伦苏木城遗址内高大的建筑废墟，以明代的居多。万历六年（1578 年）之前，阿勒坦汗大概进行了一次对敖伦苏木元代城址的维修。万历六年，阿勒坦汗与丙兔又对敖伦苏木城进行了维修。之后敖伦苏木城成为阿勒坦汗晚年避暑经常居住的地方，也成为这一阶段阿勒坦汗政权的政治中心。

敖伦苏木古城出土手印砖与蒙古国后杭爱省浩腾特苏木胡拉哈一号墓园出土残砖相似，印证了两地制砖工艺的相互影响。

汉、蒙、叙利亚三种文字残碑

罗马教堂遗址

散落石像

阿勒坦汗石碑

出土城砖

18 希拉木仁城圐圙城址

Site of Kulve city, Xilamuren

级　　别	自治区级文物保护单位
年　　代	金元
地　　址	包头市达尔罕茂明安联合旗希拉木仁苏木城圐圙村
交通信息	建议自驾
类　　型	古城址
看　　点	出土文物
开放信息	免费开放

希拉木仁城圐圙城址位于达尔罕茂明安联合旗希日穆仁苏木城圐圙村。其始建年代尚存争议，有学者认为为金元时期的古城，也有学者认为其为北魏时期重要城址武川镇。

城址坐落在召河与哈拉乌素干河交汇处的河洲地带，四面环山。城东、北有召河流过，城南有哈拉乌索干河流过，城西不足 100 米有北魏长城穿过，西南 1 公里为金元时期的古城。

城址由大城和小城组成，两城东西排列，间距 85 米。大城居西，平面呈长方形，东南角略向内折。东西南北城墙均为夯土筑，宽约 10 米，残高 1 米。四墙各设一门，宽约 5 米，门两侧有土墩；城四角有角

航拍图

楼址；北墙、西墙、南墙各有两座马面，等距分布在北门、西门和南门两侧；东墙上有一座马面，分布在东门南侧的墙上。城内西南隅有一矩形内城。西、南墙为大城西、南城墙一部分，另筑北、东城墙。内城东北部有3处建筑基址，外观呈堆状。附近散见筒瓦、板瓦等建筑构件。

小城位居东侧，平面呈“日”字形。墙宽约6米，残高1.5米。中部偏北有东西向隔墙一道，将城分成南北两城。北城略小，矩形，东西长80米，南北宽75米，四角有角楼。南城稍大，西墙略向外扩，有东、南两座城门，均宽约5米，门两侧均有土墩。在小城北墙和西墙外发现有护城河遗迹。

城墙遗迹

固阳县

19 北魏怀朔镇故城遗址

Site of Ancient Huaishuo Town of the Northern Wei Dynasty

级　别	国家级重点文物保护单位
年　代	北魏
地　址	包头市固阳县城北35公里城圐圙村西南
交通信息	建议自驾
类　型	古城址
看　点	佛教殿堂遗址 · 北魏佛像
开放信息	免费开放

北魏为保卫国都平城（今大同），在北方陆续设置了沃野、怀朔、武川、抚冥、柔玄、怀荒等国防六镇。其中怀朔镇被史家看作北魏之咽喉或六镇之首，在政治、军事、经济来往方面作用重大。

怀朔镇故城位于包头市固阳县城东北方35公里城圐圙村西。城址东行60公里是北魏的武川镇故城，沿阴山西去75公里即可到达北魏沃野镇故城。

怀朔镇故城城垣明显，呈不规则长方形，面积约为1.6平方公里。城址北高南低，城墙东北、东南和西北隅有角楼台基遗迹。古城东墙长934米，北半段遗迹尚存，南半段已被河水冲毁。南墙向内折，门址在正中。北墙长1150米，被河水分为东西两部分，河床宽60米，河岸两侧各有一个夯土墩与城墙对接，门址也在中部。

古城被河道分为东西两区域。城址内地面可见遗迹集中在西区。1980年和1982年，内蒙古自治区考

怀朔镇故城遗址之一

怀朔镇故城遗址之二

古所与包头文管所对城址西区靠南一处建筑物废墟进行了考古挖掘，发现一处佛教殿堂遗迹，出土了一批佛教小型泥塑。殿堂遗址呈正方形，进深宽度均为16米，有柱础32个。殿门朝北，宽1米，中央筑有8米见方的夯土台，推测为佛坛。泥塑佛像均不完整，佛像束发，顶部有髻，面相丰满；菩萨着宝冠，法相端庄。塑像风格与大同云冈石窟二期造像类似，可推测为北魏平城时中期作品。

据考古专家考证，该古城为北魏时北方六镇之一的怀朔镇遗址，是迄今为止发现的内蒙古西部地区规模较大的北魏古城遗址。北魏时期怀朔镇曾走出高欢、高洋两代皇帝，对民族融合文化交流起了重要作用。

彩绘陶佛头像

20 固阳秦长城遗址

Ruins of the Great Wall of the Qin Dynasty at Guyang

级　别	国家级重点文物保护单位
年　代	秦
地　址	包头市固阳县北零七七县道
交通信息	建议自驾
类　型	古城址
看　点	城墙遗址 · 岩画
开放信息	购票参观

秦始皇三十二年（公元前215年），大将蒙恬北击匈奴，修筑长城。固阳秦长城是秦长城在固阳县的段落，在固阳县境内全长85公里，其中保存较好的一段长约12公里，城墙外侧5米高，内侧2米高，顶宽2.8米，底宽约3米。修筑时多以黑褐色厚石片交错叠压砌筑，是国内保存较好的秦代长城段落。

秦长城附近还发现107幅北朝之后的岩画，内容有山羊、骆驼、舞者及骑士等，还发现了突厥文字符号，具有很好的历史价值和艺术价值。

包头市其他文物建筑列表

名　称	级　别	地　址	年　代	简　介
安答堡子故城遗址	市级	额尔登敖包苏木哈沙图村破塔子畜牧点东南1公里	金元	金元时期古城址。
燕家梁元代遗址	国家级	九原区麻池镇燕家梁自然村台地上	元代	元代城市，出土大量元代文物，遗址未发现城墙。
尔甲亥庙	市级	九原区哈林格尔乡尔甲亥村西700米		存有建筑遗迹，出土精美建筑瓦当等材料。
大苏吉城圐圙城址	市级	大苏吉乡圐圙村南约500米	金元	金元时期古城址。

7 乌兰察布市

ULANQAB

乌兰察布市古建筑分布图
Historical Architectural Map of Ulanqab

1. 希拉木伦庙
2. 四子王旗王府
3. 大庙古城
4. 净州路故城
5. 善福寺
6. 克里孟城址
7. 察汗不浪城址
8. 立兔庙遗址
9. 广益隆古城
10. 古城门
11. 店子镇古戏台
12. 集宁路古城
13. 三道营古城
14. 灵岩寺
15. 金龙大王庙
16. 南阁
17. 天成古庙
18. 新堂天主堂
19. 淤泥滩古城址

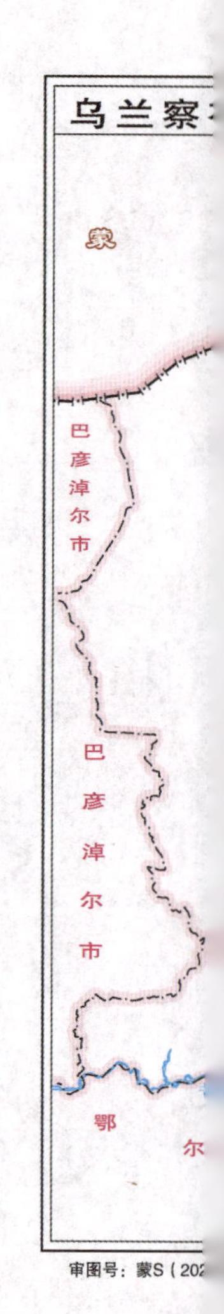

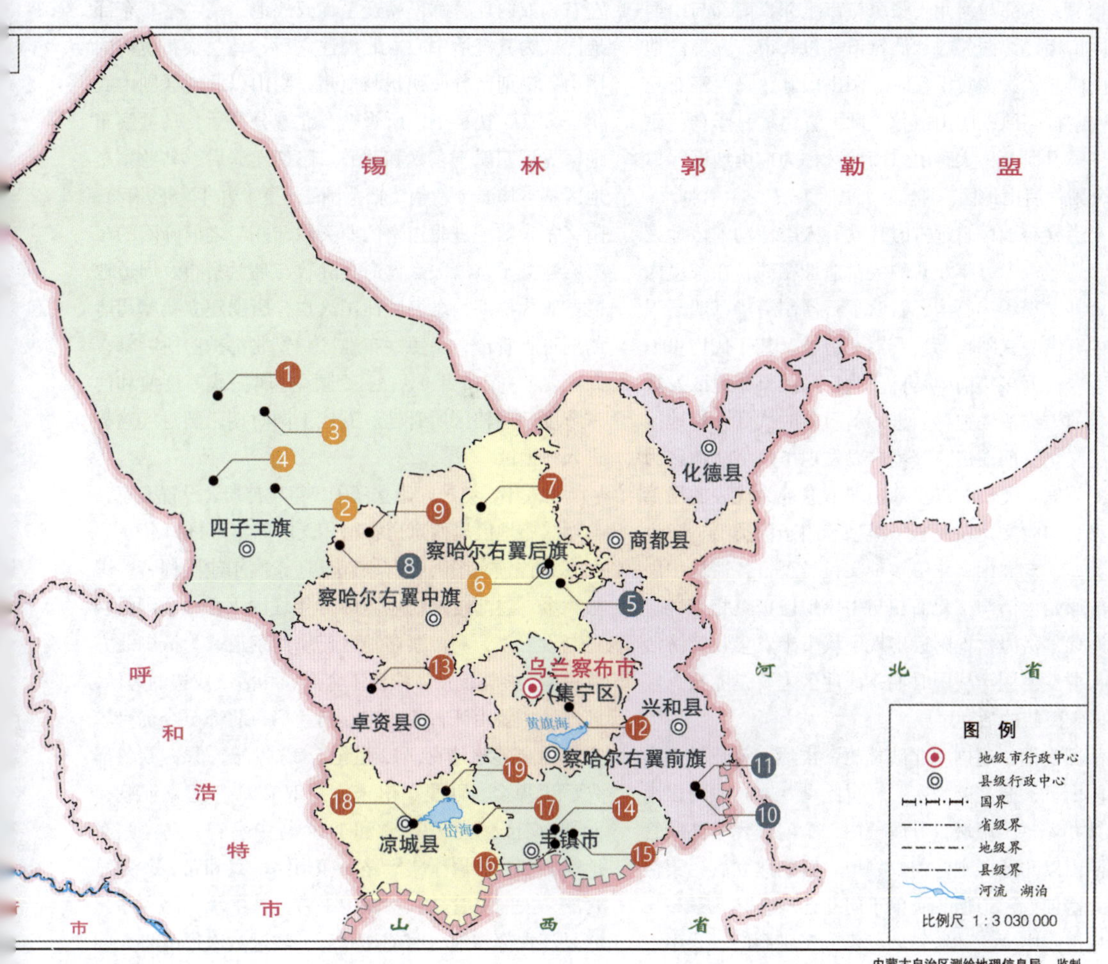

内蒙古自治区测绘地理信息局　监制

概 述

乌兰察布，蒙语中意为“红色崖口”，位于内蒙古自治区中部，全市总面积5.45万平方公里，境内地形起伏明显，海拔高度在865米—2349米之间。乌兰察布市北部与蒙古人民共和国接壤，东北部与锡林郭勒盟相邻，东部与河北省张家口市毗邻，南部与山西省大同市相接，西邻呼和浩特市、包头市。其境内地形自南向北依次为黄土丘陵、阴山山脉、乌兰察布丘陵及内蒙古高原，阴山山脉支脉大青山横亘于乌兰察布中部，习惯上将大青山以南地区称为前山地区，以北部分则称后山地区。

乌兰察布地区自远古时代就有人类活动，该地区与距今约七八十万年左右的大窑遗址相邻，在其境内的卓资县发现了火石沟、后营子石器制造场，四子王旗境内有供济堂阿玛乌素石器制造场，其年代均可追溯至距今一万多年前，是目前为止乌兰察布地区发现的最早的人类活动遗存。进入新石器时代后，该地区的人类文化空前发展，其境内以发现了以岱海地区为中心的石虎山类型、以王墓山坡下遗址为代表的王墓山类型、仰韶文化白泥窑子类型、庙子沟类型、海生不浪类型、老虎山文化等多种文化类型，各遗址中展现出的原始生活与文化面貌与中原地区极具相似性。青铜时代，岱海盆地附近出现了从事半农半牧经济活动的人群。西周至战国时期，该地区主要是赤狄、楼烦等游牧民族的活动区域。

战国晚期，赵国“北破林胡、楼烦，筑长城，自代并阴山下，至高阙为塞”，自此乌兰察布阴山以南地区被并入赵国疆域，分属云中、雁门、代三郡所管辖，阴山以北地区则为匈奴领地。秦朝建立后，蒙恬率兵北击匈奴，迫使头曼单于向北迁徙，乌兰察布大部分地区归中原王朝所管辖，仍分属于雁门、云中、代三郡。西汉武帝时期，将全国划分为十三州，并派刺史巡查吏政，乌兰察布地区分属雁门郡、代郡与定襄郡，均属并州刺史管辖。东汉时期，匈奴乘中原内乱之机再度南下，重新夺取阴山以南地区；建武十六年（公元40年）之后，北境各郡逐渐重归汉朝管辖，至汉灵帝时（168—189年），雁门、定襄等北部郡县因战乱而名存实亡；建安二十年（215年），东汉王朝完全失去了对乌兰察布地区的控制权。公元2世纪左右匈奴西迁，鲜卑族迁至匈奴故地，乌兰察布东部地区成为其统治中心。北魏建立后，乌兰察布境内的阴山以南地区分属朔州与恒州，阴山以北地区则由武川、柔玄、抚冥三镇所管辖。北魏分裂后，乌兰察布地区先后归属于东魏和北齐。隋朝建立后，乌兰察布地区基本均属于隋朝统辖范围；开皇十九年（559年），隋文帝击败了进犯边塞的西突厥，并与之前降隋的东突厥建立了宗藩关系，命其驻牧与乌兰察布及周边地区。唐代早期，东突厥汗国灭亡，唐朝建立羁縻州府制度进行管理，乌兰察布地区归安北都护府所管辖；开元六年（718年）后，该地区分属振武节度使和河东节度使两辖区所管辖。五代十国时期，契丹族趁势进入该地区。

916年，契丹人建立辽国，年号神册，设置五京，乌兰察布地区属西京道管辖。天庆四年（1114年），女真族首领完颜阿骨打率部反辽，次年建国称帝，国号大金，逐渐侵占辽地，1125年辽国灭亡；金国沿袭辽制设五京，乌兰察布地区仍属西京道。为抵御北方蒙古族，金朝统治者修建了金界壕和沿线戍边的边堡，该地区主要由汪古部戍守，乌兰察布北部至今仍有较完整的金界壕遗存。12世纪至13世纪，蒙古族各部先后灭掉金、西夏、南宋，并于1271年建立元朝；元朝政府设立了中书省和11个行中书省，乌兰察布地区各部分分属于集宁路、净州路、兴和路、砂井总管府、大同路管辖，均属中书省，其中集宁路和净州路是汪古部辖地。明朝建立后，经过数次征战将元朝统治者打回北方大漠，并在东胜卫至凉城县蛮汉山一线修筑长城，设置边镇，在今乌兰察布境内的卫所有宣德卫、察罕脑儿卫、官山卫、兴和守御千户所、官山等处军民千户所等；永乐年间，明朝实行防御收缩政策，这些卫所多遭废弃；明朝中后期，蒙古部族内部混战，乌兰察布地区逐渐被各部族所控制。16 世纪中叶，俺答汗统一漠南蒙古各部，以归化为中心与明朝修好，惠及乌兰察布地区，该地区被开发为半农半牧区。1636 年，漠南蒙古各部先后归附后金，皇太极称帝建立大清国后，在漠南蒙古地区推行盟旗管理制度。康熙初年，游牧于呼伦贝尔草原的乌拉特部落、四子王部落、茂明安部落和漠北的喀尔喀右翼部落会盟于今四子王旗境内，并正式有了“乌兰察布盟”的称谓；乌兰察布盟隶属理藩院，由绥远城将军衙署节制管辖。此后乌兰察布盟境内各旗的建制屡有变化，截至清末，乌兰察布地区主要属归绥道管辖。民国时期，乌兰察布盟六旗及丰镇厅、兴和厅、宁远厅、陶林厅等地均受绥远城将军衙署监督节制，属山西省归绥道管辖，绥远特别区与察哈尔特别区建立后，上述地区分归两个特别区所管辖；民国十七年（1928 年）改特别区为绥远省与察哈尔省，察哈尔右翼四旗及商都县归察哈尔省，乌兰察布地区其余各旗县则归绥远省。

新中国成立后，乌兰察布盟下辖四子王旗、乌拉特中公、乌拉特东公、乌拉特西公、达尔罕、茂明安六旗，集宁专员公署辖集宁、兴和、丰镇、陶林、龙胜、武川六县，和林专员公署管辖凉城、清水河、托克托、和林四县；此后上述旗县的行政区划多次调整；2013 年乌兰察布撤盟设市，下辖集宁区、丰镇市、卓资县、兴和县、凉城县、商都县、四子王旗、察哈尔右翼前旗、察哈尔右翼中旗、察哈尔右翼后旗等 11 个旗县市区。

经过多年的考古工作，乌兰察布地区发现了大量早期文化遗址、古城址、墓葬、长城等文化遗迹，并有一定数量的明清建筑遗存。截至 2012 年，乌兰察布市共调查登记不可移动文物点 3071 处；截至 2014 年，乌兰察布市有国家级重点文物保护单位 7 处，自治区级文物保护单位 21 处，旗县级文物保护单位 293 处。

四子王旗

1 希拉木伦庙

Xilamulun Lamasery

级　别	自治区级重点文物保护单位
年　代	清代
地　址	四子王旗红格尔苏木驻地
交通信息	建议自驾
类　型	佛教建筑
看　点	藏式建筑 · 壁画
开放信息	免费参观

希拉木伦庙，又名大庙，坐落于阴山以北的内蒙古高原上，处于西拉木伦河下游。其西南1.5公里处是元砂井总管府城址，西北约4公里处有金界壕。

希拉木伦庙是四子王旗最大的喇嘛教召庙，始建于清乾隆二十三年（1758年），由本旗贵族出身的罗布桑丹巴热布杰赴西藏孟克召求学并获得拉仁巴称号后回到旗里主持修建，是内蒙古西部地区最大的召庙之一，被称为“恩格日明嘎”（意为山阳坡有千名喇嘛的庙宇）和“塞北布达拉宫”，还曾受到乾隆皇帝钦赐的“热西盘地林”匾额。希拉木伦庙共历六世活佛，鼎盛时期庙中有喇嘛近1500名。1929年，瑞典旅行家、探险家斯文·赫定来到四子王旗考察，并在其著作《在蒙古旅游》中记述了寺庙的概况。1932年，西藏九世班禅额尔德尼来庙中讲经。1935年，日本考古委员会委员江上波夫一行对希拉木伦庙进行了考察。1937年11月，日军入侵四子王旗，占领了希拉木伦庙和王府。1942年，召庙举行了六世活佛登基庆典，并举办了那达慕大会。“文化大革命”中，庙中部分建筑被拆毁，剩余建筑目前保存状况较好。

寺庙建成初期总建筑面积约1平方公里，全庙有5座都纲、4座拉布仁、4座庙仓和500余间喇嘛住所。庙中现存有三座都纲、一座庙仓、一座白塔和喇嘛及活佛住所若干间。各建筑均采用藏式石木结构，自西南向东北依次为却热音都纲、朝格庆都纲、白塔、萨胡勒森都纲、庙仓、活佛居所和小庙一座。三座都纲形式类似，均用花岗岩砌筑墙体，上部使用白玛草墙领，前方中部设有木构前廊，却热音都纲中部木构部分分五间，其余两座都纲中部木构部分仅做三间；各建筑中柱、斗拱、雀替、梁、椽木等构件表面施雕刻与彩绘，色彩艳丽；铺地和屋顶使用了“阿尔嘎”硬土，

全景

希拉木伦庙

文保碑

并设有天窗；室内墙面上绘有彩色壁画，如朝格庆都纲后壁便绘有包格喇嘛画像；庙中还收藏有唐卡和历代文物。庙后的山坡上残存有大量建筑遗迹，岩壁上绘有敖德其沟王爷礼佛岩画。

希拉木伦庙是内蒙古地区为数不多的藏式寺庙建筑，其建筑规制较高，营建工艺精湛，体现了藏式建筑的精湛技艺，具有较高的艺术价值。寺庙现为四子王旗著名旅游景点之一，也是进香礼佛的一处胜地。

两座都纲

朝格庆都纲

白塔远景

白塔

萨胡勒森都纲

却热音都纲

2 四子王旗王府

Mansion of Prince of Siziwang Banner

级　别	国家级重点文物保护单位
年　代	清代
地　址	四子王旗查干补力格苏木
交通信息	建议自驾
类　型	府邸建筑 · 砖木结构
看　点	汉式建筑与藏式建筑共存的建筑群，精美的建筑装饰
开放信息	要许可，10 元 / 人

四子王旗王府坐落于阴山北部的葛根塔拉草原上，位于查干补力格苏木查干补力格嘎查中，现存部分由王府和府庙组成。

成吉思汗胞弟哈卜图 · 哈布图哈萨尔的第十五代孙脑音泰育有四子，四子分牧而居，被称为四子部落。该部落本游牧于呼伦贝尔地区，并于 17 世纪 30 年代初归附后金，后因战争原因逐渐西迁至此地，四子王旗之名即由四子部落演化而来。清崇德元年(1636 年)，皇太极任命鄂木布为达尔汗卓里克图，授札萨克，统领四子部落；顺治六年（1649 年），鄂木布晋封为多罗郡王，世袭罔替。四子王旗旗务衙门最早设于朝克德力格尔，但并未修建任何房屋建筑，王爷在蒙古包中居住、办公。光绪三十一年（1905 年），第十三代王爷勒旺诺尔布主持修建了王府，作为其办公和居住之所，此后有三代王爷在此主持旗务；光绪三十四年（1908 年），王爷府右侧增建了府庙，吸引了活佛、喇嘛等到此云集，又有大量显贵要人常年往返此地，王府因此而远近闻名。新中国成立后，在 1949—1952 年间，这里曾是旗政府所在地，后因年久失修而逐渐破败。1989 年，政府主持维修了王府前厅及府庙部分的一座都纲。

四子王旗王府坐西朝东，有明确的中轴线，由前后两组院落组成，符合“前朝后寝”的格局，后院位于前院西北侧，建筑风格体现汉式建筑特征。第一组院落以前厅为主要建筑，其面阔五间，带有前廊，为砖木混合结构硬山顶建筑，是王爷执政办公的场所。

王府远景

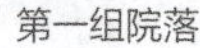

第一组院落

亭子

前厅两侧各有耳房一间，前方南北两侧各有三开间带前廊硬山顶厢房一座。院落东北角有一座木构亭子，院子中央有王爷坐像一尊。

第二组院落院门采用了月亮门的形式，其主要建筑是后厅。后厅前方有圆石铺砌的道路；建筑面阔三间，带有前廊，为砖木混合结构硬山顶建筑，是王爷和福晋居住生活的场所。后厅前方两侧各有三开间卷棚硬山顶厢房一座。王府中的建筑建造工艺精湛，局部采用磨砖对缝的砌筑方法；木雕、砖雕造型精美；梁架上广施彩画，色泽艳丽，极具威严；屋面使用悬山龙脊和兽面瓦当，反映了主人的高贵身份。

王府院落南侧现存有大小两座都纲，名为安福庙，原为王爷家庙。据当地人所说，此处本有三座都纲，后有一座因残破不堪而被拆毁。两座都纲均为面阔五间的典型藏式建筑，小都纲面宽 10.7 米，大都纲面宽 16.7 米，二者形制相似，均采用了平屋顶和鞭麻土墙等藏式建筑传统做法，室内兼作经堂与佛堂。两座都纲之间建有白塔一座，为十世古若迪娲道尔吉活佛舍利归安塔。

四子王旗王府具象地展示了清代蒙古王公的生活场景，也反映了当时的等级制度，为相关研究领域提供了重要的实物资料。

前厅

前厅彩画

前院南厢房

前院北厢房

第二组院落

后院北厢房

安福庙

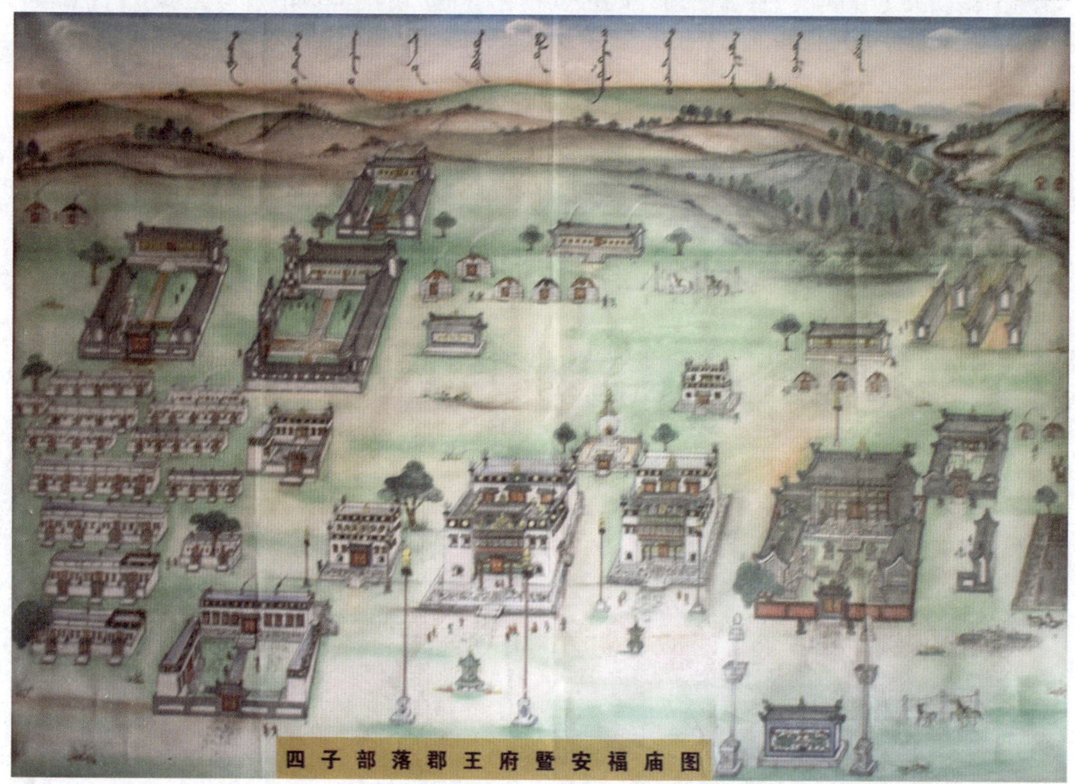

王府平面图

3 大庙古城

Damiao ancient city

级　别	国家级重点文物保护单位
年　代	元代
地　址	四子王旗红格尔苏木红格尔嘎查
交通信息	建议自驾
类　型	古遗址
看　点	金元建筑遗迹
开放信息	免费参观

大庙古城坐落于阴山以北蒙古高原的南部丘陵地带，位于红格尔嘎查西南约1公里处，东临锡拉木伦河，河对岸东北1.5公里处即为希拉木伦庙。古城南距净州路故城40公里，其西北约4.5公里处有金界壕。

古城城址平面呈长方形，南北宽520米，东西长570米，城墙残高不等，但得以连续保存，平面形式极为清晰。城墙四边中部各设一座城门，东门、北门外设有圆弧状瓮城，东门瓮城城门开向南方，北门瓮城城门则开向东方；东墙、北墙上各设有六个马面，在瓮城两侧等距分布。城墙四角设有角楼，城墙之外有护城壕。城内有十字交会的主要街道两条，街宽达

70 米，街道两侧有土墙分隔四个城区，颇有唐代里坊制的意味；城中地面平坦，似乎未建造过大规模建筑物。根据古城中出土文物判断，该城址当属金元时期。

该城址与净州路故城和金界壕临近。《金史·地理志》中记载“净州，下，刺史。大定十八年，以天山县升，为丰州支郡……县一：天山。旧为榷场，大定十八年置，为倚郭”，《蒙鞑备录》记载“（金）章宗筑新长城在净州之北，以唐古惕（汪古）人戍之”。王国维《金界壕考》中曾引用宋朝出使蒙古的使节彭大雅的《黑鞑事略》中“沙井，天山县北八十里，是沙井在界上也。元置砂井总管府及砂井县于此”一段文字，并判定此城址为砂井总管府。

砂井至迟在金代已有建置，在成吉思汗和窝阔台时期的文献中亦屡有出现。1227 年，耶律楚材经过砂井时曾留下诗句“邂逅沙城识子初”。但对其城址位置的考证，考古学上一直存在着不同意见。在大庙古城西南约 20 公里处还有一座同属金元时期、规模较大的希拉哈达古城，其城市布局更适合排布官署，城内有多处夯土土丘，疑为建筑遗址。据上，盖山林先生认为希拉哈达古城应为元代砂井总管府所在地，而大庙古城当为其前哨阵地，是金元两代守护界壕的砂城边堡，用以驻扎兵马戍守金界壕。对此，学术界仍没有定论，仍需未来更为细致的考古发掘来为古城历史的判断提供佐证。

古城全貌

城墙局部

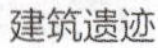

建筑遗迹

大庙古城卫星图

4 净州路故城

Ancient city of Jingzhoulu Prefecture

级　别	国家级重点文物保护单位
年　代	元代
地　址	四子王旗吉生太镇城卜子村
交通信息	建议自驾
类　型	古遗址
看　点	大小城组合，建筑基址
开放信息	免费参观

净州路故城坐落于阴山以北蒙古高原的南部，处于锡拉木伦河上游塔布河冲击形成的河谷平原上，位于现城卜子村东约500米处。城址由平面呈长方形的大城和其西南角凸出的小城组成，由于塔布河的冲击侵蚀，城址东部遭受较严重的破坏，东城墙和南、北城墙的局部已被冲毁。

20世纪50年代以来，考古工作者对此城址进行了详细的调查。通过对城址的考古发掘，发现城中有十字相交的南北向、东西向两条大街，并有多条小街与之交汇，街道旁有建筑台基数十处，其上堆积大量砖瓦瓷片。城中还出土了一通“文庙儒学碑”，碑文中有“净州路总管府，大德十一年七月立”，明确了该城即为元代净州路所在。

马祖常《礼部尚书马公神道碑》中记载“雍古部族居静（净）州之天山”。雍古部族即汪古部，分为赵王家族、马氏汪古、赵氏汪古和耶律氏汪古。唐末，汪古部迁徙至阴山以北地区，此后曾为金王朝守卫界壕，后又为成吉思汗征战乃蛮部，在灭金征宋的战争中屡建功勋，多位部落首领先后受元朝政府封王，并与蒙古王室结为世代姻亲关系，成为地位显赫的部落，其领地有集宁、净州、砂井、按答堡子等地。其中的马氏汪古在辽国灭亡之际曾被金国强迁往辽东；金天会二年（1124年），其部落首领伯索麻也里束将整个部族迁至阴山以北净州天山县驻牧，此后世居净州路。《元史·地理志》记载：“元净州路，原金故城，（金）太宗八年置，属西京路，后升为净州路。”《明史·地理志》记载：“净州路，元代直隶中书省，亦在洪武

净州路故城远景

文保碑

中废。”由此可知，该城建于金太宗八年（1130年），在明洪武年间（1368—1398年）遭废弃。

据现存古城遗址判断，大城东西长920米，南北宽670米，北墙上残存有马面，西墙中部设有一城门；城墙四角应设有角楼，现仅西北角角楼基址尚存，其平面近方形；城中东北部有两处大型建筑基址，其上有散落的砖、瓦、琉璃等建筑构件；城内东部还有房址、灰坑等遗迹。小城平面近长方形，南北长约200米，东西宽约150米，其地势略高于大城；小城南墙、西墙上各有一马面，城墙东南、西北角各有一角楼；城中有三处明显的建筑基址，其局部还留存有石砌台基。

净州路在金代既是军事防御重镇，也是商贸通衢之地，元代时成为自上都通往漠北草原的重要通道。该城址的发现，对汪古部发展历史和金元两朝政治、军事、交通、经济等方面的研究具有重要意义。

古城城墙1

古城城墙2

察哈尔右翼后旗

5 善福寺

Shanfu Lamasery

级　别	旗级重点文物保护单位
年　代	清代
地　址	察哈尔右翼后旗白音查干镇
交通信息	建议自驾
类　型	宗教建筑 · 砖木结构
看　点	依山而建的寺院 · 汉式建筑
开放信息	免费参观

善福寺，俗称阿贵庙，位于白音查干镇东南10公里的阿贵山上。相传寺庙始建于清康熙八年（1669年），坐西北朝东南，依山而建，鳞次栉比，蔚为壮观。

关于善福寺的修建有一个传说。相传有一位来自西藏的德高望重的喇嘛，云游至察哈尔草原时见此地宁静空旷，正是修行的好去处，遂在此打坐念经。突然，一只翠羽乌鸦飞落，将其头冠叼起飞至百米外停下。喇嘛起身去取自己的头冠，刚到跟前，乌鸦再次叼起头冠飞至百米外停下。如此反复若干次后，喇嘛便跟随乌鸦来到了阿贵山，乌鸦将头冠扔在地上后便飞走了，喇嘛拾起头冠后环视四周，感叹此地“藏龙卧虎”，是一处“龙须宝地”，遂主持修建了几座殿宇，寺庙初具雏形。

阿贵山上还有一处阿贵洞。传说有一日，喇嘛正在心无旁骛打坐诵经，忽然有位王爷连人带马如纸片般摇摇晃晃向寺院飘来，其身后的马队正疾驰追赶。喇嘛扫视周围，发现不远处有座石洞，洞中一条白色的巨蟒正在张着血盆大口吸着这位王爷。喇嘛忙诵经制止了白蟒，并诵经、送药治好了受惊昏迷的王爷。王爷醒来后，听说了喇嘛想建庙为草原和牧民祈福的想法，遂布施修建了阿贵庙。寺庙建成后，白蟒仍时常出洞作乱，喇嘛念咒封闭了洞穴，并在洞中修建了一座小庙，每日在此诵经。

寺庙建成后香火旺盛，香客众多。“文革”时期，寺庙的部分建筑遭到了严重破坏，近年来已逐渐修缮。

寺庙现存建筑错落有致地分布于山坡之上，自山下起有108级台阶直通阿贵庙正殿，山脚南侧与其相对处建有一座祭祀敖包。正殿为面阔五间的汉式建筑，中部三间设前廊，檐上有法轮、金鹿等藏传佛教建筑中常见的装饰，屋顶为勾连搭组合形式，殿内现供奉千手观音。正殿后方有多进院落，规模宏大，建筑风格以汉式建筑为主，多为带前廊的硬山顶建筑。寺院后方的山体上还绘有佛八宝等佛教图像，并书有经文。

阿贵庙现在既是宗教圣地，也是一处旅游胜地。每年农历十五，庙中都会举行祭敖包活动和那达慕大会；农历六月十五举办庙节，又称庙会。庙会活动非常隆重，佛事活动众多，自六月十六起诵《雅日乃经》，直至八月初二结束，其间远近牧民踊跃而来，热闹非凡。

寺院全貌

南侧祭祀敖包

正殿

正殿室内

寺中殿宇

西侧殿宇

山体彩绘“佛八宝”

6 克里孟城址

Site of Kelimeng city

级　别	国家级重点文物保护单位
年　代	汉至南北朝
地　址	察哈尔右翼后旗乌兰哈达苏木克里孟嘎查
交通信息	建议自驾
类　型	古遗址
看　点	东汉古城，鲜卑特色
开放信息	免费参观

克里孟古城坐落于阴山山脉北部，韩勿拉山系西缘中段，位于克里孟嘎查北约 300 米处，其东约 4 公里处有鲜卑墓地。哈卜泉河自南向北穿城址而过，冲毁了部分城址，河床两侧的断崖面上暴露出古城的文化层。通过分析古城标本，并将出土文物与周边地区进行对比，可推断出克里孟古城的筑城年代当在北朝之前，上限可追溯至东汉末年。关于其名称建制，有柔玄镇与牛川城两种说法。

古城边界近似西宽东窄的梯形，东墙中段有凸出的折角，使城址平面变为五边形，总面积约 75 万平方米。古城南北两边较东西两边更长，南墙长 1508 米，北墙 1520 米，西墙为 700 米；东西两侧城墙保存较好，南北两侧中段破坏严重，有多处缺口。城墙四角设有角楼，东墙上无城门，西墙北端有一缺口，疑为城门，南北两侧城门设置情况不详。城内距东墙约 560 米处有一道隔墙，将古城分东西两城；隔墙南段已被河水冲毁，仅残存约 340 米长的墙体，北端较城墙向外凸出 4 米，形成马面；隔墙上未发现设置城门的迹象。

东城面积约 32 万平方米，以隔墙为西墙，在其中段处设有边长 160 米的正方形内城。内城中有建筑群倒塌堆积的遗迹，遗址上方有大量砖瓦等建筑构件。据东墙、南墙均约 200 米处，有一直径 31 米的圆形土台，土台依地形而建，台面平整，疑为大型集会场所遗址。西城中建筑遗迹较少，仅在其东部发现少量建筑构件。

克里孟古城是具有鲜卑民族特色的城址，且保存较为完整，对于研究鲜卑民族的历史具有重要价值。

古城东部

古城局部

7 察汗不浪城址

Site of Chahanbulang city

级　　别	自治区级重点文物保护单位
年　　代	元代
地　　址	察哈尔右翼后旗当郎忽洞苏木察汗不浪嘎查
交通信息	建议自驾
类　　型	古遗址
看　　点	大量建筑基址，花岗岩石狮
开放信息	免费参观

察汗不浪遗址坐落于阴山北麓丘陵草原中的盆地中，位于察汗不浪嘎查西南约500米处。该位置为元代汪古部的领地范围，该城应为当时所建，但其名称建制均不详。

城址平面呈长方形，略向东南方向，南北长660米，东西宽630米。西、南两侧城墙保存较为完整，北城墙上局部有缺口，东城墙部分残短；城墙四角设有角楼；据遗址现状，仅南墙中段城门可见，其外侧无瓮城；城址西墙外及东南角处有灰坑和房址遗迹，应为当时的关厢之地。

古城内分布建筑基址20余处。其中最大的一处

城址东北部

平面呈长方形，南北长约 20 米，东西宽约 10 米，其南端现留有花岗岩石狮一对，又曾有赑屃石碑座一件，现已散失；该台基南北两侧相距约 15 米处各有四座成排的建筑台基遗址，各基址平面均为方形，相邻基址间相距约 10 米。建筑基址表面散布着大量建筑构件残块，包括砖、瓦、琉璃等。城址西南部有大量灰坑遗迹，其中有大量陶瓷残片，来源于定窑、磁州窑、汝窑、钧窑、耀州窑等不同窑系，地面遗迹与出土遗物均具有元代典型特征。

残墙

建筑基址 1

建筑基址 2

石狮（左侧）

察哈尔右翼中旗

8 立兔庙遗址

Site of Litu Lamasery

级　别	旗级重点文物保护单位
年　代	清代
地　址	察哈尔右翼中旗广益隆镇立兔庙村
交通信息	建议自驾
类　型	建筑遗址
看　点	藏传佛教寺院遗址
开放信息	免费参观

立兔庙遗址位于立兔庙村内，处于阴山山脉灰腾梁山系北部的丘陵之上，依山而建，其西部有一条季节性河流。

立兔庙，又作力图庙，藏语中意为原野之泉，原为四子王旗二十四个大庙之一，新中国成立后划归察哈尔右翼中旗。寺庙始建于清雍正年间，曾得清廷赐名“永佑寺”，蒙语名为“额古若德义布个胡苏木”。传说建造此庙时，主持建造的喇嘛在一座村庄北侧的山坡上选好了庙址，拉上红线正准备破土动工，突然跑出一只小白玉兔，将红线带到了现在庙址所在的位置，喇嘛认为这是神灵的旨意，便将庙址迁移到了此地。直至“文革”前，该寺庙仍十分兴盛，寺院财产众多，后不幸沦为废墟。立兔庙原为藏式建筑组群，鼎盛时期包括三座寺院，建有大殿、正殿、都纲、排殿等建筑，占地面积达6000平方米，庙中喇嘛僧人等多达300余人。

立兔庙遗址现占地面积1500余平方米，各建筑呈“十”字形分布，顶部已损坏，墙体保存较好，最高处残高约6米。据现状判断，庙中建筑包括大殿、配殿、僧舍、厨房、舍利塔、羊圈等，多为石筑木顶结构的藏式建筑。大殿平面呈“凸”字形，殿前有长方形石砌月台；殿门两侧墙面上开有拱形窗，殿内东西两侧亦设有通往侧室的拱门；两侧室平面均呈长方形。大殿东北部有两间石室房，疑为僧房；西北部则有石砌羊圈。大殿西侧约20米处，有石舍利塔一座，塔基为方形须弥座式，塔身平面呈圆形，为覆钵式。其西约100米处的崖壁上有石刻藏文佛经，字迹仍清晰可见。

1936年立兔庙旧照

遗址局部

9 广益隆古城

Guangyilong ancient city

级　别	自治区级重点文物保护单位
年　代	元代
地　址	察哈尔右翼中旗广益隆镇南营行政村七股地自然村
交通信息	建议自驾
类　型	古遗址
看　点	东西两城，明显的建筑遗迹
开放信息	免费参观

文保碑

广益隆古城位于七股地自然村北约500米处，该地出于阴山北麓丘陵草原地带之上，是大黑河的发源地带。古城西北距净州路故城50余公里，东南距集宁路古城约70公里，西北约40公里处为大庙古城遗址。据《元典章》记载，“砂井、集宁、静州、按大堡子四处，壬子年元籍爰不花驸马位下人户、揭照元籍相同，依旧开除”，现集宁路、静（净）州路故城位置已确定，大庙古城疑为砂井旧城，广益隆古城位于三城之间，当与三城同属汪古部领地。且该城规模与集宁路相当，故有学者认为广益隆古城即为按大堡子，但仍需进一步证实。

古城平面呈菱形，分为相邻的东西两城，东城四边城墙均为760米，南墙总长1100米，其西段340米属西城。古城东、西、南三面城墙保存较好，北墙残损严重，仅东城有部分残存，城墙四角设有角楼。东城东、西、北三面城墙中段开有城门，南墙城门则设于中段偏东处；东墙外有建筑遗迹，应为当时的关厢地带；城中南部有一组建筑台基遗迹，呈“品”字形排布；在其东北约40米处另有一边长为25米的正方形建筑台基遗址，推测可能是钟鼓楼遗迹；两处建筑遗址表面散落大量砖瓦等建筑构件和陶器残片。西城东墙即为东侧西墙，中部设城门连通两城；其西墙正中处亦辟有一门，南墙上未见城门；北墙已损毁，情况不明；城中暂未发现任何建筑遗迹。

古城现状

建筑遗迹

兴和县

10 古城门

Ancient city gate

级　　别	县级重点文物保护单位
年　　代	清代
地　　址	兴和县店子镇古城村
交通信息	建议自驾
类　　型	古建筑
看　　点	砖木混合结构，关帝祭祀
开放信息	免费开放

兴和县古城门位于古城村西北角，为清代古城的西城门，现在其上方城楼已被改作关帝庙，因此村中中年人多称之为关帝庙，但其室内并不对外开放。根据建筑风格判断，该城门应为清代中晚期建筑，距今有约 200 年的历史。

城门周围留有部分残余的城墙，遗址总规模为南北长 12 米、东西宽约 8.5 米。城门分为上下两层，下层为方砖垒砌而成，中部开设券门，洞口上方设有门额。上层为砖木混合结构建筑，面阔五开间，用硬山顶，殿内现供奉关帝像。城门以西还建有影壁一座，与城门券洞相对。

古城门全貌

古城门

11 店子镇古戏台

Ancient stage in Dianzi Town

级　别	县级重点文物保护单位
年　代	清代
地　址	兴和县店子镇
交通信息	建议自驾
类　型	古建筑·砖木结构
看　点	戏台建筑，彩画，楹联
开放信息	要许可

店子镇古戏台坐落于阴山东南部大南山山脉的中部，处于丘陵环绕的小盆地内，周边村舍环绕。古戏台本为寺庙的一部分，据说有约 300 年的历史；据建筑风格判断，当属清代。现其余建筑均已被毁，仅存相邻的南北两座建筑。北部为正殿，本已坍塌，现复建为三开间硬山建筑一座。

南部戏台坐南朝北，长 15 米，宽 10 米，面阔三间、进深两间；建筑用卷棚顶，侧面用硬山，但北侧翼角颇似歇山做法。建筑北部两侧做砖雕八字影壁，表面用砖雕做木构建筑造型，底层须弥座和顶部的斗拱与垂花柱都极为真实地反映了古代建筑的形象；前檐用四根石质方柱，方柱上有雕刻，中下部雕做莲花造型，上部则雕龙头造型，柱上还题有楹联；室内部分以金柱为界分为前后两部分，前方为戏台，后部为化妆间。建筑前檐下方用斗拱，其造型比例与官式建筑有明显差异，结构功能也较弱，斗拱耍头雕做龙头，起到装饰效果；后墙两次间处开有圆窗，兼具采光与通风的功能。

店子镇古戏台正立面

戏台局部

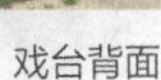

戏台背面

古戏台院落入口

察哈尔右翼前旗

12 集宁路古城

Ancient city of Jininglu Prefecture

级　别	自治区级重点文物保护单位
年　代	金代 元代
地　址	察哈尔右翼前旗巴音塔拉镇土城行政村北
交通信息	建议自驾
类　型	古遗址
看　点	金元时期的历史商贸名城
开放信息	免费开放

集宁路古城坐落于阴山南部的黄旗海盆地东北部，东临磨子河，两条公路从城中穿过。该城址曾被列入2003年度的“中国十大考古新发现”名录之中。古城平面呈长方形，南北向长达940米，东西宽640米。古城东、北两侧墙体保存较好，西、南两侧破坏严重，西北角与东北角残存有角楼遗址，城墙上未见马面痕迹。据现存遗址，古城东西两侧各设有一城门：东墙城门位置偏北，外侧设方形瓮城；西墙城门位于中部，外侧设马蹄形瓮城；北部未见城门，南侧情况暂不详。城内道路分布为六纵七横，并将古城分为31个片区。在城北正中部位有一大型建筑台基，其南部为古城市肆遗址；内城正中有一长宽均约60米的大型院落，其中有一建筑基址，旁边树有“文宣王庙学碑”；城中还有大量的房址、灰坑、墓葬、窑址等遗迹。古城内现多已辟为耕地。

据考证，古城建于金章宗明昌三年（1192年），原为西京路大同府抚州集宁县所在，是蒙古地区与河北、山西等地进行贸易的春市场。元初，该地区升为

集宁路古城现状

残墙

集宁路，属中书省管辖，治所仍在集宁县。古城中出土的“文宣王庙学碑”上刻有“至大三年（1310年）正月赵王钧旨出帑币……建立大成至圣文宣王庙学碑”与“皇庆元年（1312年）春正月云中检司提石匠宋德祯眷男宋钰镌”等字，佐证了该城的使用年代。元末明初，集宁路经历了两次战争的严重摧残，此城址遂被废弃。

集宁路曾是蒙古高原上的商业重镇，多次考古发掘中出土了大量来自中原地区或出自元代官府的器物，反映了古城昔日繁华的商业。对集宁路古城的研究，对于探索当时建筑、经济、文化、生活等方面的内容有着重要意义。

古城局部

卓资县

13 三道营古城

Sandaoying ancient city

级　别	自治区级重点文物保护单位
年　代	汉代至明代
地　址	卓资县梨花镇土城行政村
交通信息	建议自驾
类　型	古遗址
看　点	保存较好的夯土城墙
开放信息	免费参观

三道营古城，又名“土城子城址”，坐落于阴山南麓大黑河南岸台地之上，城址地势为西高东低的缓坡。古城以北约1.6公里处有东西走向的赵长城。

古城分为东西两城。西城建造年代较早，当始建于战国晚期，秦代属云中郡辖地；西汉时期沿用此城，属定襄郡。《魏书·太祖纪》记载：“丙辰，西登武要北原，观九十九泉，造石亭，遂之石漠。”据考证，九十九泉位于阴山北侧，该城东北约25公里处，故有学者认为该城即为定襄郡武要县城址。唐、辽时期可能继续沿用此城。明洪武八年（1375年），朝廷在大同边外设置官山卫，以安置前来归附的蒙古首领不颜朵儿只所率领的部众。官山卫即是三道营古城，东城便是当时所建，同时也可能对西城进行了修缮。官山卫建成后不久，不颜朵儿只率部逃回漠北，该城遂遭废弃。

现存城址采用夯土工艺筑造，整体平面近似长方形，东城南端及西城西北部略向外突出。西城平面不规则，东墙长570米，西墙长670米，南北两侧城墙均长480米，但北部城墙分为东西两段，东段南移约

眺望东城

100米；南墙东段设有城门和方形瓮城，瓮城城门开于东侧；城墙之外设有马面，东、西墙体上各有马面5个，南、北墙体上有马面2个；城墙东北、西南、西北三处拐角均设有角楼，其平面为圆角方形。西城内部有一位于南墙北侧230米处的东西向隔墙，将西城分为南北两城。北城中有东西两处院落残存的遗迹：东院南北长110米，东西宽70米，东北角处有一方形建筑台基基址；西院南北宽110米，东西长210米，南部有一长方形建筑基址。西城中部另有两处建筑台基基址，城中地表上广泛散布着砖瓦等建筑构件和陶器碎片，城中还出土了大量钱币。

东城以西城的东墙为西墙，平面呈长方形，南北长600米，东西宽410米，北墙西段被毁，其余墙体保存较好；东墙中部设有城门，其外侧有长方形平面的瓮城，瓮城城门设于南侧；城墙外现有残存的马面，东墙上有马面4个，南墙上有马面2个，北墙上残存马面1个；东城现存东北、西南、东南三处角楼，均为圆角方形平面。东城中暂未发现建筑遗迹，但在地表上散布有少量明代粗瓷片。

三道营古城沿用历史长达近两千年，城墙保存较为完好，具有较高的历史价值。

西墙中段

西墙之上

残墙

丰镇市

14 灵岩寺

Lingyan Temple

级　别	自治区级重点文物保护单位
年　代	清代
地　址	丰镇市城关镇东北部北山（又名留云山）东侧角下
交通信息	建议自驾
类　型	古代及近代建筑
看　点	三进台式结构的道教庙观
开放信息	免费参观

灵岩寺全貌

灵岩寺，俗称牛王庙，位于土塘村西侧。寺院坐西向东，依山而建，东临饮马河和通往塞外的古道，“山寺朝霞”“海楼夜月”均为寺中盛景。

据《丰镇县志》记载，牛王庙始建于清咸丰二年（1852年），主祀牛王和马王，由当地各行行会供奉；后又续建。寺庙鼎盛时期有山门、钟鼓楼、戏台、正殿、厨房、僧舍、客房等建筑，多于20世纪60年代被损毁，近年来有所恢复。

寺庙呈三级阶梯式分布：第一级是山脚下的长方形院落，院落周围古木参天，院中的主要建筑是二层汉式大雄宝殿；第二级建筑建于半山腰上，包括影壁、木牌坊与木构楼阁若干；第三级位于第二级建筑后方百余级台基之上，包括山神庙、大仙祠等建筑。寺庙现存的古建筑主要是第二级建筑，即靠山而建的禅室数间、影壁一座、前后相列的牌坊两座，前方牌楼为一间两柱一楼式，后方牌楼为三间四柱三楼式。

乾隆十五年（1750年），清廷设立丰镇厅，该地成为一处商贸重镇，灵岩寺的兴建是这段历史的重要见证。

灵岩寺

大雄宝殿

第一级院落

一间两柱一楼式牌坊

木牌坊

15 金龙大王庙

Taoist Temple of Golden Dragon King

级　别	自治区级重点文物保护单位
年　代	清代
地　址	丰镇市城关镇东 1 公里处
交通信息	建议自驾
类　型	古代及近代建筑
看　点	建于高台上的道教庙观
开放信息	免费参观

金龙大王庙正面

金龙大王庙位于城关镇东侧小石元山（飞来峰）的山丘上，山脚下有一“灵泉”，被誉为丰州第一泉；寺庙依山而建，呈台阶式分布于整个山丘。金龙大王庙是丰镇地区建造最早的道教祠庙，主祀之神是龙王四太子。

据《丰镇县志》记载，该庙始建于辽天庆五年（1119年），原庙址位于现存寺庙后方。清嘉庆十九年（1814年），寺庙移至现址重修，初建时有大殿和寝宫各三间，随后陆续增建了望海楼、牌坊、保婴圣母祠、增福财神祠、疆房、厨房等建筑。

寺中建筑均为汉式风格，以砖木混合结构为主，建筑布局方式较为自由。正殿、云门、庙门等建筑先后被毁，其余建筑保存完好，现存有凉亭、殿宇、三层楼阁等建筑共约 1000 平方米。三层楼阁位于寺院最南端，底层为砖结构，上层采用木结构，现为月老殿；楼阁二层处连接院墙，墙上开一小铁门，铁门旁有一垂花门，疑为寺庙原入口。寺院内部被分为三层台地：第一层台地以三层楼阁为主殿；第二层台地在台阶两侧各建有一座殿宇；第三层台地北端建有一座三开间硬山顶的大殿，其两侧各接耳房一间。

金龙大王庙是丰镇地区的著名古迹，它的建造反映了道教文化对此地的影响。每年农历五月十八，寺庙都会举行庙会活动，是丰镇地区重大民间祭祀活动之一。

金龙大王庙西立面

三层楼阁

垂花门

第一层台地北望

院落局部

第三层台地

16 南阁

Southern Belvedere

级　别	自治区级重点文物保护单位
年　代	清代
地　址	丰镇市第一中学校园内
交通信息	建议自驾
类　型	古建筑
看　点	古城门，砖雕，彩画
开放信息	要许可

南阁，始建于清道光十四年（1834 年），是当时丰镇的南城门，现位于丰镇市第一中学内。

南阁本与南阁庙毗邻。南阁庙，又称正觉寺，坐落于丰镇城东南，当地人也称之为南庙。寺庙由丰镇厅同知湍东额募资始建于清嘉庆三年（1798 年），后于嘉庆二十一年（1816 年）、道光元年（1821 年）二度重修；咸丰五年（1855 年）遭火灾而被毁，随即重建，并于咸丰七年（1857 年）竣工；民国八年（1919 年），寺院进行修缮。1947 年，丰镇第二小学移入寺院；7 月，绥蒙中学在寺中创立，第二小学迁出。直至 1958 年，寺院建筑仍保持原状，后遭损坏，逐渐被拆除，现已不存。南阁寺为院落式格局，寺中有山门、旗杆、钟楼、鼓楼、天王殿、大雄宝殿、配殿、耳殿、僧房等建筑。

现存的南阁是典型清式风格的城楼建筑，分上下两部分：下部为砖砌台基，有台基侧面设有台阶通向上部，台基中部开设南北向城门，城门为拱券形式，南侧门洞上刻有“丰川厅”三字，北侧门洞上书“肇丰”二字；上部为木结构二层楼阁，面阔、进深各三间，单檐歇山顶，上覆青瓦，梁架上遍施彩画，色彩鲜艳。近年来，南阁已修葺一新。

南阁

北面砖雕

城楼部分

翼角与彩画

凉城县

17 天成古庙

Ancient temple at Tiancheng

级　别	自治区级重点文物保护单位
年　代	清代
地　址	凉城县市天成乡
交通信息	建议自驾
类　型	古建筑
看　点	复杂的建筑组合方式，彩画，雕刻
开放信息	要许可

天成古庙，俗称老爷庙或天成清代庙，位于天成乡粮站院内，据庙中现存石碑的碑文上有“乾隆甲午年建关圣帝君庙”等字，可知该庙建于清乾隆四十九年（1774 年），历经 200 余年而留存至今。

古庙坐北朝南，由主殿、耳房、厢房等建筑组成。主殿由前后两座建筑组合而成，两殿共用柱 16 根。前殿用卷棚歇山顶，前方设有石质栏杆，用青褐色石料，栏板上雕有喜鹊、鹿、花卉等吉祥图案；正殿用硬山顶，面阔三间、进深一间，殿内现供奉关公像；殿内梁架及檐下彩画古朴精美。正殿两侧各有耳房一座，同为硬山屋顶，各三开间。

庙中各建筑形式简洁，但装饰华丽。如，各柱的柱头处均饰以龙头；梁架之上广施彩画，题材以瑞兽及自然景象为主；室内绘有壁画，题材多为民间传说和英雄人物，造型逼真，线条灵动；屋顶脊兽造型精美，色泽鲜艳。

天成古庙在年代及规模上与其他古庙相比并不突出，但步入庙中，确会给人以惊艳之感。

天成古庙

主殿

主殿前殿

西耳房

主殿前殿梁架

18 新堂天主堂

New Catholic Church

级　别	自治区级重点文物保护单位
年　代	民国
地　址	凉城县岱海镇
交通信息	建议自驾
类　型	古代及近代建筑
看　点	中西文化结合之风格的哥特式天主堂
开放信息	免费开放

新堂天主堂位于岱海镇解放一居委宣德街与新华街十字街口东北角，是当地天主教徒的主要宗教活动场所。

1862年，察哈尔西湾子教堂派西籍教士将天主教传入凉城县，当时该地区隶属于集宁教区，主要宗教活动场所在南窑子东十号。1886年，西湾子教区派比利时神父修建了一座土教堂，是为旧堂。1901年，总教区派外国籍于神父来到凉城县，重新规划了此处的街道，兴建了这座砖木石结构的教堂，称为新堂，并动员20多户教徒迁到这里，从此，凉城形成了以新堂为总堂的天主教区，岱海镇亦因此而曾以新堂代称。1926年，教堂完工并投入使用。

该教堂为哥特式建筑，平面为拉丁十字形，以西立面为主入口。其南北总长49.45米，东西宽33.2米，建筑总面积约840平方米，室内分为中厅、侧廊、翼廊、唱诗班等部分，十字交点处升起一八边形平

新堂天主堂

面的钟楼。教堂共用石柱 28 根，内部结合柱子做圆形拱券，带有早期哥特建筑的特征，室内空间宽敞明亮，可容纳 1000 余人同时祈祷。教堂整体风格简洁朴素，立面呈三段式划分，广泛采用拱券这一哥特建筑中常见的元素，并通过砖的砌筑手法强化了立面层次。

新堂天主堂曾是凉城县的制高点和重要活动空间，它的建造体现了中西文化的交流融合，反映了当时建筑工艺的水平，也展示了凉城昔日的辉煌。

西立面

南立面

天主堂东侧

天主堂室内

19 淤泥滩古城址

Site of Yunitan ancient city

级　别	自治区级重点文物保护单位
年　代	辽至元代
地　址	凉城县麦胡图镇金星村委会淤泥滩村
交通信息	建议自驾
类　型	古遗址
看　点	格局较完整的古城遗址
开放信息	免费参观

淤泥滩古城位于淤泥滩村内，处于岱海盆地岱海北岸的冲刷平原上。古城出土的文物体现了明显的辽、金、元时代特征。《据金史·地理志》记载，“宣宁，辽德州昭圣军宣德县，大定八年更名，有官山、弥陀山、石绿山，产碾玉砂”；《元代经略东北考》中有“宣宁当在官山附近”；屠寄《蒙兀儿史记》中记载，“宁远厅北，有地名公泉山，山中有泊日代哈，即官山九十九泉”；《大明一统志》中有“石绿山在大同府西北，故平地泉县西四十里”。据此，张郁先生曾考证，岱海即为代哈，平地泉位于集宁市南，据此推测，淤泥滩古城应为辽代宣德县及金、元宣宁县所在。

古城平面呈长方形，略偏向西南，南北长500余米，东西宽约320米，最高处残高可达3米～4米。城墙为夯土筑造，四面城墙均在中间设城门，门外有瓮城，瓮城平面为长方形。城墙四角设有角楼，均向外突出。城墙外设有一周宽3米～5米的护城壕，深浅不一。古城西侧有一条南北向的洪水冲沟，冲沟对岸有村落遗址，当为该城的关厢地带。城址中南部分布着多处大型建筑台基，其上有勾纹砖、筒瓦、布纹板瓦等建筑构件。城址中还出土了大量陶器、瓷器，并发现了大定通宝、皇宋通宝、咸平元宝等多种钱币，为古城的建造及使用年代提供了佐证。

古城现状

东北角高坡

古城南部

城墙局部

残墙

20 金界壕遗址（乌兰察布段）

Ruins of boundary facilities of the Jin Dynasty

级　别	国家级重点文物保护单位
年　代	金代
地　址	化德县、商都县、察哈尔右翼后旗、四子王旗境内
交通信息	建议自驾
类　型	古遗址
看　点	壕堑与墙体配合的防御设施
开放信息	免费参观

金界壕，又称兀术长城、金长城，蒙古语称“和日木”，意为“墙”，是金朝女真族统治下为防御契丹族及北部蒙古族而修筑的连绵千里的军事防御工程。“金界壕”一词出自于王国维先生的《金界壕考》，《元史》载其功能为“掘地为沟堑以限戎马之足”。《金史》记载，金界壕的修建始于金太宗天会年间（1123 年），至金章宗承安三年（1198 年）最终成形，共历时 70 余年，主要分布在今内蒙古地区，可分为主线、漠南线、岭南线三大条线路，而岭南线又分出东支线与西支线。

金界壕多修建于山麓或较平缓的山地上，构筑时将掘壕挖出的土堆积在内侧修筑墙体，外侧则形成了又宽又深的壕堑。整个防御体系由外壕、主墙、内壕、副墙等部分组成，是一套完整的军事防御工程：墙体为防御主体，通常宽 3 米 ~ 8 米，残高 1 米 ~ 4 米，壕堑宽约 5 米 ~ 9 米，深 0.5 米 ~ 1.5 米；每隔一定距离设突出于墙体的马面，供士兵戍守、瞭望，里面可以屯驻少量士兵、储存武器装备；每隔 5 公里 ~ 10 公里设戍堡，戍堡间设关城，并在其经过的南北交通要道上设关隘。

乌兰察布市境内的金界壕延伸自河北省境内，自东向西贯穿化德县、商都县、察哈尔右翼后旗、四子王旗，总长约 447 千米，支线众多。

乌兰察布境内现存的金界壕遗址多为单墙单壕，壕宽 2 米 ~ 12 米不等。墙体剖面呈梯形，由黄沙土或黄沙土夹沙石夯筑而成。马面设于墙体内侧，相邻马面间距在 60 米 ~ 80 米之间。墙内还设有边堡若干，边堡均以界壕墙体作为北墙，平面呈矩形，堡门设于南墙之上。边堡墙体采用黄沙土夹碎石夯筑，剖面呈梯形。各边堡规模相差明显，堡内未发现其他遗迹。

乌兰察布市其他文物建筑列表

名　称	级　别	地　址	年　代	简　介
岱海遗址群	国家级	凉城县	新石器时代	古遗址
庙子沟遗址	国家级	察哈尔右翼前旗	新石器时代	古遗址
抚冥镇故城址	自治区级	四子王旗	北魏	古遗址
长川故城址	自治区级	兴和县	北魏	古遗址
三道弯、赵家房子鲜卑墓群	自治区级	察哈尔右翼后旗	东汉（鲜卑）	古墓葬
左卫夭城址	自治区级	凉城县	汉代	古遗址
白海子东土城城址	自治区级	集宁区	辽代	古遗址
大拉子城址	自治区级	商都县	金、元	古遗址
公主城城址	自治区级	商都县	元代	古遗址
口子城址	自治区级	察哈尔右翼前旗	汉代	古遗址
北魏御苑遗址	自治区级	察哈尔右翼中旗	北魏	古遗址
大青山北魏摩崖石刻	自治区级	兴和县	北魏	石窟寺及石刻

续表

名　称	级　别	地　址	年　代	简　介
井沟岩画	自治区级	察哈尔右翼后旗	青铜时代	古遗址
永胜堂障城	自治区级	察哈尔右翼中旗	汉代	古遗址
安业城址	自治区级	化德县	北朝	古遗址
西坊城址	自治区级	商都县	金、元	古遗址
韩元店城址	自治区级	察哈尔右翼后旗	元代	古遗址
大西沟石刻	自治区级	化德县	元代	石窟寺及石刻

8
锡林郭勒盟
XILINGOL

锡林郭勒盟古建筑分布图

Historical Architectural Map of Xilingol

1. 贝子庙
2. 查干敖包庙
3. 苏尼特德王府
4. 毕鲁图庙
5. 杨都庙
6. 嘎黑拉庙
7. 喇嘛库伦庙
8. 浩齐特王盖庙
9. 栋阔尔庙
10. 浩勒图庙
11. 哈音海尔瓦庙
12. 宝日陶勒盖庙
13. 布日都庙
14. 元上都遗址
15. 四郎城遗址
16. 汇宗寺
17. 善因寺
18. 多伦诺尔古建筑群

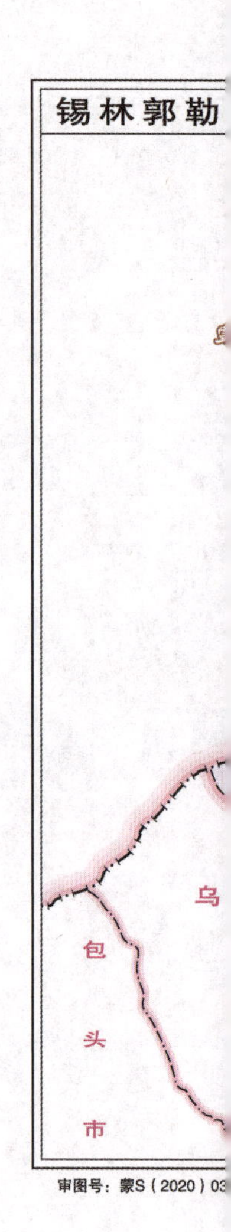

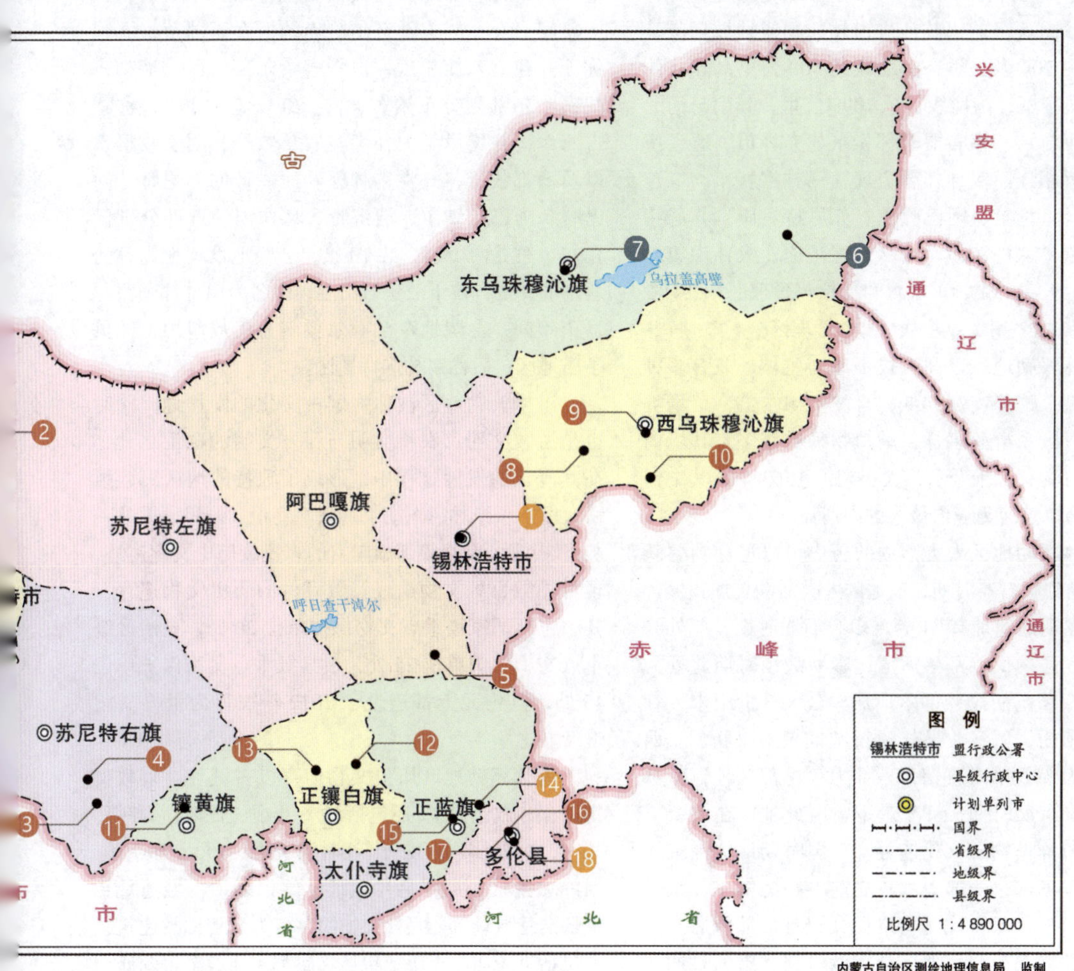

古
兴
安
盟
通
辽
市
东乌珠穆沁旗
乌拉盖高壁
西乌珠穆沁旗
阿巴嘎旗
苏尼特左旗
锡林浩特市
呼日查干淖尔
赤
峰
市
通
辽
市
苏尼特右旗
镶黄旗
正镶白旗
正蓝旗
多伦县
太仆寺旗
河
北
省
河
北
省
市
图例
锡林浩特市 盟行政公署
县级行政中心
计划单列市
国界
省级界
地级界
县级界
比例尺 1 : 4 890 000
内蒙古自治区测绘地理信息局 监制

概 述

锡林郭勒草原上，有一条天上的河。
河水流淌在我心里，那就是锡林河。
——克明《锡林郭勒大草原》

锡林郭勒名为蒙古语音译，意为“丘陵之河”，得名于境内著名的锡林河。锡林郭勒盟地域辽阔，东西长约700多公里，南北宽约500公里，其北侧与蒙古国接壤，国境线长达1098公里，其南与河北交界，西与乌兰察布盟毗邻，东与赤峰市、通辽市和兴安盟相连。锡林郭勒盟现辖锡林浩特市、二连浩特市、多伦县、阿巴嘎旗、苏尼特右旗、苏尼特左旗、东乌珠穆沁旗、西乌珠穆沁旗、太仆寺旗、镶黄旗、正镶白旗、正蓝旗和乌拉盖管理区，共计2个县级市，1个市，9个旗，1个管理区。

锡林郭勒地区以高海拔平原为主体，兼有多种地貌类型，地势南高北低，自然资源丰富，草场类型齐全，区系群落多样，动植物种类繁多。其境内有主要河流有二十余条，大小湖泊1363个，其中锡林河、乌拉盖河为境内最大的内河流。

锡林郭勒地区人类活动的历史可以追溯到更新世晚期，到新石器时期，该地区人类活动更加频繁，目前已发现的遗址有31处之多。商周时期，此处为游猎和养畜的氏族部落所居，春秋战国时期此处为澹林民族和东胡民族部落所居。公元3世纪末，匈奴击败东胡，后秦始皇修建长城抵御匈奴联盟。西汉时期为匈奴单于直辖，东部为乌桓部辖地，南部属幽州。东汉时期，鲜卑南下盘踞此地，在此留下了丰富的鲜卑物质文化遗存。三国时期该地区隶属于拓跋鲜卑部，西部南部隶属前秦，为鲜卑、柔然二部所居，东部一代属乌洛侯、契丹二部所居。隋朝时锡林郭勒东北部地区被突厥占据，唐朝时期北部为单于都护府所辖，辽代时期为上京道所辖。女真部建立大金国后，锡林郭勒北部为弘吉剌部所居，南部属宣德州辖地，中部正蓝旗一带属西北路招讨司，并置桓州城（即现正蓝旗四郎城遗址）。元初锡林郭勒地区为扎剌儿部兀鲁郡王营地，时至13世纪中叶，元朝第一座都城元上都被建立在该地区，后为夏季都城，锡林郭勒地区一度成为蒙古族政治、经济和文化的中心。

明朝永乐年间，锡林郭勒南部为京师顺天府北境开平卫，北部地区仍被被蒙古各部占据。明朝万历年间，女真族首领努尔哈赤统一女真部落，立国称汗并建立八旗制度，占领察哈尔部地区。清初，把察哈尔部划分正镶黄、白、红、蓝共8旗，称蒙古八旗，并增设了太仆寺左右翼牧群、明安牧群、以及商都牧群，并将锡林郭勒河一带的苏尼特、阿巴嘎、阿巴哈纳尔、浩济特、乌珠穆沁五部分别设置左、右翼两个旗，共10旗，会盟地设置在锡林河北岸的“楚古拉干敖包”山上，命名为锡林郭勒盟。嘉庆年间，会盟地牵至额尔敦陶力盖敖包山，即贝子庙地区，后称锡林浩特地区。

锡林郭勒地区被称为蒙古文化的发祥地，同时也是游牧文明、农耕文明与西方文明的融汇之地，在其漫长的发展过程中，形成了独特的地区民族风情，留下了澹林、东胡、匈奴、乌桓、鲜卑、柔然、契丹、突厥、女真等部族丰富的多民族历史文化遗迹，现可见数百处文物遗迹及数万件的历史文物遗存，其中包括国家级重点文物保护单位20处，自治区级重点文物保护单位25处，市县级重点文物保护单位45处，其中元上都遗址于2012年被评为世界文化遗产。

锡林郭勒地区历史文物遗存以古城址、宗教文物遗存和敖包为主，还包括洞穴、岩画、石刻、墓葬等。其中，古城址多为金、元、辽时期所建，有元上都遗址、四郎城遗址、那仁乌拉城址、吉仁高勒古城遗址、宝日浩特城址等。宗教文物遗存多为藏传佛教建筑，其包括贝子庙、查干敖包庙、温都尔庙、毕鲁图庙、杨都庙、栋阔尔庙、布日都庙等。还有汉传佛教、伊斯兰等遗存多位于乾隆年间的蒙汉贸易中心——多伦地区。在锡林郭勒的地区的敖包有额尔敦陶力盖敖包、西乌珠穆沁旗王盖敖包、太仆寺旗五旗敖包总管宅院敖包等。

锡林浩特市

1 贝子庙

Beizi Lamasery

级　别	国家级
年　代	清代
地　址	锡林浩特市贝子庙广场
交通信息	公共交通 2 路、5 路、7 路、9 路
类　型	宗教建筑 · 砖木结构
看　点	锡林郭勒地区最宏大佛教建筑群
开放信息	售票参观

贝子庙其蒙文名为“阿日雅・章隆・班智达・葛根・黑德”，一说“章隆・班第达・葛根庙”，也称“阿巴哈纳尔旗班第达喇嘛庙”，清帝赐名崇善寺，市民俗称其为“大庙”。贝子庙位于市区北侧额尔敦敖包山脚下，可称为锡林郭勒盟第一大寺，是锡林郭勒盟佛教文化的一大宝库。同时，贝子庙也是锡林浩特地区历史的发源地，贝子庙的庙名就是锡林浩特地区的古名，直至 1953 年，贝子庙地区更名为锡林浩特，意为“碧野上的城”。

贝子庙原为阿巴哈纳尔左翼旗旗庙，始建于清雍正、乾隆年间（1723—1783 年），乾隆八年（1743 年）建成首座大殿，即朝克沁大殿。贝子庙的贝子为满语，清代爵位名称，因阿巴哈纳尔左翼部首领（诺彦）最初爵名为“贝子”，而第四代札萨克贝子主导并扶持建造了这座旗庙，故民间俗称该庙为“贝子庙”或“大庙”。乾隆三十三年（1768 年），乾隆赐名“崇善寺”，赐满、蒙、汉、藏四种文字匾额。后经七代活佛，于清道光、光绪年间六次大规模扩建，历时四十余年，其主体建筑工程耗资 174 万两，累计耗资白银 260 万两，形成了以朝克沁殿（行政教务部）、却日殿（显宗学部），明干殿（活佛殿）三大庙宇为中心，包括珠都巴殿（密宗学部）、曼巴殿（医学部）、宗喀巴殿、丁克尔殿（天文数学部）、新拉布仁殿等八座主大殿及其呼图格图达喇嘛庙、老笨喇嘛庙、甘珠尔庙、农乃庙等十几座小殿及六座佛塔和喇嘛住宅组成的汉式大型建筑群，占地面积超过 2.5 平方公里，喇嘛最多时达 1500 多人。

解放战争时期，贝子庙作为中共锡、察、巴、乌盟工委所在地，成为内蒙古重要的革命根据地。乌兰夫同志曾居住于贝子庙西侧的新拉布仁殿，指挥全局。随着社会历史的变迁，贝子庙的建筑面积不断缩小，如今主要庙群占地面积仅 1.2 平方公里。

贝子庙现存七座独立的院落，七座院落一字形排开，建筑群利用天然地形，依额尔敦敖包山山势而坐落，院落多为传统中轴对称式，规整方正，布局井然。各院落多为清代早期的建筑风格，且结合蒙汉建筑特点，建筑规制与内地佛寺相似。每个院落外墙均为规整方形，外墙高 2.4 米，墙厚 70 厘米 ~ 80 厘米。墙地基白条石高出地面约 30 厘米 ~ 50 厘米。各寺院之间有南北贯通的通道相隔，却日殿与朝克沁殿之间的通道略宽，直通后面的额尔敦陶力盖敖包山。

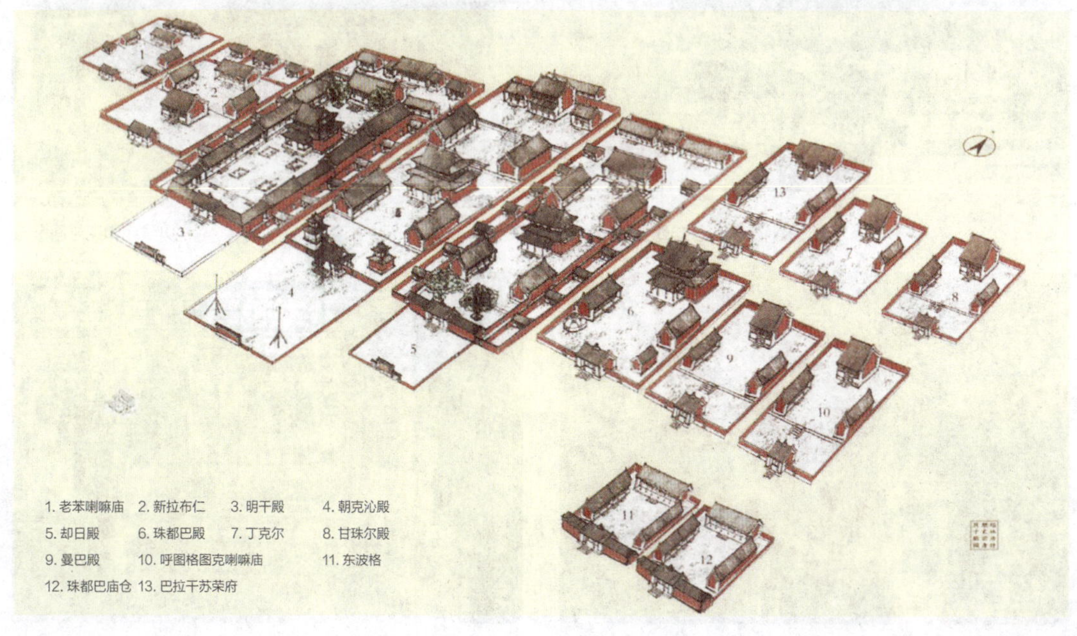

贝子庙复原图

贝子庙广场及建筑群

朝克沁殿

朝克沁殿始建于乾隆八年（1743 年），是贝子庙始建年代最早的建筑，清代早期建筑风格，是贝子庙行政教务部，也是行使贝子庙行政教务大权的主殿。朝克沁殿院落南北长约 117 米，东西宽约 65 米，面积约 7000 平方米，中轴对称四合院式布局，沿中轴线布置四大天王殿、朝克沁殿、麦德尔佛殿，地势由南向北逐渐升高。朝克沁殿为贝子庙中最高的殿堂，大型法事活动都会在这里举行，围绕大殿配有东西偏殿、卫寺、钟鼓楼和山门殿。主殿面阔七间，抱厦五间，底层施 90 根大柱，重檐歇山灰瓦顶。殿门檐下挂满、蒙、汉、藏四种文字“崇善寺”匾额，一、二层檐下均布置重翘五踩斗拱，门窗上方绘黑白色十相自在图案，檩枋、飞椽饰以蓝绿色藏式彩绘，稍有褪色。殿内三尊主佛居中，庄严肃穆，香烟缭绕，佛灯通明。主殿四角立有四座配殿，也称卫寺，其中包括东南角农乃庙（斋戒寺）、东北角满拉寺（药圣堂）、西南角桑堆庙（密集堂）、西北角什德寺（明王堂）。

贝子庙朝克沁殿大殿

贝子庙朝克沁殿配殿

朝克沁殿殿内

贝子庙朝克沁殿殿内

却日殿

朝克沁殿东边为却日殿，是贝子庙的显教学部，其规模仅次于朝克沁殿。却日殿院落东西宽约70米，南北长约120米，占地面积约8千平方米，中轴对称四合院式布局，地势由南向北逐渐升高。却日殿始建于1815—1828年间，清赐法名为“福源寺”。主殿面阔五间，进深五间，重檐歇山汉式二层阁楼建筑，门窗、立柱均饰以红色，其余木作彩绘以蓝色为主。主殿两侧是东西配殿，由厢房（接待处）、色木沁（服务葛根的专房）、贡肯（避邪殿）、容肯（内外膳房）、大小吉斯（庙仓、寺务处）等组成。

明干殿

明干殿位于朝克沁殿西侧，也称西庙、千佛殿、活佛殿，为贝子庙活佛（葛根）常年念经的主殿。明干殿始建于1797—1799年间，扩建于1801—1821年间，清赐法名“福汇寺”。明干殿院落东西宽约70米，南北长约120米，中轴对称四合院式布局，由中院、东西跨院三院组成。主殿面阔五间，抱厦三间，柱头、梁枋及雀替均有彩绘。主殿两侧为东西配殿，配殿南北较长，为梯形式庙房。

朱都巴殿

朱都巴殿位于却日殿东侧，院落规模较小，南北长约60米，东西宽约38米，占地面积约2200平方米，中轴对称四合院式布局。朱都巴殿院内仅有4座建筑，分别为山门、主殿以及东西配殿，包围形成一个院落。朱都巴殿是喇嘛教密宗（塔尔尼·伊苏）的专学经堂，所以也被标为密教殿或密宗学部。主殿面阔七间，进深五间，重檐歇山汉式二层阁楼建筑。朱都巴殿彩绘保存完好，门窗、立柱均饰以黄色，柱头、梁枋等彩绘以蓝、绿色为主。

贝子庙现存七座院落除上述四个主要院落外，仍存老苯喇嘛庙、新拉布仁殿和曼巴殿。老苯喇嘛庙为两进院落，现不开放。新拉布仁殿原为贵宾下榻处，乌兰夫同志曾居住之场所，现仅存小建筑一座，其余建筑遗址保存完好。曼巴殿现为贝子庙蒙医院，院中有白塔一座，长年悬挂经幡。

贝子庙却日殿主殿

贝子庙珠都巴殿

贝子庙明干殿

贝子庙新拉布仁殿遗址

曼巴殿（蒙医院）

额尔敦陶力盖敖包

额尔敦陶力盖敖包位于贝子庙北边的额尔敦敖包山公园之内，其地位显赫、规模宏大、名度较高，堪称锡林郭勒盟敖包之最。“额尔敦”一词在蒙古语当中，意为“宝”，额尔敦敖包就是宝山上的敖包。相传，成吉思汗剑击西山移山峰于此而闻名，虔诚的人们视此山为祭祀的圣地，阿巴哈纳尔左翼旗于此地会盟，固贝子庙使建制之初选址于此。随着贝子庙的不断扩大，额尔敦敖包也由三个敖包扩建成13个敖包，成为敖包中最大型的一种，作为阿巴哈纳尔左翼旗每年农历五月十三的祭祀之处。

额尔敦十三敖包每个敖包都具有自己的象征意义，中间最大的敖包为浩日穆斯滕格尔，是长生天的意思，周围12个是他的护卒，其中9个敖包象征着原阿巴哈纳尔旗所辖9个佐（相当于苏木、乡）。按照蒙古族崇尚数字9的习惯，额尔敦敖包山的台阶一共171阶，即19个9。

现额尔敦敖包山公园内的十三敖包为2003年原址复建。十三敖包面向东南，以主敖包为中心，东西一字排开，主敖包直径约10米，通高约3米。主敖包两侧各有6个小敖包，大小基本相同，直径约4米，通高约2米。十三敖包均为石头堆砌而成的圆坛，周围挂有彩色缯子，敖包的中心位置立玛尼杆，其中主敖包玛尼杆下方悬彩色佛像。位于敖包的前后各有一个圆形祭坛，前为日祭台，后为月祭台，祭台均为石材饰面，日祭台前置有香炉。

十三敖包

主敖包

苏尼特左旗

2 查干敖包庙

Chagan Ovoo Lamasery

级　别	自治区级
年　代	清代
地　址	苏尼特左旗查干敖包镇阿日宝拉格嘎查
交通信息	建议自驾
类　型	宗教建筑 · 砖木结构
看　点	汉藏结合建筑风格
开放信息	免费开放

查干敖包庙又称福佑寺、恩格尔庙、恩格尔明安，是苏尼特左旗境内规模最大的藏传佛教寺庙。其东南距旗政府所在地满都拉图镇165公里，东距中蒙边境仅10公里。该庙由于地处草原深处，受外部文化影响较弱，因此保留了典型的牧业区藏传佛教寺院的特点，在锡林郭勒颇具盛名，为草原名刹之一。现为全旗13个庙宇中保存较完好的一座，占地面积3700多平方米。

查干敖包庙始建于康熙五十三年（1714年），由其第一世活佛罗鲁布桑诺尔布主持建成，转世五代活佛，距今已有300年的历史。康熙二十七年（1688年），一世活佛罗鲁布桑诺尔布来到苏尼特左旗，在乌勒敖包山洞讲经论道修行，被称为“阿贵葛根”（即“山洞活佛”）。康熙三十三年（1694年），他用布施来的钱财，在满都呼（今查干敖包苏木所在地）修建一座小庙，名满都呼诵经庙，讲经说法，弘扬佛法。康熙四十七年（1708年），罗鲁布桑诺尔布赴蒙古库伦（今乌兰巴托）拜会大活佛哲布尊丹巴，表达建庙的意愿，大活佛表示赞成，并答允无偿供给木材。康熙四十八年（1709年），罗鲁布桑诺尔布专程呼和浩特、张家口、多伦等地招募工匠，联系运输。康熙五十三年（1714年），葛根宫殿建成，由葛根神抵殿和葛根住宫两部分组成，葛根神抵殿又称东拉卜楞殿。雍正四年（1726年），朝克沁殿（大雄宝殿）建成，殿内供奉释迦牟尼、弥勒、宗喀巴等佛。

乾隆四十二年（1777年），二世活佛吉木彦达巴嘎在位期间，清廷赐名为“福佑寺”，一说“庆佑寺”。嘉庆十年（1805年），三世活佛贡其格丹迪尔在位期间，又修建洞明干殿和阔尔学殿，阔尔学殿于1965年毁于大火。光绪十七年（1891年），扎木扬理格布德扎木素继活佛之位，简称“扎木彦”，即近代史上负有盛名的活佛之一查干葛根。光绪二十六年（1900年），查干葛根主持修建曼巴学殿，二层藏式建筑，殿内主要供奉药师佛、吉格吉德佛的曼荼罗。1910年为迎接班禅伯格多到此讲经而修建了西拉卜楞殿。1932年九世班禅额尔德尼到查干敖包庙讲经，使该庙名声远扬，进入其巅峰时期，拥有11座大殿，12座属庙，以及14个佛仓和白塔8处，僧徒最多时可达千人。“文革”期间该庙遭到毁灭性破坏，唯有西拉卜楞殿幸存。

查干敖包庙是蒙、藏、汉三种建筑形制相结合

查干敖包庙正立面

于一体的佛教建筑，目前现存的西拉卜楞殿于1988年重修。西拉卜楞殿由一座主殿、两座辅殿组成。主殿面阔五间约20米，汉藏式二层建筑，前卷后殿勾连搭灰瓦顶，其中一层为藏式砖砌建筑，开竖向长窗，二层为汉式木构架坡屋顶建筑，檐下置走廊。一层顶部置双鹿闻法顶，双鹿在藏传佛教中的象征意义有二，其一是释迦牟尼佛在成佛后第一次讲经说法的地方叫鹿野苑，其二是双鹿是一雌一雄，代表男、女众佛教徒听闻佛法，是佛教徒的象征；法轮象征着通达一切。建筑门窗、立柱均饰以红色，檐下彩绘保存完好。殿内供释迦牟尼塑像，二楼为班禅额尔德尼的起居室，凡是他用过的东西都被保存于此。西殿为面阔约10米的汉式建筑，硬山灰瓦顶，殿内供有8米高的度母佛塑像。东殿面阔10米，硬山灰瓦顶，殿内供有8米高的铜铸弥勒佛。主殿与辅殿之间运用“梯桥”连接，加强了三大殿的纽带关系，突出了三大殿的主体地位和审美效果，梯桥围栏及主殿二层围栏均为红砖镂空砌筑，极具藏式建筑特色，构思精巧。

查干敖包庙主殿

查干敖包庙遗址

苏尼特右旗

3 苏尼特德王府

Prince Demchugdongrub's Mansion in Sonid

级　别	自治区级
年　代	清代
地　址	苏尼特右旗朱日和镇
交通信息	建议自驾
类　型	府邸建筑·砖木结构
看　点	完整的王府建筑群格局
开放信息	修缮中

苏尼特德王府又名“德穆楚克栋鲁普王府”“温都尔庙”，位于朱日和镇乌苏图敖包山脚下，坐西朝东，依山而建。原王府南北长约120米，东西宽约300米，整个建筑群地面积约3.5万平方米，是一座集合了蒙、藏、汉建筑特点的大型建筑群。

苏尼特德王府始建于清同治二年（1863年），由德王之父那木吉勒旺其格任锡林郭勒楚古兰达（盟长）时参照宫廷所建。后不断续建，清代光绪三十四年（1905年）有殿堂、厢配殿房200余间，蒙古包20余个。王府西南侧建王府家庙（即温都尔庙），且王府家庙及白塔占地面积超过王府面积。20世纪30年代，九世班禅曾驾临王府并于此庙坐禅。1947年后，德王府便成为党政机关所在地，直至1958年迁出。后德王府于“文革”期间遭到破坏，其家庙建筑群及白塔遭到彻底毁坏，王府也仅存位于中轴线上的两进院落。

现经修缮，苏尼特德王建筑群南北长约187米，东西宽约57米，院落整体占地面积超过1.2万平方米。除原有两进院落，原址复建3个院落，均为中轴线布局，多为汉式建筑。王府正门前为教场，教场南北各置辕门，正门与“八”字影壁相对。正门面阔三间，进深五架梁，单檐硬山灰瓦顶，两旁置倒座。正门门前存

德王府远景

石狮子一对，正门以北沿院墙放置原有建筑部分石构件。第一进院落正厅面阔五间，进深六架梁，抱厦三间，前卷后殿。东西耳房面阔各两间，进深五架梁。第二进院落为佛殿，单檐硬山灰瓦顶，通面阔五间，进深六架梁。东西耳房面阔各两间，进深四架梁。

苏尼特德王府建筑是在继承汉式儒家礼制建筑“前堂后寝”的基础上，结合蒙古族信仰而发展成为“前为厅堂，后为佛殿”的一种特有的民族建筑风格。它沿袭了清末汉族宫廷建筑风格，又融入了黄教的传统建筑风格，是晚清时代古迹，具有独特的地区特点和民族风格。

德王府辕门及照壁

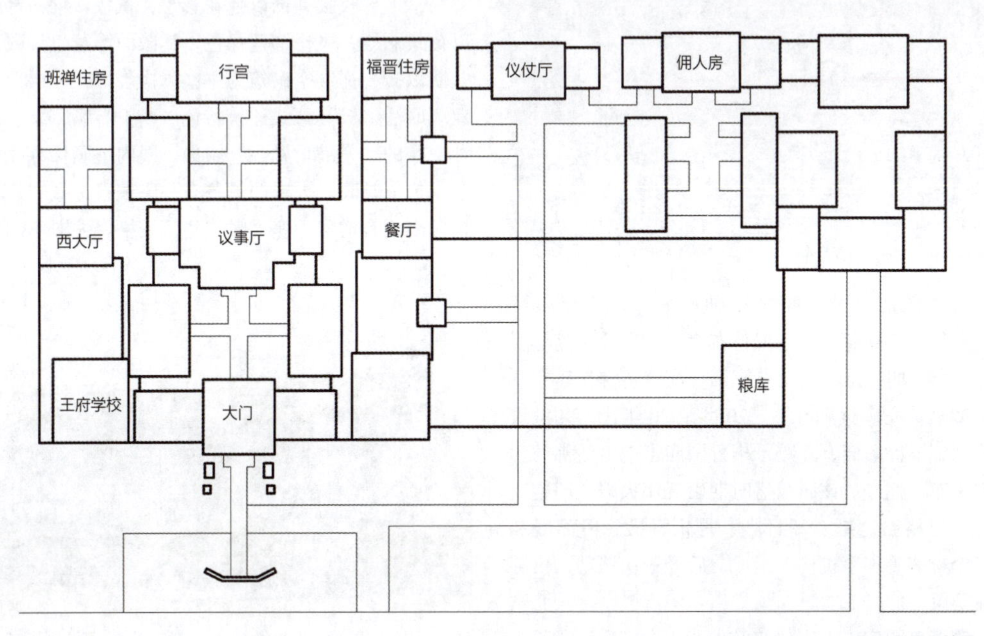

德王府平面简图

德王府班禅宫

德王府正门

德王府石狮子

4 毕鲁图庙

Bilutu Lamasery

级　别	自治区级
年　代	清代
地　址	苏尼持右旗朱日和镇
交通信息	建议自驾
类　型	宗教建筑·砖木结构
看　点	汉藏结合建筑风格
开放信息	免费开放

毕鲁图庙又称“完满贝勒寺”，始建于康熙四十七年（1708年），苏尼特右旗第六世札萨克郡王达日拉布时期，是苏尼特右旗第一座藏传佛教庙宇，清帝赐名“完满贝勒寺”。20世纪30年代，九世班禅曾驾临毕鲁图庙，并赐予毕鲁图庙十二世活佛“莫日根干布”称号。该庙鼎盛时期由五座大殿，即朝克沁殿、道格希德殿、却日殿、丹朱日殿、伊苏殿和十三个吉萨（佛事机构）组成。后经三次浩劫，仅存朝克沁殿。

现毕鲁图庙由五座建筑及十三座白塔在组成，坐西朝东，不设围墙。主殿为朝克沁殿，坐东朝西，殿东西长约16米，南北宽约14米，占地面积约180平方米。殿主体为藏式建筑风格砖砌平顶建筑，开竖向小窗，殿顶为汉式建筑风格阁楼。大殿柱身为磨角方形柱，上部收腰并饰以莲花彩绘，雀替、梁枋等均饰以藏式彩绘，飞椽饰蓝绿色，瓦截面饰黄色。殿顶女儿墙以砖、瓦镂空砌筑为主，飞椽装饰，一层顶部置双鹿闻法，极具藏式建筑特色。檐下有满、蒙、汉三种文字的“完满贝勒寺”匾额，殿内壁画保存完好，艺术价值颇高。大殿两侧各有一座偏殿，藏式建筑风格，南侧有僧房一座，藏式建筑风格。大殿东侧新建

毕鲁图庙朝克沁殿

三层汉藏式建筑一座，一层为藏式建筑，二、三层为汉式阁楼。一层立面绘有佛教故事彩绘，檩枋、飞椽均饰以红、蓝、绿色藏式彩绘，以祥云卷草、六字真言为主。一层顶部置白塔四座，二三层为阁楼。西侧有白塔十三座，中间一座最大，左右各置曼扎。

毕鲁图庙远景

阿巴嘎旗

5 杨都庙

Yangdu Lamasery

级　别	自治区级
年　代	清代
地　址	阿巴嘎旗洪格尔高勒镇
交通信息	建议自驾
类　型	宗教建筑 · 砖木结构
看　点	木雕、建筑群格局
开放信息	免费开放

杨都庙又名“恒广寺”，始建于清同治三年（1864 年），曾为锡林郭勒盟会盟胜地之一，同时也曾是阿巴嘎左旗民主政府和旗分会所在地。在新民主主义革命时期，发挥了重要的政治、经济等方面的作用。

杨都庙与杨都庙林场相邻，周围地势平坦，景色怡人。现存朝克沁殿、拉布仁殿、却日殿和却西活佛住宅四座院落。主体院落为朝克沁殿院，该院坐北朝南，南北长 63 米，东西宽 45 米，占地面积约 2800 平方米。主殿朝克沁殿为汉式二层建筑，面阔七间，进深五间，重檐歇山灰瓦顶，占地面积约 450 平方米。主殿门窗、立柱均饰以红色，柱头、梁枋、飞椽彩绘以蓝绿色为主，有凤凰、缠枝莲、佛教文字等，明间雀替祥云雕花，次间雀替缠枝牡丹雕花。门口一对石狮子，挂有彩旗装饰。

朝克沁殿所在院落东南 130 米为拉布仁殿和却日殿。新拉布仁殿院落南北长约 80 米，东西宽约 28 米，两进式院落，占地面积约 2200 平方米。主殿为汉式歇山顶建筑，面阔五间，抱厦三间，占地面积约 250 平方米，明间置铁门，彩绘依稀可见。却日殿院落南北长约 80 米，东西宽约 45 米，中轴对称式两进式院落，占地面积约 3600 平方米。主殿为汉式歇山顶建筑，面阔五间，抱厦三间，占地面积约 400 平方米，虽年久失修，柱头、梁枋、飞椽、藻井等彩绘清晰可见。朝克沁殿以西约 20 米为却西活佛住宅，院落南北长约 40 米，东西宽约 30 米，一进式中轴对称布局，现不对外开放。

杨都庙朝克沁殿

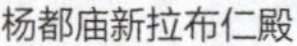

杨都庙新拉布仁殿

杨都庙却日殿

东乌珠穆沁旗

6 嘎黑拉庙

Gaheila Lamasery

级　别	旗级
年　代	清代
地　址	东乌珠穆沁旗道特淖尔镇乌拉盖
交通信息	建议自驾
类　型	宗教建筑 · 砖木结构
看　点	汉藏结合建筑风格、建筑群布局
开放信息	免费开放

嘎黑拉庙又名“演教法轮寺”“教盛法轮寺”，位于东乌珠穆沁旗道特淖尔镇嘎黑拉社区，距旗政府所在地乌里雅斯太镇约 110 公里。“嘎黑拉”有大海的之意，民间讹传为“嘎亥”庙，“嘎亥”在蒙语中有“猪”的意思。

嘎黑拉庙始建于清乾隆五十九年（1794 年），一说 1795 年。为原乌珠穆沁左冀旗所属六寺之一，嘎黑拉庙是原所属六寺中唯一一座经过诸多动乱后仍幸存于此的寺庙。院内原有大经堂、东西神庙、善愿庙、密宗殿、大明神殿、门寺、堪布拉布隆、东西厢房、门侧双石狮、石制香炉、影牌、旗杆、双塔等建筑。现仅存两院，西院为主殿所在院落，院落东西宽约 34 米，南北长约 62 米，占地面积 2100 多平方米，中轴对称式二进式院落，院落正中为主殿。主殿为汉藏式风格建筑，砖木结构，开竖向小窗，占地约 250 平方米，二层为藏经楼，歇山琉璃瓦顶。主殿正门立四根方柱，柱身、雀替、梁枋均有复杂藏式彩绘装饰，檐下及雨棚均置三层飞子，施黄绿色。一层顶部及女儿墙涂红色，绘飞椽装饰。大殿前有一座白塔，塔高 7 米，塔前有香炉一座，石狮子两尊，并置有转经筒。主殿两侧分立厢房两座，后有三间小庙，小庙东西各有一间耳房。东院为僧人住房，院落南北长约 62 米，东西宽约 28 米，占地面积 1700 多平方米，中轴对称布局，不对外开放。

嘎拉黑庙全景

嘎黑拉庙大殿与白塔

嘎黑拉庙东厢房

嘎黑拉庙大殿内景

7 喇嘛库伦庙

Lama Kulun Lamasery

级　别	旗级
年　代	2002 年
地　址	东乌珠穆沁旗乌里雅斯太镇
交通信息	建议自驾
类　型	宗教建筑 · 砖木结构
看　点	木雕、彩绘
开放信息	免费开放

喇嘛库伦庙又名“集惠寺”，为内蒙古地区著名的三大库伦庙之一，是东乌旗重要的宗教文化遗产。喇嘛库伦庙始建于清乾隆四十六年（1781 年），相传该庙创始人罗藏贡措扎西活佛于道劳阔勒盖之地围搭蒙古包坐禅修炼，成为喇嘛库伦庙之前身，喇嘛库伦庙便由来于此。其创始人罗藏贡措扎西为安多中川朱家寺活佛木兰占巴丹律达克巴在内蒙古地区转生的第一世活佛．故又称“木兰喇嘛庙”，其活佛称“乌珠穆沁木兰喇嘛活佛”。

喇嘛库伦庙为大召寺传授，有大乘、密宗、医学、阴阳四学部中心寺院，鼎盛时期，有 13 个沙卜隆，1500 多名僧徒，下辖 4 个寺院、25 个庙仓，是由五大院、20 多座殿堂庙宇组成的塞外较大的寺院。1956 年以后，乌珠穆沁旗政府曾设在此庙中，“文革”动荡时期被毁。2002 年于原址重建藏式佛堂，2004 年至 2006 年间，又对喇嘛库伦庙进行修缮。

现喇嘛库伦庙有西、中、东三组院落，坐西北，面东南，地势西北高，东南低，面朝喇嘛库伦广场，背靠喇嘛库伦山。中院为主院，南北长约77米，东西宽约46米，占地面积约3800平方米，沿中轴线布置钟楼、鼓楼、东西僧房和主殿，主殿为汉式二层建筑，面阔七间，抱厦五间，重檐歇山灰瓦顶，一层顶部置双鹿闻法。正门立六根方柱，雕饰繁复，门窗施红色，大殿内外梁柱均绘有藏式彩绘装饰。大殿前立石狮子一对，香炉一尊白塔一座。东院南北长约77米，东西宽约50米，东北部存佛堂一间，为喇嘛库伦庙内唯一的藏式建筑。西院南北长约77米，南北宽约48米，为僧人用房，中轴线对称布局。

喇嘛库伦庙大殿

喇嘛库伦庙白塔

喇嘛库伦庙大殿正门

西乌珠穆沁旗

8 浩齐特王盖庙

Haoqite Lamasery

级　别	自治区级
年　代	清代
地　址	西乌珠穆沁旗吉仁高勒镇
交通信息	建议自驾
类　型	宗教建筑 · 砖木结构
看　点	王府家庙建筑群
开放信息	免费开放

浩齐特王盖庙又名“福兴寺”“广祥寺”。浩齐特汉语译为“最古老的”，《蒙古王公表传》一书中写到浩齐特部为达延汗长子图鲁博罗特后裔达赉逊库登汗领有的部落，《清太宗实录》卷十七曰：“遣尼堪往迎喀尔喀所属浩齐特部落归降额林臣台吉、巴特玛塔布囊。”该部又归入喀尔喀万户。一说浩齐特又称“好陈察哈尔”，即旧察哈尔。浩齐特庙始建于清康熙三十九年（1700年），距今已有300余年。因该庙为王爷自己的家庙，所以称为“王盖庙”，清康熙赐名“福兴寺”。民国十七年（1928年），九世班禅到访此庙，该庙因此名声大振，鼎盛时期拥有7个主要殿堂，庙僧多达300余人。解放战争时期，浩齐特王盖庙曾是浩齐特左旗支会驻地。

浩齐特王盖庙坐北朝南，南北长约80米，东西宽约35米，总占地面积3026平方米，两进院落中轴线对称布局，汉藏式建筑风格。庙内沿中轴线布置四大天王殿、主殿、东西配殿及白塔。主殿为朝克沁殿，又称“朝克沁独宫”，即喇嘛念佛宣经的“大经堂”。该殿面阔七间，抱厦三间，歇山灰瓦顶，檐下悬清帝亲赐满、蒙、汉、藏四种文字“福兴寺”牌匾。立柱及墙体饰以红色，门窗均饰以黄色，檩枋、雀替、飞椽均饰以蓝绿色藏式彩绘，稍有褪色。四大天王殿面阔三间，歇山灰瓦顶，门前存石狮子一对。浩齐特王盖庙庙前置广场，并新建凉亭一座，立有幡杆及十二生肖石像。

浩齐特王盖庙正门

浩齐特王盖庙大殿

浩齐特王盖庙远景

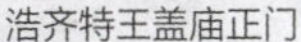

9 栋阔尔庙

Dongkuo'er Lamasery

级　别	自治区级
年　代	民国
地　址	西乌珠穆沁旗巴拉嘎尔高勒镇镇中心
交通信息	建议自驾
类　型	宗教建筑 · 砖木结构
看　点	汉藏式风格阁楼建筑
开放信息	免费开放

栋阔尔庙，又名“东克尔庙”“乌珠穆沁王盖庙”“王盖庙”，亦称栋阔尔殿，是原乌珠穆沁右旗王爷府家庙的组成建筑之一。该庙始建于民国十三年（1924年），即九世班禅来此地咏《洞阔尔》经而建九世班禅行宫，班禅回藏后，被作为札萨克家庙的藏经阁。

现栋阔尔庙院落南北长约62米，东西宽约33米，占地面积约2000平方米，坐西北朝东南，布局方正。主殿栋阔尔殿为三层阁楼式建筑，面阔五间约17米，进深三间约11米，占地面积398平方米。大殿一层为藏式建筑风格，正面开竖向小窗，主要墙体为灰色，门窗立柱均饰以红色，立柱顶部及梁枋、檩条均饰以红、绿、蓝、黄色藏式彩绘，藻井涂蓝色，绘有祥云卷草及龙纹装饰。二、三层为汉式阁楼建筑，置回廊，歇山灰瓦式，门窗饰红、绿两色，彩绘与一层相似。大殿前有白塔一座，东西各置配殿一座，大殿后有经堂一座及蒙古包一顶。栋阔尔庙融合了汉、蒙、藏的多种建筑风格，是西乌旗一处重要的历史人文景观。

栋阔尔庙

栋阔尔庙白塔

10 浩勒图庙

Haoletu Lamasery

级　　别	自治区级
年　　代	清
地　　址	西乌珠穆沁旗浩勒图高勒镇
交通信息	建议自驾
类　　型	宗教建筑·砖木结构
看　　点	建筑群布局
开放信息	免费开放

浩勒图庙又称“施恩寺”。相传，在乌珠穆沁旗第三代札萨克王家达尼及其世袭王色登布达时期，有一个建造在乌力吉图敖包附近的一个草棚，并聘请了一名藏传佛教喇嘛在此诵经。后至顺治十三年（1656年），在达青宝力格牧场，即现浩勒图高勒镇，第一世葛根阿旺老布森朋格斯于此地建庙，也是西乌珠穆沁旗第一座寺庙。浩勒图庙历经8位葛根，第一世葛根取庙名为“吉祥法轮寺”。康熙五十二年（1713年），御赐“施恩寺”金字牌匾。该庙于第四世葛根期间达到鼎盛时期，喇嘛人数超过700人。1907年，第七世活佛的父亲乌珠穆沁王爷阿拉坦呼雅格下令将庙宇搬迁，迁至现址。建有朝克沁大殿、贡日格曼巴

浩勒图庙正门四大天王殿

殿、神仙殿、却日音殿和朱拉仓、召得巴仓、曼巴仓、葛根仓等。该庙后又于“文革”期间遭到破坏，仅存拉卜楞殿。

现浩勒图庙原址仅存建筑遗址，遗址分为南、北、西三个部分，南部有建筑基址14处，面积5082平方米，北部基址16处，面积6100平方米。西部建筑基址已不清，面积5000平方米，庙址残高0.5米~1米。

后旗政府于原址北侧复建浩勒图庙，现有东西两个院落，坐西北朝东南。西院为生活区，南北长约60米，东西宽约58米，布局方正。东院为主要院落，南北长约58米，东西宽约46米，中轴对称布局。有大雄宝殿、偏殿、厢房、四大天王殿，石狮子一对，照壁一座，藏文铁釜一口。四大天王殿面阔三间，进深一间，左右各置配殿一座，硬山灰瓦顶。檐下置佛教故事彩绘装式，顶部置双鹿闻法。大雄宝殿为浩勒图庙新建主殿，面阔七间，重檐歇山灰瓦顶，装饰繁多，彩绘富丽华美。东院西侧建有白塔9座，覆钵式塔一座及释迦八塔，每一座塔皆有含义和名称，它们由各塔基、塔瓶、塔颈、塔叉、塔顶五个部分组成，分别代表土、水、火、风、空五个方面。

浩勒图庙石狮子

浩勒图庙白塔

浩勒图庙大雄宝殿

镶黄旗

11 哈音海尔瓦庙

Hayin Hai'erwa Lamasery

级　别	自治区级
年　代	清
地　址	镶黄旗新宝拉格镇
交通信息	建议自驾
类　型	宗教建筑 · 砖木结构
看　点	汉藏结合式建筑风格及建筑群布局
开放信息	免费开放

哈音海尔瓦庙又名“广益寺”，始建于康熙五年（1666 年），原为商都马群旗庙。最初为一名西藏传教喇嘛所建，名为马王庙。康熙四十八年（1709 年）清朝十分赞赏，清政府赐名为“广益寺”，并赐一尊五十两重的哈音海尔瓦银佛，故该庙称为哈音海尔瓦庙。哈音海尔瓦庙经乾隆八年（1743 年）、乾隆五十六年（1791 年）、光绪十一年（1885 年）的几次扩建，达到鼎盛时期，拥有 5 个大殿，即朝克沁殿、却田殿、栋阔尔殿、曼巴殿、拉希殿等，18 个殿堂及 5 个庙仓，僧众达 2000 多名。清末和民国初年，哈音海尔瓦庙因战乱多次被洗劫，后逐渐衰落。2004 年于原址按原貌复建朝克沁殿。

现哈音海尔瓦庙院落布局近似正方形，坐东北，朝西南，南北长约 83 米，东西宽约 81 米，占地面积约 6700 平方米。该庙现有正殿 1 座，配殿 2 座，四大天王殿 1 座，钟鼓楼各一，石碑 6 座，塔 6 座，香炉 1 尊。正殿面阔七间约 27 米，抱厦五间，进深约 27 米，平面布局接近正方形，汉藏式建筑，正门檐下

哈音海尔瓦庙正立面

哈音海尔瓦庙大殿

挂汉、蒙、满三种文字“广宁寺”牌匾。四大天王殿面阔 12 米，进深约 8 米；两配殿面阔约 14 米，进深约 8 米。院落东北有喇嘛住处、食堂以及商店；院落东南正面哈音海尔瓦庙广场。现每年哈音海尔瓦庙有两大盛典，即正月经会和六月经会。正月经会从农历正月初七开始，十六日结束。六月经会从农历六月初七开始，十六日结束。

哈音海尔瓦庙配殿

哈音海尔瓦庙钟楼

正镶白旗

12 宝日陶勒盖庙

Baori Taolegai Lamasery

级　别	自治区级
年　代	清
地　址	正镶白旗伊和淖尔苏木宝日向勒盖嘎查
交通信息	建议自驾
类　型	宗教建筑 · 砖木结构
看　点	木雕、建筑群布局
开放信息	修缮中

宝日陶勒盖庙又名“修德寺”“善慧寺”，原为察哈尔盟正白旗旗庙，是锡林郭勒草原上颇具影响的藏传佛教传播地和经济文化交流的中心。

该庙始建于康熙六十年（1721 年），至今已有近 300 年的历史，康熙御赐“修德寺”金字牌匾。宝日陶勒盖庙共历经六世葛根，多次修建形成占地面积 1.4 万平方米的汉式建筑风格佛教建筑群。由三大院落，九座大殿，即四大天王殿、大雄宝殿、金刚殿、天神殿、千佛殿、正大殿等，以及庙仓、医院、喇嘛住宅和膳食房组成，鼎盛时期喇嘛多达 300 余人。后经数次劫难，仅存大雄宝殿和东西厢殿。

现寺庙正于修缮中，院落整体依山势坐落，沿中轴线布置三组院落，布局方正，院墙沿山势呈阶梯状。

宝日陶勒盖庙远景

主殿为大雄宝殿，汉式二层阁楼式建筑，重檐歇山灰瓦顶，一层面阔七间，抱厦三间，二层面阔五间，置回廊。主殿一层檐下施清式三踩斗拱，雕佛教瑞兽，彩绘已不清晰，门窗立柱新涂红色，雀替木雕卷草，轻巧精美，稍有褪色。主殿前存东西厢殿，面阔三间；主殿前为天王殿，面阔三间，单檐歇山琉璃瓦顶；主殿后有通灵宝塔一座。

宝日陶勒盖庙大雄宝殿

宝日陶勒盖厢殿

13 布日都庙

Buridu Lamasery

级　　别	自治区级
年　　代	清
地　　址	正镶白旗乌兰察布苏木浩雅尔呼都嘎嘎查
交通信息	建议自驾
类　　型	宗教建筑 · 砖木结构
看　　点	汉藏结合建筑风格、转经筒
开放信息	免费开放

布日都庙又名“演教寺”，始建于清乾隆五年（1740 年），一说三十七年（1772 年），乾隆皇帝赐名为“演教寺”，以建地名称习惯称为“布日都庙”。该庙经四代活佛经营发展，有左、中、右三个南北纵向独立的院落，建有大雄宝殿、金刚殿、经藏殿、四大天王殿、钟鼓楼、庙塔和拉卜楞宫（活佛宫）等。占地面积超过 9000 平方米，庙僧达 300 余名。后于“文革”期间遭到严重破坏，除大雄宝殿用作粮仓得以保存之外，其余建筑及佛像、典籍悉数被毁。

大雄宝殿坐西北朝东南，南北长约 15 米，东西宽约 22 米，占地面积约 350 平方米，汉式建筑风格，

布日都庙

为上下两层灰瓦歇山大木结构建筑。该殿檐下嵌有满、蒙、汉、藏四种文字书写的“演教寺”匾额，一层抱厦置清式三踩斗拱，饰以蓝绿色藏式彩绘装式，门窗、立柱及墙面均饰以红色，殿内柱身彩绘龙纹及祥云图案。殿基以石块砌成，青砖镶边，殿基四面均置有转经筒，极具特色。

正蓝旗

14 元上都遗址

Site of Xanadu of the Yuan Dynasty

级　别	国家级（世界文化遗产）
年　代	元代
地　址	正蓝旗上都镇
交通信息	建议自驾
类　型	古遗址
看　点	城墙、瓮城、建筑遗址
开放信息	免费开放

元上都宫城遗址

元上都遗址位于锡林郭勒盟正蓝旗东南的草原之上，其北靠南屏山，南面闪电河（又称滦河），东临双山水库，其所处的金莲川草原，广袤无垠，景色壮阔。其始建于1256年，由成吉思汗之孙、元世祖忽必烈下令建造，经三年建成，最初被命名为开平府，后不断扩建，至1263年元大都建成之后，改名为元上都。直至1358年被农民起义军红巾军焚毁。

元上都是我国目前保存最完整的蒙元时期都城遗址，是北方游牧蒙古族掌握政权后，建立的第一座真正意义上的元朝都城。元代诗人虞集称其“控引西北，东际辽海，南面而临制天下，形势尤重于大都”，意大利旅行家马可·波罗曾到访此地，在其出版《马可·波罗游记》后，元上都被称为“世界的心脏”。

元上都共设有三重城垣，中央的宫城、围绕宫城的皇城和皇城西北两侧的外城。宫城位于皇城的正中偏北，其南北长605米，东西宽542米，占地面积约33万平方米。宫城设有三门，位于宫城东、西、南三墙的中部，分别为御天门、东华门和西华门，宫城四角建有角楼，环绕城墙设置护城河。宫城内主要街道是三门所对的“丁”字形街道，中央大殿以北有一条短街向北延伸，宫城南部有与通向南门大街相交的东西走向的横街。宫城内部宫殿布置呈中轴对称，分布

元上都明德门遗址

大型建筑基址40余处，西北侧分布较集中有15处，形式多样，各有特点；东北侧有10处，多数似为亭台楼阁；南部有16处，分散分布一殿两箱式的“品”字形建筑。宫城中轴北部存一“阙式”建筑遗址，为穆清阁，是宫城内最高大的建筑，也是元上都遗址内保存最完整的建筑基址。穆清阁遗址西侧存民宅遗址两座，为后世所建，其所用墙砖为宫城墙砖；宫城正中三街相交之处存一长方形的建筑遗址，为举行大朝会的大安阁，元代诗人杨允孚有诗：“大安阁下晚风收，海月团团照上头。谁道人间三伏节，水晶宫里十分秋。”

皇城位于外城的东南部，平面呈长方形，东墙长1410米，西墙长1415米，南墙长1400米，北墙长1395米。皇城南北墙正中各开一门，东西墙对称各开两门，有瓮城，皇城城墙共开六门，四角建有角楼和登城梯，角楼较故宫的角楼更为高大。皇城城墙外筑有马面，每面墙有6个马面，总共24个。皇城西墙外可见河沟遗迹，距离城墙约25米，宽度约10米，兼具排水和护城功能。皇城内街道宽窄不等，主次分明，城内东西向、南北向正中各有一宽25米的主街，南北向贯穿全城，东西向贯通皇城南侧的东西两门，

元上都穆清阁东阙台楼阁遗址

元上都御天门瓮城

南北向沿主街对称布置两条15米宽的次街。皇城内建筑众多，以官署和庙宇建筑为最，东西两侧临街巷内可见20余处高台之上的官署和庭院遗址。城内四隅分布大型宗教性建筑，如乾元寺、大龙光华严寺、孔庙和道观等。皇城的东部和东南、西南两角地势低洼，有大片水潭，周边水草丰茂。

外城平面约呈方形，周长8800余米，围绕于皇城之西、北两面，整体形状呈倒“L”形。东墙接皇城东墙北端向北延伸，长815米，南墙接皇城南墙西端向西修筑，长820米，北墙和西墙均长2220米。外城共设7个城门，除与皇城共用的3门外，另设有南门一座、西门一座、北门两座，均设有马蹄形瓮城。外城城墙均为黄土夯筑，夯层厚约20厘米左右，夯实程度较皇城略次，墙体无马面、角楼等军事性附属设施。外城自西门北侧225米处，存东西向的隔墙至皇城北门瓮城西墙，将外城分为南北两部，隔墙基宽3米，残高0.7米～0.8米。外城护城河构筑整体保存较好，距离外城城墙约30米。

元上都晚期房屋遗址

元上都关广济仓遗址

元上都琉璃构件

元上都琉璃筒瓦

元上都龙形鸱吻

孔雀蓝釉香炉

青白釉香炉

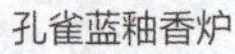

15 四郎城遗址

Site of Silang city

级　　别	国家级
年　　代	金代
地　　址	正蓝旗上都镇
交通信息	建议自驾
类　　型	古遗址
看　　点	历史故事
开放信息	免费开放

四郎城又称“侍郎城”，因其为乌桓游牧故地，故又名“桓州城”。其位于正蓝旗上都镇四郎城噶查，其正南方距正蓝旗政府所在地上都镇约2公里。该地区地势西北高东南低，面朝闪电河，水草丰茂，丘陵起伏不大。

四郎城始建于金代，相传为北宋小将杨四郎（即杨延朗）被辽国太后选做驸马之后为其所建的城池。在戏曲故事中，北宋与辽国幽州一役，杨四郎被辽军俘虏后，受到异族公主的钟情，改名换姓成了辽国的驸马。也有学者认为杨四郎的故事原型为宋真宗侍卫王继忠。四郎城因其地理位置特殊，成为契丹、女真、蒙古族等少数民族文化与中原文化交融相汇的历史文化重镇。

四郎城遗址航拍图

四郎城坐东北朝西南，平面约呈正方形，由外城和内城两重城墙组成。外城四面城墙长约1100米，占地面积约为120万平方米，内城位于外城东北角，其北边长约290米，南边长约281米，东边长约288米，西边长约285米，占地面积约8.2万平方米。外城城墙残高约3米～5米，基座宽约6米～8米，东西南北均设有马面，数量为13～16个不等，城墙四角可见角楼遗址。外城设置三门，位于东、南、西三面正中，依稀可见马蹄形瓮城。内城南侧正中开一门，且设置护城河，距内城城墙约25米，宽约5米。

四郎城遗址现状

多伦县

锡林郭勒盟多伦县古建筑分布图

16 汇宗寺

Huizong Lamasery

级　别	国家级
年　代	清代
地　址	多伦县会盟大街 85 号
交通信息	建议自驾
类　型	宗教建筑 · 砖木结构
看　点	宏大的佛教寺院建筑布局
开放信息	售票参观

汇宗寺蒙语名为“呼河苏默”，译为“青庙”，又名“章嘉活佛庙”或“东大仓”，与善因寺也就是“西大仓”相对应。汇宗寺是清朝统治者在蒙古高原所建的第一座喇嘛庙，也是清朝政府利用喇嘛教统治蒙古地区的发源地。

汇宗寺始建于清康熙三十年（1691 年）。清康熙二十九年（1690 年），康熙帝率大军于多伦淖尔以北今内蒙古翁牛特旗之地击败准噶尔部首领噶尔丹，第二年春天于多伦淖尔召集五十一部旗集会，史称“多伦诺（淖）尔会盟”，其间应各部所请，在此川原平衍，水泉清溢之地建寺以彰盛典。康熙三十五年（1706 年），派达赖五世大弟子章嘉呼图克图入寺任住持，至 1721 年该庙建成，汉式建筑风格。康熙取《夏书 · 禹贡》“汇汉朝宗于海”之意赐名“汇宗寺”，声名远播。1714 年康熙御书汇宗寺碑文，即多伦诺（淖）尔会盟碑。后多次修缮，其最盛时期占地 27.6 万平方米，有 1 座敕建寺院、10 座转世活佛仓、5 座官仓及 120 余旗各旗当子房组成。该庙于 1945 年毁于战火。

现汇宗寺由两个主要院落及若干新建院落组成。敕建寺院落坐北朝南，院前置影壁一座，其院落东西宽约 49 米，南北长约 161 米，占地面积约 7900 平方米，中轴线对称布局，由南至北布置山门殿、天王殿、钟鼓楼、大雄宝殿、佛宫东西配殿、释迦牟尼佛殿、官仓等。山门殿面阔三间，进深一间，单檐歇山灰瓦顶，檐下施三踩单昂计心造斗拱，殿内供奉哼哈二将，形象威武凶恶。天王殿面阔三间，进深一间，单檐硬山灰瓦顶，檐下一斗二升斗拱，檩檐枋饰蓝绿色旋子彩绘，门窗均浮雕卷草纹样。大经堂面阔九间，抱厦五间，重檐歇山灰瓦顶，上置双鹿闻法宝顶。其一层檐下置清式五踩单昂斗拱，二层檐下置清式七踩重昂斗拱，层层叠叠，华丽精美。东西配殿，面阔五间，进深三间，单檐硬山灰瓦顶。

章嘉活佛仓院落位于敕建寺院落东侧，古朴典雅。其东西长约 110 米，南北宽约 48 米，占地面积约 5100 平方米，中轴线对称布局，从南至北布置山门殿、南院东西配殿、天王殿、北苑东西配殿及正殿。山门殿面阔三间，进深一间，与敕建寺天王殿在同一水平轴线上，建筑形制相似。天王殿面阔三间，进深一间，单檐歇山灰瓦顶，菱形木格栅门窗，檐下彩绘年久褪色。正殿面阔七间，进深五间，重檐歇山灰瓦顶。台基 8 级厚重敦实，一层正面置六根圆柱，门窗、立柱均施赭石色，雀替浮雕卷草，梁枋、飞椽彩绘已模糊不清。二层悬挂吉祥八宝及金刚护法像彩绘长旗，

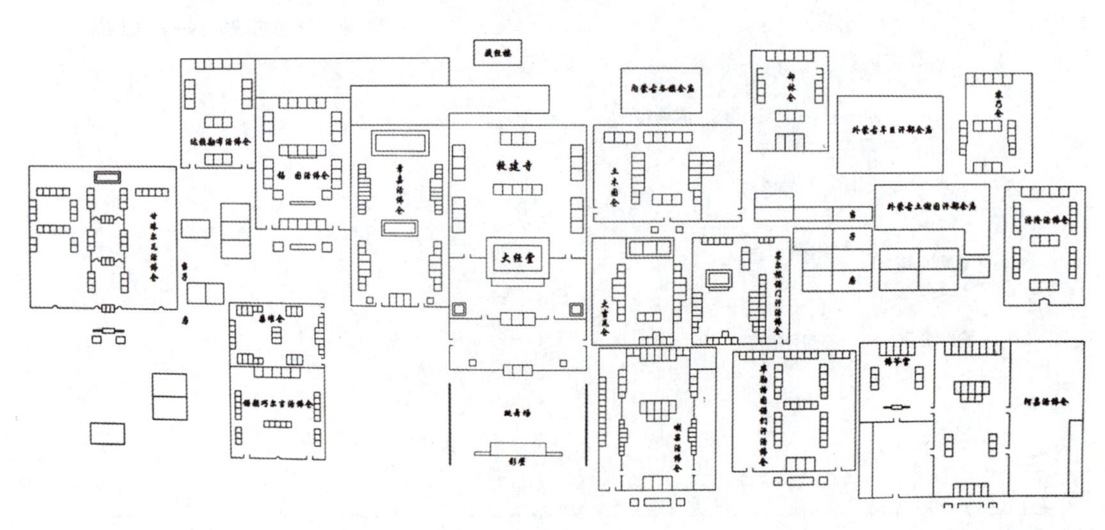

汇宗寺各仓分布示意图

汇宗寺远景

吉祥八宝藏语称“扎西达杰”，即宝伞、宝鱼、宝瓶、白海螺、吉祥结、胜利幢、金法轮及莲花。大殿内游客络绎不绝，香火缭绕，梁枋彩绘清晰可见。大殿前置香炉一座，东西配殿两座，进深三间、面阔三间、左右各置耳房两间，单檐硬山灰瓦顶。

除敕建寺和章嘉活佛仓两座主要院落外，东侧原址复建锡呼图活佛仓，西侧原址复建大吉瓦仓及墨尔根诺门汗活佛仓。且汇宗寺门前置大型广场，是多伦县人民集会娱乐的重要场所。

敕建寺天王殿及钟鼓楼

敕建寺大经堂

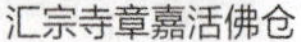

汇宗寺章嘉活佛仓

章嘉活佛仓正殿

17 善因寺

Huizong Lamasery

级　　别	自治区级
年　　代	清代
地　　址	多伦县城北
交通信息	建议自驾
类　　型	宗教建筑 · 砖木结构
看　　点	清代中期建筑风格
开放信息	售票参观

善因寺蒙语名为“沙拉苏默”，译为黄庙，最初因其主殿黄色琉璃瓦而得名，其建造年代晚于汇宗寺，又位于其西侧，故俗称“西大仓”。善因寺始建于清雍正五年（1727 年），较汇宗寺晚三十余年，为雍正帝庆贺蒙古地区全部归附，巩固统治所建，属皇庙性质的官式建筑范畴。善因寺中有碑可考“诸部蒙古，咸来尊仰。今其后身，秉质灵异，符验显然。且其教法流行，徒众日广。朕特行遣官，发帑金十万两，于汇宗寺之西南里许，复建寺宇。赐额曰：‘善因’。”善因寺建成后，雍正帝喇嘛教四大宗教领袖之一的章嘉呼图克图（活佛）入寺担任住持，蒙古各旗喇嘛僧在此居住，后至清乾隆十一年（1746 年），乾隆帝御赐“智源觉路”匾。

善因寺原有东、中、西三座院落，加上南面的广场及北面的雍正行宫（后于赐予章嘉呼图克图改为佛宫院），占地面积超过 30 万平方米，中轴线对称布局，以中院为中心，形成三面环绕的总体布局建筑群组，规模宏大，具有明代建筑遗风。中院沿中轴线布置山门殿、钟鼓楼、天王殿、东西厢及善因寺主殿，东西院对称布置两进院落。

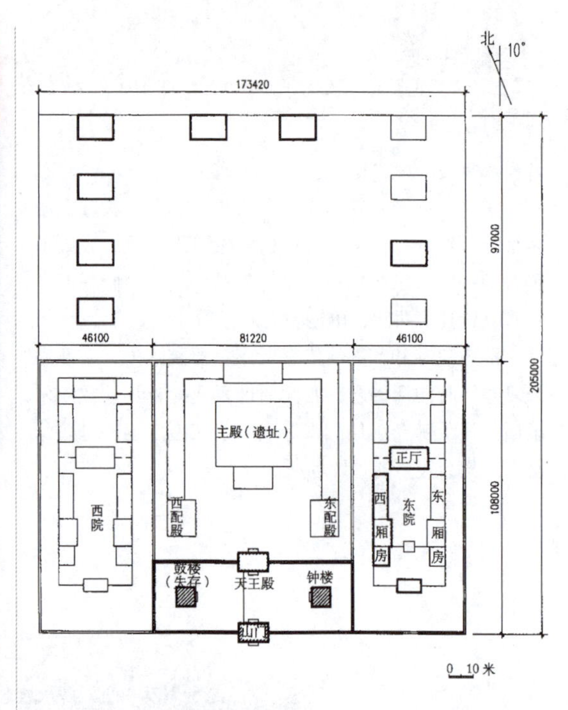

善因寺总平面图

现善因寺中院仅有山门殿、钟鼓楼及天王殿保存完好，其院落东西长约 27 米，南北宽约 79 米，占地面积约 2100 平方米。山门殿面阔三间 10.1 米，进深一间 6.4 米，单檐歇山黄色琉璃瓦顶。台基宽约 9 米，长约 12 米，高约 0.8 米，门窗浮雕卷草，檐下施单昂三踩斗拱，梁枋、飞椽彩绘隐约可见。钟鼓楼对称布置于天王殿前，平面呈方形，重檐歇山黄色琉璃瓦顶，一层四面各开一门，二层四面各开一窗，一层檐下三踩单昂斗拱，二层檐下一斗二 升交麻叶斗拱，梁枋、飞椽饰蓝绿色彩绘。天王殿面阔三间 10 米，进深两间 6.5 米，重檐歇山黄色琉璃瓦顶，古朴敦厚。台基长约 12.1 米，宽约 8.6 米，高约 0.6 米，门窗设菱形木格栅，檐下施五踩单翘单昂斗拱，彩绘已模糊不清。

东院存正宫部分建筑遗迹及西厢房，雍正行宫残存建筑遗迹若干。

善因寺山门

善因寺天王殿

天王殿及钟鼓楼

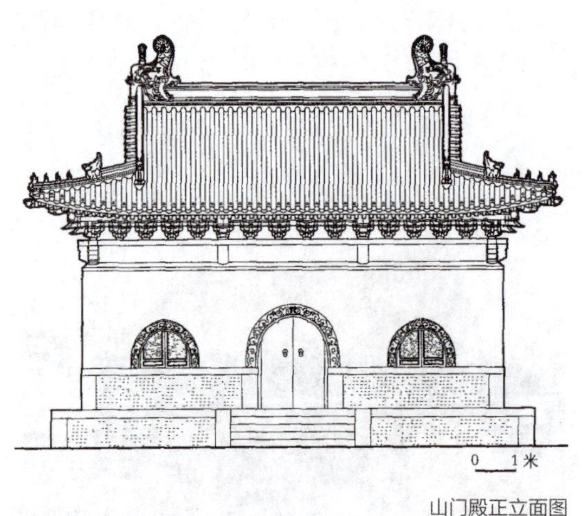

山门殿正立面图

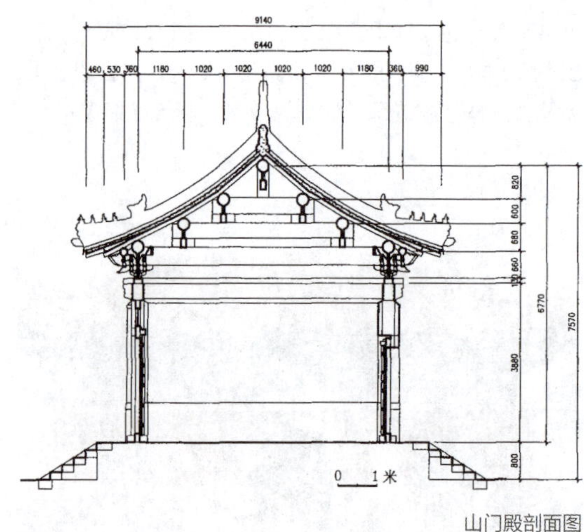

山门殿剖面图

18 多伦诺尔古建筑群

Ancient architectural complex at Dolon-nor

级　别	国家级
年　代	清代
地　址	多伦县城内
交通信息	建议自驾
类　型	宗教建筑、商业建筑
看　点	清代蒙汉贸易交流的中心
开放信息	免费开放

多伦县县名自蒙语“多伦诺尔”（现译为“多伦淖尔”），译为“七个湖”。清康熙二十九年（1690年），康熙帝北征得胜，并于翌年在此会盟之后，多伦县先后建“汇宗寺”“善因寺”两大寺院，逐渐发展成为蒙汉贸易交流的中心。到乾隆年间以逐渐形成以河为界，北为喇嘛寺城，南为蒙汉贸易城的格局，同治年间贸易交流达到顶峰，商号达4000余家，人口密集超过18万。商业城内，街道纵横，商铺密集，牲畜交易频繁，往来回族商人日渐增多，遂先后建有清真寺5座，分别为清真北寺、清真南寺、清真中寺、清真西寺和清真东寺。除藏传佛教寺院和清真寺外，多伦地区还建有碧霞宫、兴隆寺、城隍庙、财神庙等宗教建筑，文化气息浓重。

清真南寺

清真南寺位于多伦县城哈尔沁街东侧，目前正在修缮，尚未开放。该寺始建于雍正年间，于乾隆三十四年（1761年）扩建。为山西、宁夏、河北、山东等地的回民在此进行商贸来往时所建，是多伦地区始建年代最早的一座清真寺。现清真寺坐西朝东，院落占地面积约2100平方米，有南北两进院落，中轴线对称布局，沿中轴线布置山门殿、东西配殿及主殿。山门殿面阔三间，单檐硬山灰瓦顶，正脊浮雕花草纹样。主殿面阔五间，单檐硬山灰瓦顶，前后各接卷棚三间，平面呈“十”字形，后卷棚顶上设绿色琉璃瓦清真塔一座，占地面积约250平方米。正面稍间设圆形小窗，山墙面开拱形小窗。

清真南寺

清真南寺

清真北寺

清真北寺又称“北大寺”，位于多伦县城东一环与府前街的交叉路口处。该寺始建于嘉庆三年（1798年），经往来穆斯林民众捐资所建，属古行教派。该寺在“文革”期间遭到破坏，后被使用于水泥厂、珍珠岩厂等，直至1978年回归回族群众，现为穆斯林群众宗教活动主要场所之一。

清真北寺远景

清真北寺主殿

清真北寺彩绘

现清真北寺坐西朝东，院落平面约呈方形，东西长约51米，南北宽约34米，两进院落布局，占地面积约1600平方米，寺前设有广场。从东到西依次布置有山门、南北经堂及主殿。山门面阔三间，单檐硬山灰瓦顶，左右各设置一座小门，左右配殿面阔五间，单檐硬山灰瓦顶。主殿面阔五间，前卷后殿勾连搭灰瓦顶，前置歇山卷棚三间，后置重檐攒尖二层灰瓦亭一座。檐下梁、枋、檩均饰以黄绿色祥云、花草、莲花等内容彩绘图案，保存完好，颇具清真特色。

清真中寺

清真中寺位于多伦多伦县城灯棚街中部多伦伊斯兰教协会内。该寺始建于光绪三十四年（1908年），民国十九年（1930年）扩建，民国二十四年（1935年）竣工，占地面积约1600平方米。该寺最初为清真北寺在此修建的“义学”，后更名为清真中寺，属古行教派。现清真寺院落布局已非原有布局，有礼拜殿、男女浴室、管理委员会、接待室等，院落南北长约82米，东西宽约34米，占地面积约1100平方米。礼拜殿面阔五间，单檐硬山灰瓦顶，前后各设卷棚三间。该殿门窗、立柱均涂绿色，梁、枋、垫板绘有花草、山水、穆斯林建筑等图案彩绘，抱头梁绘有阿拉伯文字图案。主殿檐下悬有“普慈今世”“福佑一真”“福慈后世”三块牌匾，明间挂有“天命津注清真独一自古认实七日，圣行传化正教无二原来归信五夺”对联一副。

多伦县老城区清真寺除南、北、中三寺外，还有同治八年（1869年）所建的清真东寺，光绪五年（1879年）所建的清真西寺等。

清真中寺

兴隆寺

兴隆寺当地俗称“佛殿”，位于多伦县城佛殿街和福盛街的交叉路口处。该寺始建于雍正十二年（1734年），为当时在多伦地区的京城商人集资所建，为汉传佛教寺院，该寺为当地汉文化传播的重要场所，寺前的佛殿街为旧时的“北京商业街”，其建筑形式对多伦地区周边建筑的影响较大。该寺坐北朝南，中轴线对称布局两进院落，院落南北长约46米，东西宽约23米，占地面积约1100平方米，沿中轴线布置山门、东西耳房、配殿、钟楼及主殿，布局精巧紧凑。山门面阔三间，单檐硬山灰瓦顶，正脊浮雕花草，檐下彩绘年久不清，次间置六角形窗。山门左右各有阁楼式耳房两间，单檐卷棚灰瓦顶。西配殿及鼓楼仅存遗址，东配殿面阔三间单檐硬山灰瓦顶，钟楼与配殿相连，一层略低于配殿，重檐歇山灰瓦顶，正脊及垂脊均浮雕祥云及卷草图案，檐下施一斗四升斗拱，木构件均饰以黄绿色彩绘，图案已不清晰。主殿面阔五间，单檐硬山灰瓦顶，山花浮雕祥云卷草，年久失修，墙体已出现开裂。

兴隆寺山门

兴隆寺远景

城隍庙

城隍庙位于多伦县城福盛和东胜街之间的城隍庙街，现已被用作民宅。该庙仅存东西配殿各三间，并各有耳房一间，单檐硬山灰瓦顶。配殿木构架均为原有建筑木构架，墙体稍有损毁，屋顶保存较好，正脊及垂脊均浮雕莲花图案，檐下斗拱保存较好，三踩单昂。

城隍西配殿

碧霞宫

碧霞宫位于多伦县城佛殿街和东胜街的交叉路口处，为多伦地区道教文化的传播地。相传碧霞宫又称娘娘庙，是“碧霞元君”的居所，是吉祥、慈爱、圣洁的象征。碧霞宫坐西朝东，院落平面约呈方行，东西长约29米，南北宽约28米，占地面积约800平方米。碧霞宫现有牌坊、钟鼓楼、南北配殿及主殿一座。

碧霞宫

山西会馆

山西会馆又称“伏魔官”，位于多伦县城会馆街，因其正殿供关云长，所以又称其“关帝庙”。山西会馆始建于清乾隆十年（1745年），主要用于山西籍商贾聚会活动，后于清道光、嘉庆年间均有修缮，后至民国二年（1913年）重修。该地在抗日战争时期曾用作革命活动。

山西会馆坐北朝南，南面为广场，广场上布置牌坊及辕门两座，西邻清真东寺，东临兴化书院。山西会馆主要院落分为东、中、西三院，共四进院落，院落南北长约 102 米，东西宽约 48 米，占地面积约 4300 平方米。中轴线对称布局，中院从南到北布置山门、下宿、戏台、钟鼓楼、二山门、过殿、东西长廊、主殿等。山门面阔三间、左右各有耳房三间，单檐硬山灰瓦顶，檐下施五踩单昂斗拱，彩绘繁复，门前存大、小石狮子各一对。大戏楼三开间硬山带歇山抱厦，檐下挂“演绎春秋”匾额，施清式三昂七踩斗拱，层层叠叠，密密麻麻，梁枋施多种木雕构件，雕有盘龙、瑞兽、花草等。二山门也称“义门”，面阔五间、进深三间、单檐硬山灰瓦顶，挂“忠义师表”匾额，门前存石狮子一座，檐下施三踩斗拱，雀替雕飞凤及花草，彩绘稍有褪色。二山门北侧建有卷棚歇山门亭一座，二山门东、西各有一座小门，小门旁为钟鼓楼。过殿也称“忠义堂”或“议事厅”，面阔五间，单檐硬山灰瓦顶，檐下挂“赢得富足”匾额。主殿为关公殿，面阔五间抱厦三间，单檐歇山带卷棚抱厦灰瓦顶，正脊正中置金象一座，檐下挂“亘古一人”匾额，梁、枋彩绘人物、花鸟故事图案，挂落浮雕莲花，门簪浮雕祥云。主殿前存香炉一座，东西配殿各一，配殿内绘有关羽相关的三国故事彩绘。除主要建筑外，山西会馆内存“圣井”一口，相传为山西会馆选址时风水所在，水旺则财旺。

山西会馆广场

山西会馆戏台

山西会馆戏台

山西会馆二道门及钟鼓楼

商号宅院

商号宅院位于多伦县城二道街与财神庙街的交会处，现正在修缮中。商号宅院坐东朝西，分为内外两院，内院平面约呈方形，占地面积约 300 平方米，外院包裹内院呈倒“凹”字形，占地面积约 1200 平方米。院内建筑多联排布置，布局紧凑，单檐硬山灰瓦顶为主，建筑木构架多饰绿色。

商号宅院

19 金界壕遗址（锡林郭勒段）

Ruins of boundary facilities of Jin Dynasty

级　别	国家级
年　代	金
地　址	锡林郭勒盟全境
交通信息	建议自驾
类　型	古遗址
看　点	残墙、壕沟
开放信息	免费开放

锡林郭勒盟东乌珠穆沁旗、阿巴嘎旗、苏尼特左旗、苏尼特右旗境内存金界壕漠南线部分遗址，锡林郭勒盟锡林浩特市、正蓝旗、正镶白旗、镶黄旗境内为岭南线部分遗址。

金界壕漠南线主要分布于漠南草原沙漠地区，始建于金熙宗时期（1135—1150 年），主要用于抗击南下的蒙古族。金朝与蒙古族历经十余年交兵之后于 1147 年议和，但蒙古人依旧跨越西平河界南下，金朝不得不放弃岭北线，而向南修建漠南线抵御蒙古人。金界壕漠南线东起于呼伦贝尔市莫力达瓦达斡尔族自治旗七家子村，向南穿黑龙江省进入兴安盟扎赉特旗，经科尔沁右翼前旗、锡林郭勒盟东乌珠穆沁旗进入蒙古国境内，于阿巴嘎旗回到我国境内并向南延伸，经锡林郭勒盟苏尼特左旗、苏尼特右旗，乌兰察布市四子王旗、达尔罕茂明安联合旗，终于呼和浩特市武川县境内。漠南线界壕形制简单，由壕沟主体和边堡构成，壕沟主体为平地挖沟后所建的单线墙壕，现存墙基底宽约 10 米 ~ 15 米，残高约 0 米 ~ 2.5 米不等，壕沟宽约 3 米 ~ 8 米，深不到 1 米。边堡与壕沟主体相近，平面约呈方形，边长 40 米 ~ 200 米不等，四角均设角楼，于东面或西面开一门。

金界壕岭南线始建于金世宗大定四年（1164 年），又分为东支线与西支线，东支线主要为了防御蒙古族和契丹族部落，西支线主要用于防御蒙古族和西夏族。

穿越锡林郭勒盟的金界壕岭南线为岭南线西支线，其由赤峰市克什克腾旗进入锡林浩特市境内，穿正蓝旗、正镶白旗、镶黄旗后向南进入乌兰察布境内。岭南线较岭北线、漠南线修建时间较晚，建造手法更为成熟，壕墙结构有单线和双线两种，双线墙壕结构为“壕—墙—壕—墙”，且墙体多设马面，断面为梯形，现残高 1 米 ~ 3 米。边堡分为大小两种，小边堡平面约呈方形，边长 20 米 ~ 40 米不等，不设角楼，于东面或西面开一门；大边堡平面呈方形或长方形，边长 40 米 ~ 200 米不等，四角设角楼，于东面或西面开一门，门外设瓮城及护城壕。

岭南线太仆寺旗千斤沟镇边墙沟村墙体及马面

漠南线东乌珠穆沁旗境内金界壕遗址

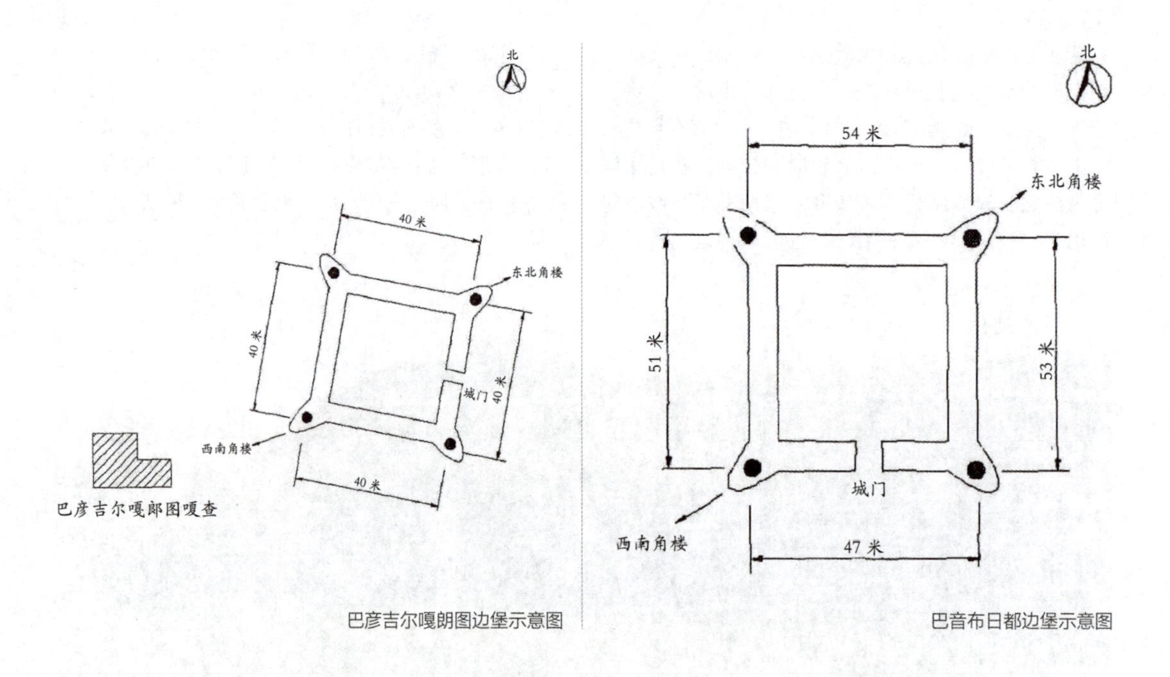

巴彦吉尔嘎朗图边堡示意图

巴音布日都边堡示意图

锡林郭勒盟其他文物建筑列表

名　称	级　别	地　址	年　代	简　介
砧子山墓群	国家级	锡林郭勒盟多伦县	元代	内蒙古地区最大的元上都居民的丛葬区。
恩格尔河墓葬	国家级	锡林郭勒盟苏尼特左旗	元代	葬有一名女性，是内蒙古地区罕见的元代独木棺墓葬。
金斯太洞穴遗址	国家级	锡林郭勒盟东乌珠穆沁旗	旧石器时代、新石器时代、青铜时代	旧石器时代至商朝草原先民的居住遗址。
苏尼特左旗红格尔、毛瑞苏 特、宝德尔朝鲁岩画群	自治区级	锡林郭勒盟苏尼特左旗	青铜时代	岩画保存比较完好的计有600余幅，表现古代北方游牧民族的生产、生活情况。
羊群庙祭祀遗址	自治区级	锡林郭勒盟正蓝旗	元代	遗址由石围墙、祭台、汉白玉石雕像和建筑基址及供祭遗存组成。
多伦辽代墓群	自治区级	锡林郭勒盟多伦县	辽代	墓葬装饰华丽，并出土大量珍贵文物。
东凉亭遗址	自治区级	锡林郭勒盟多伦县	元代	又称夏宫，元朝皇帝的避暑行宫遗址东凉亭，为元上都周围的4处避暑行宫之一。
下玛塔拉遗址	自治区级	锡林郭勒盟苏尼特左旗	新石器时代	面积约6800平方米，采集有新石器时代打制石片、石叶，磨制石器；辽至金代绿釉陶片及铁镞、“熙宁元宝”铜钱等。

续表

名 称	级 别	地 址	年 代	简 介
吉布胡郎图墓群	自治区级	锡林郭勒盟苏尼特左旗	北朝	共有25座墓葬，面积约5万平方米，出土有夹砂菱格纹陶罐2件、铜带钩、三翼铜镞、绿松石等。
玄石坡、立马峰石刻	自治区级	锡林郭勒盟苏尼特左旗	明永乐八年	相传为明永乐八年（1410年），永乐帝征漠北路经此地所刻。
乌兰沟墓葬	自治区级	锡林郭勒盟镶黄旗	旧石器时代、元代	葬有一名蒙古贵族少女，出土了黄金马鞍、金杯、金耳坠、金镯等一批珍贵文物。
那仁乌拉城址	自治区级	锡林郭勒盟镶黄旗	金代	城址平面呈正方形，边长为1150米，略朝向西南，推测该城为金代重要边防城池。
德力哈达岩画	旗级	锡林郭勒盟苏尼特右旗	青铜时代至早期铁器时代	布尔很哈达，蒙古语，意为“神山”古代游牧民族岩画。
太仆寺左翼旗衙门	旗级	锡林郭勒盟太仆寺旗	清代	现存在太仆寺左翼旗衙门共有房屋4栋，格局相同，为青砖青瓦的砖木结构建筑。
王盖敖包	旗级	锡林郭勒盟西乌珠穆沁旗	清代	西乌珠穆沁旗内等级最高，规模最大的敖包。

9
赤峰市
CHIFENG

赤峰市古建筑分布图

Historical Architectural Map of Chi Feng

1 清真北大寺
2 赤峰天主教堂
3 辽代塔子山白塔
4 法轮寺
5 辽中京遗址
6 宁城县黑城遗址
7 福会寺
8 喀喇沁亲王府
9 锦山龙泉寺
10 灵悦寺
11 和硕端静公主墓
12 宁昌路遗址
13 武安州遗址
14 梵宗寺
15 张应瑞家族墓
16 饶州故城遗址
17 大营子天主教堂
18 应昌路故城城址
19 庆宁寺 / 比拉古寺
20 乌兰布统战场遗址
21 荟福寺 / 东大庙
22 辽庆州城及庆陵
23 辽怀州城及怀陵
24 康熙行宫
25 巴林王府
26 沙巴尔台巴林王府
27 巴林敖日盖王府
28 辽上京遗址
29 辽陵及奉陵邑（祖陵祖州）
30 真寂之寺石窟
31 平顶山石窟寺
32 前召庙石窟寺
33 宝善寺
34 根培庙
35 罕庙

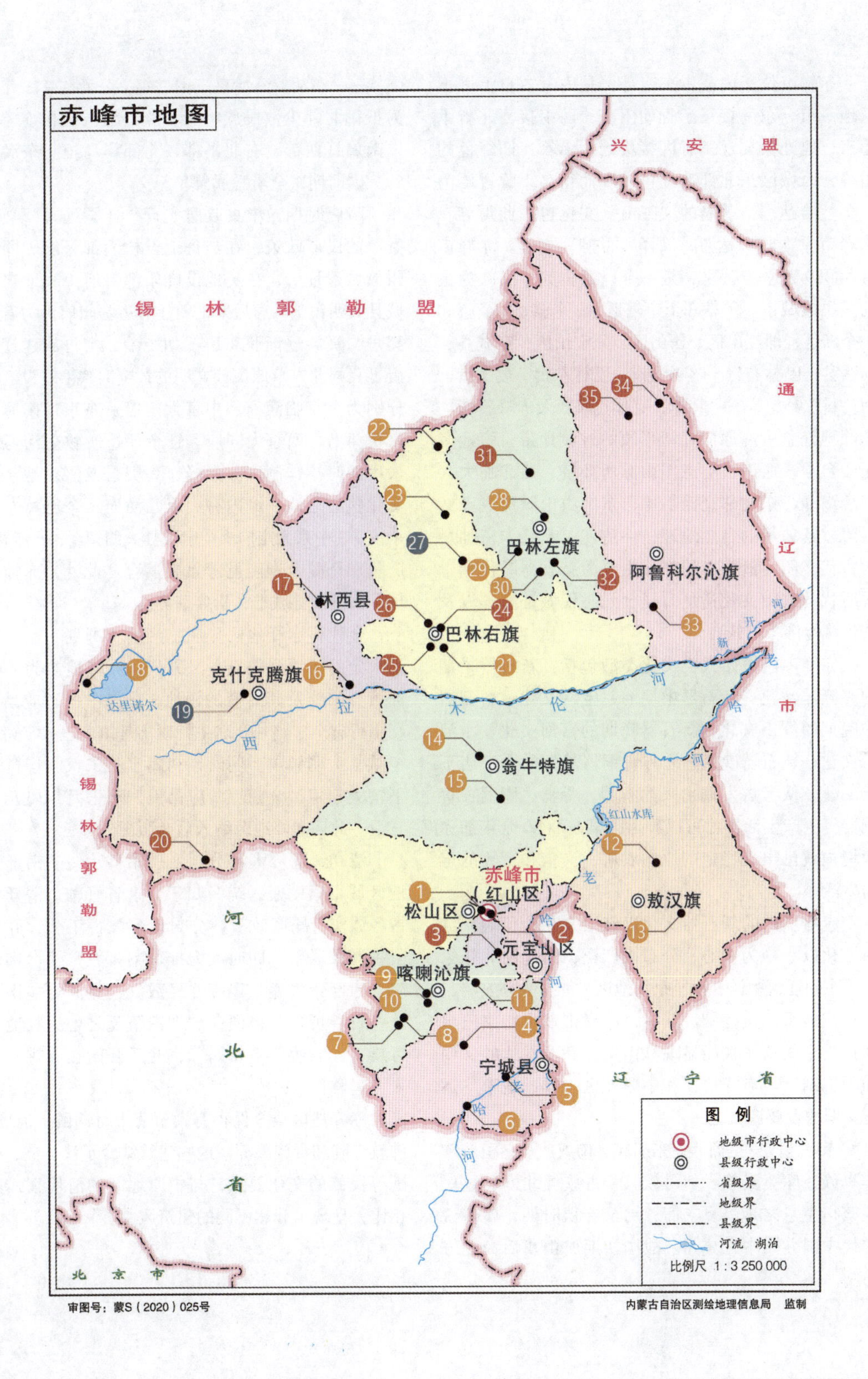
赤峰市地图
兴安盟
锡林郭勒盟
通辽市
锡林郭勒盟
河北省
辽宁省
北京市
巴林左旗
阿鲁科尔沁旗
林西县
巴林右旗
克什克腾旗
达里诺尔
翁牛特旗
红山水库
赤峰市
（红山区）
松山区
敖汉旗
元宝山区
喀喇沁旗
宁城县
西拉木伦河
新开河
老哈河
图例
地级市行政中心
县级行政中心
省级界
地级界
县级界
河流 湖泊
比例尺 1 : 3 250 000
审图号：蒙S（2020）025号
内蒙古自治区测绘地理信息局 监制

概 述

赤峰市位于内蒙古东南部，是内蒙古自治区下辖地级市，东南接辽宁省朝阳市，西南接河北省承德市，地处蒙冀辽三省区接壤处。赤峰，即红色的山峰，因城区东北部赭红色山峰而得名，蒙古语为“乌兰哈达”，著名的“红山”文化也因此得名。赤峰市原为昭乌达盟，汉译“百柳”之意。赤峰市总面积9万平方公里，是一个以蒙古族、汉族为主的多民族城市。下辖3个市辖区、2个县、7个旗和一个新区，即红山区、松山区、元宝山区；宁城县、林西县；巴林右旗、喀喇沁旗、巴林左旗、敖汉旗、阿鲁科尔沁旗、翁牛特旗、克什克腾旗及赤峰新区。赤峰地处蒙古高原向辽河平原的过渡地带，腹地多丘陵台地。西南被七老图山脉所环绕，西北临大兴安岭南麓，东北邻辽河平原，东南由山脉形成天然屏障。其独特的自然地理条件造就了赤峰丰富灿烂的古代文明，最精彩的部分主要为新石器时代和青铜时代的红山文化遗址、辽金元时代城址墓葬以及清代藏传佛教建筑。

赤峰市内原始人类文化类型包括：新石器早期的兴隆洼文化；新石器中期的赵宝沟文化；新石器中晚期的红山文化、新石器晚期的富河文化、小河沿文化；新石器晚期、北方青铜器早期的夏家店下层文化。从考古发掘出来的石器、骨器、陶器、青铜器等生产生活器物可以看出，早在8000余年前赤峰境内就已出现稳定的原始农耕、渔猎和畜牧的定居生活。

赤峰境内的新石器文化以红山文化为代表。红山文化以赤峰为中心，分布极广泛，西起河北张家口，东到辽河中游，南至京津地区，北至大兴安岭，为自成体系的文化圈。其中，赤峰市翁牛特旗三星他拉出土的玉龙最能显现红山文化高度发达的文明和用玉制度。赤峰地区和中原地区一样，是中华远古文明的重要源流之一。

赤峰地区曾是商族、东胡族、匈奴族、乌桓族、鲜卑族、库莫奚族、契丹族、蒙古族等北方少数民族繁衍生息之地。夏、商、周至春秋时期，属传说古代中国九州中之冀州。战国初期属山戎后裔北方强族——东胡。秦始皇三十二年（公元前215年），为抵御北部少数民族将秦、燕、赵长城相连，长城以南属辽西郡、右北平郡，北部属乌桓。东汉中期到三国前期，全境悉属鲜卑。

隋唐时期，中央政府实行“怀柔远人，义在羁縻”的民族政策，在契丹地设松漠都督府（即今饶州故城遗址），在奚地设饶乐都督府（故址在今宁城县大明镇）。唐后期，朝廷对边疆州府无力管理，契丹与奚族逐渐脱离唐王朝统治，契丹族建辽，开启了我国北方草原民族文明的黄金时代。辽设五京，分别为上京临潢府、中京大定府、东京辽阳府、南京析津府、西京大同府。辽帝保持游牧生活习惯，采用四时捺钵制度。赤峰作为契丹龙兴之地，为辽文化核心之地，境内有上京临潢府（今巴林左旗林东镇）、中京大定府（今宁城县大明镇），并有祖陵、庆陵和怀陵及奉陵邑等重要遗存。此外，赤峰还发现了大量州县城址，贵族墓葬等。

金代，赤峰地区分属临潢府（即辽上京）、北京大定府（原辽中京）。元代，赤峰地区为成吉思汗黄金家族及其后裔的领地，分属中书省应昌路、辽阳行省全宁路（今翁牛特旗乌丹镇）、大宁路（今宁城县大明镇）。明时，初属宁王朱权大宁都司，下辖大宁卫、全宁卫、应昌卫，永乐元年属兀良哈三卫。此后赤峰地区纳入后金版图。

清初，赤峰大部分地区属昭乌达盟，南部部分地区属卓索图盟，统一归于直隶省管辖。清廷对蒙古各族实行羁縻政策，分封诸多蒙古王公，并下嫁公主满蒙联姻，同时大力推行喇嘛教，建设佛教寺院。康熙帝去盛京谒陵途经敖汉，见此处“田土甚佳，百谷可种”，便命“酌留草茂之处为牧地，余可垦耕，农牧两不相妨”，此后开始在此耕种，引入大量移民。

赤峰地区至今保存有大量清中时期的王府府邸、佛教寺院和贵族墓葬。这些建筑结合了汉、蒙、藏、满等民族的文化要素，与中原地区的清代官式建筑相比，呈现出截然不同的建筑风貌。

红山区

1 清真北大寺

Northern Mosque

级　　别	国家级重点文物保护单位
年　　代	清代
地　　址	赤峰市红山区步行街 51 号
交通信息	公交 36 路，21 路等
类　　型	清真寺建筑
看　　点	礼拜殿，立面装饰
开放信息	免费开放

赤峰地区是发展较早的回族定居地之一。清乾隆初期，有张、马、白等 10 户回民自山东等地迁来赤峰定居，后人称“赤峰回民十大家”。伊斯兰教自此传入赤峰。此后于西横街西侧建土房五间，是为清真北大寺之前身。

赤峰清真北大寺所处的赤峰红山区步行街路西 51 号，是当时最为热闹繁华的哈达街。清乾隆二十二年（1757 年），哈达街（今红山区老城）便已初具规模。由于清初招垦及雍正初年借地养民政策，汉人大量涌入，商业渐兴，并形成“九街三市”的街巷格局，哈达街成为关外农商各界辐辏之地。乾隆七年（1742 年）因需改建清真寺，时任乡老请来曾建奉天清真南寺的工匠设计施工，所以赤峰清真北大寺与沈阳清真南寺的形式颇为相似。改建后的清真寺是赤峰地区最为著名、现存规模最大的伊斯兰教建筑。

清真北大寺建筑群以中国传统四合院方式布局，但依据伊斯兰教建筑特征沿东西向延展，其礼拜殿朝向西方圣城麦加。建筑群由山门、礼拜殿、配殿、沐浴室等构成，其中山门和礼拜殿位于中轴线上。

山门为单檐硬山布瓦建筑，青砖砌筑，局部施青绿色彩绘，立于台基之上，略高于两侧便门。山门中开拱券门，券上装饰伊斯兰教特色的花草纹浅浮雕，下部用莲瓣须弥座承托。拱券两侧各立一装饰精美的抱鼓石。正门两侧做六角形窗洞，配石窗套，窗洞内设三交六椀菱花窗。山门后出抱厦，可通院落。

清真北大寺山门

清真北大寺沿街

清真北大寺山门侧影

院落正中坐落着礼拜大殿，大殿由抱厦、大殿、窑殿三部分纵深相连，屋顶完全连通构成“勾连搭”形式。礼拜殿整体落于台基之上，抱厦作为建筑前廊空间，为教徒礼拜时整衣、脱鞋之处。前廊面阔三间，进深两间，施歇山卷棚顶，屋顶坡度平缓，檐下施五踩斗拱，柱间做极具装饰色彩的雀替。廊内木架遍施苏式彩画。由前廊进入大殿，来到最主要的礼拜场所。大殿为面阔五间的硬山建筑。正面朝向前廊开三门，两侧为木槛窗。其两侧山面立面颇为不同，正中窗洞做尖券，周边施以精美细腻的石雕线脚，其上设方形砖雕，两侧又开圆窗。最后一进窑殿为卷棚歇山式建筑，内设楼梯可直通望月亭。望月亭为二层六角攒尖的中国木构楼阁式建筑形象，屋顶上置铜质镏金宝顶非常醒目。按伊斯兰教规，斋月须登临望月亭“见月封斋”。望月亭底层周圈通廊设围栏，上层周圈门窗，两层均施斗拱，古朴、典雅、精巧、别致。

清真北大寺礼拜殿

清真北大寺礼拜殿

清真北大寺礼拜殿抱厦梁架

清真北大寺礼拜殿细部

清真北大寺礼拜殿望月楼

清真北大寺礼拜殿侧立面

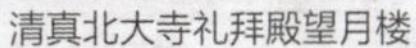

2 赤峰天主教堂

Chifeng Catholic Church

级　　别	自治区级文物保护单位
年　　代	清代
地　　址	赤峰市红山区二道街 10 号
交通信息	公交 1 路等
类　　型	天主教堂
看　　点	哥特式教堂
开放信息	免费开放

赤峰天主教堂位于二道街东端，是赤峰市区最早的教堂。教堂由赵庆化主教于 1932 年兴建，建成于 1939 年。教堂宽 12 米，长 38.5 米，计 11 间，面积约为 462 平方米，能容纳 800 人参与弥撒。

清道光十五年（1835 年），天主教由北京法国巴黎外方传教会传入赤峰。1934 年，教区在赤峰二东街路北建主教座堂。经过圣母圣心会近百年苦心孤诣的经营，教堂形成现在规模。

教堂为哥特式建筑，正面左右各高耸一钟楼，钟楼高 30 余米，钟楼上设尖顶，立十字架，四周各另设一十字架。钟楼分三段，四面各开两个尖拱券窗，具有哥特式建筑特色。正中为人字坡屋顶，下开尖拱券门，上作圆形窗。堂内有 14 根圆柱，做哥特式尖拱券顶。

赤峰天主教堂外观

赤峰天主教堂

赤峰天主教堂室内

元宝山区

3 辽代塔子山白塔

White Pagoda of the Liao Dynasty on Tazi Hill

级　别	自治区级文物保护单位
年　代	辽代
地　址	赤峰市元宝山区美丽河镇大营子村西北静安寺后塔子山
交通信息	建议自驾
类　型	古塔
看　点	辽塔
开放信息	免费参观

辽代塔子山白塔又名静安寺塔，坐落于赤峰市元宝山区美丽河镇大营子村。白塔伫立于村内静安寺西北的塔子山山顶之上。塔子山东、西、北三面由山脉包围，山下东南部为辽代静安寺遗址。现在原址上复建的静安寺是内蒙古地区规模较大的汉传寺院，其建筑面积约 1 万平方米。在静安寺后山坡上坐落着辽代耶律昌允及其夫人兰陵郡夫人萧氏的合葬墓。现墓园围墙遗迹和墓坑仍依稀可辨，墓坑内保留有砖石遗迹。

长久以来，此塔的建造时间及背景不为人知。结合 2000 年挖掘出的塔东南侧辽代墓葬中耶律昌允及妻子兰陵郡夫人的墓志，以及宁城县大宁故城南榆树林子乡蒙古十家子发现的“创建静安寺碑”，方可窥此塔背景之一斑。耶律昌允许心向佛，立愿建寺但不幸中道身亡，其夫人发大志完成先夫遗愿，于辽道宗

塔子山白塔远景

静安寺远景

清宁八年（1062 年）至咸雍八年，建成寺院。此外，其长子得佛牙一颗，舍利子七百余粒，兰陵郡夫人为此开龛供奉佛牙舍利。咸雍六年（1070 年），辽道宗为此寺赐名为“静安寺”。

行驶在远处的公路上即可观望到山顶白塔。白塔直接建在山体基岩之上，塔身八角形，直径约 6 米，基座每面边长 2.45 米，残高约 14 米，位于复建的静安寺后山。进入静安寺内拾阶而上，行至 300 余米即可登临白塔。

白塔为砖砌八角形密檐覆钵组合式塔。由塔座、塔身、塔顶组成，塔顶以上部分损毁不存，现已按原样修复。基座为双束腰须弥座，下部为近代维修，按八角形直墙壁砌筑，原形制不清。

塔体较小，每面须弥座束腰部分由两转角蜀柱及中间蜀柱隔成两个壶门。下层束腰为辽塔中常见的桃形壶门，壶门内曾雕有辽塔常见的乐舞人，现已全部缺失，蜀柱中间雕刻牡丹花卉，转角雕兽面纹。须弥座的上部雕饰以莲瓣。上层束腰与下层束腰格局基本一致，但壶门为方形。

一层塔身正面辟拱券龛，四角各面饰砖雕菩萨立像一尊。菩萨及龛上部均有砖雕宝盖。塔身转角处砌三层幢式塔，既可以强化塔身层次增加美感，同时加固塔体。

塔子山白塔立面

三层塔身之上为塔顶，现为覆钵顶，其上刹座、相轮不存。

塔下有地宫，早年遭到破坏。后修葺塔体时，为保护塔体结构避免倾覆，没有对地宫进行挖掘清理，仅将地宫做回填砌封。

辽静安寺塔建于辽代中晚期，应是辽代佛教事业鼎盛、筑塔技术成熟创新时期的产物。其三层密檐、球形覆钵塔刹的形制在自治区境内留存至今的众多辽金佛塔中极其罕见，虽然层级不高，但此塔建筑技术精巧，也因此使其坐落于山岩突出部的不利抗震条件下仍能傲然屹立千年不倒。

塔子山白塔细部 1

塔子山白塔细部 2

塔子山白塔附近墓葬

宁城县

4 法轮寺

Falun Lamasery

级　别	国家级重点文物保护单位
年　代	清代
地　址	赤峰市宁城县大城子镇上五家村
交通信息	建议自驾
类　型	藏传佛教建筑
看　点	藏传佛教建筑群，大雄宝殿
开放信息	免费开放

法轮寺坐落于宁城县大城子镇上五家村。寺院为喀喇沁中旗第三任札萨克齐齐克所建，始建于清乾隆十年（1745 年），清嘉庆八年（1803 年）竣工，系该旗札萨克家庙及旗境内规模最为宏大的藏传佛教寺庙，也有学者称该寺建于辽、金、元时期的灵隆寺废墟之上。寺庙汉名为“法轮寺”，蒙古语名为“马日图庙”“好若庙”，鼎盛时期占地 368 亩，大小殿宇 23 座，佛像 2000 多尊，殿内供奉 20.8 米高檀香木雕弥勒佛像。昔日，寺院后有大佛寺，东有普昭寺，西有白塔寺，共同形成规模宏大的寺庙群体，蔚为壮观。

然而，时代变迁给这座寺院留下累累创伤，寺庙建筑群逐年被毁，“文革”期间，寺庙部分殿宇被用作战备粮库才留存至今。1992 年在该寺第二十五代住持希日布尼玛的主持下开始重建寺庙，经十余年的修缮和重建，形成现在的布局和规模。现法轮寺建筑占地约 3600 平方米之多，由南向北依次为山门、关公殿、韦驮殿、天王殿、钟楼、鼓楼、旃檀殿、地藏殿、药师殿、大雄宝殿、长寿殿、护法殿、灵隆寺及喇嘛居所共 14 座主体建筑，另有 8 座辅助建筑。

山门为五开间单檐硬山建筑，前檐出廊，设五级台阶。中开三座券门，两侧设券窗。第一进院落正中为天王殿，单檐歇山三开间，正中开券门，两侧开圆窗。第二进院落正中为旃檀殿，重檐歇山建筑。建于 1745 年，与观音殿相连，坐落在 1 米高的台基上。面阔五间，进深七间，设副阶周匝，石柱外廊，屋顶为重檐歇山式，灰色布瓦，顶上设宝顶。东西两侧有重檐钟鼓楼，一层出短檐，二层向内收施歇山顶。

第三进院落正中为法轮寺的主体建筑大雄宝殿。大雄宝殿落于台基之上，面阔九间，进深八间，外沿设副阶周匝，汉藏混合建筑。屋顶形式为罕见的三重歇山式。室内建筑空间为典型的藏式都纲法式。建筑风格集伽蓝制与格鲁派于一身，主体建筑外廊为花岗岩石柱。外檐下建筑彩画精美而富有特色，门窗楣对砌镶嵌花岗岩石拱，并雕有海水江涯和梵文图案。

大殿北侧灵隆寺为七开间单檐硬山建筑，两侧设长寿殿及护法殿，均为单檐歇山建筑。

在法轮寺西侧山坡上，仍保留有白色喇嘛塔一座，为原白塔寺遗迹。

天王殿

钟楼 1

钟楼 2

旃檀殿

旃檀殿转角

大雄宝殿

大雄宝殿入口

大雄宝殿室内空间

大雄宝殿侧影

灵隆寺

长寿殿

护法殿

法轮寺外山坡白塔

5 辽中京遗址

Site of the Middle Capital of the Liao Dynasty

级　别	国家级重点文物保护单位
年　代	辽代
地　址	赤峰市宁城县大明镇
交通信息	建议自驾
类　型	古城址，古建筑
看　点	大明塔，小塔，半截塔
开放信息	免费开放

辽中京遗址位于赤峰市宁城县大明城老哈河北岸的冲积平原上。辽中京是辽代的五京之一（上京临潢府、中京大定府、东京辽阳府、南京析津府、西京大同府），始建于辽统和二十一年（1003 年），建成于统和二十五年（1007 年），并设立大定府。

中京地区地理位置险要，为历代兵家必争之地。自西周至战国，世为山戎、东胡所居，战国后期，燕将秦开却胡千里，筑长城以拒胡，始设辽东、辽西、渔阳、上谷、右北平五郡。北魏以后契丹始强，逐渐南牧，遂与奚族共同占据中京地带。因这里土地肥沃，气候适宜，且地近中原便于和宋朝交往，所以辽圣宗时这里被确立为辽中京，也是辽代五京中规模最大的城市。辽亡后，金代改称其为“北京路大定府”，元代又改称“大宁路”，明代初年在此设大宁卫，永乐元年（1403 年）撤销卫所，从此沦为废墟。1959 年至 1960 年，内蒙古自治区文物工作队等单位对遗址进行了调查和考古发掘，钻探面积达 450 万平方米，发掘面积 6000 平方米，深入研究了辽、金、元、明各朝代的城市规划和地下遗迹。

辽中京的城市布局仿照北宋汴京开封的布局制式，设外城、内城、皇城三重城垣。外城平面呈长方形，东西 4200 米，南北 3500 米，南墙正中辟门，筑有瓮城，四角设角楼。自外城南门朱夏门至内城南门阳德门，设 64 米宽、1400 余米长的中央大道，两侧设有以木板覆盖的排水沟，可从城墙下涵洞中排出污水。此外大道还各有南北向街道三条，东西向街道五条，路宽 4 米至 15 米不等。距朱夏门约 500 米的大道中心，残存有马鞍形土包一座，据推测属市楼遗址。

内城设于城中偏北部位，平面呈长方形，东西 2000 米，南北 1500 米，城墙上设马面及角楼，内城正门阳德门设于南面城墙中部。内城多是空旷的地方，从阳德门到宫城南门阊阖门，有一条宽约 40 米的大道。

大道尽端在距阊阖门约 85 米处，与一条宽 15 米的东西向道路交汇，从此路两端向北转折，进入宫城。城内多为契丹人居住区，南部为毡帐区，北部为官邸衙署区及驿馆。

皇城城址位于内城北部的中央偏北，平面呈正方形，每边长约 1000 米。宫城北墙即利用内城的北墙，另筑东、南、西三面城墙。城墙多被毁坏，现仅西墙残基隐约可见。宫城东南角和西南角，现存一夯土封土堆，疑似东西角楼基址。北中轴线上有一处大型的宫殿遗址，东西两掖门内各有两重宫殿遗址。南墙正中开设一门，为阊阖门，两侧各设东西掖门。

城内遍布寺庙道观遗迹。千年之后，三座辽代古塔仍伫立在这座古老的城市基址之上。

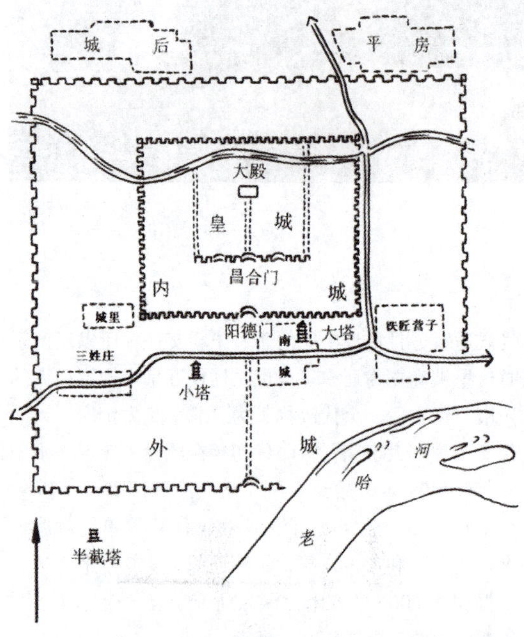

辽中京平面图

辽中京城墙遗址

辽中京大明塔

辽中京大明塔，又称辽中京大塔、辽中京感圣寺释迦佛舍利塔，坐落于外城南部东北角靠近内城南墙的地方，即内城“阳德门”外东侧。据《元一统志》和辽代李志顺墓志所载，中京外城中心大道两侧为坊区，共有八坊，而东北隅为丰实坊。中京大明塔正位于丰实坊感圣寺院中。

辽中京大明塔

大明塔立面

大明塔为八角形实心密檐式砖塔，全高 80.22 米，共十三层，伫立在辽中京遗址上颇为壮观。塔建在高 3.55 米的台基之上，台基呈阶梯状收分，底部直径达 45 米。台基之上为八边形须弥座塔座，高 16.21 米，底部直径 36.6 米，每面边长 14 米。塔座下部用青砖平砌为直壁，中部束腰部分使用“卍”字装饰，极具特色。上枭浮雕双层仰莲，下枭为叠涩砖砌。

一层塔身高约 11 米，塔体略带收分，每面上宽 10.21 米，下宽 10.63 米。各面塔身设计手法及构图完全相同，分别供奉不同的菩萨。形式极为简洁的塔身大气、宏伟、壮观，使我们不得不由衷赞叹，在设计这座超大尺度巨构建筑时，基于对立面比例的精心控制，对建筑尺度的准确把控，以及对无关大局的细枝末节的大胆舍弃，古代匠人才能创作出这样的建筑杰作！塔身转角砌八角形幢式塔，幢式塔上部阴刻八大灵塔名，下部阴刻八大菩萨名。由正南东侧幢式塔起，其刻文顺时针如下：

净饭王宫生处塔——观世音菩萨；
菩提树下成佛塔——慈氏菩萨；
鹿野苑中法论塔——虚空藏菩萨；
给孤独园议论塔——普贤菩萨；
曲女城边说法塔——金刚手菩萨；
耆阇崛山般若塔——妙吉祥菩萨；
庵罗林卫维摩塔——除盖障菩萨；
娑罗林中圆寂塔——地藏菩萨。

塔身每面有券龛，龛中有高浮雕佛像，佛像两侧为菩萨或天王像，佛龛顶部为宝盖，两侧为砖雕飞天像。飞天绾高髻，单手托盘向前，身着长裙脚踩如意祥云，身姿飘逸。大塔南面主尊为密宗金刚界大日如来（毗卢遮那佛）。其现菩萨型，头戴五智冠，身披袈裟，胸挂璎珞，结智拳印，背后雕饰舟形背光，结跏趺坐于莲台之上。其左为观世音菩萨，右侧为慈氏菩萨。其他各面供奉药师佛。正东面药师佛两侧为除盖障菩萨及地藏菩萨，正四面药师佛两侧为虚空藏菩萨及普贤菩萨，正北面药师佛两侧为金刚手菩萨及妙吉祥菩萨。东南隅及西南隅两侧供北方多闻天王、东方持国天王、南方增长天王、西方广目天王；西北隅和东北隅两侧供功德天、大辩天、梵王天、帝释天。

塔顶为十三层塔檐，总高 39 米。第一层檐采用斗拱、飞椽瓦顶的木作形式，全部施单杪四铺作，出檐 1.81 米。第二层及以上均采用砖砌叠涩密檐形式，出檐较缓，收分较小。塔顶部使用八角形须弥座，其上安紫铜鎏金塔刹，塔顶南北各有一佛龛。

大明塔石刻 1

大明塔石刻 2

大明塔石刻 3

辽中京小塔

辽中京城外西南方另有一塔，塔高 24 米，俗称“小塔”，为八角十三层密檐塔，据推测属辽代末年或金代建筑。

小塔平地起建，双层须弥式塔座，塔座高 2.7 米，每边长 3.3 米。下层须弥座转角做力士雕像，其弓背负仰莲作托塔状，上枭砖雕莲瓣，上枋做卷草纹，下枭做反叠涩砖；上层须弥座每面正中各雕一伏狮，面目狰狞张开大口，转角处各有一力士。塔身东、西、南、北各作一面佛龛，龛内佛像今已无存，其余四面各有两胁侍雕像，分别立于仰莲之上。塔身转角作圆柱形倚柱。首层檐下作仿木构斗拱砖雕，并作普拍枋砖雕。塔身每面有柱头铺作两个，补间铺作一个，四面与四隅补间铺作略有区别。

塔檐十三层，塔顶设小塔状塔刹，刹顶砖制宝珠。此塔形制较小，塔身细长，与大塔的浑厚凝重风格迥然有别。

大明塔和小塔远景

小塔立面

小塔须弥座

小塔细部

辽中京半截塔

另在中京外城的西南方还有一座残破砖塔，仅存塔身第一层及以上下残留部分。残高约 14 米，俗称半截塔，也称残塔或三塔。该塔周围古代建筑遗迹颇多，有高 5 米的砖头和废土堆积物，相传是辽代园圃之地。

半截塔建于辽道宗清宁三年（1057 年），平面为正八角形，据一层檐上束腰处砖面线刻的仿瓦条和束腰上残存的拱眼壁雕砖图案推测分析，此塔可能为层层使用斗拱的密檐式塔。

塔身南北两面正中开拱形假门，内雕双扇门板，门上雕刻犹存。四隅每面各设两个浅龛，龛内设砖雕八角形塔，组成八大灵塔。

20 世纪 60 年代，曾在塔基发现清宁三年墨书纪年砖，据此推测，此塔建于辽清宁三年，即 1057 年。

半截塔 1

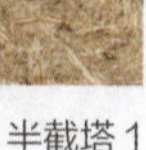

半截塔 2

6 宁城县黑城遗址

Site of Black City in Ningcheng County

级　别	国家级重点文物保护单位
年　代	汉代
地　址	赤峰市宁城县黑城村西 200 米
交通信息	建议自驾
类　型	古城址
看　点	新莽时期钱范作坊遗址
开放信息	免费开放

黑城遗址位于宁城县黑城村西约 200 米处，其西约 50 米为南北向平双公路，南墙以南为十家村，城址现为耕地。黑城紧邻黑里河与老哈河的交汇处，周围环山，交通便利，是南下中原、北达草原的天然通道，在塞外具有重要军事作用。

黑城，清代也叫青城，蒙古语名叫喀喇河屯，由外罗城、黑城和花城组成。外罗城内是黑城，花城位于黑城北部。外罗城平面呈长方形，东西 1800 米，南北 800 米。城墙只存局部，北墙中段与黑城北墙重合。城墙夯土而筑，底宽 10.7 米，残高 1.5 米，外有护城壕。在城内中部偏西南处、黑城南墙外发现有新莽时期钱范作坊窑址。

黑城位于外罗城中北部，平面呈长方形，东西长约 810 米，南北宽约 540 米，保存较好。墙外有马面及角楼，南北各 10 个，东西各 6 个。城墙正中设城门，城外筑长方形瓮城。

花城位于黑城北门以西，残存部分近方形，现存北墙和东西城墙北段。城址东西 200 米，西墙北段残存 200 米，东墙北段残存 120 米。地表遗存较少。

黑城遗址是赤峰地区非常重要的古代城址之一，具有丰富的文化内涵。遗址内出土文物丰富，更有成批的带有明确纪年的钱范及封泥、印章等。根据古城内外遗迹遗物的情况来看，黑城遗址年代涉及战国、秦汉、辽、元、明等。外罗城和花城为汉代以前修建，黑城为辽以后建造。外罗城与汉王朝及塞外其他四郡保持密切关系，也具有防御匈奴南侵作用。

城墙西北角

铜钱钱范

喀喇沁旗

7 福会寺

Fuhui Lamasery

级　别	国家级重点文物保护单位
年　代	清代
地　址	赤峰市喀喇沁旗锦山镇王爷府镇大庙村
交通信息	建议自驾
类　型	藏传佛教建筑
看　点	大经堂，藏经阁
开放信息	免费开放

福会寺位于喀喇沁旗锦山镇王爷府镇大庙村内，寺院北依山冈，南临锡伯河，西邻生乐寺，东邻咸应寺，东距喀喇沁亲王府 800 米。福会寺始建于清康熙年间，为喀喇沁亲王家庙，历代住持喇嘛均为喀喇沁王直系亲属。后在“文革”中遭到破坏，经多次修缮后于 1997 年再次开放使用，并形成现在完整的寺院形制。如今，福会寺与建于乾隆年间的灵悦寺、建于元代的龙泉寺形成喀喇沁一府三寺的建筑格局。

福会寺建筑群落南北长 94.5 米，东西宽 64.5 米，占地 6000 余平方米，建筑面积 2000 余平方米。现存单体建筑 15 栋，中轴线上由南向北依次为山门、前殿、大殿、大经堂、后殿、藏经阁及钟鼓楼、东西配殿等。

福会寺山门为重檐歇山灰瓦建筑，中设一座圆拱券门，石拱上雕植物花卉图案装饰，上下檐间做三个莲瓣型佛龛，做法罕见。由山门进入第一进院落，迎面可见前殿伫立于台基之上，前殿两侧各有一座圆拱门可通向下一进院落。前殿为单檐歇山建筑，门前两侧设石狮，立面正中做拱券门，两侧做拱券窗。石拱皆用花草纹样装饰，雕刻精美，用色大胆，手法细腻。

山门

正门上设“福会寺”汉文满文陡匾及藏文蒙文横匾。正脊正中做宝顶，两侧瓦件用梵文装饰，凸显出藏传佛教装饰特色。

第二进院正中为大殿，两侧设钟鼓楼。钟鼓楼为正方形两层建筑，一层出短檐，二层作十字歇山顶，檐下施斗拱，精巧别致。

大经堂立于月台之上，为福会寺的核心建筑。大经堂建筑共两层，一层前出卷棚抱厦，面阔三间出前廊一进，首层其余三面为青砖砌筑。二层施歇山屋顶，周匝围廊。室内存有两米见方的雕龙佛龛。

前殿

前殿拱券门

后殿为二层建筑，施歇山屋顶，建筑瓦件及彩画保留较为完整。

藏经阁居于最北侧，为二层硬山建筑，一层二层均出前廊，廊内建筑彩画装饰保留完好，具有清早期蒙古地区汉式建筑特征。建筑两侧各出耳房三间，耳房亦出前廊，装饰风格相似。

福会寺是赤峰地区典型的藏传佛教建筑，布局紧凑，工艺精湛。此外，福会寺充分体现了古朴典雅的清早期建筑特点，体现了中国北方官式建筑严谨庄重的构造特点。官式大木做法、高级屋顶样式以及精美的和玺彩画、砖雕、木雕装饰，使福会寺成为珍贵的宗教建筑精品。

后殿

钟楼

藏经阁 1

藏经阁 2

经堂侧影

藏经阁 3

8 喀喇沁亲王府

Mansion of Prince Kalaqin

级 别	国家级重点文物保护单位
年 代	清代
地 址	赤峰市喀喇沁旗王爷府镇王爷府村
交通信息	建议自驾
类 型	王府建筑
看 点	王府建筑群
开放信息	购票参观

喀喇沁亲王府位于赤峰市喀喇沁旗王爷府镇镇中心，王府建于锡伯河北岸的平地上，北依三重山峦为屏障，并与两翼山峦形成环抱之势。喀喇沁亲王府始建于清康熙十八年（1679年），并于乾隆四十八年（1783年）扩建为亲王府。现整组建筑群落完好保留，辟为中国清代蒙古王府博物馆。

成吉思汗重臣者勒蔑第十四代孙名为苏布地，于天聪二年（1628年）率部归顺皇太极，天聪九年（1635年）诏编为喀喇沁左翼右翼两旗。其子固鲁思骑布统领喀喇沁右翼旗，授札萨克、赐多罗杜棱号。顺治七年（1650年）晋贝勒。之后至第十二任札萨克贡桑诺尔布，一直享受亲王品级。喀喇沁自归附朝廷后一直受到清廷重识，长期与清王室通婚以求得密切稳定的政治关系。

喀喇沁亲王府坐北面南，原占地面积为8.6万平方米，现存面积2.98万平方米，为内蒙古地区规模最大王府建筑群。王府主体院落保存基本完整，主要分为府第、前庭、后花园、东院和西院几个部分。现有建筑状况良好，总体布局受汉地传统建筑的影响很大，呈现为北方四合院式格局。其中中路建筑群为王府核心区，为连续五进四合院格局。

府门为喀喇沁亲王府的第一进建筑，面阔三间出前廊，施单檐硬山顶，两侧设配房。东配房为传达室，西配房原为王府简门，现为王府商店。由此进入府门即来到第一进院落，正中为喀喇沁亲王府二进门——仪门，面阔一间，硬山式建筑。平常府门和仪门并不开启，只有举行大典或贵宾光临时才会打开。

由仪门进入，正中为轿厅，为喀喇沁亲王府存放骡轿、轿具之所。轿厅面阔三间，硬山式建筑，轿厅前置月台，此建筑为与仪门之间的甬道，是迎送贵宾仪仗队主要布列的地段。轿厅的东配房是存放武器的地方，西配房是仪仗库。

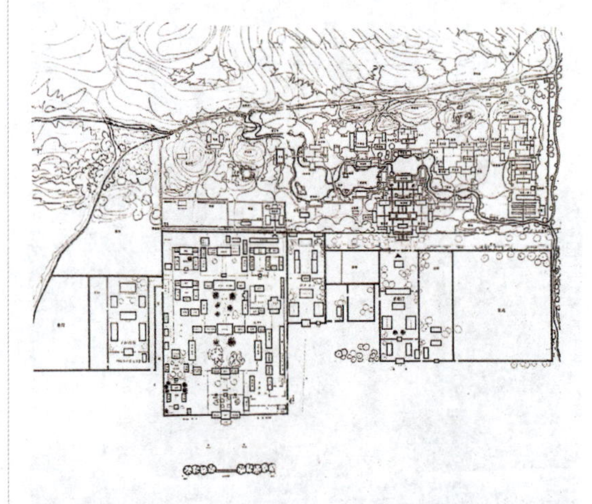

平面图

府门

仪门

轿厅

轿厅之后为回事处，面阔五间硬山建筑。这是旗内官员签到、听传、收发文件办公之所。

议事厅为府内等级最高的建筑，议事厅又称银安殿，面阔七间，有前后外廊，前设月台。清乾隆四十八年（1783 年），喀喇沁右翼旗札萨克卓索图盟盟长、郡王喇特纳锡第被朝廷赐亲王品级。于是府内就按清制开始扩建银安殿，即议事厅。议事厅是札萨克办公和召开会议的地方。

由垂花门进入最后一进院落，则来到王府的生活起居院落，正中为喀喇沁亲王府古建筑群中唯一一座楼式建筑——承庆楼，俗称“后罩楼”。承庆楼面阔五间，有前廊。楼上原为佛堂，供奉千手千眼佛。历代喀喇沁王爷与家眷都笃信藏传佛教。楼下为祠堂，供奉着 12 位札萨克的画像。承庆楼的东配房是餐厅，西配房为卧室。

东跨院有三组院落，北院分东西两跨院，南院为戏楼。再往南为生活后勤区，如粮库，马厩，厨房等。西跨院为二重四合院，包括书塾、驿馆、文武庙和祠堂，书塾皆卷棚屋顶，精巧别致。

贡桑诺尔布雕像

地暖设施

9 锦山龙泉寺

Longquan Temple at Jinshan

级　别	国家级重点文物保护单位
年　代	元代
地　址	赤峰市喀喇沁旗锦山镇西北约 3 公里狮子崖下
交通信息	建议自驾
类　型	佛教建筑
看　点	石狮，石碑
开放信息	购票参观

龙泉寺位于喀喇沁旗锦山镇西北约 3 公里的山坡上，该寺因寺内“龙泉”古井而得名。建筑始建于辽代，由碑文记载可知元至元二十四年（1287 年）重修。寺庙依山势而建，坐北朝南，占地面积约为 3600 平方米。现存山门、前殿、东西配殿、大殿等建筑，并保留有石刻卧狮一座，元代螭首龟趺智然禅师道行碑一通，元代四至碑一通，龙泉寺记碑一通，古井一眼，杜松、云杉、油松八株。

拾级而上，迎面可见龙泉寺山门。山门施歇山屋顶，面阔 5.3 米，进深 3.6 米，设拱形门洞，两侧为院墙。由拱门而入，前殿为硬山式建筑，面阔三间进深一间，出前廊。大殿为单檐歇山建筑，面阔五间出周围廊，殿前设砖砌照壁一座。照壁砖雕瓦件保存完好，装饰精美细腻。寺后山崖上另有达摩洞，内设石佛两尊。

山门

大殿

石刻卧狮

前殿

影壁

石碑

10 灵悦寺

Lingyue Lamasery

级　别	国家级重点文物保护单位
年　代	清代
地　址	赤峰市喀喇沁旗锦山镇锦山大街 175 号
交通信息	建议自驾
类　型	佛教建筑
看　点	转经亭，大雄宝殿，大经堂
开放信息	正在维修

灵悦寺位于喀喇沁旗锦山镇中心，现存寺院占地面积 6100 平方米。建筑群落坐北朝南，采用汉藏结合建筑形制，呈五进四合院布局。中轴线上依次为山门、前殿、转轮藏殿、大殿、经堂、经房，两侧设钟鼓楼配殿等建筑。

灵悦寺为清代喇嘛庙，始建于清代前期。康熙时期，第三代札萨克班达尔沙被晋升为多罗郡王，康熙将其第五女端静公主下嫁班达尔沙之孙噶勒藏，后其获罪，不但未株连子女，反而加封其子敏珠尔拉布坦。灵悦寺就是敏珠尔拉布坦受封镇国公期间营建的大公府家庙。

山门紧邻锦山大街，面阔三间，进深两间，单檐庑殿式建筑，两侧开便门。明间前后做券门，门上悬满、汉、蒙、藏四种文字“灵悦寺”陡匾，两次间为券窗。石拱上做圆形卷草纹饰石刻，大门施双龙彩画，极具装饰性。

进入寺院，前殿面阔三间，明间后檐有穿堂门，可达后院。院落东西布置钟鼓楼，钟鼓楼平面呈方形，为重檐歇山式两层建筑。下层砖木砌筑上层内收。前后开券窗，左右开圆窗。其北为转经亭，为单檐圆形攒尖顶结构，亭内存有转经筒一座。经筒高两米有余，通过连接地面的木轴转动，做三段式木雕装饰，中段为梵文经文。

山门

大雄宝殿是寺院的中心佛殿，平面呈回廊式布局，筑有月台。建筑长 11.5 米，宽 7.3 米，回廊南北宽 2.4 米，东西宽 2.12 米。回廊廊柱上承斗拱，木构皆做彩画，以蓝绿白三种色彩为主，彩绘主题有二龙戏珠等。

后大殿为经堂，正在维修中。寺院东侧有百岁大卫茅树。

灵悦寺是内蒙古现存唯一的一座受封镇国公营建的佛教寺庙，是清王朝在蒙古地区推行藏传佛教以实现控制的产物，与清政府实行的一系列政策有着深厚的内在联系。

山门细部 1

山门细部 2

钟楼

转经亭

转经筒

后殿

大殿修复中

11 和硕端静公主墓

Tomb of Heshuo Princess Duanjing

级别	国家级重点文物保护单位
年代	清代
地址	赤峰市喀喇沁旗十家满族乡十家村东 1.8 公里
交通信息	建议自驾
类型	古墓葬
看点	石牌坊
开放信息	免费开放

和硕端静公主墓位于喀喇沁旗十家满族乡十家村东，南邻老哈河支流十家河，四周为连绵起伏的群山。和硕端静公主（1674—1710 年），为清代康熙皇帝第五女，下嫁喀喇沁右旗和硕额驸噶勒藏，卒于康熙四十九年。康熙五十八年（1719 年），灵柩迁于此地，并由十户满族人家在此日夜守护，因此此地得名为十家满族乡。后与其夫噶勒藏合葬，此墓为衣冠冢。

和硕端静公主墓园坐北朝南，长约 490 米，宽约 370 米。原建筑规模雄伟壮观，前有金水桥、广场、华表、牌坊、碑亭等建筑。碑亭内有御赐碑一方，镌刻汉、蒙、满三种文字。后有两进庭院，前院置享殿、配房，后院为砖石结构的圆形陵寝，设置白玉栏杆，雕刻龙凤花草长方形石供桌等。陵寝地宫平面呈长方形，均用花岗岩石条砌筑，南侧是棺台。陵墓按照清宫规格营建，是草原地区清代公主墓葬建筑艺术的代表。

可惜经多次盗掘，和硕端静公主墓的地面建筑早已荡然无存，现仅留下石牌坊一座，华表一对，石碑一通。牌坊为四柱冲天式，构件雕刻精美细腻，四柱顶尚存有两座石狮。此外出土有“敕建和硕端静公主碑文”“喀喇沁噶勒藏所尚端静公主圹志文”“奉旨合葬”石碑三通。墓志铭现存于喀喇沁王府博物馆。

石牌坊

和硕端静公主墓远景

华表

石碑

敖汉旗

12 宁昌路遗址

Site of Ningchanglu Prefecture

级　别	国家级重点文物保护单位
年　代	辽、金、元
地　址	赤峰市敖汉旗玛尼罕乡五十家子村西，孟克河西侧的台地
交通信息	建议自驾
类　型	古城址，古塔
看　点	辽塔
开放信息	免费开放

宁昌路遗址位于敖汉旗玛尼罕乡五十家于村西、孟克河西侧的一级台地上，地处丘陵平缓地带。该遗址为降圣州州治所在，金代为宁昌县，元代升为宁昌路。

古城遗址平面呈长方形，南北长约 250 米，东西宽约 255 米，夯筑土墙，城墙残高 0.7 米 ~1.5 米。土城外还有一层城垣，边长 600 米，现已无存。

城内中轴线偏北立一砖砌佛塔，名为万寿白塔，为八角形密檐空心式，塔檐十三级，高 34 米，底边宽 6 米。塔刹部分为元代维修时加设，其余为辽代建筑。

万寿白塔由塔座、塔身、塔顶三部分组成。塔座分四层，从下至上第一层为仿木结构的铺作砖雕，第二层刻有蜀柱半浮雕图案，第三层为仿木结构的铺作砖雕，第四层为砖雕栏杆，雕刻精美，做法独特。此砖雕栏杆又分上下层格，上格为“卍”字形图案，下格为相间的飞龙和花草纹。第四层之上至塔身为一朵盛开的大莲花纹将塔身托起。

塔身每面正中为佛龛，各龛内泥塑佛像多已毁坏不存，龛上为华盖，两角为对称的飞天，龛两侧为半浮雕式胁侍菩萨。飞天半裸体，姿态轻盈飘逸，下有祥云相托，原彩绘颜色已脱落。近檐处为仿木结构斗拱，双杪五铺作，均出耍头。檐为双层方木上承瓦，瓦当纹饰系明代风格。自第二层向上皆为砖砌，转角尖处设陶制螭首，少存有瓦当和滴水。

宁昌路遗址远景

宁昌路遗址城墙

塔顶为八角攒尖形式，须弥座上承宝瓶，残存有金属刹杆。

此塔建有地宫，并且自地宫至塔体十一层檐处均为中空，其中有台阶相通。可惜地宫于 1995 年被盗，同年敖汉旗博物馆对地宫进行了清理。塔座北部门以下为清代堆积，出土有唐卡、泥塑佛像、铜镜等。地宫底部发掘出元代遗物。在塔身正面券龛下和第二层檐处各镶嵌了一块刻有蒙汉文字的修塔铭石，从中我们可以得知明万历年间曾对此塔进行大修。

这座万寿白塔整体造型丰富但并不统一。其高大的塔体、外密檐内楼阁的结构符合辽代佛塔特点。但其塔身与塔顶比例并不协调，且造像并非辽代手法。由此可知在元代、明代大修时，工匠对此塔造型做了较大的改动，使其呈现出不同的时代风格。

此外，白塔所在的古城内也发掘出很多极具历史价值的元代文物，有青花瓷器、柱础、石狮等，其中最为重要的是元代至正二年（1342 年）的加封孔子制诏碑，从碑文内容可以确定五十家子古城为元代宁昌路遗址。宁昌路古城是赤峰地区较为重要的古城，在地理上具有重要地位。

万寿白塔细部之一

万寿白塔细部之二

13 武安州遗址

Site of Wu'an Prefecture

级　别	国家级重点文物保护单位
年　代	辽、金、元
地　址	赤峰市敖汉旗丰收乡白塔子村西侧
交通信息	建议自驾
类　型	古塔
看　点	辽塔
开放信息	免费开放

武安州遗址是辽金元时期的故城遗址，原有三重城垣，最外一重呈方形，边长约 800 米；第二重城墙边长约 650 米；第三重城垣边长约 270 米，城址总面积约 65 万平方米。城址内现为农田，遗迹不存。在城址及其附近遗迹中出土了大量的辽金元时期的器物，多为生活用具，诸如陶瓷器、铜印、建筑构件等，其中一件刻有“至正三年五月”纪年的瓦当陶范十分珍贵。另外在城址附近还发现了一些辽代墓葬。

城址周围遗存有三处佛寺院址，与城北隔河相望的高岗上的一处寺院，遗址中曾出土过一批琉璃建筑构件和佛像，证明其属辽早期寺院中规格较高的一座。遗址中现存辽代白塔一座，为八角形空心密檐砖塔，整塔 13 层，现存 11 层，残高 36 米，塔座每边长约 6.2 米，当地称之为敖汉南塔。

白塔由塔座、塔身及塔顶组成。塔身南、北、东、西四面原雕有佛龛，龛内供佛像，其余四面为砖雕直棱窗，凸显唐风。正南面塔身有严重破损，露出空腹；从塔身破损处可以看到塔内砌筑的圆形塔心室及靠近塔外壁的砖砌梯道。有学者分析，此塔梯极有可能就是从塔心室通往南塔中宫的秘密甬道，且应是在南塔落成前封闭。由此可见，在辽代筑塔的建筑过程中，至少在地宫、塔心室与中宫之间可能会留出通道与塔外相通，以备在恰当之时奉入舍利或其他塔藏，最后再将出口封闭。

白塔的一二层塔身近檐处做单杪四铺作砖砌斗拱。从三层檐以上各檐均为砖砌叠涩式檐，并从第三层开始急剧收分呈锥体，造型优美而富有冲击力，凸显辽代建筑气韵。白塔虽然残破不堪，但依稀可见的斗拱细部、砖雕装饰以及大气沉稳富有冲击力的造型，标示出其极高的美学价值和历史价值。

白塔残影

白塔 1

白塔 2

白塔 3

翁牛特旗

14 梵宗寺

Fanzong Lamasery

级 别	国家级重点文物保护单位
年 代	清代
地 址	赤峰市翁牛特旗乌丹镇北大庙村内
交通信息	建议自驾
类 型	藏传佛教建筑
看 点	大雄宝殿
开放信息	免费开放

梵宗寺始建于清乾隆八年（1743年），是一座汉式喇嘛教寺院，是翁牛特旗现存规模较大较为完整的古建筑。梵宗寺位于北大庙村内，北面依山，周边环绕民居，当地人称北大庙。寺内壁画、雕刻、彩绘均保留较好，对研究清代蒙古地区喇嘛教历史和艺术具有重要意义。

梵宗寺为原昭乌达盟翁牛特左翼旗寺庙，系该旗唯一留存至今的旗庙。该庙是元朝时与成吉思汗家族有关的蒙古佛教大本营之一，号称元朝的护国寺。此后为了与北京护国寺区别，改称护卫寺。清乾隆八年（1743年），翁牛特左翼旗达尔罕岱青贝勒朋苏克听从旺钦托音之建议，将被洪水冲毁的查干布热庙迁至山北重建，并将其改为旗庙，总揽全旗喇嘛庙事务，受北京雍和宫直接统辖，俗称北大庙、贝勒庙、查干布热庙，梵宗寺之名由乾隆皇帝御赐，意为“佛教发祥之地”。

梵宗寺坐北朝南，依山势呈阶梯式院落布局，共有大雄宝殿、弥勒佛殿两座主殿及度母殿、护法殿、罗汉殿、观音殿、金刚殿、关公殿等六座配殿。现存寺庙建筑中，山门、大雄宝殿、弥勒佛殿位于中轴线，并沿南北轴线依次展开，两厢配殿分别位于中轴线两侧。寺庙整体呈汉式典型佛教寺院布局。此外，村西山坡上另建有一座白色喇嘛塔，与寺院遥相呼应。

大雄宝殿是整个寺庙的主殿，于1998年进行重修。大殿坐落在台基上，为砖木混合结构，汉藏结合装饰风格。平面呈凸形，正面为前廊，其他面为实体砖墙开藏式小窗。大殿通面阔七间共20米，进深28.11米。大雄宝殿屋顶采用前后两个卷棚屋顶结合重檐歇山屋顶，形式独特。前廊下施彩画，做斗拱。室外装饰有祥麟法轮、跪拜双鹿、宝顶、经幡等。室内供有三世佛像，并设法座、经庆、诵经桌、法鼓、坛城等陈设。

弥勒殿为汉式砖木混合结构，装饰风格汉藏结合。通面阔14.96米，进深11.72米，设前廊，单檐歇山式屋顶，灰色布瓦。室内供有弥勒佛像，高约5.5米，宽约3.3米，头戴五佛宝冠，身披璎珞，转法轮手印，具有藏传佛教弥勒像风格。

山门

梵宗寺远景

大雄宝殿 1

大雄宝殿 2

大雄宝殿 3

大雄宝殿彩画

大雄宝殿室内空间

弥勒殿

附近白塔

15 张应瑞家族墓

Family tombs of Zhang Yingrui

级　别	国家级重点文物保护单位
年　代	元代
地　址	赤峰市翁牛特旗梧桐花镇国公府村北 0.7 公里鸡冠山下
交通信息	建议自驾
类　型	古墓葬
看　点	石像生，石碑
开放信息	免费开放

张应瑞家族墓地位于翁牛特旗梧桐花镇国公府村北 0.7 公里鸡冠山下坡地上。墓地平面为长方形，南北长约 170 米，东西宽约 120 米。由南向北依次排列有石碑三通，还有倒卧的石像生，文吏、武将、狮、虎、麒麟成对排列。石像以优质青白石雕刻，可惜残缺不全。根据石像生的摆放情况，依稀可辨认出神道位置。

墓地现存三通墓碑，分别是张氏先茔碑、住童先德碑和张应瑞夫人刚氏之碑。张氏先茔碑，碑首正面为汉字，碑首背面为八思巴蒙古文，即新蒙古文。八思巴文是元忽必烈时期由“国师”八思巴创制的蒙古文字，世称“八思巴蒙古新字”。碑身正面阴刻汉文楷书，共 39 行 2500 字，碑身背面阴刻畏兀儿蒙古文字，即老蒙古文，为汉文的译文。畏兀儿人，又称回鹘人。蒙古族用回鹘文字母拼写蒙古语，此后经过改制，成为今天通行的老蒙古文。三座石碑均由当时著名文人书写，在《元史》中均有记载。

张应瑞夫人刚氏之碑竖刻汉字正楷 40 字。住童先德碑断裂为二，位于张应瑞夫人刚氏之碑后。住童为张应瑞之长子。

据碑文记载，张应瑞为汉族人，协助平叛叛乱有功，受元世祖嘉奖，去世后追封为“蓟国公”。同时墓碑也是蒙元文字发展演变、元代书法艺术的珍贵史料。

张应瑞家族墓石刻 1

张应瑞家族墓远景

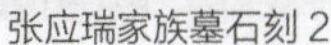
张应瑞家族墓石刻 2

张应瑞家族墓石刻 3

张应瑞家族墓石刻 4

林西县

16 饶州故城遗址

Site of ancient Raozhou city

级　别	国家级重点文物保护单位
年　代	辽代
地　址	赤峰市林西县新城子镇西樱桃沟古城新村北
交通信息	建议自驾
类　型	古城址
看　点	城址
开放信息	免费开放

1974 年，考古学家在西拉沐沦北岸的石庙发现一石幢残段，其上刻有铭文“……大安七年闰八月十日……饶州安民县主簿兼□县尉太……”字样。由此，一座辽代城址的神秘被逐渐揭开。

饶州故城，位于林西县新城子镇西樱桃沟古城新村北，北依群山，南临西拉沐沦河，曾是辽代的重要州城之一。《辽史·地理志》记载：“饶州，匡义军，中，节度。本唐饶乐府地，贞观中置松漠府，太祖完葺故垒。”辽饶州辖长乐、临河、安民三县，宋使臣多经此地赴辽。

城址平面呈长方形，由东西两城组成，东城为主城，西城为附城。全城东西长 1400 米，南北宽 700 米，周长 4200 米，城墙夯土砌筑，基宽 12 米 ~ 15 米，残高 2 米。东城东西长 1050 米，南北宽 700 米，东面城墙保存较好，北南西三面城墙有所损毁，四面墙壁的中部设门，门外筑有方形瓮城。西城位于东城西侧，面积较小，与大城共用一墙。西城仅在西墙辟有一门，门外筑方形瓮城。城内建筑基址、街道遗迹依稀可辨，现有建筑遗址 37 处，主要集中于城内北部。

饶州故城遗址

17 大营子天主教堂

Dayingzi Catholic Church

级　别	自治区级文物保护单位
年　代	清代
地　址	赤峰市林西县大营子乡中心村
交通信息	建议自驾
类　型	天主教堂建筑
看　点	哥特式天主教堂
开放信息	免费开放

大营子天主教堂是赤峰市四大教堂之一，位于林西县大营子乡中心村。

清宣统元年（1909年），比利时神甫郭明道、袁庆和在大营子设立教堂，建瓦房四间，土房八间，为大营子天主教堂前身。此后从其他地区陆续迁来教民，逐渐形成天主教村。1916年至1920年，比利时神甫龚振伦、金声远设计并监造了这座哥特式天主教堂及修道院、修女院、婴儿院、医院等。

天主教堂为青砖砌筑，长方形平面，长41.9米宽12.7米，屋脊高16米，使用青砖砌筑，外为人字坡屋顶。钟楼为六边形，通高27米，顶设尖塔。堂内为尖拱穹隆顶，正中设祭台一座。

大营子天主教堂

克什克腾旗

18 应昌路故城城址

Site of ancient city of Yingchanglu Prefecture

级　别	国家级重点文物保护单位
年　代	元代
地　址	赤峰市克什克腾旗汉武拉苏木多若诺日嘎查西
交通信息	建议自驾
类　型	古城址
看　点	城址
开放信息	免费开放

应昌路故城遗址地处克什克腾旗达里诺尔湖西畔，南临耗来河，东距经棚镇约 80 公里，西南距元上都古城约 150 公里。这里河湖环绕，水草茂盛，地理位置十分重要。

元世祖至元七年（1270 年），弘吉剌部请求在其封地内建筑城郭，经元世祖忽必烈同意，当年动工兴建，建成后定名为应昌府。自建立应昌城后，多位首领封为鲁王，因此应昌城别名鲁王城。至元二十二年（1285 年），应昌府升为应昌路。

应昌路故城由内城、外城及关厢地区组成，城址轮廓及建筑遗迹清晰可见。外城平面为长方形，夯筑城墙，南北长约 800 米，东西宽约 650 米，东西南三向设城门。城内平坦，城内南部是市坊，十字相交的街道将城南部划分为 8 个街区。在东门内路南的街区东南隅有一组较大建筑物，四周有墙，平面为长方形。在东部一较大建筑基址前发现有汉白玉石碑一块，碑身上刻加封孔子制诏文。西部主要建筑之西南侧，亦有汉白玉石碑一块。

外城中部偏北为内城，主要官署区。内城平面呈长方形，南北 240 米，东西 220 米，墙中部各开城门，四角有角楼。主要宫殿区集中在内城，据考古分析，南北中轴线排列文华殿、勤政殿、汉白玉宫三座殿址和两个门楼建筑基址，东侧有方形建筑十座。古城西南残存一藏式佛塔，高约 10 米。

内城后殿

近景

19 庆宁寺

Qingning Lamasery

级　别	市级文物保护单位
年　代	清代
地　址	赤峰市克什克腾旗政府所在地经棚镇敖包山东麓
交通信息	建议自驾
类　型	藏传佛教建筑
看　点	清代建筑
开放信息	免费开放

庆宁寺位于赤峰市克什克腾旗经棚镇敖包山东麓，始建于清康熙三年（1664年），清乾隆二十五年（1760年）改建为现在的规模形制，后又经多次修缮。

“庆宁寺”寺名是由清朝宫廷所赐，在文献资料中又用蒙古语译为“巴雅斯胡郎·阿木噶朗苏木”，本旗蒙古人也称庆宁寺为“比拉古寺”。公元7世纪，佛教分别从印度和汉地大规模传入西藏，到10世纪中叶逐渐形成为藏传佛教。清康熙初，西藏喇嘛来到经棚传播佛法，并搭起了一座简易的房子为诵经的场所，这就是庆宁寺最初的原形。庆宁寺建寺已有340多年的历史，是藏传佛教传入克旗后建造的第一座佛教寺院。

庆宁寺由影壁、山门、正殿、东西配殿、后殿等组成。整座建筑依山就势、高低错落。大雄宝殿是庆宁寺的主体建筑，二层重檐歇山式建筑，面阔七间进深七间，殿内供奉着黄教创始人宗喀巴大师及达赖和班禅额尔德尼活佛，另有千手观音和大白伞盖佛以及五大护法佛像。后殿为楼阁式平顶建筑，为贮存经卷的经库。庆宁寺曾是克什克腾旗喇嘛教活动的中心，每年农历五月十三日举办庙会时，众僧云集，热闹非常。

20 乌兰布统战场遗址

Battlefield site on Wulanbutong Grassland

级　别	自治区级文物保护单位
年　代	清代
地　址	赤峰市克什克腾旗乌兰布统乡大红山南
交通信息	建议自驾
类　型	古遗址
看　点	草原，战场遗址
开放信息	购票参观

乌兰布统古战场位于克什克腾旗乌兰布统乡大红山南侧，中国国家重点风景名胜区乌兰布统景区内。古战场遗址地处克旗境内西南浑善达克沙地南缘，与河北围场县的塞罕坝林场隔河相望。曾几何时，康熙以20万大军与噶尔丹大战于此，而如今的古战场早已褪去硝烟弥漫的痕迹，北依大红山，东北有白桦、红柳，峰西南乌兰公河绕山而过，峰前有湖水几汪，宁静如画，成为绝佳的游览胜地。

“乌兰布统”为蒙语红色坛子之意，是蒙古人对大、小红山的简称。清康熙二十九年（1690年），清军与厄鲁特蒙古准噶尔部首领噶尔丹在此激战，留下面积约5平方公里的古战场遗址。噶尔丹在俄沙皇策动下，以追击归附清朝的喀尔喀部为名，率军越过呼伦贝尔草原南侵，在乌兰布统被清军彻底摧毁，连夜逃亡漠北后一蹶不振。乌兰布统遗址范围涵盖了大红山、乌兰公河、将军泡子等地区，遗址地表散落有铁箭头等兵器残迹，见证了清初这场重大战役历史时刻，见证了民族融合的艰难历程。

乌兰布统古战场

巴林右旗

21 荟福寺

Huifu Lamasery

级　　别	国家级重点文物保护单位
年　　代	清代
地　　址	赤峰市巴林右旗大板镇荟福路南段
交通信息	建议自驾
类　　型	藏传佛教建筑
看　　点	古塔，大雄宝殿
开放信息	免费开放

荟福寺，俗称东大庙，蒙古语叫“宝音朝古勒格其苏莫”。荟福寺始建于康熙四十五年（1706年），由巴林右旗第四代札萨克多罗郡王乌尔衮和福晋康熙皇帝次女固伦荣宪公主建造，是蒙古地区著名的藏传格鲁派佛教寺庙。

清雍正四年（1726年），荣宪公主提议扩建寺庙。清乾隆五十一年（1786年），赐四种文字“荟福寺”金匾，赐名“荟福寺”。1913年1月18日，荟福寺后大殿失火，殿内供奉的佛像经卷、典籍和御赐金匾均被焚毁。大板镇原有西大庙，娘娘庙等多处庙宇，其中荟福寺因有军队驻扎，幸运躲避了“文革”破坏保留至今，后经多次修复逐渐恢复为现在的布局规格。

荟福寺东西宽51米，南北长约141米，占地面积约7100平方米。寺院坐北朝南，有前后两重院落。寺院依汉式伽蓝七堂布局，沿中轴线依次为：山门，天王殿，大雄宝殿，后殿，两侧做钟鼓楼及配殿，前后两院由青砖砌筑的3米高围墙隔开。

山门前有石狮一对，照壁一座。照壁高4米，长16米，其上砖雕瓦件精细。山门设三座拱券门，均做歇山布瓦顶，两侧设便门。第一进院落正中为天王殿，殿前石狮为原物。第二进院落为大雄宝殿，即蒙语“哈日欣都纲”，或“朝克沁独贡”。大殿伫立于台基上，面阔七间，进深七间，重檐歇山二层建筑，通高18米。大殿首层出周围廊，首层二层均施斗拱，呈明显汉式佛教建筑特征。此进院落东西两侧为钟鼓楼，配殿等建筑。

荟福寺大殿坐落于第三进院落正中。大殿为重檐歇山式建筑，前檐接卷棚歇山抱厦三间。首层立面为青砖砌筑，抱厦两侧开圆窗。后殿供奉佛祖释迦牟尼，宗喀巴大师及长寿佛、三世佛、绿度母、白度母、十八罗汉、吉祥天母等。二进院左右各立藏式喇嘛塔一座，西侧塔建于1935年，名为“根丹银达木”，东侧塔建于清光绪三十二年（1906年），名为“章楚朝尔敦”。两座白塔均毁于“文革”浩劫，1996年被重新修复。

荟福寺是藏传佛教格鲁派喇嘛寺庙。自顺治、康熙二朝清皇室公主相继下嫁巴林联姻，淑慧公主修建圆会寺和巴林桥，荣宪公主修建荟福寺和巴林行宫，将本地区藏传佛事活动推上了一个繁盛时期。荟福寺历尽三个世纪兴衰沧桑得以保存至今，成为本地区藏传佛教最具代表性的历史文化遗产。

荟福寺山门

影壁

前殿 1

石狮

前殿 2

后殿 1

前殿 3

后殿 2

西塔

东塔

22 辽庆州城及庆陵

Qingzhou city and Mausoleum Qing of the Liao Dynasty

级　别	国家级重点文物保护单位
年　代	辽代
地　址	赤峰市巴林右旗索布日嘎苏木境内查干沐沦河北岸的冲击平原上 / 巴林右旗索布日嘎镇琥硕芒哈嘎查必图独贵龙西北 12 公里处赛罕乌拉自然保护区
交通信息	建议自驾
类　型	古城址 · 古建筑 · 古墓葬
看　点	释迦如来舍利塔，出土文物
开放信息	购票参观

辽庆州城位于巴林右旗索布日嘎苏木境内查干沐沦河北岸的冲积平原上，南距巴林右旗大板镇 98 公里，西北距辽庆陵 14 公里。庆州城不同于其他奉陵邑，距离庆陵较远。庆州在建城之前，为辽代夏秋捺钵要地，城东黑山为大兴安岭南行主脉，一直被认为是契丹民族发祥之地。因此，庆州城是国家政治中心，具有特殊的政治地位。

庆州城分为内城与外城，南北向布局，平面呈回字形嵌套。外城呈长方形，东西长约 1550 多米，南北宽 1700 米，城墙和城内遗迹保存较差。内城保存较好，呈长方形，东墙长 1090 米，西墙长 1095 米，南墙长 960 米，北墙长 935 米。内城四墙居中对开城门，东、南、西三门外筑有瓮城，城墙每隔 100 米筑有马面，四角设角台。

内城西北部伫立着一座保存完好的辽代佛舍利塔，即释迦如来舍利塔。1989 年在维修施工中，发现塔刹基座内“建塔碑”和“建塔工匠碑”，得知此塔名为“释迦佛舍利塔”，始建于辽兴宗重熙十六年（1047 年），竣工于重熙十八年（1049 年），为辽兴宗耶律宗真生母章圣皇太后兴建。

释迦佛舍利塔原在寺院内，寺院早已坍圮，但遗址尚存，可推断其为前塔后殿布局。塔为八角形七级空心楼阁式砖塔，总高 74 米。塔立于两层正方形台明之上，每层高 1.6 米，第二层平台略内收。清末维修时，在正南面入口处加建喇嘛小塔一座。塔座呈八边形须弥座，其上做仰莲承托塔体，并设有覆莲形佛

辽庆州城及释迦佛舍利塔远景 1

辽庆州城及释迦佛舍利塔远景 2

辽庆州城遗址

龛 64 座，可惜佛龛内雕像早已遗失。

塔身为空心楼阁式结构，塔室七层间均密闭不通，藏有大量佛教文物。一层塔身各面构图相似，均为仿木构三开间式。一层南面为真门，东西北面当心间做封闭假门，两侧为天王像；其他四隅当心间作直棂窗，两侧为幢式塔。二至七层东西南北四面也做假门，但其他四隅作雕刻陀罗尼经文的六棱形汉白玉经幢。塔上门窗、拱眼等处分别装有圆形棱形铜镜共 856 面。一三五七层用棱形铜镜，二四六层用圆形铜镜。塔上假门两旁分布天王浮雕，全塔共有 56 尊。嵌有经幢的第三第四层每面浮雕佛陀两尊，共 16 尊。佛像、伎乐等浮雕造型优美，工艺精巧细腻，反映了辽代高超的建筑艺术水平。塔体上浮雕将儒、佛、道及萨满教表现得淋漓尽致，凸显了辽代佛教“显密圆通”的特点。塔身施砖雕仿木构斗拱，斗拱为双杪五铺作，补间铺作出斜拱。

塔座上塔顶有八角形砖座，上有鎏金铸铜塔刹。1989 年修复时从塔刹相轮橖中发现了经卷、雕版经咒、佛舍利、丝织品、银塔、金塔、玻璃器等珍贵文物，文物现藏于巴林右旗博物馆等处。

庆陵与庆州城相距 14 公里，现位于赛罕乌拉自然保护区内。这座陵园规模宏大，东西长约 5 公里，南北宽约 3 公里，占地面积 15 平方公里，包括：辽圣宗耶律隆绪和仁德皇后、钦哀皇后的永庆陵，辽兴宗耶律宗真和仁懿皇后的永兴陵，辽道宗耶律洪基和宣懿皇后的永福陵以及后妃太子等皇亲国戚的陪葬墓。陵园按墓葬方位可分为东、中、西三个陵区，分别位于独立的小山洼内，间距约两公里左右。三陵墓挖凿于地下，均为砖砌七室墓，由墓道、墓门、甬道、前室、前室东西侧室、中室、中室东西侧室、后室等部分构成，阶梯形墓道长约 30 米，地面可见阙门、神道、殿址等遗迹，地表散步有瓦件、砖石及柱础、经幢。

1992 年内蒙古自治区文物考古研究所对庆东陵进行考古清理发掘。1997 年对东陵兴宗次子秦越国王耶律弘世及其妃萧氏合葬墓进行了清理。2000 年对东陵辽太叔祖夫妇合葬墓进行抢救清理，同年内蒙古自治区文物考古研究所对东陵辽秦魏国王合葬墓进行清理。

释迦佛舍利塔 1

释迦佛舍利塔 2

释迦佛舍利塔 3

释迦佛舍利塔 4

释迦佛舍利塔装饰

辽庆陵经幢

辽庆陵 1

辽庆陵 2

东陵是辽庆陵三座陵墓中保存最好的一座，居于庆云山三峰之中峰脚下。山下筑有通往陵园的神道，山脚筑有陵门。墓葬为仿木结构七室砖墓，墓内全长21.2 米，最宽 15.5 米，最高约 6.5 米。前室平面为长方形，券顶。其余各室为圆形穹隆顶。各室之间有甬道相连，设有柏木大门。后室为主室，内有柏木椁室，用于放置尸体。

墓道、前室及其东西侧室、中室和各甬道壁面上绘有壁画，所绘人物与真人大小相近。前室及两耳室绘有真人大小的人物车马，衣着、形态各不相同，栩栩如生。中室绘有四季山水图，画作构图严谨，色彩清新淡雅、线条明快流畅，真实再现了契丹皇室所在地的优美景象，极具民族特点和地方特巴，是罕见的辽代绘画珍品。中室四周装饰有仿木构的横梁和斗拱，之间编绘五彩装饰。墓葬现已回填，仍可见中室穹隆顶盗洞。

中陵位于东陵之西，各室平面均为八角形。墓室已塌毁。墓内残存有壁画。曾出土过兴宗和仁懿皇后哀册。在中陵享殿的西南方残存石刻陀罗尼经幢一座。

西陵位于中陵西侧，规模大于中陵，各室均为八角形。墓室内存有壁画，曾出土道宗、宣懿皇后契丹文、汉文哀册。

庆陵三帝寝宫全在坡岗上，当中为山涧所分。辽亡后，庆陵曾为金兵所毁。《契丹国志》记载：“天庆九年（1119 年）金人攻陷上京路，祖州则太祖之天膳堂，怀州则太宗之崇元殿，庆州则望仙、望圣、神仪三殿……并皇妃子弟影堂焚烧殆尽，发掘金银珠玉。”此次劫掠，将庆陵地上建筑尽毁。延至民国九年（1920 年）、十九年（1930 年），热河军阀又对庆陵进行两次大规模盗掘。此后庆陵又屡遭盗掘破坏，不得不感到惋惜。

辽庆陵出土大量契丹文及汉文文物，弥补了史书记载之不足，具有很高学术价值。陵墓内大量珍贵壁画是辽代绘画艺术的典范，也为学者破译辽代生活丧葬习俗提供了实物资料。其独特的陵寝营造方式对研究辽代墓葬建筑提供了范式。

23 辽怀州城及怀陵

Huaizhou city and Mausoleum Huai of the Liao Dynasty

级　别	国家级重点文物保护单位
年　代	辽代
地　址	赤峰市巴林右旗岗根苏木境内赛罕乌拉山南麓床金沟
交通信息	建议自驾
类　型	古城址，古墓葬
看　点	出土文物
开放信息	免费开放

辽怀州城是辽太宗和穆宗两位皇帝陵寝怀陵的奉陵邑，位于巴林右旗岗根苏木浩特艾勒嘎查内，北距怀陵3公里，西南距巴林右旗大板镇65公里。城址建于乌苏伊肯河谷、床金河谷交汇处，北望赛罕山，为辽上京、辽庆州等城市提供线路上的重要联系。

怀州城遗址呈长方形，南北向布局，城址遗迹保存较差。东西长526米，南北495米，总面积约为26万平方米。其中西城墙大部分被床金河水冲掉，南城墙大部分被破坏。南北西三面有门，门宽30米，四角设角楼。城内西北有大型建筑台基两处。城外北部分布山上分布一处大型寺庙遗址，寺庙依山而建，用巨石垒砌四层平台。平台北侧发现绘有佛教题材岩画。

辽怀陵位于床金沟东南侧河谷，南距怀州城3公里，西南距巴林右旗大板镇约70公里，为辽太宗耶律德光和其子耶律璟的陵区。大同元年（947年），辽太宗耶律德光征讨后晋班师途中死于滦城，后葬于怀陵，之后穆宗附葬于此。内陵区中靠南面陵墓的祭殿规模较北面大，推断为太宗耶律德光陵寝；其北八百米陵墓相对简朴，推断为穆宗耶律璟陵寝。

陵园东、南、北三面环山，仅西面有一谷口。谷口设陵门，谷口对面隔床金河以凤凰山为屏。陵园由陵门，石砌围墙，祭殿和陵墓组成。陵区平面为长方形，东西长5公里，南北宽2.5公里，面积约为12.5平方公里。在沟口建有陵门，两侧山脉地凹处用石墙封堵。陵园中南北向石墙将陵园分为内外两区。外陵区分布两座建筑台基，内陵区分布两座陵墓和祭殿基址。

床金沟5号墓，西南面有近700平方米的建筑基址。此墓为砖木结构多室壁画墓，由墓道、天井、前室、东西耳室和后室组成，墓室间有甬道，全长35.72米，最宽处15.16米，深10.48米。墓内有门吏、侍卫、飞鹤等壁画，残存耀州窑、景德镇窑、定窑等瓷器残片。可惜怀陵墓葬区均遭多次盗掘破坏，所剩遗物寥寥无几，让人痛心疾首。

辽怀州城城墙

辽怀州城全景

24 康熙行宫

Temporary dwelling of Emperor Kangxi

级　　别	自治区级文物保护单位
年　　代	清代
地　　址	赤峰市巴林右旗大板镇巴林王府东
交通信息	建议自驾
类　　型	古建筑
看　　点	民俗博物馆
开放信息	免费开放

这座康熙行宫是内蒙古境内唯一的皇帝行宫，始建于康熙四十五年（1706 年），竣工于康熙五十年（1711 年），是第四任巴林郡王乌尔衮与其福晋荣贤固伦公主为康熙兴建的。康熙五十四年(1715 年)，康熙帝巡狩巴林，驻跸行宫，为行宫题写“金枝衍庆”匾额。据史料记载，康熙皇帝为了“备边防，合内外之心，成巩固之业”曾四次巡行巴林右旗。第一次是康熙四十年（1701 年），他一方面巡视边防，另一方面看望已经下嫁到巴林右旗 10 年的次女和硕荣宪公主。

行宫占地 8000 余平方米，整个建筑群沿中轴线对称排列，形成了一个封闭的建筑群体。现为巴林右旗民俗博物馆，共分为“巴林历史”“巴林王府家具”“文化巴林”“男儿三艺”“服装服饰”“农牧用具”“信仰蒙医”“传统厨房”等展区。

建筑分为两进院落。第一进院落至议政厅以及配房组成。前殿面阔七间，全长 29 米，进深 11.5 米，东西配房各有掖室。院前可设蒙古包。第二进院落为一组合院建筑，后殿面阔五间，全长 21 米，进深 10.5 米。两侧设东西配殿，并用游廊连接。

康熙行宫前殿 1

康熙行宫前殿 2

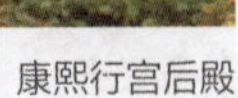
康熙行宫后殿

康熙行宫游廊

25 巴林王府

Prince Bairin's Mansion

级　　别	自治区级文物保护单位
年　　代	清代
地　　址	巴林右旗大板镇巴林路东大板街
交通信息	建议自驾
类　　型	古建筑
看　　点	王府建筑
开放信息	免费开放

这座巴林王府是1912年由巴林右翼旗札萨克扎嘎尔王所建的巴林右旗最后一处王府，其东侧紧邻康熙行宫。王府呈传统四合院落布局，坐北朝南，占地面积950余平方米，现存院落东西34米，南北28米，门殿三间，两侧设耳房。正殿五间，是王府的议政殿，两侧耳房为书房及佛堂，两厢房为寝居室及祠堂。

巴林王府门殿

书房

西配殿

巴林王府庭院

26 沙巴尔台巴林王府

Prince Bairin's Mansion at Shabaertai

级　别	自治区级文物保护单位
年　代	清代
地　址	赤峰市巴林右旗查干沐沦镇沙布日台嘎查原沙布尔台苏木政府院内
交通信息	建议自驾
类　型	古建筑
看　点	王府建筑
开放信息	免费开放

沙巴尔台巴林王府南距巴林右旗人民政府所在地大板镇 26.5 公里，于清乾隆年间迁于此地。王府始建于清乾隆十九年（1754 年），建筑群落东西 65 米，南北 120 米，占地面积约 7800 平方米。王府为砖木结构，坐北朝南，正殿三开间，硬山接单檐卷棚式抱厦。现存后殿五间，出前廊，单檐卷棚布瓦顶，东西 13.5 米，南北 10 米，另有厢房三间。

正殿侧立面

门殿

正殿立面

影壁

27 巴林敖日盖王府

Aorigai Mansion in Bairin

级　别	旗级
年　代	清代
地　址	赤峰市巴林右旗幸福之路苏木敖日盖嘎查
交通信息	建议自驾
类　型	古建筑
看　点	王府建筑
开放信息	免费开放

巴林敖日盖王府位于幸福之路苏木敖日盖嘎查敖尔盖河右岸，背依噶日迪山。王府建于康熙初年，清末巴林左旗执政贝子色丹那木札勒旺宝晋为郡王，王府又称敖日盖郡王府。

整体建筑为两进四合院院落，第一进院落正中为五开间正房，做硬山顶，后出抱厦。第二进院落作五开间正房，两侧做耳房。建筑屋顶、砖墙及瓦件保存完好，雕刻精致细腻，从中可窥见昔日王府盛况。

前殿瓦作

后殿现状

前殿侧影

后殿北立面

前殿现状

后殿耳房山墙

瓦作及砖雕 1

瓦作及砖雕 2

巴林左旗

28 辽上京遗址

Site of Shangjing of the Liao Dynast

级　别	国家级重点文物保护单位
年　代	辽代
地　址	赤峰市巴林左旗林东镇东南
交通信息	建议自驾
类　型	古城址，古建筑
看　点	辽上京博物馆，南塔，北塔
开放信息	免费参观

辽上京遗址位于内蒙古自治区赤峰市巴林左旗林东镇南，为中国辽代都城遗址。辽上京遗址于 1961 年被列为首批国家级重点文物保护单位，也是我国目前保存最为完好的古代都城遗址之一。

辽上京是公元 10 世纪初期游牧民族契丹族在中国北方草原地区建立的第一座都城。辽有五京，上京临潢府、中京大定府、东京辽阳府、南京析津府、西京大同府。上京与中京是辽朝在北方草原地区新建的都城，东京、南京、西京则是在前代原有建筑的基础上扩建或者改建而成。《辽史》记载："辽有五京，上京为皇都，凡朝官、京官皆有之。余四京随宜设官，为制不一。"只有上京是辽朝真正意义上的都城，其余四京皆属陪都，或者在某一段时间、出于某种需要而担任一方重镇的职责。

辽太祖耶律阿保机于神册三年（918 年）开始兴筑此城，初名皇都，天显元年（926 年）扩建，天显十三年（938 年）改称上京，并设立临潢府，为辽代五京之首。耶律阿保机“乘中原多故，北边无备，遂蚕食诸郡”，通过不断东西征战，俘获大量的牲畜和人口，其中含室韦、于厥、奚、女真等外族人，更有大量的汉人，包括了日后负责皇都上京设计修建的康默记等人。

选择此地建立都城的因素有多种，根据学者分析，大致有三点：其一为历史根基，西辽河地区是衔接东北平原、华北平原、蒙古高原的三角地带，也是中原农耕区和北方牧区的交错地，这里有过早期的农耕时代，出现过早期城邑；其二为社会阶级基础，辽上京及周边地区，是契丹迭剌部世袭领地，迭剌部是契丹各部中最早接触农耕文化的部落，受其影响也最深；其三为地理根源，这一带气候适宜，水草肥美，“负山抱海，天险足以为固，地沃宜耕植，水草便畜牧”，物质基础和军事地理条件都十分优越。

清代学者张福在《蒙古游牧记》中第一次明确指出辽上京的具体位置，重新发现了辽上京城址。1922 年，法国天主教神甫闵宣化考察了辽上京。1962 年．内蒙古文物工作队进行了考古钻探并做了试掘。2011 年开始内蒙古自治区文物考古研究所和中国社会科学院考古研究所联合对辽上京遗址进行系统勘测发掘。

辽上京由皇城和汉城组成，平面略呈“日”字形，周长约 6400 米，城墙均夯土版筑，城墙上筑马面。皇城在城址北部，略呈方形，城四面各设一门，东门名曰安东，南门名曰大顺，西门名曰乾德，北门名曰拱辰。现今除南面的大顺门被水冲毁，其余三门留有遗迹。三个城门建制相同，设有一个门道，宽约 5.5 米，门外筑有瓮城，东、西两门的瓮城门阙为南向，北门的瓮城门为东向。大内位于皇城中部，其正中偏北部有前方后圆的毡殿形基址和官衙基址。另外，皇城中的大型建筑还有位于西山坡上的三个庭院，全部东向排列，据考证这一组建筑即太宗时所建的日月宫、日月四时堂遗迹。皇城南部有不规整的街道及官署、府第、作坊和寺院基址，其中一座寺院内残存一躯残高 4.2 米的石刻菩萨像复制品，菩萨法相端庄神态祥和。皇城北部地区未发现建筑基址，可能为文献所载契丹贵族搭设毡帐的地带。城东南为官署、府第、庙宇和作坊区，在城内西部发现窑址。

辽上京复原平面图

辽上京遗址 1

辽上京遗址 2

辽上京遗址 3

赤峰市

菩萨像复制品

北塔 1

北塔 2

皇城建在河北岸的冲积平原上，背山面水，地势为西高东低中间平坦，西山坡是全城的制高点。从选址上看，契丹人东向为尊的习俗在皇都建设过程中占相当大的优势，以东面的安东门为正门，西山坡上的建筑群整体东向。辽太宗依照汉制“御开皇殿，辟承天门受礼”，改皇都为上京。承天门为大内的南门，表明自此皇城的建筑风格改为南向为尊，其正门也由安东门改为了大顺门。而随后建设的辽中京，则完全仿照北宋东京外城、内城、宫城三重城的形式，城中的宫殿、楼阁等也是仿北宋制度。在此渐变过程中，契丹族统治阶级开始容纳吸收汉文化，为日后辽文化确立做好铺垫。

汉城位于皇城之南，是汉、渤海、回鹘等族和掠来的工匠居住的地方。其北墙即皇城南墙。现存 4 门，城墙低矮，城内遗迹大都被白音戈洛河冲毁。

辽上京的营建奠定了辽朝立国的根基，从而开创了我国古代北方民族历史文化发展的崭新纪元。辽上京在草原地带的出现，直接沟通了草原通道上东西方各族之间的经济、文化往来，空前地推动了北方地区的经济发展。

辽上京北塔

辽上京北塔位于城址北约 1.5 公里的山头，又名辽代宝积寺塔，为六角密檐式。维修前北塔残高 11 米，塔座塔身损毁严重，装饰全无，仅存五层密檐。二至五层檐下斗拱尚可辨识。1990 年由国家文物局拨款对北塔进行维修，在保证塔体不坍塌倾覆同时尽量恢复原貌。维修中在第五层檐的中心位置发现一号天宫，宫室长 46 厘米，高 52 厘米，内藏有大量珍贵佛教文物。如木质小塔三件，其中一座小塔含玻璃舍利瓶，其形制与辽庆州城释迦佛舍利塔相轮樘内“原木素旋舍利塔”相似。另有乘有药材和香料的白瓷瓶 9 件，铁器 1 件，铜净瓶 1 件。在天宫下的另一塔宫处发现木制佛室一座，内藏有帛画一卷。

辽上京南塔

辽上京南塔位于城址东南约3公里的山坡上，为辽代开梧寺塔，俗称南塔。

辽上京南塔为八角密檐式砖塔，维修前残存七层塔身及塔基，残高约25米。维修后，原须弥座改为八角直壁式塔座。塔身南门为真门，其他四面为假门。四角各面设直棱窗及砖塔两座，砖塔上设砖雕华盖。塔身每面嵌石佛、菩萨、天王、力士和飞天像。一层塔身每面券门及直棱窗上作石雕像，据推测南塔佛造像为密宗金刚界五智佛之四方佛，其中正西方阿弥陀佛造像及北方不空成就佛造像存于巴林左旗博物馆。

南塔塔顶各层均设斗拱，华丽大气优美修长。塔体遍布石雕造像，手法华丽，雕刻精美。

南塔局部

南塔远观

南塔

29 辽陵及奉陵邑（祖陵祖州）

Mausoleum of the Liao Dynasty and Fenglingyi city（Ancestral Mausoleum and Prefecture）

级别	国家级重点文物保护单位
年代	辽代
地址	赤峰市巴林左旗查干哈达苏木石房子嘎查西五公里
交通信息	建议自驾
类型	古城址
看点	石房子、记功碑、辽祖陵
开放信息	购票参观

辽祖州城及祖陵位于赤峰市巴林左旗查干哈达苏木石房子嘎查石房子村西1公里的山谷中。辽祖陵四面环山，谷口外两公里即奉陵邑祖州遗址。2003年开始，中国社会科学院考古研究所内蒙古第二工作队对辽代祖陵陵园遗址及附近进行了全面的考古调研，清理了一号陪葬墓、祖陵黑龙门、龟趺山建筑遗址和甲组建筑基址、二三四号建筑基址，并试掘了太祖陵前土封。

辽祖州城

辽祖州城西北距辽祖陵约2.5公里，东南距上京约20公里，原是契丹族迭剌部世代居住的地方。天显元年（926年），辽太祖耶律阿保机于渤海国班师途中病死，次年八月葬于祖山，并置奉陵邑祖州城。

祖州城平面略呈长方形，由外城内城两重构成。外城略呈五角形，南墙在中部内折。东墙长 285 米，在中部开城门，因直对上京城，故名望京门。南墙长 570 米，西墙长 295 米，北墙长 600 米，中段开设城门并加瓮城。

内城位于后半部，南北长约 280 米，东西宽 150 米，高约 3 米。内城主要有城门、祭殿、享堂、石室等祭祀用主体建筑。东墙正中开设城门，为兴圣门。经过发掘得知共有三个门道，用石块垒砌基础。门洞用砖砌筑，其他部分为夯土，墙身外表用砖砌。城门上有城楼。内城正中有三座大殿基址，最前面一座台基最大，应是祭殿。内城北面分布有七座建筑台基。

内城北部伫立一座矩形石构建筑，俗称石房子。它建在一处长 10 米、宽 13 米、高 2 米的台基上，坐西朝东，高 3.5 米、宽 4.8 米、长 6.7 米，仅用七块巨大的花岗岩石板支盖而成，结构奇特。这座石房子是契丹族特有的一种祭奠性质的建筑物，也是至今唯一保存下来的辽代石室。据考证为辽太祖建陵时的临时停尸地，后变为太祖庙。

祖州城是辽王朝仿效唐王朝典章制度在皇帝陵寝前方兴筑的第一座奉陵邑，对研究辽代早期丧葬习俗、典章制度、文化内涵等具有重要意义。

辽祖陵

《辽史·地理志》载："太祖陵凿山为殿，曰明殿。殿南岭有膳堂，以备时祭。门曰黑龙。东偏有圣踪殿，立碑述太祖游猎之事。殿东有楼，立碑以纪太祖创业之功。"

祖陵入口地势险要，两侧为悬崖峭壁，仅留有一处宽不足 80 米的狭窄通道作为祖陵唯一的出入口。偏西侧有两个高起的圆形土丘，为《辽史》中记载祖陵黑龙门遗址，石板铺砌的门道依稀尚存。通过考古发掘，得知黑龙门应为一门三道建筑，规格较高。门阙两侧有土墙与峭壁相接，将陵区与外界严格隔离开。

祖陵外东侧台地为龟趺山，它位于从祖州通往祖陵的必经之路上。龟趺山总面积约为 200 多平方米，中心建筑基址坐北朝南，平面呈长方形，东西宽 13.53 米，南北进深 9.53 米，面阔两间进深两间，具有守护祖陵及祖州城的作用。基座上为一个巨大的石龟趺，残长 2.8 米，高 1.06 米，其上有辽太祖纪功碑。

穿过黑龙门进入山谷，可以看到东侧南北向山岭陡直，而西侧则有三条大体平行的山岭伸向东部。由南至北，可称为第一道岭、第二道岭和第三道岭。站到了山顶，"祖陵陵园"的形状才完整地展现在眼前：整个山谷如同一个口袋，也像一把圈椅，四面环山，仅留一处南面的黑龙门是窄窄的口。再向南望，远方木叶山如同一面屏风，保护着陵园。

祖陵陵园大体可以为内、外陵区。北部为太祖阿保机帝陵的内陵区，南部为陪葬墓的外陵区。根据考古资料可知，东西向的"南岭"石墙与岭上建筑基址相连，再衔接东部的"甲组建筑基址"，形成一道东西屏障，构成了南北两个陵区的分割线。

太祖陵玄宫凿山为藏，大体位于内陵区的中央。玄宫附近置有石像生。"甲组建筑基址"位于太祖玄宫之东南，它与"之"字形登山路和南岭上建筑基址形成有机的整体，是太祖陵最为重要的陵寝建筑之一。其他已确认的陵墓（如一号陪葬墓等）东南部，也都

辽祖陵远景

站在城墙回看

石房子

辽太祖纪功碑 1

辽太祖纪功碑 2

有一处献殿性质的建筑基址。

祖陵四周的山脊上，发现断断续续的人工垒砌的石墙。考古学家环绕祖陵四周的山峰进行了全面的考古调查，共发现了 30 余处石墙遗迹。石墙上口约宽 0.8 米 ~ 6 米，高从不足 1 米 ~ 9 米多不等，最长一段石墙达 160 多米。这些石墙将祖陵陵园密封成一个独立的文化地理单元，具有界分茔域的作用，同时具有一定宗教含义。

一号陪葬墓位于祖陵外陵区西侧小山脊，与太祖陵仅一岭之隔。此墓级别较高，由墓道、甬道、前室、中室、后室和两个耳室构成，全长 50 米。根据墓葬形制与随葬品等特征，此墓属于辽代早期。

祖陵南望

辽祖陵遗址现状

柱础

30 真寂之寺石窟

Zhenji Temple Caves

级　别	国家级重点文物保护单位
年　代	辽代
地　址	赤峰市巴林左旗林东镇查干哈达苏木阿鲁召嘎查东南 1.5 公里桃石山下
交通信息	建议自驾
类　型	古石刻
看　点	石窟
开放信息	购票参观

辽代石窟"真寂之寺"，即巴林左旗后召庙石窟寺，这座寺庙位于辽上京南 15 公里的山谷中，寺内石窟开凿在桃石山东南面陡壁上。

桃石山海拔 670 米，对面为圣水山，西侧为别楞山，两山海拔均在 1000 米以上。桃石山造型奇特，周围多奇山异石，植物茂盛景色秀美，现为七锅山地质公园。桃石山下，隐约可见石壁上浮雕佛像及梵文石刻，继续向前行至桃石山东南陡壁下，一组真寂之寺建筑院落坐落于此。其中善福寺大殿为单檐歇山建筑，前出卷棚抱厦，背面依附石窟而建。大殿南北长 22.5 米，东西宽 5.7 米。由正门进入，即可见真寂之寺石窟洞口。石窟分为南、中、北三窟。中窟规模较大，有三个拱券洞门，其上遍布佛像。中窟面阔 6.5 米，进深 5 米，高约 2.5 米。门楣上原有辽代阴刻楷书"真寂之寺"四个字，现仅陈设复制品。窟内正中供奉释迦牟尼涅槃像，头向南，面向东侧卧。身后为三世佛，两侧供两尊菩萨，周围有弟子像 16 尊。其后岩壁上浮雕千佛像 110 尊，面目各异，生活形象，不禁让人赞叹。

南窟有长约 1 米的甬道，呈方形，正中供释迦牟尼坐像。背后有佛光，左右为善财童子和龙女。左前方为普贤菩萨，骑白象，高 2 米。右前方雕文殊菩萨，骑青狮，高 2 米。窟内雕守护门神，面目狰狞。

北窟现与中窟、南窟分居两室，高出地面两米。北窟分南北两室，相互连通。南室略呈长方形，面阔 2.5 米，进深 4.2 米，南室石窟布局造像与南窟相同。

南室正中供释迦牟尼佛像，两侧各立一尊供养菩萨。南北壁上为护法天王像，高约 1.7 米。北室为浮雕像，十分精美。正中雕以佛像，两侧有弟子像、菩萨像、供养人、天王像各一尊。

真寂之寺远景 1

真寂之寺远景 2

白塔

桃石山

北窟

中窟 1

中窟 2

石刻

南窟

古树

31 平顶山石窟寺

Cave temple on the Flat-top Mountain

级　别	自治区级文物保护单位
年　代	辽代
地　址	赤峰市巴林左旗丰水山镇洞山村西
交通信息	建议自驾
类　型	古石刻
看　点	水帘洞
开放信息	购票参观

平顶山石窟寺南距巴林左旗政府所在地25公里。洞山石洞大小不一，均为人工凿成，似佛窟遗址但无佛像。山下为后期新建的寺院建筑，周围散布有柱础石刻。群山中藏有石窟遗址40余处，以水帘洞最为著名，规模较大，洞口宽8米，高10米。东悬崖上有浮雕佛像一座，残缺不全。据记载山间原有石幢两座，一座在山下早已损毁，一座在小北沟山凹里，为八角形，残长1.3米，每面宽18.5厘米。幢身用汉文和梵文书写经书铭文，说明辽代平顶山云门寺遗址可能坐落在这里。

平顶山石窟寺山下寺庙 1

平顶山石窟寺山下寺庙 2

水帘洞 1

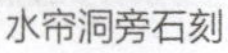

水帘洞旁石刻

水帘洞 2

32 前召庙石窟寺

Front Cave Lamasery

级　　别	自治区级文物保护单位
年　　代	辽代
地　　址	赤峰市巴林左旗查干哈达苏木前召嘎查珍珠山南坡
交通信息	建议自驾
类　　型	古石刻
看　　点	石窟
开放信息	暂不开放

前召庙石窟寺西距真寂之寺石窟约三公里，开凿在山体峭壁上，东南向。现周围仍存有建筑基址及散落石件，可见曾为一组规模较大并依据山体地形错落布置的寺院建筑。现石窟封闭于佛殿建筑中，窟前有三门，面阔 5.5 米，高 3.15 米，门楣雕有花纹。石窟平面为长方形，长 6.75 米，宽 5.25 米，窟顶高 3.43 米。窟内三面设龛，正面中为大佛龛，两侧分两侧雕 58 个小佛龛。大佛龛宽 2.3 米，高 1.45 米，进深 1.1 米。两侧佛龛为楼阁型，层上刻有斗拱。佛殿左前侧曾有石幢一座。

前召庙石窟寺山景

前召庙石窟寺 1

前召庙石窟寺 2

前召庙石窟寺柱础

前召庙石窟寺 3

前召庙石窟寺 4

阿鲁科尔沁旗

33 宝善寺

Baoshan Lamasery

级　　别	国家级重点文物保护单位
年　　代	清代
地　　址	赤峰市阿鲁科尔沁旗巴拉奇如德苏木内
交通信息	建议自驾
类　　型	传佛教建筑
看　　点	藏式佛教建筑群，大经堂，活佛府
开放信息	不开放

宝善寺，又称巴拉奇如德庙，始建于清顺治八年（1651 年），至康熙二十八年（1689 年）建完，为规模宏大的砖木结构藏汉结合建筑。宝善寺是清朝蒙古地区八大黄教寺庙之一，是清早期藏式寺庙中建筑规模较大、保存较好的一座。它由札萨克多罗郡王巴图出资而建，巴图札萨克郡王的祖父是蒙古色布腾王，即顺治女儿固伦淑慧公主的驸马。巴图郡王之子罗布桑格力格日旺丹是宝善寺第四位转世活佛。宝善寺原址在西拉沐沦河北岸，乾隆三十五年（1770 年）迁于今址。

宝善寺占地面积约 10.5 万平方米，原由弥勒佛殿、护法殿、天王殿、大经堂、骑羊护法殿、密咒殿、哲理殿、嘛呢殿等八座佛殿和活佛府、喇嘛住所组成。宝善寺在“文革”中遭到破坏，八殿一府一塔被毁，

70 年代又拆除两个大殿。现存建筑分为前、中、后三个部分，依地势逐级上升。由于城市规划土地变动，现后部大经堂与前部被马路分隔。

现前部修复后的活佛府改为阿鲁科尔沁佛教博物馆，又称葛根正殿。建筑按王府格局而建，为二进院硬山建筑，面积约为 1980 平方米，其院落长 57 米，宽 25.5 米。由庙门而入，前院正房五间，单檐硬山布瓦顶，门前石阶五级，东西厢房各三间。由垂花门进入后院，可见正房开间五间，前出廊，单檐硬山布瓦顶。

中部建筑仅存护法殿，又称萨布腾拉哈木宫，建筑面积 360 平方米。建筑为藏式建筑，坐北朝南，前殿两层后殿三层，长 21 米，宽 12.6 米。

大经堂，又称苏古沁独贡，位于护法殿北，长 29 米，宽 22.4 米，建筑面积 936 平方米，是现存建筑面积最大的一座。其平面为“凸”字形，正中为木作立面，出前廊三开间。两侧为白色砌楼，并开传统藏式竖窗，窗上出檐。前殿两层后殿三层，顶上做经幡、相轮及双鹿听法像等传统藏式建筑装饰。

宝善寺在阿鲁科尔沁旗众多寺庙中建筑年代最早，喇嘛最多。庙内活佛已转世六代，香火鼎盛时有喇嘛 800 余人。

前院正殿

活佛府大门

垂花门

后院正殿

护法殿 1

护法殿 2

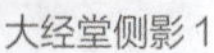
大经堂侧影 1

大经堂侧影 2

34 根培庙

Genpei Lamasery

级　别	自治区级文物保护单位
年　代	清代
地　址	赤峰市阿鲁科尔沁旗赛罕塔拉苏木陶海嘎查北20公里，海哈尔河左岸白音查干山
交通信息	建议自驾
类　型	藏传佛教建筑
看　点	大雄宝殿
开放信息	免费开放

庙宇位于赤峰市阿鲁科尔沁旗赛罕塔拉苏木境内，寺院地处丘陵地带，背靠群山，腹临平川，草木繁茂，景色怡人。

根培庙始建于清嘉庆二十一年（1816年），由二世云增活佛罗卜桑尼彦拉格创建。巅峰时期有三座大庙，七座小庙和四十多间庙仓，喇嘛达到320名。

1981年重修嘛呢经殿，恢复了佛事活动。1985年，云增五世活佛札木彦带领部分信徒重建主殿，宗教活动日益活跃。

寺院平面呈长方形，南北长220米，东西宽180米，原主殿及配殿保护较好。主殿即大雄宝殿，又称“朝克沁独贡”，为一座九开间的重檐歇山建筑，规模宏大。近年翻建了天王殿，重建了二十一度母塔，新建了活佛殿及云增二世佛塔。

根培庙

35 罕庙

Han Lamasery

级　别	自治区级文物保护单位
年　代	清代
地　址	赤峰市阿鲁科尔沁旗罕苏木苏木海哈尔河北岸查干特布色
交通信息	建议自驾
类　型	藏传佛教建筑
看　点	藏式佛教建筑
开放信息	免费开放

罕庙建于康熙十三年（1674年），是清朝黄教八大呼图克图庙之一，即皇帝庙。清康熙十三年（1674年），康熙帝曾来此巡视，偶遇第一世西活佛，为其修建大庙，并钦赐“戴恩寺”牌匾，因此罕庙又称戴恩寺。此后到1947年牧区民主改革，罕庙共迎来三位活佛——西活佛、查干活佛和云僧活佛，实属罕见。

寺院建筑原由五组寺庙构成，有东、西、北三个葛根仓，每仓有一名活佛主持。罕庙是当时阿鲁科尔沁部最大的庙宇，繁盛时期喇嘛达500人。1947年牧区民主改革后，罕庙被机关占用一度受损，“文革”中又遭到毁灭性破坏。

寺院布局为长方形，南北长200米，东西宽100米。寺院现为由南向北逐渐升高的三进院落，依地形层层有致。主体建筑坐落在中轴线上。罕庙现有一座庙院和两座宫殿，皆为后来新建。最南面为天王殿，其后为大经堂。大经堂为两层汉藏结合式建筑，其后为大雄宝殿，两侧分别为罗汉殿和护法殿。

罕庙

36 金界壕遗址（赤峰段）

Ruins of boundary facilities of the Jin Dynasty

级　别	国家级重点文物保护单位
年　代	金代
地　址	赤峰市阿鲁科尔沁旗，巴林左旗，巴林右旗，林西县，克什克腾旗，翁牛特旗，松山区
交通信息	建议自驾
类　型	古遗址
看　点	城墙遗址
开放信息	免费开放

金界壕

赤峰境内界壕为金界壕南线，属临潢路段，分布在阿鲁科尔沁旗、巴林左旗、巴林右旗、林西县、克什克腾旗、翁牛特旗、松山区七个旗县区。其中克什克腾旗段保存最为完好。此段为南北两线，北线全长180公里，由克什克腾旗北部从林西县进入克什克腾旗天合园小营盘村，西南向进入锡林郭勒境内；南线在克什克腾旗东部南北向延伸，全长约180公里，时断时续。

金界壕

赤峰市其他文物建筑列表

名　称	级　别	地　址	年代	简　介
阿力木图山遗址	自治区级	巴林右旗幸福之路苏木阿里木图嘎查西北 4 公里的阿力木图半山腰、山顶及南坡向阳地	辽代	遗址分布在山前、山中部和山顶上，东西 150 米，南北 500 米，总面积为 7.5 万平方米。山谷前有石砌长方形平台殿址八座，山谷间有阶梯和踏道，山半腰有两眼古井，山下有一个小形古城，城址东西 80 米，南北 75 米。
耶律琮墓	国家级	喀喇沁旗西桥于家湾子村东北山坡	辽代	墓东南向，长约 390 米，宽 230 米，现存观音经碑 1 通，卧羊 2 对，踞虎 1 对，立文官 1 对，神道碑龟趺 1 座。
宝山墓群	国家级	阿鲁科尔沁旗东沙布尔台乡西南宝山村 12.5 公里	辽代	宝山辽墓是目前内蒙古地区发现的最早的有明确纪年的辽代契丹贵族墓葬。
沙日宝特墓群	国家级	阿鲁科尔沁旗巴彦温都苏木沙日宝特嘎查西北 10 公里的哈日拜齐山	辽代	墓园东西长 437 米，南北宽 388 米，面积约为 1.3 万平方米。地表可见墓葬 20 余座，每座墓葬相距 20 米。
耶律祺家族墓	国家级	阿鲁科尔沁旗罕苏木古日板呼舒嘎查新村西北 1.5 公里朝格图山东	辽代	为一处辽晚期贵族墓葬。墓地内有墓葬 7 座，并发现有享堂建筑遗迹。
宝山罕苏木墓群	国家级	阿鲁科尔沁旗罕苏木古日板呼舒村东北朝格图山	辽代	为辽代贵族墓葬群，其中尤以耶律羽之墓最为知名。
玛尼吐城址	自治区级	阿鲁科尔沁旗巴彦温都苏木玛尼吐嘎查南 700 米	辽代	玛尼吐城址是金代临潢路界壕的屯兵堡之一。
四方城城址	自治区级	林西县新林镇鹿山村民委员会四方城村西侧	辽代	是金代边防体系的重要组成部分。
永州故城遗址	自治区级	翁牛特旗新苏莫苏木西拉沐沦河与老哈河交汇处以西三角地带的沙地中	辽代	永州是契丹族早起活动的中心地区。
韩匡嗣家族墓	国家级	巴林左旗白音诺尔镇白音罕山的南坡	辽代	韩匡嗣墓为砖结构的室墓。

10
通辽市
TONGLIAO

通辽市古建筑分布图

Historical Architectural Map of Tongliao

1. 开鲁元代佛塔
2. 奈曼蒙古王府
3. 和顺庙白塔
4. 库伦三大寺
5. 寿因寺大殿
6. 吉祥天女神庙
7. 僧格林沁王府
8. 双合山白塔
9. 慧丰寺
10. 满都呼佛塔
11. 圆通寺

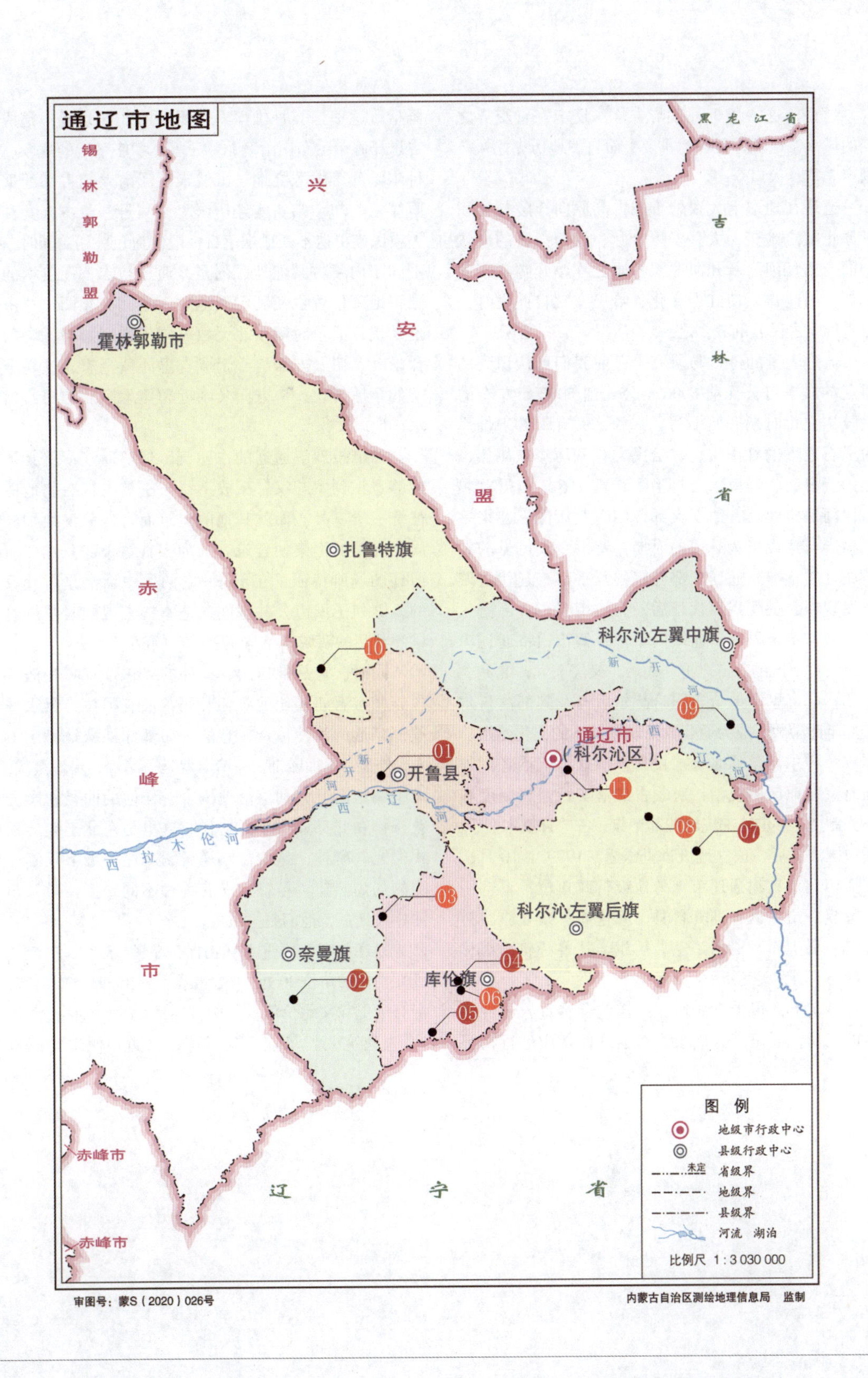

审图号：蒙S（2020）026号

内蒙古自治区测绘地理信息局 监制

概 述

通辽，这一居于蒙东与吉林、辽宁二省交界之处的城市，地理位置殊为重要，而自然地历史悠久、物产丰富、人口众多。

通辽在地形上大致处于蒙古高原向丘陵与冲积平原过渡之地带，大兴安岭余脉、辽西山区的高峻秀丽与西辽河、新开河冲积平原之浑厚开阔汇于此一处，因此得以使红山文化、哈民文化自此发祥，更堪称蒙古民族的故乡之一。

通过大量的考古与研究，目前我们可认识到的通辽的故事自公元前6000至公元前5000年左右的兴隆洼文化时期开始书写。其后，又有附着于灿烂的玉石之上的红山文化、哈民文化，历经东胡族、燕国、秦朝、鲜卑、契丹治下，至916年契丹首领耶律阿保机建辽，通辽大部皆归入其版图，迎来一个物产与建设极为辉煌的时期，留下今天可见的大量城址与墓葬。通辽东部各旗县几乎都有辽代古城址发现。金王朝兴而代辽后，为防御蒙古各部落入侵，又修筑金界壕，连缀内蒙古各盟市，将通辽串在内蒙古地区的珠链之上。而后，又经蒙元、北元、明朝，成吉思汗弟哈布图哈萨尔后裔及其部落科尔沁部至此游牧，成为通辽人民现今共认的文化始祖，亦成为科尔沁草原名称之由来。清代，统治者为加强对蒙古地区的统治，对蒙古部落实行盟旗制度和王公制度，科尔沁部统辖四部十旗，名“哲里木盟”。新中国成立后，成立地级哲里木盟。1999年10月，又撤盟建市，建通辽市，为地级行政单位，下辖一县五旗一市一区，即开鲁县、库伦旗、奈曼旗、科尔沁左翼中旗、科尔沁左翼后旗、扎鲁特旗、霍林郭勒市、科尔沁区。

事实上，很少有像通辽这样包含多重异质性元素的场所，以至于人们很难对通辽的特质进行精要概括。这里是契丹雄浑燕云笼罩的辽国京畿，是成吉思汗胞弟哈布图哈萨尔的王城、孝庄皇后的故乡、科尔沁部落发源之地。虽然未有江南六朝古都的烟雨氤氲，却结结实实经历鲜卑、契丹、蒙古、女真大漠民族更迭不断孤烟落日一般的血色壮丽。同时，不同于内蒙古其他地区的是，通辽与吉、辽接壤的独特地理位置也使其天然地融入东北文化圈，这里也是抗日战争时期东北无数英雄传说哀婉与壮美的背景。人们一方面醉心于成吉思汗黄金家族铁马金戈的草原传说；一方面又亲近和熟悉东北的白山黑水、地缘文化。

如果想理解通辽的古建筑，理解通辽，就必须能够意识到蒙与汉、豪放不羁与庄重肃穆在此地往往统一于一处。而就其地的建筑而言，蒙汉种种异质性元素的汇集使建筑表征为丰富意象的累加，而通辽的场所特征正在于——它的历史话语是敞开着的，陈列于城市公共空间，毫不费力地同时吐纳着雄浑壮阔的塞城气象与庄重谨严的汉家风度。

同时，它是稚拙的、浑朴的。它没有呼和浩特各族归绥召庙栉比的雄伟壮丽，没有阿拉善黑水城苍郁幽远的泠泠传奇，它的一切都赤裸裸地呈示与人，外显，不加雕饰。一堵墙就是一堵墙，院就是院，大喇喇地敞开，利落落地围合，任何的曲径通幽分花拂柳在此都显得矫揉造作。这里是东北土坯砖顶式的元气凝神，是蒙古族祥云图腾在砖墙上反复连缀的灼灼热望。尽管蒙汉有种种不同，但在敞开与浑朴大气上，他们是一致的。

通辽共有全国重点文物保护单位15处、自治区级文物保护单位30处，虽数量或不突出，但类型丰富，富有历史和文化价值。其中古遗址21处，古墓葬11处，古建筑9处，石窟寺及石刻3处，近现代建筑1处。

开鲁县

1 开鲁元代佛塔

Pagoda of the Yuan Dynasty in Kailu County

级　　别	国家级重点文物保护单位
年　　代	元代
地　　址	通辽市开鲁县开鲁镇白塔路白塔公园内 / 县实验小学南
交通信息	<B> 菜市场（西门）；<B> 中医院（东门）
类　　型	宗教建筑 · 砖砌藏传佛教覆钵式佛塔
看　　点	内蒙古地区保存不多的元代藏传佛教覆钵式塔之一
开放信息	现处开鲁镇白塔公园内，免费参观

开鲁历史悠久，辽金时期即已有人口聚居，一定程度上堪称繁荣。至元朝时期，因成吉思汗四弟帖木格斡惕赤斤被封“辽王”并在此建城[1]，开鲁一度成为科尔沁草原的政治、经济、文化中心。自辽金以来兴盛发达的佛教事业也在元朝政府的扶植下继续发展。

开鲁元代佛塔位于通辽市开鲁县开鲁镇南白塔公园内，是内蒙古地区保存不多的元代藏传佛教覆钵式塔之一，而就其保存完好程度而论，纵观内蒙古地区之元代佛塔，亦堪称首屈一指。此塔始建于元代中早期，据传建于 1287 年至 1297 年。《通辽文化遗产》中载，经考察，塔体有不同形制的砖数种，由此推断，此塔从修建至今应修缮过数次。

现在所见的开鲁元代佛塔是数次修葺后的结果。塔原由青砖砌筑，外表涂以白灰，而又经历次修葺，外表现粉饰一新，历史信息或稍有丢失。然其大体比例高度依然。开鲁元代佛塔通高约 18 米，造型极为简洁，全塔仅由塔基、塔座、覆钵、相轮、塔刹五部分构成。塔基平面现呈方形，青砖等材料分层铺就，边长约 16 米，较地表高约 1.2 米，四面分设 7 步台阶，周有护栏。塔座平面亦为方形，边宽约 6 米，高约 4 米，须弥座式。经五层反叠涩基坛而上，上置覆钵。钵体比例较修长，更近似有收分的圆柱体，收分相对不明显；覆钵四面各置一眼光门，高约 1 米，宽约半米。南面眼光门下又有封闭式券门。覆钵上部复为方形基座，边长约 3 米。座上承托八角形十三天相轮，由底至顶渐次收分。同时每隔相等距离拉出线脚，层间略

开鲁元代佛塔现状（带碑名）

白塔公园鸟瞰——《通辽文化遗产》

1. 陈永志. 通辽文化遗产[M]. 文物出版社，2014.

有歪扭。塔刹为圆形，最上端为黄铜铸圆形葫芦状刹顶。整体比例修长挺秀，基座及覆钵较一般元代覆钵式塔较小，覆钵相对较长、收分较不明显，而相轮相形之下又较为粗壮，可称特性鲜明。

而或因经历次修葺之故，全塔造型特显简洁，通体洁白，叠涩、相轮等部皆简洁明了，不设华盖，呈现出一定的元代覆钵式塔特点，同时又有自身的识别性。虽然其砌筑工艺似有粗陋之处，然其比例得体，造型简洁，亦颇具艺术价值。

奈曼旗

2 奈曼蒙古王府

Mansion of Prince of Mongolia in Naiman Banner

级　别	国家级重点文物保护单位
年　代	清代
地　址	通辽市奈曼旗大沁他拉镇王府街
交通信息	建议自驾
类　型	居住建筑 · 木结构、砖石结构
看　点	汉蒙融合建筑
开放信息	2017 年 2 月调研时处于维修中，维修周期不详

奈曼王府位于通辽市奈曼旗大沁他拉镇王府街，为清代奈曼旗首领札萨克郡王的府邸。奈曼历史上曾经历十六任王爷统治约三百年之久，期间王府也多次迁建。而我们现在看到这座据传为清道光皇帝的驸马、奈曼第十一任郡王于同治年间修建，也是奈曼的最后一座王府。

王府原占地面积约两万平方米，东西宽约一百米，南北长约两百米。全部建筑有房屋近两百间，为一有明显轴线、大体东西对称之院落组群。王府先以围墙回廊围合，四角又点以角楼，围墙之内偏东为院落南北主轴线，主轴线上自南向北依次布置大门、二道串堂门、正殿及东西配殿、王爷居所内四合院。主轴线以西一路为王府档事房等配套文职机构，西北为王府花园。院落组群关系堪称疏密有致，功能合理。历经重修，院落范围稍有改变，现将东侧部分砖房也纳入院落之内。

王府正殿为五间硬山式建筑，坐落于月台之上，有清代建筑典型之前出檐柱之特征，阑额柱头之上彩画华丽，窗棂之上亦有各式浮雕彩绘，较为精美。正殿兼具王爷接受下属汇报及起居之功能。

东西配殿均为三间硬山式建筑，檐下亦彩绘整饬，门上绘各类历史人物并花草图绘。

在中心四合院之外，王府佛堂亦堪称精巧，同样为五间硬山式，其檐下彩画几经装饰，鲜明更胜主殿，窗棂版门之上一应雕刻。

奈曼王府虽规模不大，建制亦不高，但历经重修，保存较为完好，在通辽全境内亦是首屈一指的。其布局较为合理，院落比例与组织适当，彩画雕刻精巧得体，有一定的艺术价值。同时，对于满蒙历史的研究也可作为重要的参照样本，具有重要的意义。

白塔公园鸟瞰

奈曼蒙古王府鸟瞰

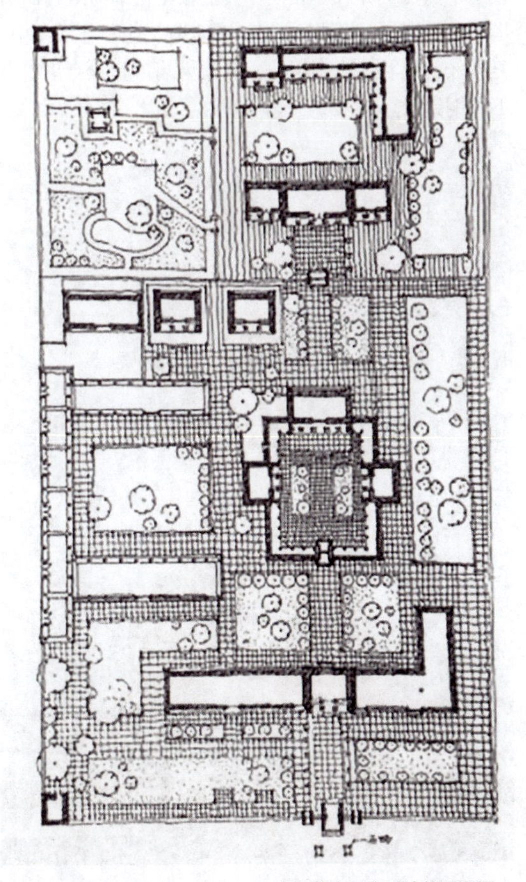

奈曼蒙古王府手绘总平面图

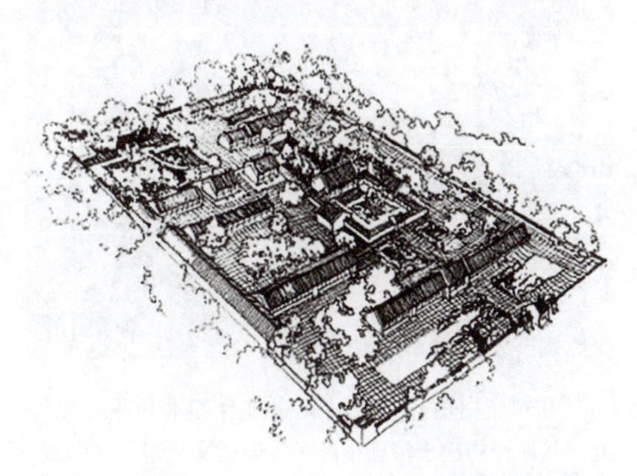

奈曼蒙古王府手绘鸟瞰图

奈曼蒙古王府正殿

垂珠门

角楼

3 和顺庙白塔

White pagoda in Heshun Lamasery

级　别	自治区级重点文物保护单位
年　代	清代
地　址	通辽市奈曼旗章古台苏木
交通信息	建议自驾
类　型	宗教建筑·砖砌藏传佛教覆钵式佛塔
看　点	极具特色的塔身结构和雕刻，奈曼 24 座失存寺庙的重要的历史见证
开放信息	免费开放

和顺庙白塔位于奈曼旗章古台苏木和顺庙原址北，其原址初建于清朝中叶。《通辽文化遗产》中载，和顺庙 19 世纪 90 年代，受“金丹道”之乱被毁，平息后，因财力不济无力修复，奈曼旗大沁庙第六世活佛扎木祥曲德尔奔走于蒙东募捐，终于筹集资金，又因他曾在西藏学习 28 年之久，精通佛塔设计，于是自己负责设计监修，于 1937 年修复竣工。后和顺庙又被拆除，仅余白塔，21 世纪初又对寺进行复建。

和顺庙白塔初建于清中叶，后重修时，大抵参照原貌，因此整体呈现较标准之藏传佛教格鲁派覆钵式塔之特征，由基台、塔座、覆钵、相轮、塔刹五部分组成，基台方形、青砖砌筑，周以栏杆，四面各设五步台阶。塔座较一般覆钵式塔极高，分为五段，每段中均又有层层叠涩，佛像浮雕蒙文刻于其上，垒砌整齐。五段中之上两段又用白灰，使得五段塔座在层层收分中又各具特征，调整了全塔的比例。塔座之上覆钵饱满且四面开有眼光门，其中供有四尊佛像，只是覆钵整体较北海公园塔、双合山白塔等格鲁派塔显得较小，然比例亦大体相同。其上相轮粗细与双合山白塔大致相同，但因覆钵较小，因此在塔之整体关系中，显得较为粗壮。塔刹铜铸，刹顶为葫芦状，有华盖，下挂铜铃。

和顺庙白塔现状

和顺庙白塔塔形典雅，其雕刻之精美、塔座之繁复高耸确为少见，且此塔因其特高之基座层层收分，覆钵大小亦出现某种不同于标准范式的变化，对于研究藏传佛教覆钵式塔设计建造过程中的比例控制颇具意义。

新建之庙或已无法复摹当时神韵，唯有白塔依然孤独矗立，在苍茫天地间，描绘佛国的幻景。

塔身佛像雕刻 1

塔身蒙文雕刻

塔身佛像雕刻 2

和顺庙现状

库伦旗

4 库伦三大寺

Three lamaseries in Hure Banner

级别	国家级重点文物保护单位
年代	清代
地址	通辽市库伦旗中心街与幸福路交汇处
交通信息	建议自驾
类型	宗教建筑 · 木结构、砖石结构
看点	清代内蒙古唯一实行政教合一的喇嘛旗主庙，独特的汉、藏、蒙融合建筑风格
开放信息	购票参观，门票 50 元

为进一步利用藏传佛教统治蒙古诸部，清政府对蒙古部落中地位较高的喇嘛授予“呼图克图”称号，使其可以享有寺庙、田产及从属于寺庙或他们本人的属民。而进一步地，为通过政教合一进一步加强统治，又在重要“呼图克图”的居住区任命“呼图克图”为札萨克旗长，有行政、司法、税收权。现一般认为，清朝在蒙古地区共设立了七个札萨克喇嘛旗，其中内蒙古仅有一处，就是现通辽市库伦旗，当时称锡勒图库伦札萨克喇嘛旗。“锡勒图”有蒙语“法座”“首席”之意。因其喇嘛旗的独特地位，库伦旗内的召庙呈现创建模式独特、分布集中的特点。库伦召庙主要有两种独特的创建模式：一种由该旗历代札萨克喇嘛主持兴建，如库伦三大寺与吉祥天女庙；另一种由从呼和浩特或藏地东游的藏传佛教弘法者主持兴建，如今寿因寺。当时有大大小小超过 30 座召庙集中在库伦旗，其中兴源寺、象教寺和福缘寺素有锡勒图库伦三大寺之称，闻名于全蒙古。

库伦三大寺位于今库伦旗政府所在地库伦镇中心河北岸的台地上，依北高南低之地形就势而建。三大寺自顺治年间始建，终清朝一朝屡有改扩建。库伦三寺总体上连为一体，而其中又各自分明，以通向台地的台基及正门为轴，位于南北主轴线之上的为三寺中兴建最早的主庙兴源寺，是举行重大法会之所。兴源寺东、与兴源寺南北位置大致对齐的为象教寺，是札萨克喇嘛居住办公之所。象教寺南为三寺中兴建最晚的福缘寺，是全旗的经济中心。象教寺在三寺中规模最小，较其他两寺稍微脱开独立，轴线也与其他两寺成一定角度。每座寺院中都配有各自的僧房、厨房等附属用房。

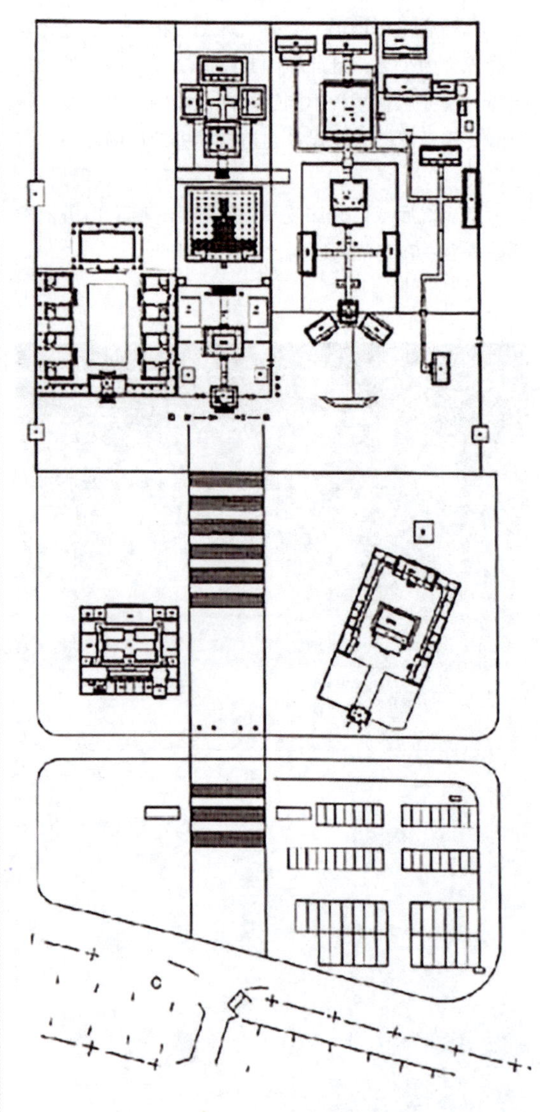

库伦三大寺总平面图

4.1 兴源寺

兴源寺初建于顺治年间，当时以正殿额克苏莫殿为主，直接接纳和采用了部分来自藏地的建筑手法，又兼具蒙古族召庙的民族特色，建成后得顺治皇帝赐名。

后因僧众增多，锡勒图喇嘛权力日盛，在康熙年间进行扩建。但由于当时民族融合程度加深，通辽又处于东北与蒙古交界的特殊地带，受汉族影响较深，参与三大寺扩建的多是左近的汉族工匠或长期以来熟悉汉地寺庙形制布局与式样的少数民族工匠，因此扩建主要按汉式规制和建筑风格进行，先后在兴源寺正殿东西增建配殿各一座，康熙朝晚期又进行了大规模的扩建，在原正殿前面沿中轴线修建了大雄宝殿、天王殿、山门，以及东西配殿、钟鼓楼等配套建筑，使兴源寺形成今天大体以汉地寺院伽蓝七堂规制为布置基础的基本格局。

兴源寺占地面积超万平方米，由山门至嘛呢殿自南向北形成一主轴，中轴线上由南至北依次布置四进院落。第一进院由中轴线上的山门、天王殿和轴线两侧东西对称的钟楼、鼓楼围合而成；第二进院位于天王殿与大雄宝殿之间，东西对称布置十八罗汉殿、护法殿；第三进院为大雄宝殿，第四进院中轴线上布置嘛呢殿、额和苏莫殿，东西对称布置僧房，四进院落沿起承转合之空间节奏展开，在第三进院大雄宝殿处达到空间高潮，以最后一进院落作为空间收束。

具体到主要的单体建筑，兴源寺轴线上自南向北共有四座殿堂。天王殿面阔三间，为单檐歇山汉式建筑，供奉四大天王像。大雄宝殿为汉藏结合建筑，坐落于高大台基之上，采用藏传佛教传统“都纲”法式做法，与同在库伦旗的寿因寺大殿布局较似：一层面阔九间，进深九间，前出抱厦五间为檐廊，檐廊用六根石刻明柱，檐廊内三间开门两间开窗。殿内用六十四根刻蟠龙明柱，其中正中四根为“通天柱”，直通到二层，形成进深和面阔各一间的小天井。

大雄宝殿正立面与整体造型亦考虑藏传佛教之典型“两实夹一虚”模式——水平划分上墙体围护采用收分之藏式墙体，而中间前出之抱厦采用汉式柱枋阑额造型，其上雕刻又用藏传佛教语汇；垂直划分上考虑一层为藏式密梁平顶之形象，二层则用藏式平顶与汉式歇山顶相结合，在两维度上均体现汉藏之结合。

嘛呢殿为面阔进深各三间、前出檐廊的汉式建筑，其室内保存有清代早期壁画，绘汉传和藏传的十八罗汉及各佛教人物，人物神态刻画传神生动，整体线条流畅，可列三大寺镇寺之宝之列。嘛呢殿殿门前石柱之上又刻一幅古蒙古文对联，白蓝彩绘粉饰，尽显蒙古族特点，上衬蒙古式官帽纹样以彰其政治中心，下衬莲花以显其宗教意味，以此一小小对联，而能特显三大寺政教合一之特点，颇具意味。

其后为兴源寺最早的正殿额克苏莫殿，“额克苏莫”在蒙古语中意为母寺。额克苏莫殿面阔五间，进深三间，前出檐廊，硬山式汉式建筑。殿内主供纵三世佛燃灯佛、释迦牟尼佛、弥勒佛。

兴源寺于新中国成立后，一度为库伦旗行政机关所在地，后颓圮，几经修缮，今以恢复法会，复现当日香客云集之貌。

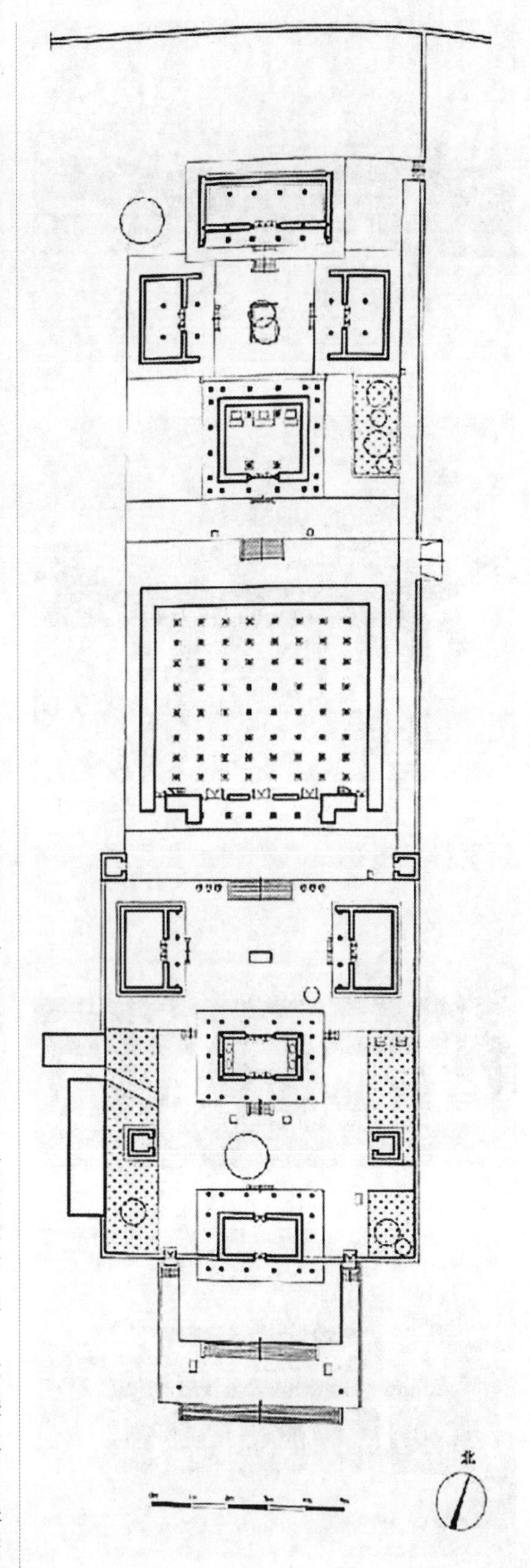

兴源寺总平面图

兴源寺山门

兴源寺天王殿

兴源寺嘛呢殿

兴源寺大雄宝殿

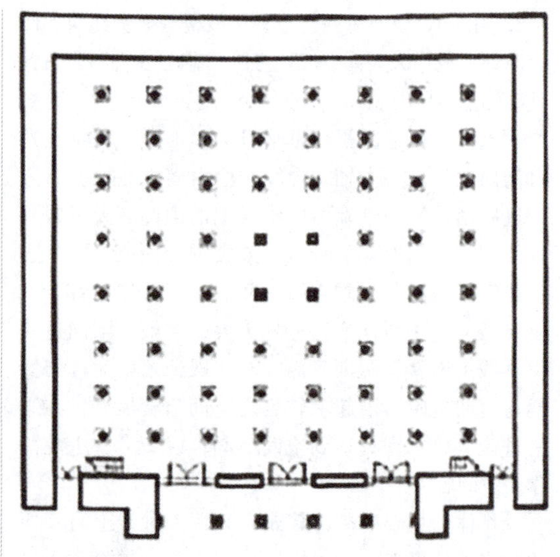

兴源寺大雄宝殿平面图

4.2 象教寺

位于兴源寺东部的象教寺则不同于兴源寺作为三大寺主寺的职能，更多为札萨克喇嘛执政起居之所，兼具寺庙的宗教性与政权机构的行政性，故又称王爷府庙，俗称上仓。

象教寺仍以汉式伽蓝七堂之寺院布局为基础，较兴源寺通长南北距离大致相同，而仅由三进院落组成，仍有明显的南北中轴线。轴线上自南向北第一进院为查玛舞场，南侧以影壁为界，北侧正对影壁的则为山门端坐正中，山门两侧各有一耳房，耳房为卷棚顶，敞开檐廊状，与山门及南北中轴线成一角度。此特异布置是为了使广场可用于藏传佛教举行法屋仪式，而耳房之布局亦为方便法舞观看。第二进院内为象教寺之正殿弥勒佛殿，坐落台基之上，面阔进深各三间，单檐歇山顶，供弥勒佛铜像。第三进院为长寿佛殿，为三连式勾连搭顶，面阔五间、进深三间。两侧为莲花生佛堂和药师佛殿，为喇嘛印务处办公之所。第三

象教寺山门及查玛舞场

进院落东以围墙围出一独立院落，内有玉柱堂、救度佛母殿及大喇嘛住所等殿堂，为札萨克喇嘛办公起居之所。

象教寺内有房舍逾百间，其中约四分之一为寺院建筑、承担举行法事活动、接受信众参拜的职能，其余则为札萨克喇嘛办公及其驭下印务处办公之用。

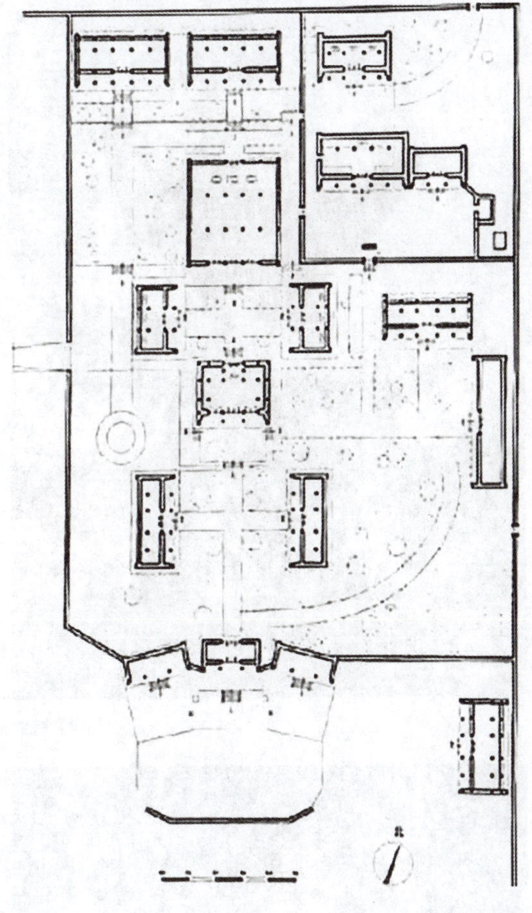

象教寺总平面图

象教寺山门前影壁

象教寺长寿佛殿

4.3 福缘寺

福缘寺相较兴源寺和象教寺功能稍微独立，空间上也留有一定距离，为札萨克喇嘛法定继承人的寓所，也是库伦旗财务机构所在地，与札萨克喇嘛亲自起居的象教寺对立，因此俗称为下仓。

福缘寺布建筑单体以汉式建筑为主，兼有藏式建筑，较兴源、象教二寺规模小许多，且整体与二寺及南北中轴线成一定角度。寺庙由南向北沿中轴线实为一连通的大院落，以中央大雄宝殿及三世佛殿为核心，大致可在空间节奏上划分为两重院落，第一重院由山门、大雄宝殿及轴线东西钟楼、鼓楼组成，第二进以中间的三世佛殿为中心，外周以护法神殿、十八罗汉殿、老爷庙及众多僧舍等围绕形成一周。寺后有一座藏传佛教覆钵式塔。

福缘寺大雄宝殿为三大寺中所见藏式风格最明显的建筑——为藏式平顶二层楼阁，面宽进深均为五间，是福缘寺举办法事之所。正立面仍用“两实夹一虚”构图，上下两层中间三间均为檐廊，二层有平台可登临远眺，用四根雕刻明柱，柱头及阑额上做藏式纹样

福缘寺三世佛殿

彩绘。侧立面做藏式整齐方窗，方窗上有出檐，饰以彩色经幡，特显藏式建筑之特征。

主殿三世佛殿修建较晚，为乾隆年间，高台基，面阔五间，进深三间，为重檐庑殿顶，斗拱为七铺作，明间平身科用三攒、次间两攒、梢间一攒。明间及两次间开门，梢间开窗。殿内供有纵三世佛即燃灯佛、释迦牟尼佛、弥勒佛。

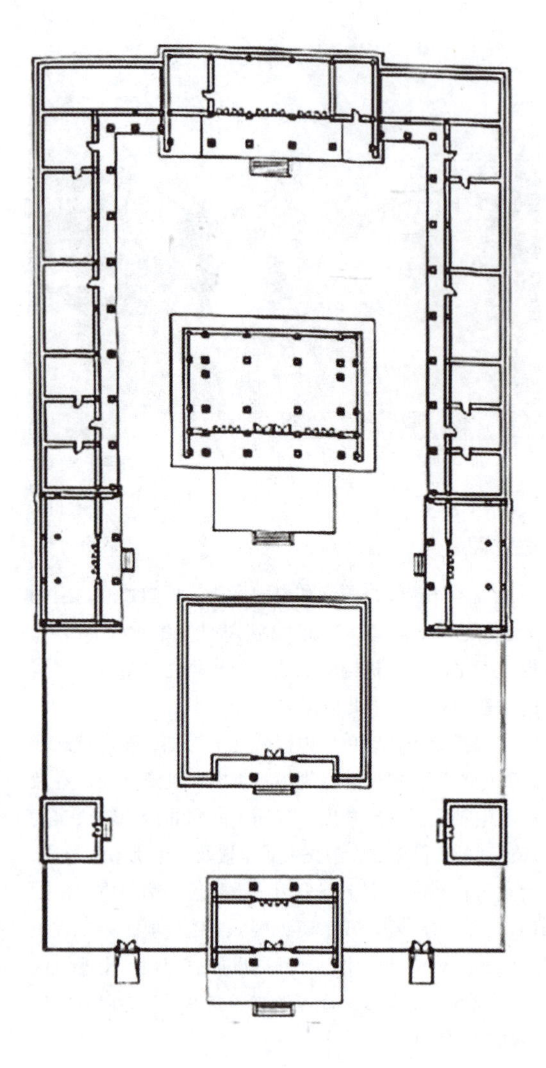

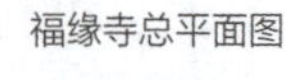

福缘寺总平面图

福缘寺鼓楼

福缘寺大殿

福缘寺后佛塔

库伦三大寺从空间态势上巧妙利用了库伦丘陵起伏之地形，背山面河院落层层递进，前以福缘寺为前导，兴源寺居于轴线正中，象教寺辅之，无论在功能流线上、空间关系上、建筑形象上都殊为合理。同时其布局采用汉地寺院的布局骨骼，而其中细微之处如福缘寺后院布置又有藏地寺院痕迹，而在此骨骼之中，又有种种单体设计，如兴源寺大雄宝殿、福缘寺大雄宝殿之汉藏结合、福缘寺三世佛殿之汉式，使得汉、藏、满、蒙多种建筑风格及文化集于一体，是锡勒图库伦历史的忠实书写，具有建筑史、艺术史和宗教史研究的多重意义和内涵。

5 寿因寺大殿

Main hall of Shouyin Lamasery

级　别	国家级重点文物保护单位
年　代	清代
地　址	通辽市库伦旗水泉镇格尔林苏木
交通信息	建议自驾
类　型	宗教建筑 · 木结构、砖石结构
看　点	东北地区仅有的三大葛根庙之一，对藏传佛教建筑模式的继承和融合
开放信息	免费参观

寿因寺位于今库伦旗库伦镇西南 44 公里，属水泉镇格尔林苏木管辖。寿因寺为达赖喇嘛派往蒙古地区掌教的第四任代表迈德尔呼图克图东行至库伦所建，系呼和浩特美岱召的分庙，因此又称迈德尔葛根庙。据现在寿因寺中的僧人讲述，“葛根”是蒙语“活佛”之意，有活佛转世体系的寺庙才可称为“葛根庙”。寿因寺的迈德尔呼图克图活佛转世体系共转 8 世，其作为东北现存的三座葛根庙之一，具有非常重要的历史意义。

寿因寺山门现状

寺庙始建年代说法不一，有说顺治年间，亦有说雍正年间。后因年岁日久，又处于低洼处，雨季常受水损，因此上世纪初将寺庙迁至旧址西北约 800 米的高处，旧址上现修建了寿因寺遗址公园，园内几株古松不知年月几何，遒劲非常。

寿因寺原建有天王殿、大雄宝殿、钟鼓楼、东西配殿、供佛楼等汉地寺院一应所备之殿宇，现今只存有山门和大雄宝殿。

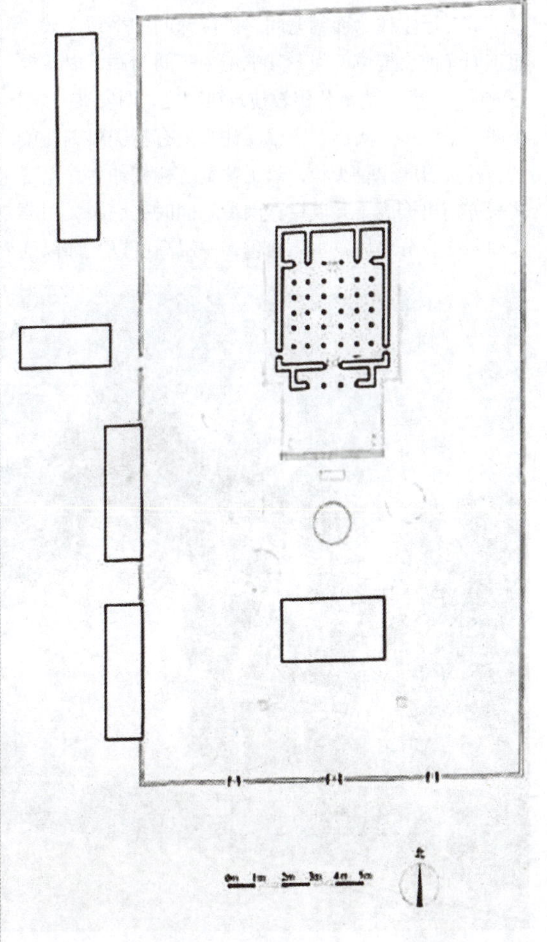

寿因寺总平面图

寿因寺大殿堪称汉藏佛教建筑结合的典范，主体采用藏传佛教的传统“都纲”法式，即建筑柱网在一层均衡排布，而中心一大致方形区域内柱往往为“通天柱”，直通二层，成为通高空间。通高空间外周往往又建一圈附属用房，因此俯瞰平面约略呈“回”字形。建筑外观为四周平顶，中部通高之上为坡屋顶，往往为歇山式。

寿因寺大殿其原型虽是都纲法式，但亦有自身的一定变异，称其“二层三顶式”更为恰当。其中央三间通高经堂前有三间卷棚式前殿（又称前顶室），后有三间歇山佛殿。前殿为两层，而后部佛殿复为通高。由此形成了前殿到经堂再到佛殿，二层到通高再到通高的空间节奏。而二层平面又呈“回”字形，人行走在平台之上时，可透过经堂和佛殿的高窗望入通高空间之中，视线恰在其中供奉的佛像头部，顿生肃然膜拜之感。此“都纲”法式变体之空间布局，有如将传统汉地寺院托举于藏式之平顶基座之上，又以通高加以结合，不只在空间节奏上动人心魄，更有节约用地之实用效果，其构思之巧妙实在使人称奇。

其一层主体为面阔七间，进深八间的平顶大殿，而正面又前出抱厦五间，其中正中三间为廊，以四根石雕明柱支撑，为藏传佛教建筑典型之“两实夹一虚”构图。且斗栱、阑额、雀替、柱头俱有精美雕刻，梁头、柱头俱雕作兽头状，雕工精美、栩栩如生。上层前殿亦前出檐廊，并以栏杆围护。同时，底层又用藏式建筑之收分墙体，主体白色，一层高度以上饰以红色矮墙，上绘藏传佛教建筑纹样。整体造型曲折有致，又完美结合汉藏佛教建筑特点，兼具古朴之气韵，实为佳作。

其室内亦精美非凡，一层用三十六根明柱支撑，其中中央四根柱直通二层，为“通天柱”。二层前顶室枋板上绘有佛像，门两侧为圆形雕刻花窗，走出前顶室到二层平台，可见经堂空间屋顶上经幢、祥麟法轮等藏式宗教元素。

寿因寺大殿的形制和建筑结构均堪称独特，其存在既保存了内蒙古唯一的喇嘛旗锡勒图库伦独特的召庙创建模式，也呈现了藏传佛教弘法者东行的踽踽足迹，更反映了内蒙古地区藏传佛教建筑迎源于藏区、取异于汉地的发展历程，弥足珍贵。

寿因寺大殿正立面

寿因寺大殿现状

二层露天走廊

前顶室画像

前顶室圆形雕刻花窗

6 吉祥天女神庙

Lakshmi Lamasery

级　别	自治区级重点文物保护单位
年　代	清代
地　址	通辽市库伦旗中心街
交通信息	建议自驾
类　型	宗教建筑 · 木结构、砖石结构
看　点	库伦旗独特召庙创建模式的代表，汉蒙融合式建筑
开放信息	免费参观

吉祥天女神庙位于今库伦旗库伦镇东，库伦三大寺东南，与三大寺隔河相望。

清代，统治者为辖制蒙古诸部，在蒙古各盟旗施行札萨克郡王制度，即统辖一旗的行政领袖札萨克郡王往往也是当地的宗教领袖，通过政教合一进一步加强对蒙古各盟旗的思想和行政管理。顺治年间库伦旗的札萨克郡王西扎布衮如克在受封札萨克之前，本是受五世达赖和四世班禅之命从西藏出发弘法的僧人，离开西藏时，五世达赖赠与他一幅吉祥天女神画像，此画像本为五世达赖自己敬奉，因此备受西扎布衮如克珍视。西扎布衮如克卸任札萨克后，主持在库伦建造了吉祥天女神庙，将这幅吉祥天女神像供奉于此庙，作为库伦的主神，从此吉祥天女神在库伦备受尊信。

历史上，吉祥天女神庙主体建筑三间正殿，供奉西扎布衮如克所请吉祥天女神像，东西各有三间硬山式配殿。主殿与配殿之前依次有山门殿，藏有藏文甘珠尔和丹珠尔经各一套的诵经殿，以及天王殿。院内西南角还建有一座藏传佛教覆钵式小塔，是西扎布衮如克的骨灰塔，因西扎布衮如克曾获封班第达诺们汗封号，故此塔又称诺们汗塔。

然目前寺内仅有正殿、东西配殿和诺们汗塔，且是经重修之果，诺们汗塔是21世纪初重修时重建的。

虽经重修之故，然如今我们所能看到的吉祥天女神庙正殿枋坐于斗拱柱头科及平身科之上，与阑额脱开一段距离，飞椽至阑额之垂直相对距离较一般清式建筑犹大，故而使檐下空间不觉局促，枋及阑额俱有精美浮雕彩画，远远望去，只觉檐下阴影错落有致，浮雕共彩画配合，阑额下及柱上又有五彩经幡，藏传佛教寺院之形象望而便知。

诺们汗塔为一较小骨灰塔，虽为21世纪重建，但大体仍为藏传佛教覆钵式塔的形象，比例大体相同，只是整体大小上约略为一缩微版本。只是相轮尤为粗壮，收分极明显，相轮底部几与覆钵上部同粗，不知是重建时形象比例把握有失真所故，还是塔原貌如此。

在通辽现存的藏传佛教寺庙建筑中，吉祥天女神庙可称在一定程度上真正做到了融合汉、藏、蒙建筑艺术，与隔河相望的库伦三大寺一起见证了锡勒图库伦曾为通辽藏传佛教之首的繁盛往事。

吉祥天女神庙正殿

诺们汗塔

科尔沁左翼后旗

7 僧格林沁王府

Sengge Rinchen's Mansion

级　　别	国家级重点文物保护单位
年　　代	清代
地　　址	通辽市科尔沁左翼后旗吉尔嘎朗镇中学内
交通信息	建议自驾
类　　型	居住建筑·木结构、砖石结构
看　　点	僧格林沁故居，汉、蒙、满建筑风格融合
开放信息	免费参观

僧格林沁王府位于科尔沁左翼后旗吉尔嘎朗镇吉尔嘎朗中学校园北部，其西南约 50 公里处还有一僧格林沁博物馆及跑马场，然博物馆内并无古建筑遗存，亦稍显荒废，不明真相者往往易将二者混淆，致使不辨僧王故所真容。

僧格林沁（1811—1865 年）是元太祖成吉思汗二弟哈布图哈萨尔二十六世孙，生于通辽市科尔沁左翼后旗，是清朝极特殊的蒙古族“铁帽子王”，有“最后一个敢于提刀上马的大清王爷”之称。

僧格林沁在对太平天国作战之中，无一败绩。咸丰帝因此于咸丰五年（1855 年）二月加封僧格林沁为博多勒噶台亲王。僧格林沁王府也被称为“博王府”。虽别称“博王府”，但僧格林沁王府实际上却是僧格林沁被封亲王前作为札萨克郡王在家乡的旧居，所以其仍为郡王府的旧建制，因此此“博王府”事实上并非真正之“博王府”，应称郡王府更准确些。而我们今日眼前所见的，则甚至连昔日郡王府之规模也无法达到了。当时全盛时期的僧格林沁郡王府据称占地约四万平方米，方形院落，青石铺基，可堪壮观。

只是其后历经破坏，现仅存现仅存正殿五间，札萨克后仓九间。两建筑均为硬山式，前出檐柱，雕刻毕备，使得王府作为起居建筑仍不失庄重，而亦不乏生活气息。

坦言之，僧格林沁王府因只是僧王为郡王时在家乡的居所，即使在鼎盛时期，规模和建制上也无法与诸多东蒙古王府相提并论，尤其是后又经破坏，现余的两座建筑孤零零居于吉尔嘎朗镇中学院内，更添几分英雄迟暮的感慨。

但无法否认的是，僧格林沁王府是研究清代蒙古王公政治生活的重要资料， 从中，我们仍能凭吊些许英雄的幻影，感喟一段岁月与文明的历程。

僧格林沁王府后殿

8 双合山白塔

White pagoda on the Shuanghe Mountain

级　别	自治区级重点文物保护单位
年　代	清代
地　址	通辽市科尔沁左翼后旗阿古拉苏木阿古拉草原旅游区内
交通信息	建议自驾
类　型	宗教建筑 · 砖砌藏传佛教覆钵式佛塔
看　点	藏传佛教格鲁派覆钵式塔的典范
开放信息	购票参观，门票 30 元

双合山白塔位于通辽市科尔沁左翼后旗甘旗卡镇东北约 30 公里处，属阿古拉苏木管辖，位于双合山山顶。

双合山于清朝年间曾先后修建了大量庙宇，规模足以成群落，据传有数百间之多，双合山也自然成为科尔沁左翼后旗的宗教中心。

雍正年间，归化城大喇嘛前往左翼后旗传经，提出在双合山山顶修建佛塔，建议得到旗札萨克郡王恩准。后，札萨克郡王王子前往归化城大喇嘛所在寺院取得佛塔图纸及已经圆寂的大喇嘛的舍利，在山顶建筑佛塔。

双合山白塔具有典型的清朝格鲁派藏传佛教佛塔的特征，其塔各部之比例，覆钵、相轮、塔刹之形制，均与北京北海公园白塔极为相似，反映了该时期藏传佛教覆钵式塔的特点。塔由塔基、塔座、覆钵、相轮、塔刹五部分构成。塔基青砖砌成，九米见方，高约两米，南面有九级台阶，北面有七级台阶。塔座为藏传佛教覆钵式塔中较常见之“亞”字形，青砖砌成，粉饰白色，上有叠涩，转折之间极尽精美之能事，四面有精美彩绘雕刻，如意图案并七宝图案。又三层圆柱形基台之上，为覆钵，此覆钵造型极为饱满优美，高度适中，收分明显，覆钵四面开有眼光门，俱雕刻精细、线条优美，眼光门以彩绘线脚雕饰，内有浮雕佛像图案。其上相轮较细，与覆钵在径之粗细与高度上均形成和谐对比统一，使全塔造型特见力量与秀美。塔刹铜铸金铎上有藏传佛教太阳、月亮、火炬各色造型，下挂铜铃。

双合山白塔比例准确优美，堪称是藏传佛教格鲁派覆钵式塔的典型范式，其造型蕴藏传佛教涵义与典型式样于其中，而又能显简洁适度，实在堪称佳作。虽然其组成比较简单，也未有辽金塔那样复杂精美的雕刻，但其素雅简洁更具草原佛塔的气魄与神韵，也更让我们去欣赏其形体本身的美感。

直到现在，每逢节礼，附近农牧民仍然到此远眺，绕塔祈福，足见其神韵犹在，愿景不灭。

双合山白塔现状

科尔沁左翼中旗

9 慧丰寺

Huifeng Lamasery

级　别	自治区级重点文物保护单位
年　代	清代
地　址	通辽市科尔沁左翼中旗巴彦塔拉镇东北 7 公里
交通信息	建议自驾
类　型	宗教建筑 · 木结构、砖石结构
看　点	格鲁派古刹，汉、蒙、满建筑风格融合
开放信息	免费参观

慧丰寺位于通辽市科尔沁左翼中旗巴彦塔拉镇东北 7 公里，是科尔沁左翼中旗唯一现存的寺庙，历史上更有班禅驻锡等堪称辉煌的历史掌故。

据《通辽文化遗产》中载，慧丰寺由皇太极与孝庄皇后之女固伦端贞长公主所建，彼时乃顺治初年，公主下嫁到母部科尔沁草原，因此建一座仅三间佛殿，供奉所请释迦牟尼佛金身。后又于康熙年间，于这座三间佛殿东南方先后修建藏传佛教格鲁派之佛殿，形成寺庙之规模，信众日广，寺名远播，即今日慧丰寺前身。

而后，慧丰寺又历经扩建。其中苏克勤殿向南扩建一架，即成今日所存之三连勾连搭顶之貌。又铺设地面、增加配套建筑、恭请神像，真正名列藏传佛教大型寺院之列，还曾迎来格鲁派领袖九世班禅亲驻讲经。

新中国成立后，因教育发展需求，寺内主要建筑被巴彦塔拉中学用作校舍及学生宿舍，亦有一部分为当地居民居住。后又历经波折，多被拆毁。现仅余原苏克勤殿。殿为通辽市少见的三进勾连搭顶，且一进比一进高度递增约一米。殿面阔七间，前有檐柱，阑额上施以斗栱。木构架未施彩画，显得古朴典雅。瓦作较为精细，最后一进屋脊上有鸱吻，最前一进屋脊上有坐兽每面各三，俱造型精巧。

然今天所见之慧丰寺苏克勤殿貌状，抑或非原貌，而经 21 世纪初之修葺，除梁架或保留原材之外，其余均 21 世纪之复原，其中庶几原貌，不可获知。慧丰寺之复原工程仍在进行之中，待复原完成，或可一窥昔日班禅驻锡，信众云集，经幡广布之名刹风度。

慧丰寺诵经殿现貌

扎鲁特旗

10 满都呼佛塔

Manduhu Pagoda

级　别	自治区级重点文物保护单位
年　代	清代
地　址	扎鲁特旗乌力吉木仁苏木满都呼林场正北 1.5 公里
交通信息	建议自驾
类　型	宗教建筑 · 砖砌佛塔
看　点	汉、蒙、满建筑风格融合
开放信息	免费参观

满都呼佛塔遗址位于今通辽市扎鲁特旗乌力吉木仁苏木满都呼林场北，“满都呼”在蒙语中为“升起”之意。

该塔址位于牧民耕地之中，数百年来经风吹雨淋，现存状态较差，现几乎只余塔基和部分塔身，且青砖剥落，花纹残损，只能依稀辨认。

满都呼塔遗址现存部分依稀可辨为三段，底部为品字形塔基，为约 10 层青砖层层砌筑，中部为塔身，较塔基向内缩进，可辨少许花纹雕刻。上为收分明显的塔顶，剥落更为严重，其真实高度已不辨，塔顶底部有一圈花纹勒边。此塔虽现仅余三段，但三段之间，所用砌筑之砖之比例各不相同，砌法、花纹亦均多变化。足见此塔曾经过精心设计，曾花纹精美、比例适当，各部之间交接为匠人所仔细处理。

然其现存状态属实较为颓圮，所掌握的塔的建造之因等资料也较为有限，流传着众多版本的传说，莫衷一是，使得这座位于草木旺盛的牧区林场之中的神秘遗址更添几分传奇色彩。天苍茫，秋草黄，那些关于信仰与期待的故事寄托于塔，无处寻觅，又似乎仍然清晰。

满都呼遗址现状

11 圆通寺

Yuantong Temple

级　别	自治区级重点文物保护单位
年　代	近现代
地　址	通辽市医院东北角
交通信息	<B>（2 路 /3 路）市医院站
类　型	宗教建筑 · 木结构、砖石结构
看　点	通辽城区现存唯一一座新中国成立前的老建筑
开放信息	免费参观

圆通寺位于今通辽市医院东北后院内，而通辽市医院地处通辽老城区中心地带，城区主干道科尔沁大街北，可说是通辽市核心所在。此近百年历史之庙宇，静处于闹市中医院后院一隅，蒿草漫长，院墙及完整院落已不存，往来医患往往以之为寻常砖瓦房，等闲视之，使人不免生出物是人非之感。

圆通寺现存石碑一块，上有《通辽圆通寺碑记》，然年岁日久，碑上文字片段已约略模糊，引《通辽文化遗产》中所记碑记载，圆通寺为“通辽县街官绅商工善士等协助”捐资所建，筹募人名李荣久，为通辽地区乡贤，素有善名，1935 年圆通寺落成后，更遁入佛门修行，因此圆通寺又有“李善人庙”之称。

而今圆通寺格局除余石碑外，仅存主殿、东西配殿及前殿，主殿后又可见东西耳房，经历次重修，保存基本完好，只是其与民国始建原貌之出入已不可察。主殿五间硬山，东西配殿、耳房均为三间硬山。建筑式样虽简素，但亦堪称整饬考究，主殿前出檐柱，飞椽、额枋、雀替一应彩绘。

据传，圆通寺始建时每有庙会等活动，兴盛一时。但后渐被破坏，僧人四散。至于如何被圈于通辽市医院院内，又少有人知晓。而今医院内医患熙攘，每每擦肩圆通寺遗殿而过，不知是其幸运抑或不幸。然其作为通辽城内唯一一座建于新中国成立前的建筑，自然是弥足珍贵的。

圆通寺主殿现状

通辽市圆通寺碑

通辽市其他文物建筑列表

名　称	级　别	地　址	年　代	简　介
扎鲁特旗南宝力皋吐墓地	国家级	扎鲁特旗东南约40公里，东北距道老杜苏木10公里，南距南宝力皋吐村约2公里	新石器时代晚期	迄今为止内蒙古东部乃至整个东北地区发现的规模最大、获取遗物最为丰富、文化面貌极其独特的新石器时代晚期的大型聚落遗存。
奈曼旗土城子城址	国家级	奈曼旗沙日浩来镇西土城子村西南500米处	战国时代	迄今为止发现的规模最大、保存基本完整的战国燕国城址。
秦汉长城	国家级	奈曼旗、库伦旗，现存最东端发现于奈曼旗新镇朝阳沟村	秦汉	秦代开始建造，西汉沿用，东汉废弃，为所在地区农牧分界的重要考古证据。
科尔沁左翼后旗韩州城遗址	国家级	科尔沁左翼后旗查日苏镇城五家子嘎查村南500米	辽代	曾三迁治所得辽代重镇韩州城最初的治所所在。
库伦旗灵安州城址	国家级	库伦旗扣河子镇黑城子村所在地，东北距库伦旗库伦镇54公里。	辽代	始建于辽代的灵安州城所在地，曾出土“灵安州刺史印”。
科尔沁左翼后旗吐尔基山辽墓	国家级	科尔沁左翼后旗毛道吐苏木大吐尔基山东南麓的山坡上，南距吐尔基山水库行政村约1公里	辽代	目前内蒙古地区发现的年代最早的契丹贵族墓葬之一。
奈曼旗辽陈国公主墓	国家级	奈曼旗青龙山镇东北10公里斯布格图村西的山南坡上	辽代	当年我国首次发现的未经盗扰的辽代皇族墓。
库伦旗奈林稿辽墓群	国家级	库伦旗库伦镇前勿力布格村附近	辽代	由八座大型辽墓组成，内有反映辽代贵族生活的珍贵壁画。
扎鲁特旗寂善大师墓	国家级	扎鲁特旗哲北一分场东北山上	辽代	为曾为辽圣宗淑仪，后削发为尼的寂善大师墓葬，对研究辽代契丹族贵族的墓葬形制及宫廷内部的斗争都具有史料意义。
金界壕遗址	国家级	扎鲁特旗、霍林郭勒市境内	金代	金为抵御蒙古族等北方游牧民族而修建，是我国北方民族融合进程的见证

候车室

11
兴安盟
HINGGAN

兴安盟古建筑分布图

Historical Architectural Map of Hinggan

1 成吉思汗庙
2 乌兰哈达遗址群
3 葛根庙
4 吐列毛杜古城遗址
5 博克达活佛府邸
6 乃济陀音祭坛
7 阿尔山火车站

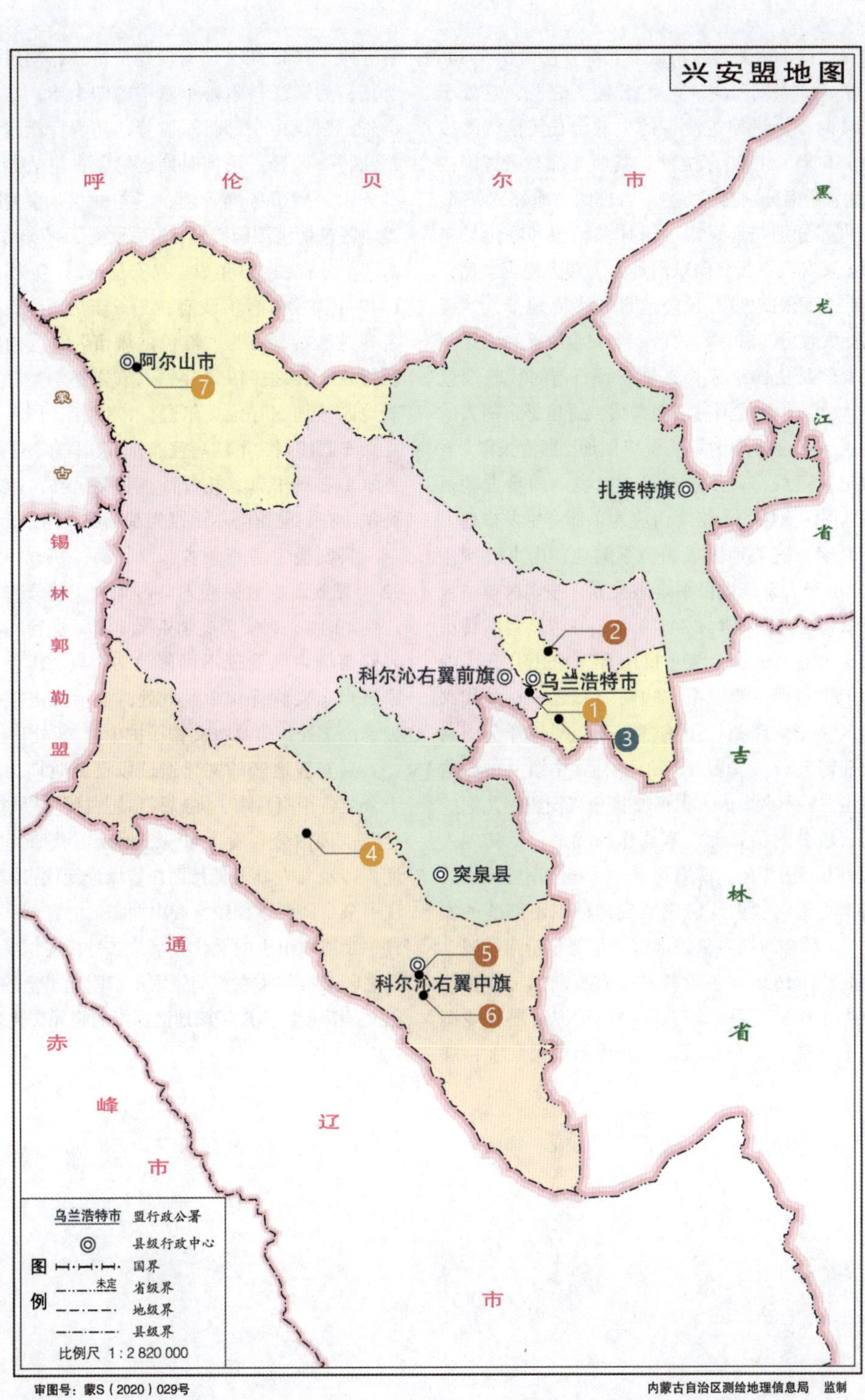

审图号：蒙S（2020）029号

内蒙古自治区测绘地理信息局 监制

概 述

兴安盟位于内蒙古自治区东北部，总面积59806平方千米，“兴安”为满语“丘陵”之意，它处于大兴安岭向松嫩平原过渡带的中低山丘陵区，海拔高度在150米～1800米之间；其西北部与蒙古国接壤，东北、东南分别与黑龙江、吉林两省毗邻，南部、西部、北部分别与通辽市、锡林郭勒盟和呼伦贝尔市相邻。兴安盟由西北向东南可分为四个地貌类型：中山地带、低山地带、丘陵地带和平原地带，经济区划因此大致分为林区、牧区、半农半牧区和农区。

兴安盟历史源远流长，早在新石器时代晚期就有人类活动。春秋战国时期至秦代，这里是东胡人的游牧之地；汉、魏、晋时期为鲜卑属地。据清张穆《蒙古游牧记》记载，科尔沁右翼中旗境内的哈古勒河（今霍林河）流域的蒙格罕山应为东部鲜卑发祥地。南北朝时期兴安盟地区成为突厥属地，唐贞观四年（630年）唐太宗李世民平定东突厥，该地区被纳入唐朝版图。辽大同元年（947年），在今乌兰浩特市境内设金山县，天庆六年（1116年）金山县升为静州，为上京道西北部9个“边防城”之一。金代兴安盟地区归东北路招讨司统辖，天会初年降金的乌谷、敌烈部族曾被安置在科尔沁右翼中旗一带。蒙古汗国建立后不久，成吉思汗便将今兴安盟洮儿河、归流河流域分封给斡赤斤家族作为领地；元初划入中书省。明万历年间，博第达喇一系陆续南迁至此，绰尔河、归流河、洮儿河流域成为科尔沁部落的发祥地之一。后金时期科尔沁部首领与努尔哈赤结盟。清崇德元年（1636年）设科尔沁右翼前旗（亦称札萨克图郡王旗）、科尔沁右翼中旗（亦称图什业图亲王旗）、科尔沁右翼后旗（亦称镇国公旗）；顺治五年（1648年），增设扎赉特旗，均属哲里木盟所辖，为嫩江科尔沁十旗中的四个旗；在行政上，科尔沁三旗由京师将军监管，扎赉特旗旗务则由黑龙江将军监督。民国时期延续蒙古王公制度，盟旗事务由蒙藏事务局管理。“九一八”事变后，兴安盟地区被伪满洲国统治，先后设立了兴安南、东、北、西四个分省，1943年成立兴安总省，省会为王爷庙街。1947年内蒙古自治政府在王爷庙街成立，王爷庙更名乌兰浩特，意为“红色的城市”，为内蒙古自治区行政所在地。1954年，兴安盟建制撤销，原兴安盟地区被划归呼伦贝尔盟。1980年，国务院批准恢复兴安盟建制，下辖乌兰浩特市、科尔沁右翼前旗、科尔沁右翼中旗、扎赉特旗和突泉县；1992年，以科尔沁右翼前旗阿尔山镇为基础成立阿尔山市。

兴安盟生活着蒙古、汉、满、朝鲜、达斡尔等22个民族，少数民族人口占47%，仅蒙古族人口便达到42.1%。兴安盟文物资源丰富，截至2013年末，兴安盟境内已发现不可移动文物点201处，其中国家级重点文物保护单位6处，自治区级重点文物保护单位7处，旗县级文物保护单位78处。

兴安盟地区的文化遗迹以辽金时期为主，分布于全盟各个旗县市，尤以科尔沁右翼中旗最为丰富。全盟范围内分布着大量从新时期时代直至元代的城址，1992年在乌兰浩特西白音城址元代窖藏中甚至发现了来自江西景德镇窑和山西霍窑的瓷器；科尔沁右翼中旗境内出土的元代天字拾二号夜巡铜牌、胡迪谋克之印及科尔沁右翼前旗索伦镇附近出土的元代八思巴文圣旨金牌体现了该地区深厚的蒙元文化。

乌兰浩特市

1 成吉思汗庙

Temple of Genghis Khan

级　别	国家级重点文物保护单位
年　代	1944 年
地　址	乌兰浩特市兴安北路
交通信息	乘 1 路至罕山公园北门站
类　型	古代及近代建筑
看　点	唯一的成吉思汗祠庙，蒙、藏、汉融合的建筑风格
开放信息	门票 15 元 / 人

乌兰浩特成吉思汗庙是世界上唯一一座纪念成吉思汗的祠庙，位于乌兰浩特市北部的罕山之上。据《内蒙古文史资料第三十四辑——伪满兴安史料》记载，一些蒙古族知识青年于 1940 年春天提出要在王爷庙（今乌兰浩特市）兴建成吉思汗庙，并成立了成吉思汗庙筹建委员会，由此开始了成吉思汗庙的建造。为了设计建造成吉思汗庙，筹备委员会的玛尼巴达喇嘛带领总设计师蒙古族画家耐日勒图等人前往甘肃省兴隆山成吉思汗“八宝室”进行了考察学习；成吉思汗庙的建造发动了伪满洲国境内的所有蒙古人，从王公贵族、活佛喇嘛到平民百姓均有捐助，捐款总额达到了 100 万元满洲币，充分体现了蒙古人民对成吉思汗的虔诚信仰。成吉思汗庙于 1944 年竣工并投入使用；“文化大革命”期间，建筑群受到严重破坏；1983 年 6 月，内蒙古自治区人民政府拨款对成吉思汗庙进行修复，于四年后完工，并在庙前修建了罕山公园。21 世纪以来，成吉思汗庙及罕山公园屡经扩建和改造，并整体更名为成吉思汗公园。

成吉思汗庙坐北朝南，采用了中国古代建筑中常用的中轴对称布局，建筑风格融合蒙、汉、藏三个民族的特色于一体。成吉思汗庙坐落于坡地上，其外围有灰顶白色围墙，南墙前方建有半圆形广场，广场南端竖立着成吉思汗的神矛“苏勒德”；南墙正中设有山门，为平面长方形的蓝琉璃瓦歇山顶建筑。从山门进入，有 9 组 9 级台阶通向主殿；台阶东侧建有成吉思汗箴言长廊，长廊中树立着数十块刻有成吉思汗箴言的黑色石碑，石碑两面分别用蒙汉两种语言刻着成吉思汗的名言警句，长廊南侧有神马厩遗迹；台阶西侧有白色蒙古包式样的圆形建筑，本为收藏经书的场所，现为展览厅。

台阶尽端为成吉思汗庙的主殿，其东西两侧各有

成吉思汗庙远景

苏德勒与山门

一座偏殿，三殿之间有通道相联系，整体形成“山”字形平面。主殿高达 28 米，底层平面为方形，南侧出前廊，顶部为绿琉璃瓦圆形攒尖屋顶，屋顶下方正中位置悬挂有匾额，上有蒙汉两种文字书写的“成吉思汗庙”字样。殿宇四面设门，内部有 16 根红漆明柱；大殿正中供奉着高达 2.8 米的成吉思汗铜坐像，两侧陈列元代兵器。东西偏殿形式与主殿类似，同为方形平面的圆形攒尖顶建筑，但其规模较小，高约 16.6 米，室内陈列有元代服饰、器物、书籍等展品。三座殿宇之间的东西两侧走廊上各建造有三座圆形攒尖顶小亭，将三座殿宇衬托得更加雄伟。建筑室内绘有大量蒙古族古代常用图案，体现了民族特色。东西偏殿的外侧各有一座圆形建筑。

成吉思汗庙自建成后便一直受到当地各族人民的珍重，具有特殊的文化与社会价值。

箴言长廊

主殿

主殿正立面

主殿细部

主殿内部

武官像（自前公主陵古墓移至此处）

文官像（自前公主陵古墓移至此处）

2 乌兰哈达遗址群

Ancient ruins in Ulagan Hada

级　别	自治区级重点文物保护单位
年　代	辽代、金代
地　址	乌兰浩特市乌兰哈达镇
交通信息	乘客车至义勒力特汽车站
类　型	古遗址
看　点	保存较好的遗址群，建筑遗址
开放信息	免费开放

乌兰哈达古遗址群由前公主陵古城遗址、前公主陵古墓葬、古城村古城遗址三部分组成，均位于乌兰浩特市乌兰哈达镇，为辽金时期遗迹。

前公主陵古城遗址

该遗址位于前公主陵村北，处于群山环抱的小盆地中，洮儿河在其西侧的山脚下自西北流向东南，沿河谷向西北方向可通向好田古城，向西沿归流河通向哈拉根台古城。

前公主陵古城平面呈长方形，筑有内城和外城，城墙四周有两道护城河，局部地段因护城河分岔而变为三道护城河，河道走向虽角楼、马面等的分布而外凸。古城保存较好，外城为夯土版筑，墙基宽10米左右，残高1米—3米，南墙偏东处有城门，其外建有瓮城，与其相对的北墙上亦有一豁口；外城四角建有角楼，城墙上共有马面15个。内城位于城内东北隅，与外城共用一面北墙，东墙距外城仅68米，城墙宽约3米，亦为夯土版筑，南墙东段有一门址。

古城内建筑台基排列整齐有序。外城内西南角有五处台基；内城南墙根中部有两处长达80米、宽约12米的台基，东侧的台基北端向东拐为“L”形，拐角的南北两侧各有一东西走向的台基；其中南侧的一处台基长60米、宽30米，是内外城中最宽大的台基，可能是该城最高统治者的驻地；内城南门外两侧各有一长方形建筑台基，疑为守卫性质的建筑。

根据古城形制、出土文物等判断，这座古城应建于辽代，并沿用至金；古城防守严密、修筑建筑、布局井然，可能是官府驻地。《辽史·地理志》边防城条记载：“静州，本泰州之金山，天庆六年升。”结合古城规模、地理位置及周边地理形势等分析，该城极有可能就是辽金时期重要边防城金山县治。

前公主陵城址现状

前公主陵城址

前公主陵古墓葬

古墓葬群位于前公主陵古城遗址东北约400米处，面积约2300平方米。该墓葬群具体数量现已不详，墓葬形式有砖室单人墓、砖室合葬墓、石棺墓等。墓地北侧有一处砖石结构台基，长11.4米、宽10.5米，其南侧100米处有五具残存的石像生，其中有2具文官像、2具武官像、1具石羊，现已移至成吉思汗庙中保存展示。

古城城址

该遗址位于古城村北，城址北侧为丘陵，城内地势平坦。遗址保存较为完整，其平面呈不规则正方形，为夯土版筑。城墙基宽9.5米，残高约0.5米，四周有角楼，城墙上有马面，但城墙、角楼、马面均有不同程度的损坏。城内已被辟为耕地，东南部有古水井一眼。城址内散布大量滴水、瓦件等建筑构件碎片及器物碎片，所见遗物均有典型的辽金时期特征。

城址残墙

古城城址西墙

残墙

3 葛根庙

Gegen Lamasery

级　别	市级重点文物保护单位
年　代	清代
地　址	乌兰浩特市葛根庙镇
交通信息	乘火车至葛根庙镇
类　型	古建筑
看　点	汉藏结合风格建筑群
开放信息	免费开放

葛根庙位于乌兰浩特市东南陶赖图山南侧山脚下，是一座藏传佛教格鲁派寺庙。其前身是由札萨克图郡王鄂齐尔主持兴建的莲花图庙，原位于今吉林省洮南市境内；清乾隆十三年（1748年），莲花图庙迁至此处，由乾隆皇帝赐名为“梵通寺”；嘉庆元年（1796年），哲里木盟十旗王公筹资在札萨克图郡王旗陶赖图山的南坡修建了一座寺院，命名为“陶赖图葛根庙”，寺庙仿照西藏某寺庙进行建造，并特地从北京延请了图门乌力吉等工匠30余人；嘉庆三年寺庙完工，由梵通寺（朝克沁都纲）、广寿寺（拉森都纲）、宏济寺（查干都纲）和广觉寺（胡硕都纲）等组成；同治

九年（1870年），增建慧同寺（居德伯都纲）。几经扩建后，寺院占地面积超过6万平方米，包含大、小殿堂及喇嘛住所若干，周边还设有石刻佛堂30座。“文化大革命”时期，葛根庙被毁，仅有石雕佛像碑27通留存至今；1988年7月，国家和地方政府投资对其进行复建；时至今日仍有营造活动。

葛根庙现为具有明确中轴线、坐北朝南的一组建筑群，轴线上的主要建筑有山门、天王殿、梵通寺大殿、吉祥大乘寺大殿、千手千眼观音殿等，其后方还建有图赖图敖包，附属建筑有显密究竟寺、菩提济度寺、敞轩等。寺庙中建筑以汉藏结合式风格为主，主殿建筑造型宏伟，颇具气势，如梵通寺大殿及吉祥大乘寺大殿均有七开间广；室内外装饰华丽，彩画精美；殿内佛灯长明，终日香烛萦绕。

今日的葛根庙依旧香火旺盛，成为内蒙古东部地区最大的藏传佛教寺院。每年除夕及佛诞日，寺中均会举行大型法事活动。

全景

梵通寺大殿

梵通寺匾额

吉祥大乘寺大殿

吉祥大乘寺殿内

双塔

菩提济度寺大殿

中轴线北段

石雕佛像

科尔沁右翼中旗

4 吐列毛杜古城遗址

Site of Tuliemaodu ancient city

级别	国家级重点文物保护单位
年代	金代
地址	科尔沁右翼中旗吐列毛杜镇
交通信息	建议自驾
类型	古遗址
看点	军事重镇遗址，毡帐基址
开放信息	免费参观

该城址位于吐列毛杜镇北约1公里处，西北方向距金界壕约5公里。古城位于霍林河河谷北侧，东西两侧为大兴安岭群山余脉，南侧自西向东的霍林河与西南方向流来的昆都仑河在古城前汇合。

古城分为东西两座，相距约160米。西侧为1号古城，规模较大，东侧规模较小的为2号古城。

1号古城坐落于山脚下，地势西北高、东南低。古城平面呈长方形，南北长约700米，东西宽为490米，东、南城墙中部各有一座城门，外侧建有马蹄形瓮城。城墙为黑土与砂石土分层夯筑而成，底宽15米~16米，残高1.5米~2米，城四角建有角楼，北墙有马面7个，南墙有6个，东、西墙则各有9个，城墙外有护城壕。城内偏南部有一组建筑基址，可分为13处，其中最南边一处呈正方形，四周建有围墙。城中北侧有一长30米、宽10米的大型建筑台基；城址中部有一长方形围墙，长160米、宽80米，其中布满大坑，坑中均为风淤黑土，疑是粮仓；城中西南角、西部、北部另有一些建筑遗址。

2号古城地势平坦，平面呈方形，南北长320米，东西宽385米。城墙为黑土与砂土分层夯筑而成。北墙偏东处有一城门，并建有长方形瓮城，东墙正中亦有一城门。城墙上无角楼、马面，墙外有护城壕。古城内建筑布局规整，建筑基址间有砂石铺就的道路，建筑基址的形状以方形或长方形为主，另外也有一些圆形台基。经挖掘发现圆形台基中间均有灶址，当为毡帐基址。

吐列毛杜古城现状

吐列毛杜古城

根据城址中采集的遗物可断定城址的年代为金代，根据其规模、设施及地理位置判断，应为金代初期东北路的军事重镇，是金界壕防御体系中的重要环节。据考证，金天会初年降金的乌古、敌烈部族曾被安置在这一带，吐列毛杜古城有可能为当时的统军司治所。遗址的完整布局及其与金界壕的关系，对研究辽、金、元时期的兵制、边防、民族关系、生产生活等具有重要价值。

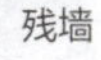

残墙

城墙局部

5 博克达活佛府邸

Mansion of Bokeda Living Buddha

级　别	自治区级重点文物保护单位
年　代	清代
地　址	科尔沁右翼中旗巴彦胡硕镇、吐列毛杜镇
交通信息	乘客运大巴至巴彦呼硕镇
类　型	宗教建筑
看　点	严谨的建筑组群布局，砖雕
开放信息	免费参观

博克达活佛府邸位于巴彦胡硕镇伊和苏莫社区罕山大街，原名“遐福寺”，俗称黑帝庙、大庙，是原图什业图旗（今科尔沁右翼中旗）在清廷理藩院注册的13座寺庙之首，始建于大清皇太极在位时期，曾得清廷赐匾。

该寺最初由西藏四世班禅的弟子、土尔扈特蒙古族乃济陀音坐床主持。乃济陀音为卫拉特蒙古土尔扈特部著名首领阿玉奇汗叔父墨尔根特博纳之子，青年时只身前往西藏扎什伦布寺，师从四世班禅罗桑却吉坚赞学习佛法。学修10余年后渐有名望，欲赴他地传法，班禅降旨：“与你从前许愿有关的地方在东方。”乃济陀音遂奉班禅之谕离开扎什伦布寺，前往归化城（今呼和浩特市）附近的阿巴嘎哈喇山，后将大黄帽洞作为苦行成就的道场，在此禅定35年之久。相传在一次诵经说法途中，为修道备用的酸奶桶突然向东倾斜，奶汁洒向东方，乃济陀音认定向东部蒙古传教的时刻已到，便在1627年（后金天聪元年），率弟子30名，向东出发，在盛京（今沈阳市）得到皇太极诏谕，前往科尔沁部土谢图汗驻地（今科尔沁右翼中旗境）传教说法。乃济陀音极力宣传《陀罗尼经》，宣扬轮回转世、“众生皆可成佛”之说。在他的劝诫下，科尔沁部众多王公贝勒均皈依黄教（即格鲁派），成为虔诚的黄教信徒，将乃济陀音尊奉为科尔沁部十旗博克达葛根，并共同集资为博克达喇嘛在十旗会盟地图什业图旗的巴彦胡硕（今巴彦胡硕镇）营建“遐福寺”供乃济陀音驻锡，该寺亦被称为“十旗之寺”。

该寺为汉藏结合风格的建筑群，坐北朝南，占地面积4000余平方米，原有山门、大经堂、大雄宝殿、藏经殿、白塔、希热喇嘛仓、堪布喇嘛庙、东西经房

博格达活佛府邸山门

等建筑。寺院现分为前后两进院落：山门面阔五间，为单檐歇山顶砖瓦结构的汉藏结合式建筑；自山门进入，东西两侧各有厢房一座，北侧正对仪门一座；仪门两侧有配殿，均为单檐硬山顶砖结构建筑；仪门内有东西配殿及东西厢房，正对的三开间硬山顶砖木结构建筑为大雄宝殿。寺中建筑略显沧桑，但山墙、墀头等处砖雕工艺精美、造型灵动，其当年之华丽可见一斑。

该寺是东部蒙古族地区藏传佛教传教的源法地和主要场所，昭示着该地区近四百年的佛教兴衰史，具有重要的宗教意义。

府邸内景

仪门

厢房

6 乃济陀音祭坛

Altar to Naijituoyin

级　别	自治区级重点文物保护单位
年　代	清代
地　址	科尔沁右翼中旗吐列毛杜镇
交通信息	建议自驾
类　型	宗教建筑
看　点	敖包组群
开放信息	免费参观

博克达葛根乃济陀音于清顺治十年（1653年）十月十五圆寂后，其弟子及当地信众为他建造了祭坛。祭坛位于今科尔沁右翼中旗吐列毛杜镇罕查干嘎查罕查干艾里以北山沟的东山顶部，四面环山。祭坛坐西朝东，其东侧有大面积的平坦草地，西侧为峡谷，自山顶俯视，可看到霍林河潺潺流过。

祭坛群由18座敖包组成，包括乃济陀音及其13名弟子的共14座敖包以及4座象征院落外围四角的“达日其嘎”敖包。乃济陀音敖包位于中间，规模最大，高1.7米，直径7.2米，其周围环绕着远近不等的13弟子敖包，高1.6米，直径2.5米。

据当地传说，每次哲里木十旗会盟结束后，十旗王爷与旗民必到此处祭拜天地，并举行那达慕。时至今日，祭坛依然香火不断。

乃济陀音祭坛

阿尔山市

7 阿尔山火车站

Arxan Railway Station

级　别	国家级重点文物保护单位
年　代	1937年
地　址	阿尔山市兴林路
交通信息	市内步行可达
类　型	宗教建筑
看　点	日本建筑风格的影响，集交通、军事两大用途于一身
开放信息	免费参观

阿尔山火车站，原名温泉站，是白（吉林省白城）阿（阿尔山）铁路终点站。该站建于20世纪上半叶，当时日本侵略者为掠夺南兴安地区的林业、矿产等资源，加强对这一区域的控制，决定修建白阿铁路。铁路工程于1929年9月开始动工，至1939年11月完工，火车站则修建于1937年。1941年11月，白阿线全线投入运营，并持续至今。2013年，阿尔山火车站作为侵华日军阿尔山要塞遗址的一部分，被列为第七批全国重点文物保护单位。

该车站坐东朝西，小巧玲珑，由南部的车站主体和北部的一列平房组成，二者间有木构长廊相连，主体部分又分为车站、炮楼、瞭望塔等部分，集交通与军事功能于一体。主体建筑是一座三层小楼，建筑风格上体现了日本文化的影响。小楼一层外壁是花岗岩砌筑的石墙，并用水泥勾缝；二、三层主要以木结构为承重体系，且三层局部又升起一层作为望楼；屋顶形式复杂，以双坡屋顶为基本组合单元。北部平房分为两组，总长43米，进深7米；长廊形式简洁，为9根树形柱子撑起的半室外空间。

火车站建筑在立面上呈三段式划分，底部为稳重的石墙，中段用砖作为墙体填充材料，上部窗沿、窗框等处则用木材，并施以绿色彩绘，体现出了设计者对该建筑的细致处理。

阿尔山火车站

车站东立面

细部

炮楼

瞭望塔

8 金界壕遗址（兴安盟段）

Ruins of boundary facilities of Jin Dynasty

级　别	国家级重点文物保护单位
年　代	金代
地　址	兴安盟全境
交通信息	建议自驾
类　型	古遗址
看　点	不同支线上界壕的形制差异
开放信息	免费参观

金界壕自东北向西南贯穿兴安盟全境，并延伸自呼伦贝尔市，自扎赉特旗北部向西南方向蜿蜒前行，至乌兰哈达嘎查附近分支为三条线路。主线与岭南线在兴安盟全境范围内并行，穿过绰尔河折向正南，在吉日根嘎查北部分出向南的岭南线东支线后折向西南，沿吉日根河支流进入科尔沁右翼前旗，在阿拉坦浩特嘎查西北分支出向西南方向的岭南线西支线后折向东南方向，随后经过突泉县、科尔沁右翼中旗境内，折向西南进入通辽市。漠南线与主线分支后向东南方向穿过绰尔河进入科尔沁右翼前旗西北部，再向西南方向前行，越过宝格德山进入锡林郭勒盟境内。境内的金界壕境内总长度共计713公里，设有边堡73座、烽火台5座、马面1214处。主线与岭南线全长各286千米，沿线共设有烽火台5座、边堡53座，主线墙体上有马面1210处。漠南线全长182公里，沿线有边堡9座。岭南线东支线全长99公里，沿线设有边堡6座。岭南线西支线全长146公里，墙体上有马面4处，沿线设有边堡5座。

王国维先生对金界壕的修筑有论断云：“萌芽于天眷（1138—1140年），讨论于大定（1161—1189年），复开于明昌（1190—1195年），落成于承安（1196—1200年）”。兴安盟境内的金界壕，按修建时间来看，属漠南线最早，推测建于天眷初年；岭南线次之，当建于大定二十年之后；主线最晚，应建于明昌、承安年间。从形制上看，漠南线、岭南线相仿，墙体上均不设马面，沿线的边堡边长不超过百米，多独立建造于墙体内侧；主线墙体上则分布有密集的马面，边堡有依墙体建造和独立建造两种形式，独立建造的边堡规模较大，边长均在百米以上。

不同线路上界壕的差异，体现了金朝统治者对其形制的探索。较早修建的漠南线和岭南线较为粗简，带有早期长城的特征；较晚的主线上用马面提升了防御效果，并出现了将边堡与墙体结合的形式。这一变化的产生，对此后明长城的建造模式产生了影响。

兴安盟其他文物建筑列表

名　称	级　别	年　代	地　址	简　介
突泉辽金城址（双城古城遗址、新立屯古城遗址）	自治区级	辽、金	突泉县宝石镇、六户镇	古遗址
哲里木盟会盟地旧址	自治区级	清代	科尔沁右翼中旗吐列毛杜镇	古遗址
代钦塔拉古墓群	自治区级	辽代	科尔沁右翼中旗代钦塔拉苏木	古墓葬
辽、金、元墨书题记（巴日哈达洞壁题记、毕其格图哈达题记）	自治区级	辽、金、元	科尔沁右翼中旗吐列毛杜镇 科尔沁右翼前旗索伦镇	石窟寺及石刻
神山础伦浩特遗址	自治区级	元、明	扎赉特旗音德尔镇	古遗址
英格庙	旗县级	清代	扎赉特旗阿尔本格勒镇	古建筑

12
呼伦贝尔市
HULUN BUIR

呼伦贝尔市古建筑分布图

Historical Architectural Map of Hulun Buir

1. 甘珠尔庙
2. 达喜朋斯格庙
3. 宝格德乌拉敖包
4. 免渡河东正教教堂
5. 牙克石清真寺
6. 锡尼河庙
7. 巴彦乌拉古城
8. 黑山头古城
9. 浩特陶海城址
10. 大兴安岭岩画
    - 10-1 麒麟山岩画
    - 10-2 神指峰岩画
    - 10-3 双峰山岩画
    - 10-4 嘎仙洞岩画
    - 10-5 天书岭岩画
    - 10-6 阿娘尼河岩画

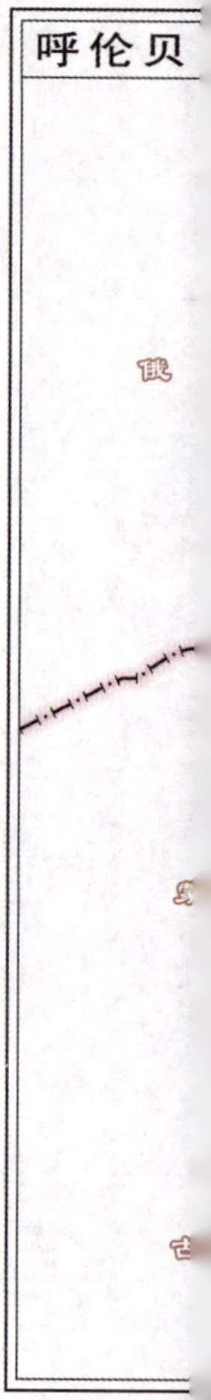

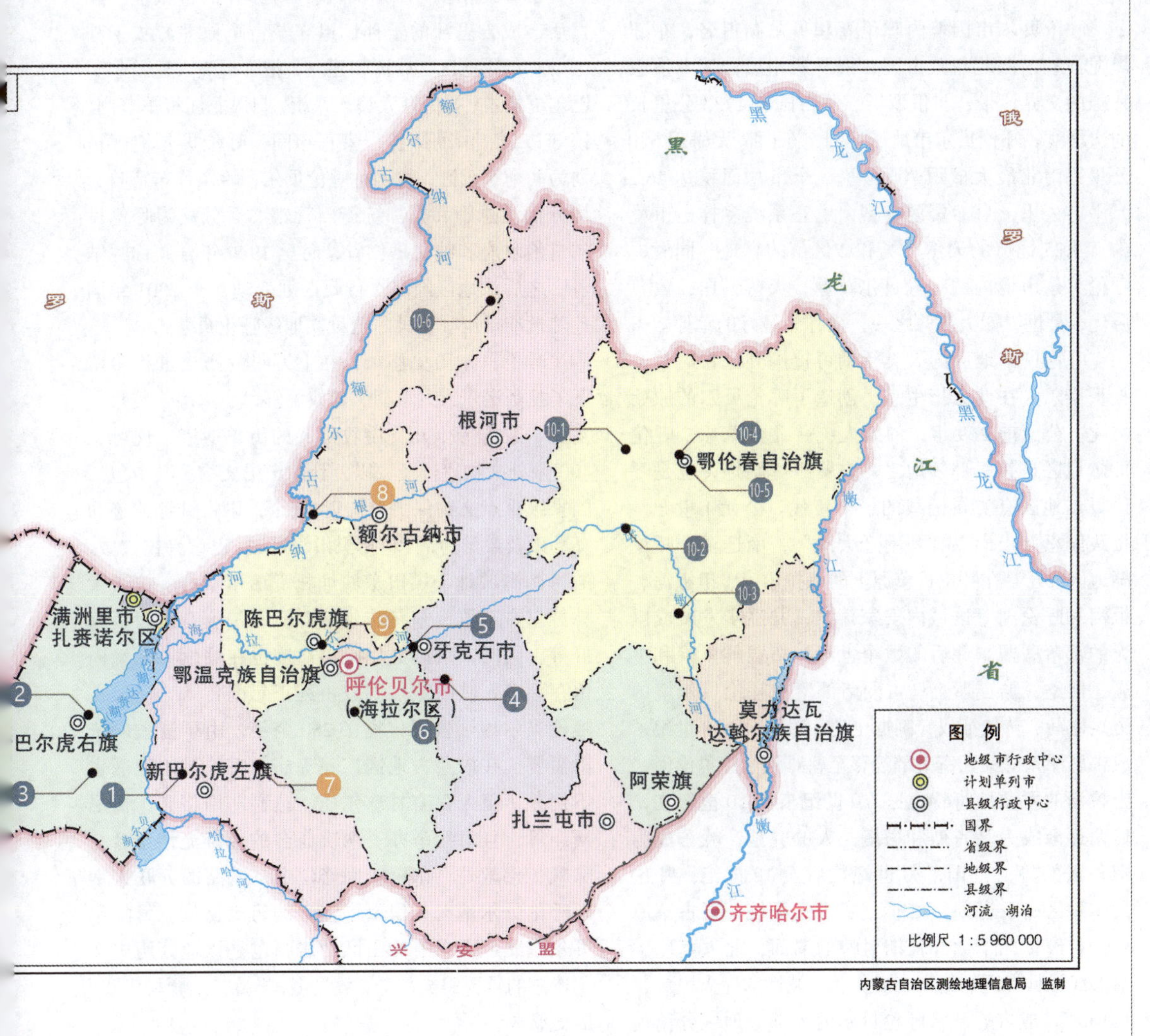

俄
罗
斯
黑
龙
江
省
兴
安
盟
额尔古纳河
黑龙江
嫩江
根河市
额尔古纳市
满洲里市
扎赉诺尔区
陈巴尔虎旗
鄂温克族自治旗
呼伦贝尔市
（海拉尔区）
牙克石市
巴尔虎右旗
新巴尔虎左旗
鄂伦春自治旗
莫力达瓦
达斡尔族自治旗
阿荣旗
扎兰屯市
齐齐哈尔市
图例
地级市行政中心
计划单列市
县级行政中心
国界
省级界
地级界
县级界
河流 湖泊
比例尺 1 : 5 960 000
内蒙古自治区测绘地理信息局 监制

概 述

天边有一片辽阔的大草原，
草原茫茫天地间。
——降央卓玛《呼伦贝尔大草原》

呼伦贝尔市因境内呼伦湖和贝尔湖得名，东邻黑龙江省，西北与蒙古国、俄罗斯相接，是中俄蒙三国的交界地带，与俄罗斯、蒙古国有1733公里长的边境线。呼伦贝尔市地域辽阔，东西最大横距630公里，南北最大横距700公里，全市总面积达26.2万平方公里，自然资源丰富，生态系统多样，市境内有1.25亿亩的天然草场和2亿亩的林地。同时，呼伦贝尔市境内的呼伦贝尔草原，天蓝云白，牧草质优，是世界四大草原之一，被称为最好的草原。

呼伦贝尔地区的人类活动可追溯到远古时代，扎赉诺尔人在此繁衍生息，创造了呼伦贝尔的原始文化。公元前209年，匈奴人统一北方草原，呼伦贝尔地区是其三部领地之一左贤王庭辖地，也是呼伦贝尔地区有史籍记载的最早年代。公元1世纪，拓跋鲜卑族走出森林“南迁大泽”，南迁至今呼伦湖地区，开始在呼伦贝草原上的海拉尔河、伊敏河、根河和呼伦湖等区域内安家落户，并逐步发展成巨大的部落联盟。此后的数个世纪，拓跋鲜卑族和突厥、回纥、黠戛斯、乌古烈诸部落在呼伦贝尔境内厉兵秣马，转徙征战，割据土地。时至公元8世纪，成吉思汗先祖蒙兀室韦部迁移至斡难河、克鲁伦河、土拉河的发源地肯特山区。9世纪末和10世纪初，岭西逐渐成为乌古烈和塔塔儿人的驻地，岭东成为契丹人的势力范围，10世纪往后至12世纪，呼伦贝尔地区属于辽国。12世纪成吉思汗统一蒙古草原后，打破了几个大部长期对峙的局面，北方草原逐渐形成了具有同一语言、文化、地域性的庞大民族。1214年，成吉思汗将呼伦贝尔的大部分地区分给他的次弟拙赤·哈撒尔，剩余部分分封给二弟合赤温·额勒赤及外戚德薛禅家族，岭东地区分封给他的幼弟帖木歌·斡赤斤，黑山头古城和巴彦乌拉古城即可能为拙赤·哈萨尔或帖木歌·斡赤斤的古城址。元亡后，成吉思汗的子孙们退守蒙古草原并游牧于呼伦贝尔草原地区。后清朝建立，把鄂温克、达斡尔、巴尔虎蒙古、鄂伦春人编入八旗，归黑龙江将军节制，镇守边疆。清朝康熙、雍正年间，呼伦贝尔地区被划为两个行政区，岭西称呼伦贝尔，岭东称布特哈，均分别设总管和副都统衙门管辖。后分立为呼伦贝尔自治政府和纳文慕仁省，时至1949年合并称呼纳盟。之后该地区经多次行政区划变动，于2001年国务院批准撤销呼伦贝尔盟设立地级呼伦贝尔市。

呼伦贝尔历史悠久，在上万年的历史进程中留下了扎赉诺尔人、东胡、匈奴、鲜卑、室韦、契丹、女真、蒙古等十几支游牧部族的历史遗迹，现可见400余处文物遗迹及数以万计的历史文物。其中包括国家级重点文物保护单位近30个，以古城址遗迹和墓葬以及数量为最，包括黑山头古城、巴彦乌拉古城、浩特陶海城址、煤田东城址扎赉诺尔墓群、拉布大林鲜卑古墓群、东乌珠尔墓群新巴尔虎右旗石板墓群等。同时，宗教文化历史遗迹也在呼伦贝尔境内留存颇多，其中藏传佛教由雍正年间传入，已经在呼伦贝尔地区发展传播了280余年，由于清政府统治需要，在内蒙古地区广建寺庙，呼伦贝尔地区也不例外，至今存有甘珠尔庙、达喜朋斯格庙、锡尼河庙等，且每年举办一两次庙会的传统流传至今。除藏传佛教外，东正教因修建中东铁路的苏联人带入呼伦贝尔地区并留下了宝贵的历史遗迹。另呼伦贝尔东北部大兴安岭山区的岩画也是该地区历史文化遗迹的重要组成部分，数量多，分布广，题材丰富，历史悠久。

新巴尔虎左旗

1 甘珠尔庙

Kangyur Lamasery

级　别	市级
年　代	清代
地　址	新巴尔虎左旗阿木古郎宝力格苏木甘珠尔嘎查
交通信息	建议自驾
类　型	宗教建筑 · 砖木结构
看　点	清代喇嘛庙
开放信息	售票参观

甘珠尔庙又称“寿宁寺”，位于呼伦湖东南，贝尔湖东北，其东北距离新巴尔虎左旗旗中心阿木古郎镇约20公里，交通便利。甘珠尔庙是呼伦贝尔地区规模最大的藏传佛教格鲁派寺院，也是呼伦贝尔地区最早的喇嘛庙。

甘珠尔庙始建于清乾隆三十六年（1771年），至乾隆四十六年（1784年）建成大殿及其他附属建筑，占地面积约1万平方米。笠年，清乾隆帝御笔亲题“寿宁寺”匾额。相传，甘珠尔庙原为乌尔逊河畔的一座蒙古包小庙，于清乾隆六年（1741年）获赐一部《甘珠尔经》，后被称为“甘珠尔庙”，该地地名也改为“甘吉尔花”，意为供奉“嘛呢真言”之处。

该庙于乾隆四十六年至四十九年（1781—1784年），又先后建立了索克钦庙、金刚庙（山门）、两厢庙及喇嘛住宅约40余间。后又经嘉庆、道光、咸丰、同治等时期不断修建，至1930年该庙共建有11座庙宇、4座庙仓，建筑面积约为2500平方米，占地面积约为10000平方米。主要建筑物有索克钦庙、占巴庙、汗庙、却伊拉庙、格色尔庙、农乃庙，索克钦仓、农乃仓、婆格仓、却伊拉仓，格根住宅等，另建有喇嘛住宅100余间，蒙古包若干。庙中主供释迦牟尼、官布、扎木苏伦等佛像共1257尊，经、典、律、论等典籍3000余卷，壁画式佛像若干。庙中喇嘛最多时可达4500余名，其中常住喇嘛400余名。同时，甘珠尔庙的蒙医历史悠久，培养出的喇嘛蒙医不计其数。甘珠尔庙也是呼伦贝尔地区重要的经济活动场所，该庙自乾隆五十年（1785年）开始在庙东北10公里左右的开阔草原上举办大法会，一般于每年八月召开，每次为期半月，庙会制度持续了150余年，庙会期间商贾云集，称为著名的“甘珠尔集市”。

后甘珠尔庙遭到破坏，仅存庙门一座，2008年原址复建。现该庙占地面积约1.2万平方米，坐西北朝东南，中轴线对称布局，庙前置对称式广场，东有覆钵式塔一座，西有释迦八塔八座。主院落东西长约

甘珠尔庙广场

210米，南北宽约50米，分前后两院，汉式建筑风格。沿中轴线布置山门、钟鼓楼、却伊拉庙、两厢庙、桑吉德莫洛姆庙、主殿门庭庙、索克钦庙、索克钦大殿。

甘珠尔庙索克钦大殿

山门前有石狮子一对，山门面阔三间，歇山式琉璃瓦顶，明间开门，次间置圆窗，门框、檐檩、斗拱飞椽均饰以藏式彩绘，蓝、绿、红色为主，檐下悬“甘珠尔庙”匾额。桑吉德莫洛姆庙为汉藏式建筑，殿主体为藏式建筑风格砖砌平顶建筑，开竖向长窗，置垂花门，殿顶为汉式建筑风格，琉璃瓦顶。主殿索克钦大殿东西长约40米，南北宽约25米，面阔七间，抱厦五间，重檐歇山勾连搭琉璃瓦顶。正门六根方柱，施清式五踩斗拱，柱头、雀替、檩枋、斗拱、飞椽均饰以藏式彩绘，檐下悬挂满、蒙、汉、藏四种文字“甘珠尔庙”匾额。

甘珠尔庙虽以不复往日商贾云集的喧闹，但依旧屹立在呼伦贝尔大草原上，以崭新的姿态吸引着中外游客。

新巴尔虎右旗

2 达喜朋斯格庙

Kangyur Lamasery

级　　别	区级
年　　代	清代
地　　址	新巴尔虎右旗阿拉坦额莫勒镇西庙嘎查
交通信息	建议自驾
类　　型	宗教建筑 · 砖木结构
看　　点	清代汉藏式寺庙
开放信息	免费开放

达喜朋斯格庙又称“达西朋斯格庙”“扎意苏木庙”，俗称“西庙”。其西北距离新巴尔虎右旗旗中心阿拉坦额莫勒镇约7公里，距离呼伦湖约10公里。该庙始建于清光绪十三年（1887年），一说1854年，是清政府为了加强对满蒙地区统治所修建的黄教寺院。后遭到严重破坏，于1985年（一说1987年）重修，2014年续建。

现达喜朋斯格庙坐北朝南，有内外两院，占地面积约1.6万平方米，汉藏式建筑群。其内院为1985年复建院落，院落南北长约31米，东西宽约18米，中轴线对称布局，有主殿及两座配殿，汉式建筑群。主殿面阔三间抱厦一间，勾连搭灰瓦顶，门窗、立柱均涂以红色，檐下藏式彩绘装饰，门前石狮子一对。外院南北长约170米，东西宽约95米，东、西、白开三门，较为空旷。院内三座建筑，东、西配殿及主殿，主殿南北长约48米，东西宽约31米，汉藏式建筑风格。主殿门前立四根方柱，外圈设围廊，彩绘繁复，构成复杂。

达喜朋斯格庙虽已不复盛时，但每年农历四月初六及六月初六仍会在此举办庙会，吸引众多喇嘛教徒及观光旅客。

达喜朋斯格庙内院主殿

达喜朋斯格庙外院主殿

达喜朋斯格庙内院全景

3 宝格德乌拉敖包

Baogede Ula Ovoo

级　别	区级
年　代	清代
地　址	新巴尔虎右旗贝尔苏木岗嘎图嘎查宝格德乌拉山顶
交通信息	建议自驾
类　型	宗教建筑 · 砖石结构
看　点	新巴尔虎两旗最大的敖包
开放信息	免费开放

宝格德乌拉敖包位于宝格德乌拉山山顶，其东南距新巴尔虎右旗旗中心阿拉坦额莫勒镇约 48 公里。宝格德乌拉山是新巴尔虎左旗、新巴尔虎右旗两旗境内最高的敖包山，也是呼伦贝尔地区最负盛名的敖包山，“宝格德”在蒙语的意思中为“神圣的”，宝格德乌拉山则译为“圣山”“神山”。

宝格德乌拉敖包山的祭山活动在新巴尔虎族牧民心中占有极高的地位，其祭祀活动起始于清乾隆三年（1738 年），即新巴尔虎族由喀尔喀迁至此地的第五年，距今已有 280 年。每年分为两次祭祀活动，一次为农历五月十三日，为新巴尔虎右旗的祭祀；另一次为农历七月初三，为新巴尔虎左、右两旗合祭，两旗

宝格德乌拉敖包祭祀

轮流作为主祭。宝格德乌拉祭山活动历来是呼伦贝尔地区规模最大、参加人数最多的“祭敖包”活动，在内蒙古自治区及蒙古国也享有盛名。每年祭祀的日子，牧民们都会穿着蒙古族节日盛装从四面八方而来，聚集在宝格德乌拉脚下，有几万人之多。

宝格德乌拉敖包由一个中心敖包和 12 个小敖包组成，小敖包三个一组围绕中心敖包。中心敖包插有幡杆，幡杆四周围插有柳条及彩色经幡若干，每年祭祀之时会更换柳条、经幡及哈达等。主持祭祀的僧人多来自于新巴尔虎左旗甘珠尔庙和阿尔山庙，以及新巴尔虎右旗的达喜朋斯格庙。祭祀活动除诵经招福外，也会举办骑马、摔跤、射箭等比赛项目。

宝格德乌拉敖包远景

牙克石市

4 免渡河东正教教堂

Mianduhe Orthodox Church

级　别	市级
年　代	近现代
地　址	牙克石市免渡河镇
交通信息	建议自驾
类　型	宗教建筑 · 砖石结构
看　点	俄罗斯风格东正教教堂
开放信息	免费开放

免渡河东正教教堂正立面

免渡河东正教教堂又名“尼古拉耶普卡娅教堂”，即 Nikolayevskaya。该教堂始建于 1911 年，为中东铁路营运之后，定居于此地的苏联人所建，是该地区宗教活动的重要场所。教堂前后共经历 8 任牧师，第一任牧师名亚历山大 · 古里亚耶夫。该教堂为二层砖木混合结构建筑，高约 13 米，占地面积 306 平方米，主体部分为石材砌筑，附属部分为砖材砌筑，上矗尖顶，为典型的东正教教堂建筑风格。其石砌部分墙体主要为黄色调，砖砌部分主要为红色调，檐部线脚优雅，门窗雕饰精美，正面设6个拱形长窗，玻璃已有破损，正门砖砌封实。

相传，该教堂于1945年抗日战争时期遭遇空袭，钟楼上的十字架不复存在。1955年之后，苏联人逐渐归国，教徒逐渐减少，该教堂于1960年前后停止使用。后曾被用于免渡河火车站的变电站使用，现仍置变电站院内。教堂虽经历硝烟战火，但依旧坚固美观。

免渡河东正教教堂

5 牙克石清真寺

Yakeshi Mosque

级　别	市级
年　代	近现代
地　址	牙克石市永兴街道办事处永兴居委会胜利西街
交通信息	建议自驾
类　型	宗教建筑 · 砖石结构
看　点	小型清真寺
开放信息	免费开放

牙克石清真寺位于牙克石市胜利西街74号，围绕在一片居民区之中，不易发现。该寺建寺至今约80余年，共有十二任阿訇，是牙克石市800余户，4000余名回族穆斯林的宗教活动场所。

清真寺始建于1935年，原为穆斯林群众集资用民房改造而成，后因“文革”遭到破坏，宗教活中止十三年之久，1979年修建80米左右围墙，1980年后政府又拨款进行修缮。2009年穆斯林群众又集资修建了殡仪室。现清真寺院落坐南朝北，南北长约70米，东西宽约40米，占地面积约2800平方米，三合院布局，建筑面积约1300平方米。大殿面阔约22米，进深约15米，建筑面积约330平方米，砖木混合结构建筑，大殿正门上方置六角式四层望月楼，高约17米。大殿西侧为阿訇室、掌教室、讲堂和男女暖殿，东侧为沐浴室及寺管会。

牙克石清真寺望月楼

牙克石清真寺室内

鄂温克旗

6 锡尼河庙

Xinihe Buryat Lamasery

级别	旗级
年代	近现代
地址	鄂温克旗东苏木境内
交通信息	建议自驾
类型	宗教建筑・砖木结构
看点	藏传佛教格鲁派寺院
开放信息	免费开放

锡尼河庙又称"丹巴达杰陵寺""达西敦都布灵"，该庙南临锡尼河及额尔德尼山，北靠白音汗山，其西南距旗政府所在地巴彦托海约 38 公里。1921 年，布利亚特人和鄂温克人迁入锡尼河草原一带居住，并于 1926 年申请恢复宗教活动，当时的呼伦贝尔副都统衙门决定在锡尼河右岸原有已破损的额鲁特旗的弥勒佛庙旧址修建佛堂。该庙始建于 1927 年，并由张学良亲自批准建庙，1928 年建成并于 9 月第一次举办了新庙的咏经会。

锡尼河庙初建庙时喇嘛人数为六七十人，到 1938 年左右可达 300 人，有大雄宝殿、哲理殿、医学殿和五个部的五个小殿。大雄宝殿为各学部共同咏经的殿堂，哲理殿为哲学说理、论争的殿堂，医学殿专为医学、医术、医药的经殿。五部五小殿是嘎拉朱德殿、左右哈日嘎殿、左右花寨殿等五个殿。后"文革"时期宗教活动中止，1984 年原址复建，现庙内存喇嘛 20 余人。

现锡尼河庙主要院落坐北朝南，南北长约 85 米，东西宽约 67 米，建筑面积约 1.2 万平方米，汉藏式建筑群。建筑群整体中轴线对称布局，沿中轴线依次分布山门、左右配殿、却伊拉殿、东西护法殿、博克达府、及大雄宝殿。其中东西护法殿与博克达府三座小建筑并列成一排，每座小建筑建筑面积约三四十平方米。大雄宝殿为建 1984 年重修，三层汉藏式建筑，重檐歇山金娃定，建筑面积约 500 平方米。该建筑前置覆钵式白塔一座，左右各置转经筒若干，正门置六根方柱，一层砖墙饰以白色，二层砖墙饰以红色，檐下均饰以黄色，彩绘极具藏式建筑特色。该庙于每年的正月十五和农历六月十五都会举办隆重的庙会，附近的布利亚特蒙古族群众皆身着盛装来此赴会，以祈求家乡风调雨顺，人畜两旺。

7 巴彦乌拉古城

Site of Bayan-Uul ancient city

级　别	国家级
年　代	元
地　址	鄂温克族自治旗巴彦乌拉嘎查
交通信息	建议自驾
类　型	古遗址
看　点	元代古城址
开放信息	免费开放

巴彦乌拉古城位于鄂温克族自治旗巴彦乌拉嘎查境内，故名“巴彦乌拉古城”，为1957年鄂温克自治旗文物普查分队在辉河流域文物普查时发现。古城东北距离今辉河流域约4.7公里，西距原辉河河道约5公里，周围地势平坦，水草丰美。

有专家指出，巴彦乌拉古城为成吉思汗时代的王府遗址，与周边的大、小浩特罕及好勒特好建筑遗迹可能是同一时期的聚落组团。据波斯史学家拉施特《史集》记载，帖木歌·斡赤斤一系的封地区域，“他的地面和禹儿惕位于蒙古斯坦遥远的东北角上，因此在他们的彼方就再也没有蒙古部落了”，即说明帖木歌·斡赤斤一系的封地，在东道蒙古诸王中位置在最东北，且“在蒙古人中斡惕赤那颜以好兴建（宫苑）著名，他到处兴建宫殿、城郊宫院和花园”，即巴彦乌拉古城可能为帖木歌·斡赤斤故城遗址。

古城坐西北朝东南，有内外两城，平面近似于“回”字形，中轴线对称布局，依稀可见主要建筑地基均沿中轴线对称布置。外城约呈正方形，南北长约409米，东西宽约422米，周长约1657米，夯土筑墙，墙剖面为梯形，残高1.3米~2米不等。外墙四面中心位置各置一座城门，南门较大宽约8米，其余三门较小，宽约5米，城墙四角设置角楼，高约3米。内城置于外城中部，约呈长方形，其南北长约277米，东西宽约228米，周长约1027米，内城四面各置城门一座，分别与外墙城门相对。

内城中心位置残存大型宫殿遗址一座，南距外城城门约163米，距内城城门约107米。大殿座西北朝东南，南北长约27米，东西宽约40米，殿基约高3米，北侧约呈方形，南侧略有弧度，占地面积约为1590平方米。大殿南侧存东西配殿遗址两座，南北长约39米，东西宽约9米，占地面积约388平方米。大殿北侧并列三座小建筑遗址，台基约呈方行，南北长约13米，东西宽约19米，占地面积约为282平方米。内城建筑残存周围可见部分残砖碎瓦及少量建筑装饰构件。

巴彦乌拉古城航拍图

额尔古纳市

8 黑山头古城

Site of Heishantou Ancient City

级　别	国家级
年　代	辽、金、元
地　址	额尔古纳市黑山头镇
交通信息	建议自驾
类　型	古遗址
看　点	大型古城址
开放信息	免费开放

黑山头古城位于额尔古纳市黑山头镇古城子村西侧，其南临根河，北依得尔布尔河，东南距离额尔古纳市市中心约48公里，其西北距离国境线仅9公里。古城因毗邻北侧的“黑山头”而得名，黑山头为根河与得尔布尔河交界处海拔最高的一座山，其在蒙语中被称为“苦烈儿温都儿斤”，“苦烈儿”意为木箱，“温都儿斤”意为高山。

关于黑山头古城的建制问题，专家学者意见不一。一种观点认为黑山头古城是成吉思汗幼弟帖木歌·斡赤斤的城池，也有观点认为该城址是成吉思汗次弟拙赤·哈撒尔及其家族的城池，据波斯史学家拉施特《史集》载“移相哥和拙赤——合撒儿氏族的禹儿惕和游牧营地，在蒙古斯坦的东北部额尔古纳河、呼伦湖今海拉尔一带”。“他的地面和禹儿惕位于蒙古斯坦遥远的东北角上，因此在他们的彼方就再也没有蒙古部落了”，与上文载巴彦乌拉古城可能为同一时期的古城址遗迹。另有学者认为该古城为明代蒙古人苦列所建。

古城约呈方形，坐北朝南，其地势北高南低，由内外两城组成。古城外城四面城墙长度相似，东城墙约长 603 米，南城墙约长 574 米，西城墙约长 601 米，北城墙约长 594 米，周长约 2354 米，占地面积约为 35 万平方米，城墙残高 2 米 ~ 4 米不等。城墙外侧设护城壕，宽约 7 米，深约 1 米。城墙四边中部各设马蹄形瓮城一座，瓮城占地面积约为 370 平方米，城墙四角各布置角楼一座，外城四角皆置角楼，基础明显。

古城内城位于外城中心位置，约呈长方形，坐北朝南，其东西宽约 119 米，南北长约 172 米，占地面积约为 1.8 万平方米，中轴线对称布局，内城东、西、南设置一门与外城各门相对，南北较为宽大，宽约 18 米，与外城南门相距约为 230 米。内城中部存大型宫殿遗址一座，位于内城偏北位置，对称式布局，遗址高约 1.3 米。

古城内西北位置存圆形院落一处，直径约 9 米，占地面积约 7500 平方米，院墙外有壕沟，南侧开一门，内存方形建筑遗址一座，遗址边长约为 36 米，占地面积约为 1000 平方米。城内存小型院落遗址若干，形状皆似方形或圆形，其中中心位置皆有小型建筑一座，建筑占地面积约为 100 平方米。黑山头古城作为呼伦贝尔地区规模最大的古城址之一，对研究该地区的历史文化以及内蒙古地区的民族迁徙具有较高的研究价值。

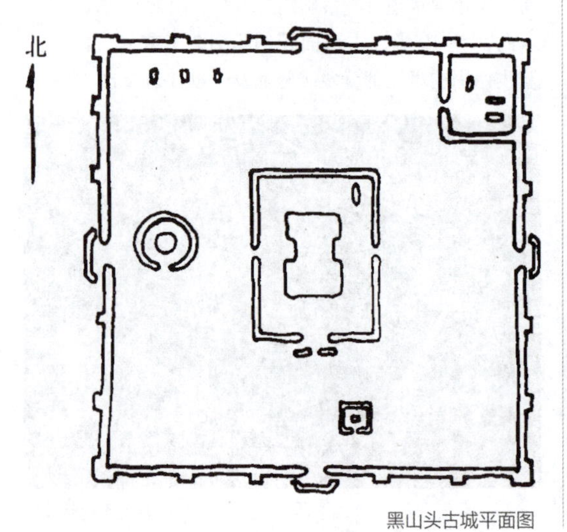

黑山头古城平面图

黑山头古城航拍图

陈巴尔虎旗

9 浩特陶海城址

Site of Haotetaohai city

级　别	国家级
年　代	辽、金、元
地　址	建议自驾
交通信息	古遗址
类　型	陈巴尔虎旗巴彦库仁镇
看　点	古城址
开放信息	免费开放

浩特陶海城址位于陈巴尔虎旗巴彦库仁镇浩特陶海牧场，因海拉尔河在此处呈新月形自南向北转弯向西，且此处存有有古城址一处，故名曰“浩特陶海”，浩特在蒙古语中译为“城”，陶海在蒙古语中意为“环绕的河水、圈河”。古城西南距离陈巴尔虎旗旗政府巴彦库仁镇约 11 公里，东北距离呼伦贝尔市中心约 17 公里，交通便利。

古城约呈方形，坐北朝南，城外有护城河一道，其城墙南北长约 480 米，东西长约 470 米，周长约 1900 米，占地面积约 26 万平方米。城墙剖面呈梯形，夯土筑墙，底边宽约 14 米，残高 2 米 ~ 4 米不等。古城四角各置角楼，四面中部各设城门一座，南北两门设瓮城，瓮城约为方形，占地面积约 700 平方米，两瓮城均向东开门，门宽约为 9 米。古城内中央位置存大型宫殿遗址一座，遗址约呈正方形，边长约12米。

因城中发现辽代篦纹陶片，因此断定此城址为辽代古城址，在《辽史·地理志一》有载“泰州，德昌军，节度。本契丹二十部族放牧之地。因黑鼠族累犯通化州，民不能御，遂移东南六百里来，建城居之，以近本族”。辽代泰州城已确定为今泰来县西北塔子镇绰尔河支流呼尔达河畔的塔子城古城（又称“绰尔城”），且浩特陶海古城址东南六百里恰好为塔子城古城所在地，故浩特陶海古城为辽代通化州遗址的可能性较大。

一说该古城为“专捍御室韦、羽厥等国”的河董城，在《辽史·边防城·静边城》有载“静边城……北邻羽厥，每入为盗，建城，置兵千余骑防之，东南至上京一千五百里”。而浩特陶海城址距离内蒙古自治区赤峰市巴林左旗辽上京遗址直线距离约600公里，与1500里相近。

浩特陶海城址航拍图

鄂伦春自治旗、额尔古纳市、根河市大兴安岭地区

10 大兴安岭岩画

Cliff paintings in the Great Xing'an Mountains

级　别	区级
年　代	新石器时代
地　址	鄂伦春自治旗、额尔古纳市、根河市大兴安岭地区
交通信息	建议自驾
类　型	石刻
看　点	古岩画
开放信息	免费开放

大兴安岭古称大鲜卑山，是鲜卑人、契丹人、女真人、蒙古人的发祥地，现大兴安岭地区位于黑龙江省大兴安岭地区和呼伦贝尔市的东北部地区。目前在内蒙古呼伦贝尔市东北部大兴安岭地区内，共发现15处（一说35处），近4000幅岩画（一说5000幅），这些岩画对研究我国东北早期民族形成及文化变迁，提供了可靠的历史资料。目前在呼伦贝尔境内发现的岩画多存于鄂伦春旗和额尔古纳市境内，其中鄂伦春自治旗有麒麟山岩画、神指峰岩画、双峰山岩画、嘎仙洞岩画、天书岭岩画、伊龙山岩画、小二红岩画、库勒气岩画和吉库石林岩画等；额尔古纳市有交唠呵道岩画和黑山头鸽子洞岩画等；根河市有阿娘尼河岩画等。

其中，麒麟山岩画位于鄂伦春自治旗河林区阿里河东侧，有十字形、圆形、人形岩画等，风化严重并有人形岩画惨遭人为毁坏。神指峰岩画位于鄂伦春自治旗托扎敏乡，距托河约30公里，距最近公路仅200米，神指峰岩画约在山顶位置，高约9米，宛如神仙巨指拔地而起，其上遍布红色彩绘岩画，有十字形、

麒麟山岩画

X字形、人形岩画等。双峰山岩画位于鄂伦春自治旗诺敏自然保护区内，此地因两座高约30米的石峰而得名，两座石峰均有岩画分布。嘎仙洞岩画位于鄂伦春自治旗嘎仙洞森林公园内，在嘎仙洞洞口、两侧崖壁、洞窟内皆有岩画发现，且该区域岩画为我国至今发现最大规模的洞窟岩画，其中以一幅人与动物岩画最为有名，岩画中动物尚不能确认，遗憾的是嘎仙洞岩画已有部分脱落痕迹。天书岭岩画位于鄂伦春自治旗阿里河以北的大兴安岭山脉主要段落上，海拔接近1000米，由第四季冰川遗迹的石峰组成。目前发现天书岭的五个石峰均绘有岩画，数量近百幅且内容丰富，圆内十字岩画和双野猪纹岩画为其中的两幅岩画。

交唠呵道岩画位于额尔古纳市交唠呵道小河畔的山岩间，“交唠呵道”鄂温克语即为“石砬子”之意，交唠呵道岩画主要以人物、动物、狩猎场景为主。阿娘尼河岩画位于根河市阿娘尼河河畔，“阿娘尼”鄂温克语即为“画”之意。阿娘尼河岩画内容主要为人物、动物、驯养及狩猎场面，以及部分原始宗教法器等，与交唠呵道岩画相似。

大兴安岭岩画均为彩绘岩画，以红色调为主，且这些岩画较多分布于突出的山体或石峰上，与原始宗教的自然崇拜关系紧密。岩画主题多为线稿简单图形、人物、动物、狩猎场景等，时代不一，据推测这些遗迹的时代至少为唐代以前，其中额尔古纳的蛙形人岩画的年代在距今5000年左右，阿穆河上游岩画最早距今10000年之久。

天书岭双野猪纹岩画

神指峰生殖器崇拜岩画

嘎仙洞双人与动物岩画

天书岭正方形内多十字岩岩画

阿娘尼河蛙形人岩画

11 金界壕遗址（呼伦贝尔段）

Ruins of boundary facilities of the Jin Dynasty

级　别	国家级
年　代	金
地　址	呼伦贝尔全境
交通信息	建议自驾
类　型	古遗址
看　点	金代长城遗址
开放信息	免费开放

金界壕的岭北线、漠南线、岭南线三大条线路东起点均位于呼伦贝尔境内。

金界壕漠南线和岭南线较岭北线建造时间略晚，其东起于呼伦贝尔莫力达瓦达斡尔族自治旗七家子村，后向南穿黑龙江省进入兴安盟扎赉特旗，仅有东起点一段位于呼伦贝尔境内。

金界壕岭北线建于金代初期，属于金代修建界壕防御系统的雏形阶段所建，用于抵抗契丹族。《金史·地理志》有载："……右旋入泰州婆卢火所浚界壕，而西历临潢、金山、跨庆、桓、抚、昌、净州之北出天山外，包东胜，接西夏，逾黄河"，岭北线东起于呼伦贝尔额尔古纳市根河南岸上库力乡，向西穿过额尔古纳市、黑山头镇，穿额尔古那河途经俄罗斯后，向西南方向延伸，于满洲里再次进入呼伦贝尔而境内，穿越新巴尔虎右旗后进入蒙古国境内，终于肯特山脉南麓。其总长超过 800 公里，其中约 300 公里位于呼伦贝尔境内。岭北金界壕相比于漠南线和岭南线形制简单，由壕沟主体和边堡构成，壕沟主体为平地挖沟后所建的单线墙壕，墙体无马面，现存墙基宽约 5 米，残高约 1.5 米。边堡与壕沟主体相距不远，多设于高处，平面为方形，边长 33 米 ~ 59 米不等，目前已发现的边堡共 11 座，有上库力边堡、拉布大林 120 队边堡、新立队边堡、葫芦头边堡、小孤山南北中三边堡、尖子山边堡、四卡边堡、八大关边堡和三八四边堡。

呼伦贝尔市其他文物建筑列表

名　称	级　别	地　址	年　代	简　介
扎赉诺尔墓群	国家级	满洲里市	汉	拓跋鲜卑古墓群，约有300余座，遍布整个坡地，坡地高20余米，长500余米。
蘑菇山北遗址	国家级	满洲里市	旧石器时代	旧石器时代的文化遗址，考古发现有砍砸器、尖状器、刮削器等旧石器。
哈克遗址	国家级	海拉尔区	新石器时代	新石器时代的聚落遗址，文化遗存命名为哈克文化。出土玉器、骨器、陶器和细石器文物2000多件
嘎仙洞遗址	国家级	鄂伦春自治旗	北魏	北魏拓跋鲜卑先祖所居石室，洞在峭壁之上，高出平地约25米，洞口西南向，相传为仙人洞府。
辉河水坝遗址	国家级	鄂温克族自治旗	新石器时代	新石器时代遗址，距今约6000年左右，有罕见的人类居住遗迹、墓葬、篝火遗迹和由大量动物骨骼堆积的灰坑等。
团结墓地	国家级	海拉尔区	东汉	7座墓葬均为土坑竖穴墓，无葬具，墓室平面呈长方形，墓向西北，均为单人葬。

参考文献（References）

[1] 曹永年 . 内蒙古通史 [M]. 呼和浩特：内蒙古大学出版社，2007.

[2] 郭素新 . 中国文物地图集 内蒙古自治区分册 [M]. 西安：西安地图出版社，2003.

[3] 张驭寰 林北钟 . 内蒙古古建筑 [M]. 天津：天津大学出版社，2009.

[4] 张鹏举 . 内蒙古古建筑 [M]. 北京：中国建筑工业出版社，2015.

[5] 内蒙古文物工作队 . 内蒙古文物资料选辑 [M]. 呼和浩特：内蒙古人民出版社，1964.

[6] 内蒙古大学蒙古研究室 . 内蒙古文物古迹简述 [M]. 呼和浩特：内蒙古人民出版社，1977.

[7] 卢明辉 . 内蒙古文物古迹散记 [M]. 呼和浩特：内蒙古人民出版社，1988.

[8] 李逸友，魏坚 . 内蒙古文物考古文集（第 1 辑）[M]. 北京：中国大百科全书出版社，1994.

[9] 魏坚 . 内蒙古文物考古文集（第 2 辑）[M]. 北京：中国大百科全书出版社，1997.

[10] 刘兆和 . 草原宝藏 内蒙古重大文物考古发现纪实 [M]. 呼和浩特：内蒙古大学出版社，2005.

[11] 塔拉 . 考古揽胜：内蒙古自治区文物考古研究所 60 年重大考古发现 [M]. 北京：文物出版社，2014.

[12] 刘蒙林，孙利中 . 内蒙古古城 [M]. 呼和浩特：内蒙古人民出版社，2014.

[13] 李逸友 . 内蒙古历史名城 [M]. 呼和浩特：内蒙古人民出版社，1993.

[14] 潘照东，刘俊宝 . 草原明珠 内蒙古主要城市由来 [M]. 呼和浩特：内蒙古人民出版社，2003.

[15] 乔吉，孙立中 . 内蒙古寺庙 [M]. 呼和浩特：内蒙古人民出版社，2014.

[16] 张鹏举 . 内蒙古藏传佛教建筑 [M]. 北京：中国建筑工业出版社，2012.

[17] 乔吉 . 内蒙古藏传佛教寺院 [M]. 兰州：甘肃民族出版社，2014.

[18] 马永真，代林 . 内蒙古清真寺 [M]. 呼和浩特：内蒙古人民出版社，2003.

[19] 那木斯来，何天明 . 内蒙古古塔 [M]. 呼和浩特：内蒙古人民出版社，2014.

[20] 陈永志 . 乌兰察布文化遗产 [M]. 北京：文物出版社，2014.

[21] 陈永志 . 呼和浩特文化遗产 [M]. 北京：文物出版社，2014.

[22] 陈永志 . 鄂尔多斯文化遗产 [M]. 北京：文物出版社，2014.

[23] 陈永志 . 包头文化遗产 [M]. 北京：文物出版社，2014.

[24] 陈永志 . 锡林郭勒盟文化遗产 [M]. 北京：文物出版社，2014.

[25] 陈永志 . 赤峰文化遗产 [M]. 北京：文物出版社，2014.

[26] 陈永志 . 通辽文化遗产 [M]. 北京：文物出版社，2014.

[27] 陈永志 . 兴安文化遗产 [M]. 北京：文物出版社，2014.

[28] 乌国政 . 中国内蒙古自治区赤峰市 文物古迹博览 [M]. 赤峰：内蒙古科学技术出版社，1994.

[29] 于海燕、霍宇红 . 古代赤峰佛塔 [M]. 呼伦贝尔：内蒙古文化出版社，2013.

[30] 赵国栋 . 古代赤峰墓葬 [M]. 呼伦贝尔：内蒙古文化出版社，2013.

[31] 石俊贵 . 托克托文物志 [M]. 北京：中华书局，2006.

[32] 李逸友 . 内蒙古历史考古学的发现与研究综述 [J]. 内蒙古社会科学，1992.

[33] 唐晓峰 . 内蒙古西北部秦汉长城调查记 [J]. 内蒙古大学学报，1977.

[34] 李兴盛 . 内蒙古卓资县三道营古城调查 [J]. 考古，1992.

[35] 李少兵，索秀芬 . 内蒙古自治区城址概说 [J]. 内蒙古文物考古，2005（01）:54-63+7.

[36] 史念海 . 论西北地区诸长城的分布及其历史军事地理（上篇）[J]. 中国历史地理论丛，1994.

[37] 史念海 . 论西北地区诸长城的分布及其历史军事地理（下篇）[J]. 中国历史地理论丛，1994.

[38] 田广金 . 中国北方长城地带环境考古学的初步研究 [J]. 内蒙古文物考古，1997.

[39] 正蓝旗四郎城调查简报 [J]. 内蒙古文物考古，1999.

[40] 林占德林 . 呼伦贝尔考古二则 [J]. 内蒙古社会科学，2000.

[41] 李逸友 . 中国北方长城考述 [J]. 内蒙古文物考古，2001.

[42]. 安泳鍀 . 内蒙古自治区长城资源调查报告 . 东南部战国秦汉长城卷 [M]. 北京：文物出版社，2014.

[43]. 包海平 , 闫洪森 . 城墙与文明——通辽境内秦汉长城考 [J]. 黑龙江史志 , 2018, No.394(11): 43-47.

[44] 张久和 . 战国时代燕、赵、秦诸国对今内蒙古部分地区的经略和管辖 [D]. 内蒙古大学学报，2002.

[45] 松迪 . 关于黑山头古城 [J]. 北方文物，2004.

[46] 魏坚 . 元上都的考古学研究 [D]. 吉林大学，2004.

[47] 郭美兰 . 康熙帝与多伦诺尔汇宗寺 [J]. 内蒙古大学学报，2004.

[48] 高亚利，刘清波 . 多伦汇宗寺的兴建及其演变 [J]. 文物春秋，2004.

[49] 乌日图 . 探析甘珠尔庙市对近代呼伦贝尔经济发展所起的作用 [J]. 呼伦贝尔学院学报，2005.

[50] 魏坚 . 元上都拥抱着巨大文明的废墟 [J]. 吉林社会科学学报，2005

[51] 李 · 蒙赫达赉 . 试论以宝格德乌拉为代表的敖包文化 [J]. 呼伦贝尔学院学报，2006

[52] 张文平 . 内蒙古地区蒙元城镇研究 [D]. 内蒙古大学，2009.

[53] 李中核 . 内蒙古苏尼特右旗德王府勘测报告 [J]. 内蒙古文物考古，2009.

[54] 李乌兰 . 苏尼特左旗查干敖包庙历史若干问题研究 [D]. 内蒙古大学，2009.

[55] 杨星宇，吴克林 . 多伦县汇宗寺考古发掘纪要 [J]. 内蒙古文物考古，2010.

[56] 解单 . 金长城军事防御体系及其空间规划布局研究 [D]. 天津大学，2011..

[57] 翟禹 . 浅析内蒙古丰镇市明长城“洪武二十九年”石刻题记 [J]. 万里长城，2011.

[58] 翟禹 . 内蒙古丰镇市双台山“大明洪武二十九年”石刻考释——兼论明代早期北边防御体系的转变 [J]. 中国文物科学研究，2012.

[59] 长海 . 金界壕相关问题研究 [D]. 内蒙古大学，2012.

[60] 刘瑛 . 内蒙古区域岩画的图像造型及文化寓意 [D]. 复旦大学，2012.

[61] 长海 . 金界壕相关问题研究 [D]. 内蒙古大学，2012

[62] 吉日嘎拉 . 海拉尔额尔古纳市黑山头哈撒儿故城田野调查报告 [J]. 赤峰学院学报，2012.

[63] 长海 . 岭北金界壕修筑时代初析 [J].. 草原文物，2013.

[64] 王虹 . 内蒙古境内长城探源 [J]. 经济研究导刊，2014.

[65] 李放 . 内蒙古地区秦汉边城研究 [D]. 内蒙古大学，2014.

[66] 张文平 . 长城资源调查对于北魏长城及六镇戍遗址的新认识 [J]. 阴山学刊，2014.

[67] 石磊，陈炜 . 论内蒙古呼伦贝尔藏传佛教文化资源的旅游文化价值 [J]. 怀化学院学报，2014.

[68] 朱泓 . 内蒙古长城地带的古代种族 [J]. 边疆考古研究，2015.

[69] 范熙晅 . 明长城军事防御体系规划布局机制研究 [D]. 天津大学，2015.

[70] 杨召礼 . 内蒙古长城地带早期石城址的考古学研究 [D]. 内蒙古师范大学，2015.

[71] 张文平 . 内蒙古乌兰察布市灰腾梁长城调查简报 [J]. 边疆考古研究，2016.

[72] 邓玉霞 . 金界壕，遗落在草原上的文化印记 [J]. 内蒙古日报，2016.

[73] 甄自明，岳够明 . 鄂尔多斯汉代城址浅析 [J]. 草原文物，2015（01）:101-108.

[74] 塔拉，杨林，范荣南，温成浩，李水城 . 内蒙古阿拉善右旗史前文化调查简报 [J]. 草原文物，2014（02）:9-15+127-129+135.

[75] 周会丽 . 内蒙古地区西夏城址的初步研究 [D]. 内蒙古师范大学，2014.

[76] 宿白 . 东北、内蒙古地区的鲜卑遗迹——鲜卑遗迹辑录之一 [J]. 文物，1977（05）:42-54.

[77] 孙利中 . 青冢考 [A]. 内蒙古社会科学院、内蒙古社会科学联合会、包头市委宣传部、包头市社会科学院 . 中国 · 内蒙古第二届草原文化研讨会论文集 [C]. 内蒙古社会科学院、内蒙古社会科学联合会、包头市委宣传部、包头市社会科学院，2005:11.

[78] 罗哲文 . 和林格尔汉墓壁画中所见的一些古建筑 [J]. 文物，1974（01）:31-37.

[79] 么红杰，段海龙 . 清水河县黑矾沟明清古瓷窑址调查 [J]. 内蒙古师范大学学报（哲学社会科学版），2012，41（02）:128-131.

[80] 李逸友 . 托克托城名考辨 [A]. 中国社会科学院历史研究所、中国社会科学院民族研究所、内蒙古自治区社会科学院 . 中国蒙古史学会成立大会纪念集刊 [C]. 中国社会科学院历史研究所、中国社会科学院民族研究所、内蒙古自治区社会科学院，1979:6.

[81] 荣泽 . 白塔山摩崖石刻初探 [J]. 内蒙古社会科学（汉文版），2013，34（06）:55-58.

[82] 迟利 . 广化寺及全化寺佛教艺术特点 [J]. 内蒙古文物考古，2008（02）:50-52+5.

[83] 伟力 . 呼和浩特召庙壁画 [J]. 内蒙古文物考古，1995（Z1）:50-58+62.
[84] 成超男，赵鸣 . 呼和浩特市席力图召布局与建筑特点研究 [J]. 古建园林技术，2017（03）:63-68+74.
[85] 莫日根 . 内蒙古席力图召藏式佛塔建筑艺术 [J]. 中外建筑，2016（05）:36-38.
[86] 奇洁 . 内蒙古席力图召及其古佛殿壁画研究 [J]. 阴山学刊，2013，26（03）:20-26+2.
[87] 潘春利，侯霞 . 呼和浩特金刚座舍利宝塔的建筑与装饰特色 [J]. 内蒙古艺术，2008（02）:47-49.
[88] 斯毕米德格 . 呼和浩特市金刚座舍利宝塔浮雕艺术研究 [D]. 内蒙古师范大学，2010.
[89] 潘春利 . 蒙古地区喇嘛教的建筑与装饰艺术研究 [D]. 福建师范大学，2006.
[90] 宁有常 . 近代最大的旅蒙商号大盛魁 [J]. 文史精华，1996（03）:30-36.
[91] 康锦润，陈萍，王卓男 . 定远营古民居建筑形制初探 [J]. 世界建筑，2017（12）:106-111+122.
[92] 王卓男，王敏，李志忠 . 阿拉善定远营古城建筑文化研究 [J]. 南方建筑，2015（01）:49-55.
[93] 侯智国 . 内蒙古自治区巴丹吉林庙勘察实录——研究型实训室工作案例 [J]. 住宅与房地产，2018（05）:227-228.
[94] 包常青 . 广宗寺 [J]. 内蒙古画报，2008（03）:32-35.
[95] 孙荣芬 . 昭化寺调查记 [J]. 文物春秋，1999（03）:66-69+71-72.
[96] 徐建中 . 昭化寺大雄宝殿壁画初探 [J]. 文物春秋，1996（01）:33-34.
[97] 王智睿 . 五当召建筑彩画的艺术特征 [J]. 大观（论坛），2018（03）:28-30.
[98] 张昆，尚海林 . 蒙古草原文化与藏传佛教文化的融摄与互动——锡林郭勒贝子庙考察研究 [J]. 青海师范大学学报（哲学社会科学版），2018，40（02）:72-78.
[99] 巴义尔，其力木格 . 古刹昆都仑召 [J]. 民族画报（汉文版），2016（05）:74-77.
[100] 杨琳琳 . 五当召建筑外部空间与环境艺术探析 [J]. 设计艺术（山东工艺美术学院学报），2015（01）:88-91.
[101] 章奎 . 麻池古城：两千多年的沧桑 [J]. 实践（思想理论版），2014（05）:54.
[102] 张宇 . 希拉木仁庙建筑形态研究 [D]. 内蒙古工业大学，2011.
[103] 郭兆儒 . 包头昆都仑召建筑研究 [D]. 西安建筑科技大学，2009.
[104] 邓宏伟，张海斌 . 包头境内的战国秦汉长城与古城 [J]. 内蒙古文物考古，2000（01）:74-91.
[105] 张汉君 . 贝子庙建筑及相关问题探析 [J]. 内蒙古文物考古，1999（02）:74-85.
[106] 王磊义 . 内蒙古美岱召明代壁画研究 [J]. 中国藏学，2013（02）:42-46+2.
[107] 程旭光，刘毅彬 . 美岱召召庙建筑、壁画艺术考察报告 [J]. 内蒙古师大学报（哲学社会科学版），1983（03）:34-38+33-131.
[108] 赵百秋 . 民族装饰艺术在王府建筑中的表现形式探究——以苏尼特蒙古王爷府为例 [J]. 内蒙古民族大学学报（社会科学版），2015，41（03）:102-106.
[109] 孙国军，王璐 . 赤峰市全国重点文物保护单位（第七批）之二：清代荟福寺 [J]. 赤峰学院学报（汉文哲学社会科学版），2014，35（05）:277.
[110] 孙国军，王若芝 . 赤峰市全国重点文物保护单位（第七批）之三：林西县辽代饶州故城址 [J]. 赤峰学院学报（自然科学版），2014，30（09）:2.
[111] 王璐，孙国军 . 赤峰市全国重点文物保护单位（第七批）之四：翁牛特旗清代梵宗寺 [J]. 赤峰学院学报（自然科学版），2014，30（09）:277.
[112] 王若芝，孙国军 . 赤峰市全国重点文物保护单位（第七批）之五：敖汉旗辽、金、元代武安州遗址 [J]. 赤峰学院学报（自然科学版），2014，30（10）:
[113] 孙国军，王若芝 . 赤峰市全国重点文物保护单位（第七批）之八：敖汉旗辽、金、元代宁昌路遗址 [J]. 赤峰学院学报（汉文哲学社会科学版），2014，35（06）:277.
[114] 孙国军，王璐 . 赤峰市全国重点文物保护单位（第七批）之十：红山区清代赤峰清真北大寺 [J]. 赤峰学院学报（自然科学版），2014，30（14）:277.
[115] 康建国，孙国军 . 赤峰市国家级重点文物保护单位（15）——清代灵悦寺简介 [J]. 赤峰学院学报（自然科学版），2012，28（05）:269.
[116] 孙国军，康建国 . 赤峰市国家级重点文物保护单位（18）——辽代真寂之寺简介 [J]. 赤峰学院学报（汉文哲学社会科学版），2012，33（04）:4.
[117] 康建国，孙国军 . 赤峰市国家级重点文物保护单位（19）——元代龙泉寺简介 [J]. 赤峰学院学报（汉文哲学社会科学版），2012，33（04）:271.
[118] 孙国军，康建国 . 赤峰市国家级重点文物保护单位（20）——张应瑞家族墓地简介 [J]. 赤峰学院学报（自然科学版），2012，28（08）:4.
[119] 孙国军，康建国 . 赤峰市国家级重点文物保护单位（24）——福会寺遗址简介 [J]. 赤峰学院学报（自然科学版），2012，28（10）:2.
[120] 孙国军，康建国 . 赤峰市国家级重点文物保护单位（25）——清代宝善寺简介 [J]. 赤峰学院学报（自然科学版），2012，28（10）:269.
[121] 孙国军 . 赤峰市国家级重点文物保护单位——辽中京遗址简介 [J]. 赤峰学院学报（自然科学版），2011，27（03）:1.

[122] 张瑞杰 . 辽上京、辽中京遗址述略 [J]. 赤峰学院学报（汉文哲学社会科学版），2014，35（02）:18-19.

[123] 孙国军 . 赤峰市国家级重点文物保护单位③——辽陵及奉陵邑简介 [J]. 赤峰学院学报（自然科学版），2011，27（04）:1.

[124] 孙国军，康爱国 . 赤峰市国家级重点文物保护单位⑨——应昌路故城遗址简介 [J]. 赤峰学院学报（自然科学版），2011，27（11）:271.

[125] 康爱国，孙国军 . 赤峰市国家级重点支物保护单位⑩——喀喇沁王府及家庙简介 [J]. 赤峰学院学报（自然科学版），2011，27（11）:269.

[126] 张松柏 . 辽怀州怀陵调查记 [J]. 内蒙古文物考古，1984（00）:67-72.

[127] 任冠 . 辽中京道城址的考古学观察 [J]. 故宫博物院院刊，2016（02）:66-76+161.

[128] 高伟毅，韩瑛 . 定向性与认同感——从库伦三大寺看内蒙古藏传佛教建筑中的场所精神 [J]. 建筑与文化，2017（08）:33-35.

[129] 孙美平 . 浅谈金界壕遗址 . 碾子山段的保护和利用 [A]. 中国文物保护基金会、中国长城学会、中国长城文化研究中心、中共齐齐哈尔市委员会、齐齐哈尔市人民政府 .《中国长城博物馆》2015 年第 4 期（总第 60 期）——碾子山金长城保护与利用专刊 [C]. 中国文物保护基金会、中国长城学会、中国长城文化研究中心、中共齐齐哈尔市委员会、齐齐哈尔市人民政府 : 中国长城学会，2015:4.

[130] 庄鸿雁 . 大兴安岭岩画选粹 [J]. 黑龙江社会科学，2015（03）:161.

[131] 庄鸿雁 . 大兴安岭岩画中的太阳崇拜与生殖崇拜——大兴安岭岩画的文化解析之一 [J]. 黑龙江社会科学，2013（05）:149-152.

[132] 尚诚 . 寺庙之城 : 多伦汇宗寺 [J]. 中国宗教，2011（10）:81-83.

[133] 红梅 . 蒙古族敖包祭祀诵经音乐中的藏传佛教蒙古化因素——以呼伦贝尔市宝格德乌拉敖包祭祀仪式为个案 [J]. 世界宗教文化，2011（05）:73-79.

[134] 内蒙古苏尼特右旗德王府勘测报告 [J]. 内蒙古文物考古，2009（01）:37-44.

[135] 张立华，吴汉勤，郑庆和 . 清代喀喇沁亲王府建筑研究 [J]. 山西建筑，2008，34（35）:21-22.

[136] 嘉木扬 · 凯朝 . 内蒙古克什克腾旗庆宁寺 [J]. 世界宗教文化，2006（02）:44-45.

[137] 秦保平 . 开鲁镇元代佛塔 [J]. 内蒙古文物考古，1998（01）:90-92.

[138] 满绰拉 . 呼伦贝尔巴彦乌拉古城遗址 [J]. 内蒙古社会科学（文史哲版），1993（06）:2-116.

[139] 国家文物局网站

[140] 内蒙古自治区政府门户网站及各盟市政府办公室网站

[141] 内蒙古自治区自然资源厅

[142] 新浪博客

图片来源（Illustrations）

1 呼和浩特市

古建筑名称	图片名称	图片来源
大召	阿拉坦汗铜像	郭放 / 摄
	牌楼	郭放 / 摄
	鼓楼	郭放 / 摄
	菩提过殿前“佛”字碑	郭放 / 摄
	菩提过殿门上彩画	郭放 / 摄
	大雄宝殿内牌匾“漫足西天”	郭放 / 摄
	大雄宝殿内屋顶浮雕	郭放 / 摄
	公中仓	郭放 / 摄
	观音殿	郭放 / 摄
	弥勒佛殿	郭放 / 摄
小召牌楼	侧立面	王瑶 / 摄
	仰视	郭放 / 摄
金刚座舍利宝塔	小塔	郭放 / 摄
	宝生佛殿	郭放 / 摄
土默特议事厅	正门	王瑶 / 摄
	鸟瞰	郭放 / 摄
	正殿	郭放 / 摄
乃莫齐召	佛殿	王瑶 / 摄
	入口佛塔	郭放 / 摄
大盛魁	大盛魁老照片	《呼和浩特文化遗产》
元盛德	入口	郭放 / 摄
	入口砖雕	郭放 / 摄
惠丰轩	全景	郭放 / 摄
	入口	王瑶 / 摄
席力图召	山门	王瑶 / 摄
	菩提过殿匾额	王瑶 / 摄
	御碑亭	王瑶 / 摄
	大经堂	郭放 / 摄
	大经堂前罗盘	郭放 / 摄
	佛殿	王瑶 / 摄
	美岱庙	郭放 / 摄
	长寿塔	赵萨日娜 / 摄
	乃春庙	郭放 / 摄
财神庙	正门	郭放 / 摄
	西厢房	王瑶 / 摄
	财神庙大殿老照片	财神庙提供

续表

古建筑名称	图片名称	图片来源
土默特文庙大殿	文庙大成殿老照片	《呼和浩特文化遗产》
观音庙	韦陀殿	王瑶 / 摄
	观音殿	郭放 / 摄
	新建山门	郭放 / 摄
王昭君墓	昭君博物馆	计珂然 张可心 / 摄
	文保碑	计珂然 张可心 / 摄
	全景	计珂然 张可心 / 摄
	昭君像	计珂然 张可心 / 摄
	牌坊	计珂然 张可心 / 摄
	凉亭	计珂然 张可心 / 摄
	凉亭内梁架	计珂然 张可心 / 摄
	昭君和亲像	计珂然 张可心 / 摄
	青冢	计珂然 张可心 / 摄
和硕恪靖公主府	府门	郭放 / 摄
	仪门	郭放 / 摄
	前院东配房	郭放 / 摄
	垂花门	郭放 / 摄
	后院西厢房	王瑶 / 摄
绥远城将军衙署	照壁题字“屏藩朔漠”	郭放 / 摄
	府门	郭放 / 摄
	正堂远景	郭放 / 摄
	正堂砖雕	郭放 / 摄
	垂花门	郭放 / 摄
	花园	郭放 / 摄
	西偏院影壁	郭放 / 摄
	将军衙署模型	郭放 / 摄
	将军衙署府门旧照	将军衙署提供
	将军衙署三堂旧照	将军衙署提供
甲兰板古庙	残存古戏台	郭放 / 摄
	寺庙内景	来源于寺庙
绥远城墙遗址	城墙旧影	将军衙署提供
	角楼旧照	将军衙署提供
	瓮城旧影	将军衙署提供
呼和浩特清真大寺	大殿东立面 1、2	王瑶 / 摄
	副大殿 1、2	王瑶 / 摄
	碑廊 1、2	郭放 / 摄
	望月楼	郭放 / 摄
	装饰	郭放 / 摄
坝口子戏台	东立面	郭放 / 摄
	坝口子戏台壁画	《呼和浩特文化遗产》
呼和浩特天主教堂	西立面	郭放 / 摄
	鸟瞰	郭放 / 摄

续表

古建筑名称	图片名称	图片来源
乌素图召	庆缘寺山门	郭放 / 摄
	庆缘寺大殿	郭放 / 摄
	庆缘寺东配殿	郭放 / 摄
	长寿寺山门	王瑶 / 摄
	长寿寺大殿	郭放 / 摄
	白塔	郭放 / 摄
	乌素图召鸟瞰	郭放 / 摄
	乌素图召旧照 1、2	将军衙署提供
万部华严经塔	文保碑	郭放 / 摄
	塔身局部	王瑶 / 摄
	塔基	郭放 / 摄
	白塔入口	郭放 / 摄
	塔内	王瑶 / 摄
	万部华严经塔旧照	将军衙署提供
	修缮过程旧照	白塔景区展览馆
白塔古城	全景	王瑶 / 摄
广化寺	全景	计珂然 张可心 / 摄
	前寺鸟瞰	计珂然 张可心 / 摄
	前寺大经堂	计珂然 张可心 / 摄
	后寺全景	计珂然 张可心 / 摄
	喇嘛洞（银洞）远景	计珂然 张可心 / 摄
	白塔	计珂然 张可心 / 摄
	喇嘛洞（银洞）1、2	计珂然 张可心 / 摄
	造像	计珂然 张可心 / 摄
	石刻	计珂然 张可心 / 摄
全化寺	大殿	计珂然 张可心 / 摄
	正立面	计珂然 张可心 / 摄
	翼角	计珂然 张可心 / 摄
	翼角彩画	计珂然 张可心 / 摄
白塔寺	白塔寺	计珂然 张可心 / 摄
	白塔	计珂然 张可心 / 摄
	经堂	计珂然 张可心 / 摄
	千佛殿	计珂然 张可心 / 摄
	石牌坊	计珂然 张可心 / 摄
白塔山摩崖石刻	白塔山摩崖石刻远景	计珂然 张可心 / 摄
	白塔山摩崖石刻造像	《呼和浩特文化遗产》
魁星楼	魁星楼	计珂然 张可心 / 摄
	魁星楼顶部	计珂然 张可心 / 摄
	魁星楼券门及内部	计珂然 张可心 / 摄
盛乐古城	文保碑	
	现状	计珂然 张可心 / 摄

续表

古建筑名称	图片名称	图片来源
盛乐古城	残墙 1、2	计珂然 张可心 / 摄
	古城复原模型	计珂然 张可心 / 摄
	盛乐博物馆	计珂然 张可心 / 摄
东汉壁画墓	文保碑	计珂然 张可心 / 摄
	东汉壁画墓	计珂然 张可心 / 摄
	墓室壁画	计珂然 张可心 / 摄
龙王庙铸铁蟠龙幡杆	铸铁蟠龙旗杆 1、2	计珂然 张可心 / 摄
	旗杆上之蟠龙	计珂然 张可心 / 摄
	旗杆铭文	计珂然 张可心 / 摄
	旗杆纹饰	计珂然 张可心 / 摄
	龙王庙殿宇	计珂然 张可心 / 摄
东沙岗古城	全景	计珂然 张可心 / 摄
	东沙岗古城残墙之一	计珂然 张可心 / 摄
	东沙岗古城残墙之二	计珂然 张可心 / 摄
	东沙岗古城残墙之三	计珂然 张可心 / 摄
	城门（复建）	计珂然 张可心 / 摄
柳青河古戏台	戏台正立面	计珂然 张可心 / 摄
	戏台背面	计珂然 张可心 / 摄
	戏台对侧寺院	计珂然 张可心 / 摄
黑矾沟窑址群	黑矾沟窑址群	计珂然 张可心 / 摄
	窑址群全貌	计珂然 张可心 / 摄
	窑址群	计珂然 张可心 / 摄

2 鄂尔多斯市

古建筑名称	图片名称	图片来源
包子塔古村落	包子塔前庙	刘功雪 / 摄
	烽火台	刘功雪 / 摄
	龙王庙	刘功雪 / 摄
准格尔召	文保碑	王瑶 / 摄
	佛爷商院落	张雨晴 / 摄
	宝堂寺以南新建寺庙建筑群——药师佛殿	张雨晴 / 摄
展旦召	展旦召	王瑶 / 摄
霍洛柴登城址	遗址平面图	遗址工地提供
苏里格庙	文保碑	王瑶 / 摄
	白塔	张雨晴 / 摄
阿尔寨石窟	阿尔寨石窟全景	《鄂尔多斯文化遗产》
	阿尔寨石窟局部	《鄂尔多斯文化遗产》
明长城遗址（鄂尔多斯段）	明长城遗址全景	王瑶 / 摄

3 乌海市

古建筑名称	图片名称	图片来源
满巴拉僧庙	大雄宝殿全景	袁畅 / 摄
	大雄宝殿及后殿鸟瞰	刘功雪 / 摄

4 阿拉善盟

古建筑名称	图片名称	图片来源
定远营	1731 年左右刚落成的定远营图绘	阿拉善博物馆藏
	1831 年左右的定远营图绘	阿拉善博物馆藏
	今天的定远营	梁宇舒 / 摄
	定远营城墙及北门老照片	《内蒙古古建筑》
	现存的一段夯土城墙	袁畅 / 摄
	阿拉善王府全景鸟瞰	梁宇舒 / 摄
	阿拉善王府平面图	《阿拉善文化遗产》
	阿拉善王府老照片	《内蒙古古建筑》
	阿拉善王府大门	刘功雪 / 摄
	具有西式风格的东路正殿	《内蒙古古建筑》
	阿拉善王府东花园老照片	《内蒙古古建筑》
	延福寺全景	梁宇舒/摄
	延福寺平面图	《阿拉善文化遗产》
	四天王殿	袁畅 / 摄
	三世佛殿正面	刘功雪 / 摄
	延福寺转经阁	袁畅 / 摄
	大经堂老照片	《内蒙古古建筑》
	大经堂现状	袁畅 / 摄
	白哈五王殿	刘功雪 / 摄
	定远营民居群鸟瞰	梁宇舒 / 摄
	古民居庭院老照片	《内蒙古古建筑》
	古民居街景	梁宇舒 / 摄
	一道巷 21 号正房	袁畅 / 摄
	四道巷 1 号厢房斜撑和垂花柱	张亦驰 / 摄
	四道巷 1 号斗拱	刘功雪 / 摄
广宗寺	20 世纪 50 年代末的广宗寺	《内蒙古古建筑》
	20 世纪 50 年代某广宗寺某殿全景	《内蒙古古建筑》
	广宗寺现状总平面图	《内蒙古地域藏传佛教建筑形态的一般特征》
福因寺	20 世纪 50 年代的福因寺全景	《内蒙古古建筑》
	20 世纪 50 年代的大经堂院景	《内蒙古古建筑》
	20 世纪 50 年代的呼图克图家庙	《内蒙古古建筑》
	20 世纪 50 年代的麦得儿庙	《内蒙古古建筑》

续表

古建筑名称	图片名称	图片来源
福因寺	20世纪50年代的福因寺切林召正殿	《内蒙古古建筑》
	福因寺全景	袁畅 / 摄
	大雄宝殿现状	刘功雪 / 摄
	大雄宝殿前廊	袁畅 / 摄
	千佛殿正面	袁畅 / 摄
	福因寺八灵塔	刘功雪 / 摄
	财神庙近景	袁畅 / 摄
苏木图石窟	石窟内须弥座	刘功雪 / 摄
	石窟内天花	刘功雪 / 摄
	石窟内彩绘	《阿拉善文化遗产》
	石窟内石刻佛像	《阿拉善文化遗产》
昭化寺	昭化寺及周边民居航拍	梁宇舒 / 摄
	昭化寺全貌	梁宇舒 / 摄
	昭化寺民居航拍	梁宇舒 / 摄
	民居合院	梁宇舒 / 摄
	民居室内	梁宇舒 / 摄
	蒙医浴池	梁宇舒 / 摄
曼德拉山岩画群	岩画狩猎图之一	袁畅 / 摄
	岩画动物图	刘功雪 / 摄
黑城遗址	黑城遗迹平面图	《内蒙古黑城考古发掘纪要》
	黑城西北元代塔林遗址	刘功雪 / 摄
	黑城墙洞和墙上佛塔	刘功雪 / 摄
	西夏黑水城城墙遗址	刘功雪 / 摄
	红城遗址	刘功雪 / 摄
绿城遗址	绿城残塔之一	《内蒙古古建筑》
	绿城残塔之二	《内蒙古古建筑》

5 巴彦淖尔市

古建筑名称	图片名称	图片来源
阿贵庙	阿贵庙全景	引自《巴彦淖尔文化遗产》
	阿贵庙总平面图	引自《内蒙古藏传佛教建筑》
	金刚塔	李倩怡摄
	财神殿及大雄宝殿远景	李倩怡摄
	洞穴远景	李倩怡摄
	洞穴	李倩怡摄
	吉祥天女洞穴	引自《巴彦淖尔文化遗产》
三盛公天主教堂	三盛公天主教堂远景	李倩怡摄
	三盛公天主教堂侧立面	李倩怡摄
	三盛公天主教堂内景	李倩怡摄
	三盛公天主教堂柱础	李倩怡摄

续表

古建筑名称	图片名称	图片来源
鸡鹿塞古城	鸡鹿塞遗址远景	李倩怡摄
	鸡鹿塞遗址附近烽燧	李倩怡摄
德布斯尔庙	德布斯尔庙正殿	引自《内蒙古藏传佛教建筑》
	德布斯尔庙正殿侧立面	引自《内蒙古藏传佛教建筑》
沃野镇故城	沃野镇故城遗址	引自《巴彦淖尔文化遗产》
	沃野镇故城城墙残段	引自《巴彦淖尔文化遗产》
新忽热古城址	新忽热城址远景	李倩怡摄
	东墙及马面	李倩怡摄
	东墙 1、2	宋莹莹摄
	南墙	宋莹莹摄
	北墙	宋莹莹摄
希热庙	希热庙远景	李倩怡摄
	希热庙原有建筑 1、2	李倩怡摄
哈日朝鲁庙	哈日朝鲁庙侧影	李倩怡摄
	哈日朝鲁庙鸟瞰	宋莹莹摄
	哈日朝鲁庙木柱细节	宋莹莹摄
	哈日朝鲁庙入口	宋莹莹摄
	哈日朝鲁庙壁画	宋莹莹摄
善岱庙	善岱古庙远景	李倩怡摄
	善岱古庙八座白塔	李倩怡摄
	善岱古庙舍利塔	李倩怡摄
	善岱古庙白塔	李倩怡摄
本巴图庙	本巴图庙远景	引自《巴彦淖尔文化遗产》
	正殿	引自《巴彦淖尔文化遗产》
	偏殿	引自《巴彦淖尔文化遗产》
阴山岩画	大坝口远景	引自《巴彦淖尔文化遗产》
	大坝口岩画	引自《巴彦淖尔文化遗产》
	滴水沟岩画太阳神	引自《巴彦淖尔文化遗产》
阴山岩画	俊海勒斯太岩画狩猎图	引自《巴彦淖尔文化遗产》
	巴日沟岩画群虎猎食图	引自《巴彦淖尔文化遗产》
	满达朝鲁岩画野驴图	引自《巴彦淖尔文化遗产》

7 乌兰察布市

古建筑名称	图片名称	图片来源
希拉木伦庙	全景	王瑶 / 摄
	希拉木伦庙	郭放 / 摄
	文保碑	王瑶 / 摄
	两座都纲	郭放 / 摄
	朝格庆都纲	王瑶 / 摄
	白塔远景	王瑶 / 摄

续表

古建筑名称	图片名称	图片来源
希拉木伦庙	白塔	郭放 / 摄
	萨胡勒森都纲	郭放 / 摄
	却热音都纲	郭放 / 摄
四子王旗王府	王府远景	郭放 / 摄
	第一组院落	王瑶 / 摄
	亭子	王瑶 / 摄
	前厅	郭放 / 摄
	前厅彩画	王瑶 / 摄
	前院南厢房	郭放 / 摄
	前院北厢房	郭放 / 摄
	第二组院落	郭放 / 摄
	后院北厢房	郭放 / 摄
	安福庙	郭放 / 摄
	王府平面图	翻拍自四子王旗王府
大庙古城	古城全貌	郭放 / 摄
	城墙局部	郭放 / 摄
	建筑遗迹	郭放 / 摄
	大庙古城卫星图	谷歌地图
净州路故城	净州路故城远景	郭放 / 摄
	文保碑	郭放 / 摄
	古城城墙 1、2	郭放 / 摄
善福寺	寺院全貌	郭放 / 摄
	南侧祭祀敖包	郭放 / 摄
	正殿	郭放 / 摄
	正殿室内	郭放 / 摄
	寺中殿宇	郭放 / 摄
	西侧殿宇	郭放 / 摄
	山体彩绘“佛八宝”	郭放 / 摄
克里孟城址	古城东部	郭放 / 摄
	古城局部	郭放 / 摄
察汗不浪城址	残墙	郭放 / 摄
	城址东北部	郭放 / 摄
	建筑基址 1、2	郭放 / 摄
	石狮（左侧）	郭放 / 摄
立兔庙遗址	1936 年立兔庙旧照	百度贴吧
	遗址全貌	《乌兰察布文化遗产》
	遗址局部	百度贴吧
广益隆古城	文保碑	郭放 / 摄
	古城现状	郭放 / 摄
	建筑遗迹	郭放 / 摄
古城门	古城门全貌	计珂然 张可心 / 摄
	古城门	计珂然 张可心 / 摄

续表

古建筑名称	图片名称	图片来源
店子镇古戏台	店子镇古戏台正立面	计珂然 张可心 / 摄
	戏台局部	计珂然 张可心 / 摄
	戏台背面	计珂然 张可心 / 摄
	古戏台院落入口	计珂然 张可心 / 摄
集宁路古城	集宁路古城现状	计珂然 张可心 / 摄
	残墙	计珂然 张可心 / 摄
	古城局部	计珂然 张可心 / 摄
三道营古城	眺望东城	郭放 / 摄
	西墙中段	郭放 / 摄
	西墙之上	郭放 / 摄
	残墙	郭放 / 摄
灵岩寺	灵岩寺全貌	计珂然 张可心 / 摄
	灵岩寺	计珂然 张可心 / 摄
	大雄宝殿	计珂然 张可心 / 摄
	第一级院落	计珂然 张可心 / 摄
	一间两柱一楼式牌坊	计珂然 张可心 / 摄
	木牌坊	计珂然 张可心 / 摄
金龙大王庙	金龙大王庙正面	计珂然 张可心 / 摄
	金龙大王庙西立面	计珂然 张可心 / 摄
	三层楼阁	计珂然 张可心 / 摄
	垂花门	计珂然 张可心 / 摄
	第一层台地北望	计珂然 张可心 / 摄
	第三层台地	计珂然 张可心 / 摄
	院落局部	计珂然 张可心 / 摄
南阁	南阁	计珂然 张可心 / 摄
	北面砖雕	计珂然 张可心 / 摄
	城楼部分	计珂然 张可心 / 摄
	翼角与彩画	计珂然 张可心 / 摄
天成古庙	天成古庙	计珂然 张可心 / 摄
	主殿	计珂然 张可心 / 摄
	主殿前殿	计珂然 张可心 / 摄
	西耳房	计珂然 张可心 / 摄
	主殿前殿梁架	计珂然 张可心 / 摄
新堂天主堂	新堂天主堂	计珂然 张可心 / 摄
	西立面	计珂然 张可心 / 摄
	南立面	计珂然 张可心 / 摄
	天主堂东侧	计珂然 张可心 / 摄
	天主堂室内	计珂然 张可心 / 摄
淤泥滩古城址	古城现状	郭放 / 摄
	东北角高坡	郭放 / 摄
	古城南部	郭放 / 摄
	城墙局部	郭放 / 摄
	残墙	郭放 / 摄

8 锡林郭勒盟

古建筑名称	图片名称	图片来源
贝子庙	贝子庙复原图	《锡林郭勒盟文化遗产》
查干敖包庙	查干敖包庙正立面	《锡林郭勒盟文化遗产》
	查干敖包庙主殿	《锡林郭勒盟文化遗产》
	查干敖包庙遗址	谷歌地图
苏尼特德王府	德王府班禅宫	《内蒙古古建筑》
嘎黑拉庙	嘎黑拉庙全景	《锡林郭勒盟文化遗产》
	嘎黑拉庙大殿及白塔	《锡林郭勒盟文化遗产》
	嘎黑拉庙东厢房	《锡林郭勒盟文化遗产》
喇嘛库伦庙	喇嘛库伦庙大殿	微博网友 _ 蟹工船
	喇嘛库伦庙白塔	微博网友 _ 蟹工船
	喇嘛库伦庙大殿正门	微博网友 _ 蟹工船
浩齐特王盖庙	浩齐特王盖庙大殿	《锡林郭勒盟文化遗产》
元上都遗址	元上都宫城遗址	《考古揽胜》
	元上都关广济仓遗址	《考古揽胜》
	元上都琉璃构件	《考古揽胜》
	元上都琉璃筒瓦	《考古揽胜》
	元上都龙形鸱吻	《考古揽胜》
	孔雀蓝釉香炉	《考古揽胜》
	青白釉香炉	《考古揽胜》
四郎城遗址	四郎城遗址航拍图	谷歌地图
善因寺	善因寺总平面图	《多伦汇宗寺的兴建及其演变》
	山门殿正立面图	《多伦汇宗寺的兴建及其演变》
	山门殿剖面图	《多伦汇宗寺的兴建及其演变》
金界壕遗址（锡林郭勒段）	岭南线太仆寺旗千斤沟镇边墙沟村墙体及马面	《金界壕相关问题研究》
	漠南线东乌珠穆沁旗境内金界壕遗址	《金界壕相关问题研究》
	巴彦吉尔嘎朗图边堡示意图	《金界壕相关问题研究》
	巴音布日都边堡示意图	《金界壕相关问题研究》

9 赤峰市

古建筑名称	图片名称	图片来源
清真北大寺	清真北大寺沿街	姚辰伟 // 摄
	清真北大寺山门	姚辰伟 / 摄
	清真北大寺山门侧影	姚辰伟 / 摄
	清真北大寺礼拜殿	姚辰伟 / 摄
	清真北大寺礼拜殿	姚辰伟 / 摄
	清真北大寺礼拜殿抱厦梁架	姚辰伟 / 摄
	清真北大寺礼拜殿细部	姚辰伟 / 摄
	清真北大寺礼拜殿望月楼	姚辰伟 / 摄
	清真北大寺礼拜殿侧立面	姚辰伟 / 摄

续表

古建筑名称	图片名称	图片来源
赤峰天主教堂	赤峰天主教堂	高虹 / 摄
	赤峰天主教堂外观	李力 / 摄
	赤峰天主教堂室内	李力 / 摄
辽代塔子山白塔	静安寺远景	李倩怡 / 摄
	塔子山白塔远景	李倩怡 / 摄
	塔子山白塔立面	李倩怡 / 摄
	塔子山白塔细部 1、2	李倩怡 / 摄
	塔子山白塔附近墓葬	李倩怡 / 摄
法轮寺	天王殿	李倩怡 / 摄
	钟楼 1、2	李倩怡 / 摄
	旃檀殿	李倩怡 / 摄
	旃檀殿转角	李倩怡 / 摄
	大雄宝殿	李倩怡 / 摄
	大雄宝殿室内空间	李倩怡 / 摄
	大雄宝殿入口	李倩怡 / 摄
	大雄宝殿侧影	李倩怡 / 摄
	灵隆寺	李倩怡 / 摄
	长寿殿	李倩怡 / 摄
	护法殿	李倩怡 / 摄
	法轮寺外山坡白塔	李倩怡 / 摄
辽中京遗址	辽中京大明塔	李倩怡 / 摄
	大明塔立面	李倩怡 / 摄
	大明塔石刻 1、2、3	李倩怡 / 摄
	辽中京城墙遗址	李倩怡 / 摄
	大明塔和小塔远景	李倩怡 / 摄
	小塔立面	李倩怡 / 摄
	小塔须弥座	李倩怡 / 摄
	小塔细部	李倩怡 / 摄
	半截塔 1、2	李倩怡 / 摄
	辽中京平面图	图来自网络
宁城县黑城遗址	城墙西北角	引自《赤峰文化遗产》
	铜钱钱范	引自《赤峰文化遗产》
福会寺	山门	李倩怡 / 摄
	前殿	李倩怡 / 摄
	前殿拱券门	李倩怡 / 摄
	钟楼	李倩怡 / 摄
	经堂侧影	李倩怡 / 摄
	后殿	李倩怡 / 摄
	藏经阁 1、2、3	李倩怡 / 摄
喀喇沁亲王府	府门	李倩怡 / 摄
	仪门	李倩怡 / 摄
	轿厅	李倩怡 / 摄

续表

古建筑名称	图片名称	图片来源
锦山龙泉寺	山门	李倩怡 / 摄
	前殿	李倩怡 / 摄
	大殿	李倩怡 / 摄
	影壁	李倩怡 / 摄
	石刻卧獅	李倩怡 / 摄
	石碑	李倩怡 / 摄
灵悦寺	山门	李倩怡 / 摄
	山门细部 1、2	李倩怡 / 摄
	钟楼	李倩怡 / 摄
	转经亭	李倩怡 / 摄
	转经筒	李倩怡 / 摄
	大殿修复中	李倩怡 / 摄
	后殿	李倩怡 / 摄
和硕端静公主墓	和硕端静公主墓远景	李倩怡 / 摄
	石牌坊	李倩怡 / 摄
	华表	李倩怡 / 摄
	石碑	李倩怡 / 摄
宁昌路遗址	宁昌路遗址远景	李倩怡 / 摄
	宁昌路遗址城墙	李倩怡 / 摄
	万寿白塔细部之一、之二	李倩怡 / 摄
武安州遗址	白塔残影	李倩怡 / 摄
	白塔 1、2、3	李倩怡 / 摄
梵宗寺	梵宗寺远景	李倩怡 / 摄
	山门	李倩怡 / 摄
	大雄宝殿 1、2、3	李倩怡 / 摄
	大雄宝殿彩画	李倩怡 / 摄
	大雄宝殿室内空间	李倩怡 / 摄
	弥勒殿	李倩怡 / 摄
	附近白塔	李倩怡 / 摄
张应瑞家族墓	张应瑞家族墓远景	宋莹莹 / 摄
	张应瑞家族墓石刻 1、2、3、4	宋莹莹 / 摄
饶州故城遗址	饶州故城遗址	引自《赤峰文化遗产》
应昌路故城城址	内城后殿	引自《赤峰文化遗产》
	近景	引自《赤峰文化遗产》
乌兰布统战场遗址	乌兰布统古战场	引自《赤峰文化遗产》
荟福寺	荟福寺山门	李倩怡 / 摄
	影壁	李倩怡 / 摄
	石狮	李倩怡 / 摄
	前殿 1、2、3	李倩怡 / 摄
	后殿 1、2	李倩怡 / 摄
	西塔	李倩怡 / 摄
	东塔	李倩怡 / 摄

续表

古建筑名称	图片名称	图片来源
辽庆州城及庆陵	辽庆州城及释迦佛舍利塔远景 1、2	李倩怡 / 摄
	辽庆州城遗址	李倩怡 / 摄
	释迦佛舍利塔 1、2、3、4	李倩怡 / 摄
	释迦佛舍利塔装饰	李倩怡 / 摄
	辽庆陵经幢	李倩怡 / 摄
	辽庆陵 1、2	李倩怡 / 摄
辽怀州城及怀陵	辽怀州城全景	引自《赤峰文化遗产》
	辽怀州城城墙	引自《赤峰文化遗产》
康熙行宫	康熙行宫前殿 1、2	李倩怡 / 摄
	康熙行宫游廊	李倩怡 / 摄
	康熙行宫后殿	李倩怡 / 摄
巴林王府	巴林王府门殿	李倩怡 / 摄
	巴林王府庭院	李倩怡 / 摄
	西配殿	李倩怡 / 摄
	书房	李倩怡 / 摄
沙巴尔台巴林王府	门殿	宋莹莹 / 摄
	影壁	宋莹莹 / 摄
	正殿侧立面	宋莹莹 / 摄
	正殿立面	宋莹莹 / 摄
巴林敖日盖王府	前殿现状	宋莹莹 / 摄
	前殿侧影	宋莹莹 / 摄
	前殿瓦作	宋莹莹 / 摄
	后殿现状	宋莹莹 / 摄
	后殿北立面	宋莹莹 / 摄
	后殿耳房山墙	宋莹莹 / 摄
	瓦作及砖雕 1、2	宋莹莹 / 摄
辽上京遗址	辽上京复原平面图	《辽上京城址勘查报告》
	辽上京遗址 1、2、3	宋莹莹 / 摄
	观音像复制品	李倩怡 / 摄
	南塔局部	李倩怡 / 摄
	南塔远观	李倩怡 / 摄
	南塔	李倩怡 / 摄
辽上京遗址	北塔 1、2	李倩怡 / 摄
辽陵及奉陵邑（祖陵祖州）	辽祖陵远景	李倩怡 / 摄
	石房子	李倩怡 / 摄
	站在城墙回看	李倩怡 / 摄
	辽太祖纪功碑 1、2	李倩怡 / 摄
	祖陵南望	李倩怡 / 摄
	柱础	李倩怡 / 摄
	辽祖陵现状	李倩怡 / 摄
真寂之寺石窟	桃石山	李倩怡 / 摄
	真寂之寺远景 1、2	李倩怡 / 摄

续表

古建筑名称	图片名称	图片来源
真寂之寺石窟	白塔	李倩怡 / 摄
	北窟	李倩怡 / 摄
	中窟 1、2	李倩怡 / 摄
	南窟	李倩怡 / 摄
	石刻	李倩怡 / 摄
	古树	李倩怡 / 摄
平顶山石窟寺	平顶山石窟寺山下寺庙 1、2	李倩怡 / 摄
	水帘洞 1、2	李倩怡 / 摄
	水帘洞旁石刻	李倩怡 / 摄
前召庙石窟寺	前召庙石窟寺山景	李倩怡 / 摄
	前召庙石窟寺 1、2、3、4	李倩怡 / 摄
	前召庙石窟寺柱础	李倩怡 / 摄
宝善寺	活佛府大门	李倩怡 / 摄
	前院正殿	李倩怡 / 摄
	垂花门	李倩怡 / 摄
	后院正殿	李倩怡 / 摄
	护法殿 1、2	李倩怡 / 摄
	大经堂侧影 1、2	李倩怡 / 摄
罕庙	罕庙	引自《赤峰文化遗产》

10 通辽市

古建筑名称	图片名称	图片来源
开鲁元代佛塔	白塔公园鸟瞰	《通辽文化遗产》
奈曼蒙古王府	奈曼蒙古王府鸟瞰	《通辽文化遗产》
	奈曼蒙古王府手绘总平面图	《内蒙古古建筑》
	奈曼蒙古王府手绘鸟瞰图	《内蒙古古建筑》
	奈曼蒙古王府正殿	《内蒙古古建筑》
	垂珠门	《内蒙古古建筑》
	角楼	郭凇摄
库伦三大寺	库伦三大寺总平面图	《内蒙古古建筑》
	兴源寺总平面图	《内蒙古古建筑》
	兴源寺大雄宝殿平面图	《内蒙古古建筑》
	象教寺总平面图	《内蒙古古建筑》
	福缘寺总平面图	《内蒙古古建筑》
寿因寺大殿	寿因寺总平面图	《内蒙古古建筑》
僧格林沁王府	僧格林沁王府后殿	《通辽文化遗产》
双合山白塔	双合山白塔现状	《通辽文化遗产》
慧丰寺	慧丰寺诵经殿现貌	《通辽文化遗产》
满都呼佛塔	满都呼遗址现	《通辽文化遗产》

11 兴安盟

古建筑名称	图片名称	图片来源
成吉思汗庙	成吉思汗庙远景	赵宏胜 / 摄
	苏德勒与山门	赵宏胜 / 摄
	箴言长廊	赵宏胜 / 摄
	主殿	赵宏胜 / 摄
	主殿正立面	赵宏胜 / 摄
	主殿细部	赵宏胜 / 摄
	主殿内部	http://www.coolzou.com/threadex_6791_1.html
	武官像（自前公主陵古墓移至此处）	赵宏胜 / 摄
	文官像（自前公主陵古墓移至此处）	赵宏胜 / 摄
乌兰哈达遗址群	前公主陵城址现状	赵宏胜 / 摄
	前公主陵城址	赵宏胜 / 摄
	城址残墙	赵宏胜 / 摄
	残墙	赵宏胜 / 摄
	古城城址西墙	《兴安文化遗产》
葛根庙	全景	赵宏胜 / 摄
	梵通寺大殿	赵宏胜 / 摄
	梵通寺匾额	赵宏胜 / 摄
	吉祥大乘寺大殿	赵宏胜 / 摄
	吉祥大乘寺殿内	赵宏胜 / 摄
	双塔	赵宏胜 / 摄
	中轴线北段	赵宏胜 / 摄
	菩提济度寺大殿	赵宏胜 / 摄
	石雕佛像	《兴安文化遗产》
吐列毛杜古城遗址	吐列毛杜古城现状	赵宏胜 / 摄
	吐列毛杜古城	赵宏胜 / 摄
	残墙	赵宏胜 / 摄
	城墙局部	赵宏胜 / 摄
博克达活佛府邸	博格达活佛府邸山门	《兴安文化遗产》
	府邸内景	赵宏胜 / 摄
	仪门	《兴安文化遗产》
	厢房	赵宏胜 / 摄
乃济陀音祭坛	乃济陀音祭坛	《兴安文化遗产》
阿尔山火车站	阿尔山火车站	赵宏胜 / 摄
	车站东立面	赵宏胜 / 摄
	细部	赵宏胜 / 摄
	瞭望塔	《兴安文化遗产》
	炮楼	《兴安文化遗产》

12 呼伦贝尔市

古建筑名称	图片名称	图片来源
甘珠尔庙	甘珠尔庙广场	微博网友 _ 雪狐 乂妖
	甘珠尔庙索克钦大殿	微博网友 _ 雪狐 乂妖
达喜朋斯格庙	达喜朋斯格庙内院主殿	微博网友 _ 党仁
	达喜朋斯格庙外院主殿	微博网友 _ 党仁
	达喜朋斯格庙内院全景	微博网友 _ 党仁
宝格德乌拉敖包	宝格德乌拉敖包祭祀	微博网友 _ 在路上的晓智
	宝格德乌拉敖包远景	微博网友 _ 达 -- 贵
免渡河东正教教堂	免渡河东正教教堂正立面	微博网友 _ 沈阳图景
	免渡河东正教教堂	微博网友 _ 沈阳图景
牙克石清真寺	牙克石清真寺望月楼	微信公众号 _ 牙克石市文化馆
	牙克石清真寺室内	微信公众号 _ 牙克石市文化馆
巴彦乌拉古城	巴彦乌拉古城航拍图	谷歌地图
黑山头古城	黑山头古城航拍图	谷歌地图
	黑山头古城平面图	《关于黑山头古城》
浩特陶海城址	浩特陶海城址航拍图	谷歌地图
大兴安岭岩画	麒麟山岩画	《大兴安岭岩画选粹》
	神指峰生殖器崇拜岩画	《大兴安岭岩画选粹》
	天书岭双野猪纹岩画	《大兴安岭岩画选粹》
	天书岭正方形内多十字岩岩画	《大兴安岭岩画选粹》
	嘎仙洞双人与动物岩画	《大兴安岭岩画选粹》
	阿娘尼河蛙形人岩画	《大兴安岭岩画选粹》

其余图片由作者拍摄

致谢（Acknowledgements）

本书是“中国古代建筑知识普及与传承”图书出版项目“中国古建筑地图”系列第五批成果之一，也是该系列图书的收官之作，在此由衷感谢华润雪花啤酒（中国）有限公司长期的资助，特别致敬该书主持人王贵祥教授，十数年如一日坚持致力推动古建筑文化普及和传承，为后学楷模。

内蒙古自治区地域广大，古建筑地域风格独特，文物资料相对缺乏，无论调研还是资料搜集和研究，难度都超过了我们以往的相关经历。年轻的编者们以无知无畏的勇气和越战越勇的热忱投入调研，克服许多困难，完成了本书的编写。本书的总体策划、编写组织由袁琳负责；赵萨日娜执笔呼和浩特、鄂尔多斯、乌兰察布、兴安盟章节；李倩怡执笔巴彦淖尔、包头、赤峰章节；白雪悦执笔锡林郭勒、呼伦贝尔章节；张亦驰执笔乌海、阿拉善章节；郭淞执笔通辽章节。限于我们的学识、积累、能力，书中错误在所难免，未尽遗憾亦有不少，本着文责自负的态度，我们诚恳的希望此书能得到学界、同行和广大读者们的批评指正，亦欢迎读者就书中问题与我们联系、讨论。

本书的写作离不开来自清华大学、北方工业大学等高校二十余位本科生和研究生同学的帮助，抱着对古建筑、传统文化、摄影以及对祖国、家乡的热爱，他们在过去三年贡献出大量课余时间，完成了本书大量文献整理、资料汇编、调研、绘图等工作。其中：姜金明、吴衡、张丽娜、张祁琦、赖思宇、秦圣洁、张冉、杜旻玥参与了前期资料收集、信息卡片编写工作；李潼参与了图片绘制工作；刘功雪、王瑶、计珂然、张可心、郭放、贺宇豪、宋莹莹、彭雪婷、张雨晴、袁畅、姚辰伟参与了调研、拍照工作；张馨蕊参与了文稿整理工作。他们中不少同学也参与了本系列前批次图书的相关工作，可以说对古建筑的认知、学习、探寻一直伴随了他们的整个大学、研究生生涯，并或许还将继续下去，感谢并祝福每一位同学。

感谢内蒙古中国旅行社阿拉善盟分公司在2016年阿拉善调研过程中提供的服务和帮助。

感谢李力、高虹在2017年赤峰市调研中提供大力协助。

感谢赵宏胜在2018年兴安盟调研中提供大力协助。

感谢清华大学建筑学院梁宇舒同学提供资料和信息。

感谢刁凡视觉、蟹工船、雪狐乂妖、党仁、在路上的晓智、沈阳图景等网友，以及微信公众号牙克石市文化馆提供的图片支持。

最后，感谢清华大学出版社编辑对于本书耐心细致的编辑工作；感谢清华大学廖慧农老师、李菁老师、马冬梅、张弦、刘敏女士等在项目管理、例会组织、时间协调等方面付出的大量精力，感谢“中国古建筑地图”系列图书本批次编者们的共同努力。

本书的编写也得到了国家自然科学基金（51608007）和北方工业大学“青年拔尖人才培育计划”的资助，在此一并感谢。